湖北省学术著作出版专项资金
Hubei Special Funds for Academic Publications

邢福义文集

第五卷

汉语复句研究

邢福义 著

华中师范大学出版社

新出图证（鄂）字10号

图书在版编目（CIP）数据

邢福义文集　第五卷/邢福义著．—武汉：华中师范大学出版社，2018．12

ISBN 978-7-5622-8486-4

Ⅰ．①邢…　Ⅱ．①邢…　Ⅲ．①语言学—文集　Ⅳ．①H0-53

中国版本图书馆CIP数据核字（2018）第298724号

邢福义文集　第五卷

©邢福义　著

责任编辑：鲁　丽　　**责任校对：**刘　峥

封面设计：胡　灿

编辑室：学术出版中心　　**电话：**027-67863220/7792

出版发行：华中师范大学出版社　　**社址：**湖北省武汉市洪山区珞喻路152号

电话：027-67863426（发行部）　027-67867353（邮购）

传真：027-67863291

网址：http://press.ccnu.edu.cn　　**电子信箱：**press@mail.ccnu.edu.cn

印刷：湖北新华印务有限公司　　**督印：**王兴平

开本：710mm×1000mm　1/16　　**字数：**525千字

版次：2018年12月第1版　　**印次：**2018年12月第1次印刷

印张：38.25　　**定价：**153.00元

欢迎上网查询、购书

序

二十多年来，我写了若干讨论复句问题和跟复句问题相关的书文。本书后边附有“本书作者有关书文（1977—1999）”的目录，可以查检。

1997年，我承担了国家“九五”社科规划项目“现代汉语复句系统和复句句式”。于是，一边研究一些新的问题，一边把所写的全部有关书文进行增补、修订和整合，成为一本书。后接受商务印书馆汉语编辑室主任周洪波先生的建议，把书名定为《汉语复句研究》。

做复句研究，应该特别提到《论定名结构充当分句》。这篇文章，从写作到发表，经历了十多年。1965年7月下旬，写了短文《关于独词句充当分句》，约两千字，寄给《中国语文》。编辑部12月2日回信，肯定所说的现象“是个事实”，并且建议：“请你就这类所谓‘独词句’广泛地搜集一些材料，分析一下它的性质、功能之类，篇幅不妨适当扩大。”不久后“文化大革命”爆发，可我的钻研工作没有停顿。1973年8月，跟学生到工厂搞“开门办学”，利用午休时间，躲在厚厚的蚊帐里写成了《试论复句中定名分句与非定名分句的组合》，两万多字。1977年12月，又把文章重写一遍，成为《论定名结构充当分句》，一万多字，寄给了“文革”后复刊的《中国语文》，被作为重点文章发表在1979年第1期上。当时，吕叔湘先生是主编。1979年9月28日，吕先生给我一信，信中说：“你的文章我看过不少。你很用功，写文章条理清楚，也常常很有见地，如今年发表的《论定名结构充当分句》就很好。”《中国语文》的要求，吕先生的勉励，成了对我的为学督导。许多年过去了，自己总觉得有两点感触必须记录下来。这就是：第一，任何时候都不要忘了“锲而不舍”的古训；第二，任何时候都不要忘了“经师易求，人师难得”的格言。

已经发表的有关复句的书文，数量不算太少。质量上，有的好点，有的就差一些。总的说来，自己还算努力，在“五重视”上下了点功夫：一是重视语法事实的发掘；二是重视逻辑基础的考察；三是重视“语表一语里一语值”的三角验证；四是重视句法格局对语词运用的制约；五是重视若干问题的理论思考。当然，主观上的追求，同实际效果之间存在着很大的距离，这是无庸讳言的事。令我深感温暖的是，各方面人士给了我多方面的支持和帮助。编辑出版单位，给我的书文提供了篇幅；学界同仁，发表过好些鼓励性的评说；科研管理部门，多次给我的复句研究立项。在国家“九五”社科规划项目之前，先后立项的还有三个：国家教委“七五”规划重点项目“现代汉语复句研究”(1985)；国家教委“八五”社科规划博士点项目“现代汉语复句的深入研究”(1992)；国家汉办项目“现代汉语复句规律研究”(1996)。我要向各方面人士，用最朴素的三个字，诚挚地说：“谢谢了!”

研究工作无限艰辛。而且，越研究，问题越多，越有更多的糊涂。在本书第四编第十二章“转折句式总览”结尾处，这么写道：“转折句式和跟转折有关的种种问题，不是一两个章节的文字能够讲清楚的，也不是短期内所能全部回答的。到目前为止，笔者对许多问题仍然感到困惑。”这是由衷之言。这本《汉语复句研究》，其实内容很有限，遗留问题很多。且不说汉语包括现代汉语和古代汉语，现代汉语包括共同语和方言，这本书只是把精力放在现代汉语共同语的复句研究上面。就是现代汉语共同语里的某些很普通的现象，我也还没有作出甚至还没有能力作出让自己满意的回答。比方说，在“更一还一也”这组词中，“更”表递进，“也”表并列，“还”是表递进还是表并列？“我想写点东西，还想早点发表出来。”这里的“还”似表递进。“今天到会的有市长、副市长，有各大工厂的厂长、副厂长，还有几个劳动模范。”这里的“还”似表并列。到底情况如何？“还”字的面貌怎样才能描写得全面而准确？又比方说，“无论”“不论”和“不管”，这三个词有没有什么不同？如果完全相同，为什么它们都能存活，都有很高的使用频率？如果不完全相同，它们的不同之处到底表现在哪些方面？我跟我的学生李宇明教授谈心。我说：“宇明啊，我怎么越研究越糊涂哇?”宇明说：“邢老师，您这是高级的糊涂!”宇明很会说话，回答得很巧妙，然而，再高级的糊涂毕竟也还是糊涂！晏殊《玉楼春》中有两句话，我改换了其中的两个字，说成：“天涯地角有穷时，只有学问无尽处!”这大概能表明自己现今的心绪。

1990 年前后，李临定兄几次对我说：“福义，你关于复句的书，应该给商务印书馆出。”对我来讲，这便成了一个宿愿。现在，在书稿已经整合完毕，即将送交商务印书馆的时候，首先要感谢商务的抬爱，使我宿愿得偿。同时，我要说：这本书，总算为自己的复句研究打了个句号，但是，句号只意味过去，却不代表终结。

句号放大是个 0。

往前又是 0 起点!

邢福义

2000 年 2 月 19 日龙年元宵节于华中师范大学

目　录

第一编　概说

第二编　广义因果与有牵连的句式

第三编　广义并列与有牵连的句式

第四编 广义转折与有牵连的句式

第五编　复句问题面面观

第一编　概说

第一章　复句与复句分类

本章讨论三个方面的问题。其一，对复句最基本的认识；其二，关于复句的关系分类；其三，关于复句的非关系分类。这三个方面的讨论，将成为全书阐述问题的基垫。

第一节　复句

复句是包含两个或两个以上分句的句子。这是复句的较为容易理解和接受的定义。对复句的基本认识，应该从对这个定义的诠解开始。

一、定义诠解一

凡是复句，都包含两个或两个以上的分句。其构成，表现为：

　　分句＋分句（＋分句）

所谓“复”，即分句的复合。复句与单句的质的区别，就在于：分析复句的构成，直接得到的是甲分句与乙分句，而分析单句的构成，直接得到的是甲句子成分与乙句子成分。比较：

　　山川明丽，景色迷人。

　　山川景色，明丽迷人。

前一例，第一次切分，得到的是：“山川明丽｜景色迷人。”“山川明丽”也好，“景色迷人”也好，它们都是分句，相互之间不是“甲句子成分＋乙句子成分”的关系。这是个复句。后一例，第一次切分，得到的是：“山川景色｜明丽迷人。”“山川景色”是“明丽迷人”的陈述对象，是主语，反过来说，“明丽迷人”对“山川景色”加以陈述，是谓语，它们相互之间是“主语＋谓语”的关系。这是个单句。再比较：

(1) 会上讲短话，话不离题。(邓小平《坚持党的路线，改进工作方法》，《邓小平文选(一九七五——一九八二年)》，人民出版社1983年版247页)

(2) 邓小平一九七五年的言论，反映了他在同“四人帮”进行针锋相对的斗争中，狠抓各项工作的整顿，为消除“文化大革命”的动乱，为促进安定团结和国民经济发展所进行的巨大努力。(中共中央文献编辑委员会《出版说明》，《邓小平文选(一九七五——一九八二年)》，人民出版社1983年版1页)

前一例，第一次切分，得到的是：“会上讲短话｜话不离题。”前后两个部分，是“分句＋分句”的关系。这一例很短，只有9个字，然而构成了一个复句。有的复句比这个还要短。后一例，第一次切分，得到的是：“邓小平一九七五年的言论｜反映了……巨大努力。”前后两个部分，是“主语＋谓语”的关系。这一例相当长，共有72个字，然而，却是一个单句。

二、定义诠解二

任何一个复句，在口头上都具有“句”的基本特征。这一特征，书面上有较为明显的反映。

句子包括单句和复句。作为句子，复句跟单句一样，有一个统一全句的语调，句末有一个终止性停顿。书面上，为了表明终止性停顿，复句也跟单句一样，句末往往用句号。有时，还由于表明语气的需要，句末用问号或感叹号。

语调的描述，需要语音实验手段的帮助，这是我们今后进一步研究复句的一个课题。现在，只说书面语里的基本状况。先看下面三个复句：

(3) 人民代表们对重机厂的污染相当不满，因此言辞极为激烈。(黄晓延《陷落》，《中篇小说选刊》1999年第1期9页)

(4) 就算雨停了，鸡公山还能上得去吗？(黄晓延《陷落》，《中篇小说选刊》1999年第1期6页)

(5) 合资的事要谈崩了，你我罪孽深重啊！(黄晓延《陷落》，

《中篇小说选刊》1999 年第 1 期 24 页）

前一例，复句句末用句号；中间一例，复句句末用问号；后一例，复句句末用感叹号。再看两个复句连用的例子：

（6）我做得了你爷爷的爹，你好没家教。这样的人也当科长，工厂如何不垮？（翁新华《哀兵阿满》，《中篇小说选刊》1999 年第 1 期 40 页）

（7）掐点红薯叶，算什么偷？武良山把红源的一大半家产全塞进腰包了，还升官呢！（翁新华《哀兵阿满》，《中篇小说选刊》1999 年第 1 期 40 页）

这两例都包含两个复句。前一例，第一个复句句末用句号，第二个复句句末用问号；后一例，第一个复句句末用问号，第二个复句句末用感叹号。再看三个复句连用的例子：

（8）我知道你没吹牛皮，吹牛皮的人还掐红薯叶当饭吃？我聘你当副厂长，主管业务。双猫还要招兵买马，扩大五倍规模！（翁新华《哀兵阿满》，《中篇小说选刊》1999 年第 1 期 43 页）

（9）“我要是喝一碗呢，你们给多少？”

“喝一碗，给一百万！”

沈捷不搭话，端起大碗一饮而尽，然后向对方亮亮碗底。（黄晓延《陷落》，《中篇小说选刊》1999 年第 1 期 21 页）

这两例都包含三个复句。前一例，第一个复句句末用问号，第二个复句句末用句号，第三个复句句末用感叹号；后一例，第一个复句句末用问号，第二个复句句末用感叹号，第三个复句句末用句号。

为了同时表示疑问语气和感叹语气，一个复句的末尾也可以同时使用问号和感叹号。例如：

（10）这是我们厂的老劳模，你们想用这么重的麻袋包压死他?!（翁新华《哀兵阿满》，《中篇小说选刊》1999 年第 1 期 40 页）

（11）办晚会自然需要资金，但目标不是赚钱吧?!（张欣《缠绵之旅》，《小说月报》1999 年第 10 期 65 页）

这两例，句末既用了问号，又用了感叹号。

由于句号用来标明一个句子的终结，而问号和感叹号也常常用于句末，因而它们可以看作标句点号。但是，首先，它们都是书面上的东西，它们帮助认定句子的作用自然只限于书面语；其次，就书面语而言，它们跟句子的关系并不单纯，特别是问号和感叹号，到底是否标明句子，还得根据具体的语言结构作具体的分析。关于标句点号，第五编第三章“复句与单句的对立和纠结”里还要讨论。

三、定义诠解三

复句的构成单位，从构成的基础看，是小句；从构成的结果看，是分句。一个复句一旦成立，它的构成单位便不再是独立的、各自成为单句的一个一个小句，而是既相对独立又相互依存的一个一个分句。这就是说，作为复句构成的基本元素，复句里的各个分句具有相对独立和互相依存的特征。

所谓“相对独立”，是说：每个分句都有“句”的性质和地位，甲分句不是乙分句里的一个成分，乙分句也不是甲分句里的一个成分。比较：

陈琳晋级，父母高兴。

陈琳晋级，已成事实。

我不主张，陈琳晋级！

前一例，“陈琳晋级”和“父母高兴”之间没有包含与被包含的关系，它们都是分句，组成一个复句。中间一例，“陈琳晋级”被包含在“什么事已成事实”这个句子里头，它是句子的主语，而不成为一个分句。后一例，“陈琳晋级”被包含在“我不主张这么做”这个句子里头，它是“不主张”的宾语，而不成为一个分句。

所谓“互相依存”，有三个方面的意思：

第一，甲分句和乙分句互有关系。换句话说，它们处在一定的关系之中。比如“陈琳晋级”为因，“父母高兴”为果，二者之间存在因果关系。

第二，甲分句和乙分句往往由特定的关系词语联结起来。特定的关系词语往往形成特定的句式。这就是说，它们出现在特定的格式之中。比如：“因为陈琳晋级，所以父母高兴。”这构成了特定的因果句式“因为 p，所以 q”。

第三，甲分句可以依赖于乙分句而简省某个成分，成为“蒙后省”的分句；乙分句也可以依赖于甲分句而简省某个成分，成为“承前省”的分句。这就是说，它们可以互相依赖而有所简省。比如：

因为他连升两级，所以他整天乐呵呵的。

这个复句的前后分句都用主语“他”，“他”可以“蒙后省”或“承前省”：

因为 ø[1] 连升两级，所以他整天乐呵呵的。

因为他连升两级，所以 ø 整天乐呵呵的。

总而言之，复句是分句与分句的联结。复句中的分句是“句”，但只是“分句”，而不是独立的小句——单句。

第二节　复句的关系分类

复句可以从不同角度进行分类。其中，复句的关系分类是最重要的分类，是建构复句系统的基础性工作。

一、着眼点

复句的关系分类，其着眼点是分句与分句之间的关系。看三组例子：

［A 组］

因为老师有事，下午我们自学。

既然老师有事，下午我们自学。

如果老师有事，下午我们自学。

前一例，“老师有事”和“下午我们自学”之间有据实说明的因果关系；中间一例，“老师有事”和“下午我们自学”之间有据理推断的因果关系；后一例，“老师有事”和“下午我们自学”之间有假言推断的因果关系。这三例，分别属于因果句、推断句和假设句。

[B组]

同学们既划了船，又参观了博物馆。

同学们先划了船，然后参观了博物馆。

同学们不但划了船，而且参观了博物馆。

前一例，“(同学们)划了船”和“(同学们)参观了博物馆”之间有并列关系；中间一例，“(同学们)划了船”和“(同学们)参观了博物馆”之间有连贯关系；后一例，“(同学们)划了船”和“(同学们)参观了博物馆”之间有递进关系。这三例，分别属于并列句、连贯句和递进句。

[C组]

这套书很贵，可是我也买回来了。

虽然这套书很贵，我也买回来了。

这套书很贵，否则我就买回来了。

前一例，“这套书很贵”和“我买回来了”之间有直截了当的转折关系；中间一例，“这套书很贵”和“我买回来了”之间有先让步后转折的关系；后一例，“这套书很贵”和“我买回来了”之间有假言否定性的逆转关系。这三例，分别属于直转句、让步句和假转句。

三组例子，它们内部都存在类同性。A组，分句p q之间是广义的因果关系；B组，分句p q之间是广义的并列关系；C组，分句p q之间是广义的转折关系。本书里，我们把复句的关系类别划分为三大块，即因果类复句、并列类复句和转折类复句，并由此建构汉语的复句三分系统。

二、分类原则和要求

划分复句的关系类别，必须明确进行分类的原则和要求。

首先是原则：从关系出发，用标志控制。

“关系”，指分句与分句之间的相互关系；“标志”，指联结分句、标示相互关系的关系词语。如：因为……所以……｜既……又……｜虽然……但是……。

为什么要用标志来控制关系？

一方面，关系属于隐含的语义范畴，理解起来有灵活性，而标志则是一种客观存在的形式实体，不会因人而异，因而可以成为客观标准。另一方面，关系和标志并非简单对应，从运用标志来标明关系的过程看，标志对关系有显示、选示、转化和强化等不同的作用，只有抓住标志，让关系接受标志的控制，才能从语法上对复句的类属作出合理的判断。

怎样用标志来控制关系？

办法可以归结为以下三点：

第一，在关系上，明确关系聚合和关系聚合点。从关系出发划分出来的复句，任何一类都是关系的聚合。母类是子类关系的聚合，类越大，关系越复杂；反之，类越小，关系越单纯。每个聚合都有聚合点。把类差排除掉，求出类同点，就可以得到聚合点。比如因果类复句，反映了因果类的关系聚合；撇开差异性，剩下因果联系的共性，这就是聚合点。

第二，在形式上，明确点标志和标志群。标志，包括代表性标志和它的义同形式、类同形式。代表性标志，是表明关系聚合点的最一般、最常用的形式，是点标志；义同形式、类同形式，它们围绕点标志形成一个关系相同、相通或相近的群体，这就是标志群。相对地说，母类是大标志群，子类是小标志群。最小的子类，可能只有一种形式标志，或由一种形式标志及其义同形式组成的小标志群。

第三，根据聚合和聚合点、点标志和标志群来判别具体句类句式的归属。这是一种演绎的过程。比如，凡是属于某类聚合和某类标志群的句类句式，都划归某类复句。本书里对各级各类复句的判定，都采用这一方法。

其次是要求：分类原则必须具有同一性和彻底性，分类结果必须具有切实性和全面性。

同一性，指所持原则、所据标准始终同一，不任意变动。目前在教学中比较通行的复句分类系统，不符合这一要求。请看对下列复句类属的判定：

因为路不好走，今天不能赶到。（因果）

虽然路不好走，今天也能赶到。（转折）

如果路不好走，今天就不能赶到。（假设）

即使路不好走，今天也能赶到。（假设）

只有路不好走，今天才不能赶到。（条件）

无论路多么不好走，今天都能赶到。（条件）

这里，有时根据 p q 之间的顺逆关系判定复句的类属，如根据顺逆的不同把“因为”句和“虽然”句分别叫作因果句和转折句；有时又完全不管 p q 之间的顺逆关系，只看 p 是表示假设还是表示条件，如把“如果”句和“即使”句都叫作假设句，把“只有”句和“无论”句都叫作条件句。其实，如果根据 p q 之间的顺逆关系，“如果”句和“即使”句、“只有”句和“无论”句就不应该是同类的；反之，如果只看 p 是表示事实还是表示非事实的假设或条件，那么“因为”句和“虽然”句就不应该是不同类的。洪心衡《复句的区分》曾经把“虽然 p，但 q”归入因果句（见《汉语词法句法阐要》，吉林人民出版社 1980 年版），这是遵守同一律的。

彻底性，指所持原则、所据标准能贯彻到所有的复句中，而不是只能适用于一部分的复句。显然，是从 p q 相互关系出发来考虑复句分类问题，还是只从 p 的表意情况出发来考虑复句分类问题，这代表着两种不同的原则、标准和角度。孤立地看，二者都无可非议，但根据彻底性的要求，只有前者才能在所有的复句中贯彻起来通行无阻。比较：

	看 p—q	只看 p（→q）
因为 p，所以 q	实言因果句	原因句（因果句）
虽然 p，但是 q	让步转折句	原因句（因果逆转句）
如果 p，就 q	假设因果句	假设句
即使 p，也 q	让步转折句	假设句

续表

	看 p—q	只看 p（→q）
既 p，又 q	并列句	?
不但 p，而且 q	递进句	?
或者 p，或者 q	选择句	?

切实性，指分类结果切合语言事实，没有明显相悖之处。如果不符合这一要求，就可能是分类原则和标准存在问题。比如把“即使”句叫作假设句，造成了一种错觉，即凡是“即使 p”都是指假设的事。事实并非如此。例如：

（12）（大概就是这些吧，这就是我之所以为我的原因……）即使是现在我在心里描绘出来了，它们被描绘得这么肤浅和不准确还是使我不能对人开口诉说出来。（池莉《致无尽岁月》，《池莉精品文集》，内蒙古人民出版社 1999 年版 374～375 页）

（13）康伟业这枚链坠，唯一的遗憾是有两道若隐若现的条纹，即使是这样，至少也值人民币万元以上。（池莉《来来往往》，《池莉精品文集》，内蒙古人民出版社 1999 年版 268 页）

这里的“即使 p”相当于“虽然 p”，是实言的，而不是假言的。这种“即使”实言句的存在，反证了根据 p 是否表示假设来判定复句归属存在着无法自圆其说的致命弱点。

全面性，指分类结果能统括所有事实，没有重大遗漏。如果有些重要事实在一个复句分类系统里找不到归宿，那么这个系统的分类原则和标准就可能存在问题。例如：

幸亏他没开口说话，否则他吃不了兜着走。

可惜他没开口说话，否则他吃不了兜着走。

只因他没开口说话，否则他吃不了兜着走。

目前在教学中比较通行的复句分类系统，包括并列句、连贯句、递进句、选择句、转折句、假设句、条件句、因果句、目的句等类型，不管是哪一类型，上面几个用“否则”关联的复句都归不进去，即使硬归进去，也显得十分勉强。这是因为，这个分类系统在原则与标准上违反同一性，忽这忽那，而哪一个原则、哪一种标准都没有贯彻到底，也无法贯彻到底，因而导致“两不管”现象的存在，造成了分类结果的片面性。

第三节　复句的非关系分类

复句的关系分类，形成复句系统的框架；复句的非关系分类，是对复句系统作多侧面的了解和反映。

一、单重与多重

根据组织层次的不同，复句可以划分为单重复句和多重复句。

凡是一次性组合而成的复句，是单重复句；凡是非一次性组合而成的复句，是多重复句。所谓“重”，指的是结构层次，“单重”就是只一个结构层次，“多重”就是不只一个结构层次。这就是说：单重复句，是只包含一个结构层次的复句；多重复句，是包含不只一个结构层次的复句。

一个复句，如果只包含两个分句，自然只能形成一个结构层次，因而只能是单重复句。然而，一个复句，当它包含三个或更多分句的时候，在结构层次上却存在两种情况：有时，各分句一次性组合成为复句，这是单重复句；大多数情况下，各分句多次性组合成为复句，这是多重复句。比较：

我上高中，弟弟上初中，小妹明年小学毕业。

我上高中，弟弟上初中，父母的负担更重了。

前一例是单重复句，三个分句一次性组合：“我上高中｜弟弟上初中｜小妹明年小学毕业。”（平列关系）后一例是多重复句，三个分句分两次组合。第一次组合：“我上高中，弟弟上初中｜父母的负担更重了。”（因果关系）第二次组合：“我上高中‖弟弟上初中。”（平列关系）

多重复句所包含的结构层次多寡不等。包含两个结构层次的，叫二重复句；包含三个结构层次的，叫三重复句；包含四个结构层次的，叫四重复句。其他类推。例如：

(14) 如果你不出面干预，| 他的行为没人阻止得了。

这是个单重复句，表示假设关系。又如：

(15) 如果你不出面干预，|| 或者张厂长仍然态度暧昧，| 他即使把设备卖了，|| 也没人阻止得了。

这是个多重复句。第一、二分句和第三、四分句形成第一层次，表示假设关系。前一部分，第一和第二分句形成第二层次，表示选择关系；后一部分，第三和第四分句也形成第二层次，表示虚拟性让步关系。从全局看，这个多重复句是假设关系的二重复句。

"多重"现象，不一定在每个组成部分里都得出现。换句话说，只要某一个部分出现新的层次，就会形成多重复句。比如：

(16) 如果你不出面干预，|| 或者张厂长仍然态度暧昧，| 他的行为没人阻止得了。

(17) 如果你不出面干预，| 他即使把设备卖了，|| 也没人阻止得了。

这两例也是假设关系的二重复句。然而，前一例只在前一部分出现"二重"现象，后一例只在后一部分出现"二重"现象。"三重""四重"等，情况相同。比如：

(18) 如果你不出面干预，① || 或者张厂长仍然态度暧昧，② | 他即使把设备卖了，③ ||| 弄得大家日子不好过，④ || 也没人阻止得了。⑤

(19) 如果你不出面干预，① || 或者张厂长仍然态度暧昧，② | 他即使把设备卖了，③ |||| 把厂房卖了，④ ||| 弄得大家日子不好过，⑤ || 也没人阻止得了。⑥

前一例，"即使……"部分出现新的层次，于是整个复句形成三重复句。后一例，"把……把……"又构成新的层次，于是整个复句形成四重复句。分别图示如下：

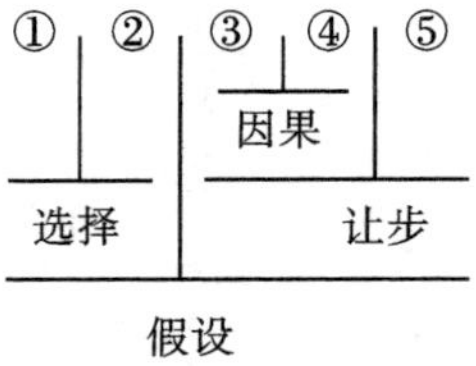

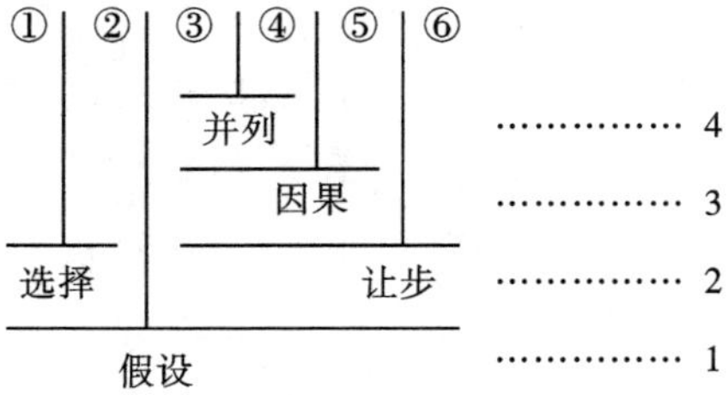

实际语言运用中，二重复句使用频率很高，三重复句也比较常见。各举一例，并分别图示如下：

（20）我们不仅因为今天科学技术落后，① || 需要向外国学习，② | 即使我们的科学技术赶上了世界先进水平，③ || 也还要学习人家的长处。④（邓小平《在全国科学大会开幕式上的讲话》，《邓小平文选（一九七五——一九八二年）》，人民出版社1983年版89页）

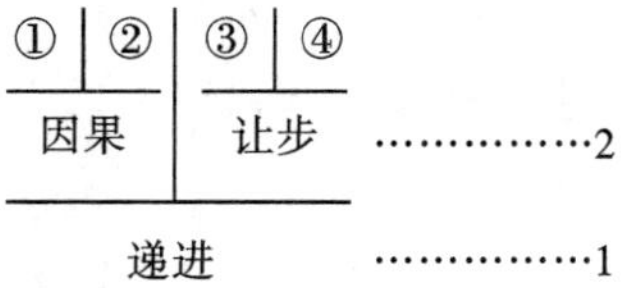

（21）有些人虽然没有戴帽子，① || 但是批评或者斗争过他们，② ||| 伤了感情；③ | 有的地区虽然没有清查过“五一六”，④ || 但是也干了一些类似的事情。⑤（邓小平《当前钢铁工业必须解决的几个小问题》，《邓小平文选（一九七五——一九八二年）》，人民出版社1983年版10～11页）

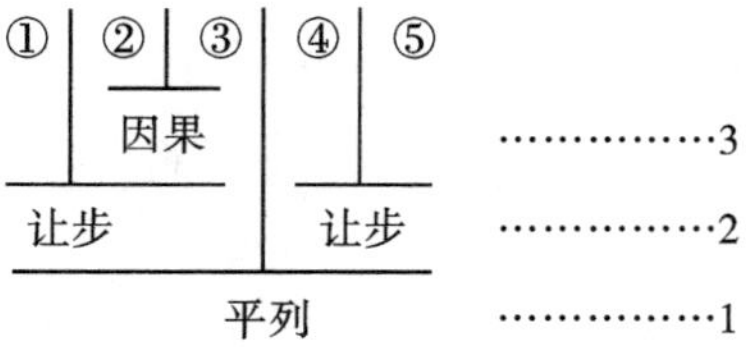

四重复句不多，五重复句更少，六重、七重复句就很罕见了。

下面举个五重复句的例子，并加以图示：

（22）如果作出了抉择，①‖却由于种种原因达不到你的目的，②|||从而使你的抉择半途而废，③||||甚至于让别人利用了你的抉择，④|||||以至失败，⑤|那你的抉择不仅会害了自己，⑥‖也同样会害了别人！⑦（张平《抉择》，《小说选刊》增刊1997年第1期99～100页）

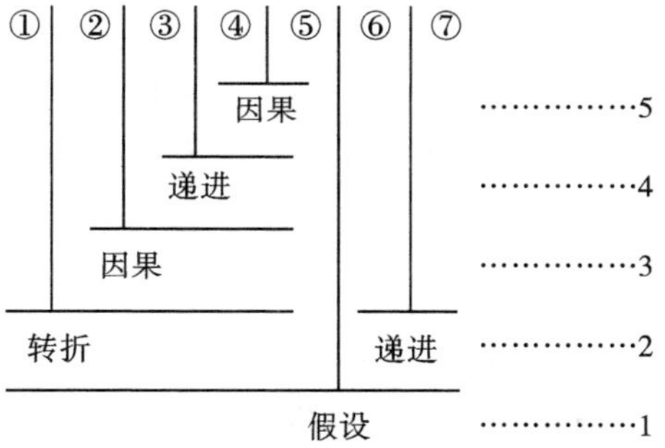

单重复句和多重复句相对比而存在。“单重复句”这一术语，在跟多重复句进行对照分析时才有意义，否则是用不着的。

分析多重复句，确定其层次和关系，有三个要领：

a. 逐层剖析。要善于从大到小地划清层次。首先，把握全局，划出第一个层次，确认在总体上这个多重复句是什么关系的复句；然后，按先后顺序层层深入地划分清楚第二个、第三个、第四个等层次。

b. 据标判别。在逐层剖析的过程中，要善于抓住标志，根据关系词语来判别层次关系。如果复句本身未用关系词语，就要看看可以把什么样的关系词语添加上去；如果根本添加不上任何关系词语，便一定是并列复句中的某种复句。

c. 化繁为简。在逐层剖析的过程中，还要善于把繁复形式简化为单纯形式，以便容易看清层次关系。比方，如果整个多重复句能简化成“如果那样，那么这样”，便是假设复句。往里分析第二个层次，如果能简化成“不仅那样，而且这样”，便是递进关系。同理，往里分析第三个层次，如果能简化成“因为那样，所以这样”，便是因果关系。

二、有间与紧缩

根据分句与分句间隔情况的不同，复句可以划分出有间复句和异变形式紧缩句。

有间复句，指的是分句间有明显音距的复句。“有间”即有间隔，“间隔”即音读距离，口头上表现为停顿，书面上表现为逗号之类的使用。

就一般情况而言，复句的分句与分句之间存在比较明显的停顿，不过不是终止性停顿，而是句间承接停顿。这种句间承接停顿，并不表示意思已经可以终止，可以断掉，而是表示后边将会有紧密相关的意思。比较：

他没有当上处长。新房子不会分给他！

他没有当上处长，新房子就不可能分给他了！

前一例，“他没有当上处长”是单句。后边用终止性停顿，表示意思已尽。“新房子不会分给他”是另一个单句。后一例，“他没有当上处长”是分句。后边用非终止性停顿，表示意思未尽，必须跟下面的分句“新房子就不可能分给他了”联结起来，才能表明特定意旨：“如果他没有当上处长，新房子就不可能分给他。”等于说：“正因为他当上了处长，新房子才会分给他！”

从书面上看，分句与分句之间的承接停顿，经常用逗号表示。有时也用分号或冒号，偶尔也用破折号。比如下面三例，分句与分句之间分别用了分号、冒号和破折号：

(23) 赞成中央方针的，就干；不赞成的，就改行。（邓小平《教育战线的拨乱反正问题》，《邓小平文选（一九七五——一九八二年）》，人民出版社1983年版65页）

(24) 郑良彦的意思很简单：接受日本人的条件。（黄晓延《陷落》，《中篇小说选刊》1999年第1期29页）

(25) 在惊世骇俗方面，忽忽是天才——她像是专门干这个

的。（刘燕燕《阴柔之花》，《小说选刊》1999 年第 9 期 81 页）

紧缩句，指的是音距消失、分句凝合的复句异变形式。

分句间的承接停顿，以及书面上相应的逗号之类，使分句与分句产生间隔，从而使复句显示比较清晰的面貌。有时，承接停顿消失，书面上不用逗号，原来的分句 p q 就直接凝合起来，成为通常所说的“紧缩句”。例如：

电闪，雷鸣。

→电闪雷鸣。

人在，阵地在。

→人在阵地在。

所谓“承接停顿消失”，是说分句间没有了较大的用逗号表示出来的停顿。p q 之间，比如“电闪雷鸣”的“电闪”与“雷鸣”之间，“人在阵地在”的“人在”与“阵地在”之间，不能说根本没有停顿，但那只是词语和词语之间的微小停顿。所谓“紧缩”，有两种情况：一是原形凝合。比如上面的例子。又如：他再笨，也比你强！→他再笨也比你强！二是有所缩略。比如：即使不给钱，我们也要干。→不给钱也干。

从关系标志的使用看，紧缩句可以分为三种：

第一，无标志紧缩句。如：“电闪雷鸣。”（并列）｜“雨过天晴。”（连贯）｜“人逢喜事精神爽。”（因果）｜“人在阵地在。”（条件）｜“明天你去呀我去？”（选择）｜“眼高手低！”（转折）

第二，有标志紧缩句。或者标志成对，或者标志单用。

标志成对的，如：“话不说不明。”（相当于“如果……就……”）｜“你非吃安眠药不能睡？”（相当于“除非……否则……”）｜“这老兄不请也会来。”（相当于“即使……也……”）｜“好书再贵也要买。”（相当于“即使……也……”）｜“他一毕业就当了记者。”（相当于“……接着……”）｜“这东西一碰就碎。”（相当于“只要……就……”）｜“芒果越熟越好吃。”（大体相当于“只要……就……”）

标志单用的，如："剥了皮我也认得你的骨头。"（一般相当于"即使……也……"）｜"他肯出面就好办。"（相当于"既然……就……""如果……就……"或"只要……就……"）｜"无私才能无畏。"（相当于"只有……才……"）｜"饿坏了才来找您的。"（相当于"因为……才……"）｜"想走又不敢说。"（相当于"虽然……却又……"）

第三，准标志紧缩句。句子中嵌进了成对呼应的疑问代词。疑问代词本身不表示特定关系，但一旦成对呼应，便产生关联作用，可以看作是准关系标志。这类紧缩句，表示"无论……都……""如果……就……""只要……就……"等意思，其中的疑问代词具有任指性。如："这姑娘谁见谁喜欢！"｜"大家可以想到什么写什么。"｜"军人嘛哪里需要哪里去。"｜"这家伙有多少输多少！"

从结构层次看，紧缩句一般是单重的，但偶尔也有多重的。看这个例子：

（26）（我用木梳和牛角梳，坚决拒绝各种奇形怪状的时髦的梳子，）它们无论外观多么华美都会产生静电而损伤人类的头发。（池莉《真实的日子》，《池莉精品文集》490页）

上面这个紧缩句，包含有两个层次："它们无论外观多么华美｜都会产生静电 || 而损伤人类的头发。"

紧缩句是复句向准单句发生异变的一种形式，从一个侧面反映了汉语语法结构的趋简性特点。关于紧缩句，第五编第三章"复句与单句的对立和纠结"里还有论说。有间复句即一般情况的复句。在跟紧缩句进行对照分析时，"有间复句"这一术语才有意义，否则是根本用不着的。

三、有标与无标

根据关系标志的有无，复句可以划分为有标复句和无标复句。

有标复句，是使用了关系标志、形成了特定句式的复句；无标复句，是语表上不出现关系标志的复句。比如：

因为贫农最革命，所以他们取得了农会的领导权。

贫农最革命，他们取得了农会的领导权。

前一例是有标复句，后一例是无标复句。

口语中，无标复句的使用频率高于有标复句。然而，对复句进行语法分析，有标复句的实际作用大于无标复句。给无标复句归类，同样需要“从关系出发，用标志控制”。办法是：首先，明确语境；接着，配上标志。例如：

（27）我轻轻地放开朱钢的身躯，一点点地挪动着，小心翼翼地从他身边爬出睡袋。（晓剑、严亭亭《雪痕》，《小说家》1985年第3期134页）

（28）秦疯子死命挣扎着，大骂着。（罗继长《天，还是蓝蓝的》，《小说家》1985年第3期153页）

前一例可配上“……接着……”，后一例可配上“一边……一边……”，可以分别归入连贯句和一般并列句，都是并列类复句。

（29）王海珍靠久了，想活动一下身体。（罗继长《天，还是蓝蓝的》，《小说家》1985年第3期15页）

（30）你不答应，我会难过一辈子的。（罗继长《天，还是蓝蓝的》，《小说家》1985年第3期158页）

前一例可配上“……因此……”，后一例可配上“如果……就……”，可以分别归入一般因果句和一般假设句，都是因果类复句。

（31）我提出要见见海珍，他们不让。（罗继长《天，还是蓝蓝的》，《小说家》1985年第3期161页）

（32）你想人家，人家不想你。（罗继长《天，还是蓝蓝的》，《小说家》1985年第3期171页）

这两例可配上“……但是……”，可以归入转折句，是转折类复句。

需要指出的是：

第一，有的复句不能无标。比如递进句和选择句，如果完全没有“不但……而且……”“或者……或者……”等标志，就会被当作一般并列句。比较：

当时，不但有人要求转系，而且有人要求退学。(递进句)

当时，或者有人要求转系，或者有人要求退学。(选择句)

当时，有人要求转系，有人要求退学。(平列句)

第二，有的复句很难有标。它本身无标志，也很难直接给它配上什么标志。例如：

(33) 院子里静悄悄的，淡淡的月光涂抹得景物若明若暗。(罗继长《天，还是蓝蓝的》，《小说家》1985 年第 3 期 162 页)

(34) 原来肖疙瘩本是贵州的一个山民，年轻时从家乡入伍。(阿城《树王》，《中国作家》1985 年第 1 期 96 页)

这类复句为数不多，在关系上都属于并列类的聚合，可以叫作无标并列句。探讨无标并列句的逻辑基础和 pq 间语义关系，揭示相关的规律，很有必要。这有待今后再作努力。

第三，有的复句介于有标和无标之间。pq 之间也用关系词语，但所用的关系词语并非跟一种或两种关系发生固定的联系，不是典型标志，只能说是“准标”。比如：

既 p，又 q。

p，又 q。

根据“既……又……”，可以断定是一般并列句，但只根据“……又……”，无法肯定地判别是什么复句。对于这样的复句，归类时还是得联系具体语境，配上典型标志。例如：

(35) 金銮山连着几年风调雨顺，家家又听到鸡鸭叫……(杨东明《当白雪遮盖山头的时候》，《小说家》1983 年第 2 期 15 页)

(36) 他早想除掉翁柯，又苦无借口。(王中才《龙凤砚》，《春风》1982 年第 1 期 133 页)

前一例，可配成“因此（家家）又”，可归因果句；后一例，可配成“但又”或“却又”，可归转折句。又如：

(37) 他是学哲学的，又是教哲学的。(宋学智《前面是太阳

岛》，《萌芽》增刊1983年第3期7页）

（38）猫头跳上那个用几根木头钉起来的干木工活的台子，又从台子跳上荆华的后背。（张洁《方舟》，《收获》1982年第2期27页）

前一例，可配成“既……又……”，可归一般并列句；后一例，可配成“接着又”，可归连贯句。

只用“准标”的复句，在跟具体关系的联系上具有多可性，反映了复句复杂的类交叉现象。

四、陈述和非陈述

根据句末语气的类型，复句可以分为陈述型复句和非陈述型复句。非陈述型复句，包括问话型复句、祈使型复句和感叹型复句。比较：

他去应聘，问题就解决了。（陈述型）

他去应聘，父母有意见吗？（问话型）

他去应聘，你可别拖后腿！（祈使型）

他去应聘，弟兄们好高兴！（感叹型）

这种划分，仅就句末语气而言。划分结果，跟单句情况相同。然而，如果再考察一下前分句，或者说，如果把前后分句联系起来进行考察，那么就可以发现，一个复句不一定只有一种语气。有时，前分句可以是甲语气，后分句可以是乙语气。这表明，包含两个或多个分句的复句，跟单句比较起来，在语气上也存在差异性。例如：

（39）看什么看，都七老八十了。（凌可新《雪境》，《小说月报》1999年第9期24页）

（40）早些时候谁料到“海马”有今日的昌盛和庞大，以为不过是个文学沙龙罢了。（池莉《与历史合谋》，《池莉精品文集》745页）

这两例，前分句都是问话型（分句中分别用了疑问代词“什么”和“谁”），后分句都是陈述型，即“问话＋陈述”。又如：

（41）去照顾你妈吧，她身边不能离开人。（池莉《雨中的太

阳》，《池莉精品文集》734 页）

（42）别玩得太晚了，明天我们还要到开发区去审批一个重大项目。（李肇正《亭子间里的小姐》，《小说月报》1999 年第 10 期 89 页）

这两例，前分句都是祈使型（分别为肯定式祈使和否定式祈使），后分句都是陈述型，即“祈使＋陈述”。又如：

（43）太好了，我请你喝饮料。（池莉《一去永不回》，《池莉精品文集》688 页）

（44）我讲得太多了，占了别人的时间。（阿宁《无根令》，《小说月报》1999 年第 9 期 9 页）

这两例，前分句都是感叹型（都用了“太……了”的说法），后分句都是陈述型，即“感叹＋陈述”。又如：

（45）快来了，坚持住呵！（池莉《雨中的太阳》，《池莉精品文集》735 页）

（46）你来个独唱，你会唱《鸽子》吗？（池莉《雨中的太阳》，《池莉精品文集》732 页）

前一例，前分句是陈述型，后分句是祈使型，即“陈述＋祈使”；后一例，前分句是祈使型，后分句是问话型，即“祈使＋问话”。

跟语调的描述一样，语气的描述同样需要语音实验手段的帮助。可以断言，若能在语音实验手段的帮助下对复句的语调语气获得清楚的了解，这将是复句研究的新突破。

本章小结

凡是复句，都包含两个或两个以上的分句。一方面，复句是“句”，具有“句”的基本特征；另一方面，复句包含两个或更多的分句，所包含的分句既是相对独立的，又是互相依存的。

复句的关系分类，是复句最重要的分类，是建构复句系统的基础性工作。进行关系分类，以“从关系出发，用标志控制”为原则，以

“分类原则必须具有同一性和彻底性，分类结果必须具有切实性和全面性”为要求。

复句的非关系分类，可以从不同角度进行。根据组织层次的不同，复句可以划分为单重复句和多重复句；根据关系标志的有无，复句可以划分为有标复句和无标复句；根据分句与分句间隔情况的不同，复句可以划分为有间复句和异变形式紧缩句；根据句末语气的类型，复句可以划分为陈述型复句和非陈述型复句，非陈述型复句又包括问话型复句、祈使型复句和感叹型复句。

附注

①ø 表示“蒙后省”或“承前省”。

第二章 复句的关系标志

特定的复句关系，由特定的复句关系词语标示出来。因此，复句关系词语成了复句在语表形式上的关系标志。复句系统的建构，实质上是通过“抓住标志”来实现的。

第一节 复句关系词语的性质和范围

复句关系词语，是复句中用来联结分句、标明关系的词语。了解复句关系词语，首先要对其性质和范围有最基本的认识。

一、性质

复句关系词语具有复句关系的标志性。

绝大多数的复句，或者分句与分句之间用了特定关系词语，或者分句与分句之间可以用上特定关系词语。如果说，一个一个的分句是复句中表明实义的构件，那么，复句关系词语便是复句中标示关系的构件。正因如此，特定的复句关系词语所构成的句式，可以看作特定的复句格式。例如：

(1) 既然玛旁雍措已被界定为“圣湖”了，那么兰嘎措就应该理所应当成为“鬼湖”。退一步说，即使兰嘎措不成为“鬼湖”，那么别的什么湖也要成为“鬼湖”。（余纯顺《走出阿里》，《小说月报》1996 年第 12 期 22 页）

这里连用了两个复句。“既然……（那么）就……”，标明第一个复句有推论因果的关系，是推断句的形式标志；“即使……（那么）也……”，标明第二个复句有让步转折的关系，是虚拟性让步句的形式标志。又如：

(2) 孟人霞虽然已经作了体检，但还不是最后决定。既然情况有出入，还需要调查。如果属实，可以纠正。(曹玉林《祠堂里的学校》,《当代》1982 年第 3 期 172 页)

这里有三个复句。“虽然……但……”，标明第一个复句有让步转折的关系，是让步句的形式标志；“既然……（就）……”，标明第二个复句有推论因果的关系，是推断句的形式标志；“如果……（就）……”，标明第三个复句具有假设性的因果关系，是假设句的形式标志。再如：

(3) 虽然李岑什么也没说，但苏青相信自己的感觉。不管自己的感觉准不准，她想稍稍回避一点。她在商业大楼转了一圈，然后步行回所。既要标明自己不愿陷得太深，也要把好意做得像无意一样的不露痕迹。(王石《雁过无痕》,《中篇小说选刊》1997 年第 3 期 137 页)

这里有四个复句。“虽然……但……”，标明第一个复句有让步转折的关系，是让步句的形式标志；“不管……（都）……”，标明第二个复句有让步转折的关系，是无条件让步句形式标志；“……然后……”，标明第三个复句具有先后承接的连贯关系，是连贯句的形式标志；“既……也……”,标明第四个复句有平排并列的关系，是平列句的形式标志。

有时，句式套叠，便会形成多重复句。在多重复句里，关系词语作为关系标志在不同结构层次上使用。比如：

(4) 因为我们是为人民服务的，所以，我们如果有缺点，就不怕别人批评指出。(毛泽东《为人民服务》)

“因为……所以……”标明因果关系，“如果……就……”标明假设关系。上例里，两个句式套叠起来，形成了一个二重复句：

因为……所以 [如果……就……]。

又如：

(5) 主子既（然）知钟麒忠心不二，（那么）奴才就是身死万

军之中，或受炮烙之刑，也都甘之如饴！（二月河《乾隆皇帝·夕照空山》66页）

“既然……那么……”标明推断关系，“就是（即使）……也……”标明让步关系，“……或……”标明选择关系。上例里，三个句式套叠起来，形成了一个三重复句：

既然……那么［就是<……或……>也……］。

任何复句关系词语所标明的任何关系，包括上面几个例子里的因果关系、推论关系、让步关系、平列关系、连贯关系和选择关系等，都是抽象的“逻辑－语法”关系，而不是具体的句子的含义。

二、范围

复句关系词语是根据联结分句、标明相互关系、形成复句格式的共同特点组合拢来的一些词语，没有十分明确的标准，因而也没有十分明确的范围。

大体说，有四种：

第一，句间连词。它们通常连接分句，不充当句子成分。如“因为”“所以”“虽然”“但是”“不但”“而且”等等。

第二，关联副词。它们一般既起关联作用，又在句子里充当状语。如“就”“又”“也”“还”等等。

第三，助词“的话”。这是一个表示假设语气的助词，总是用在假设分句末尾，标明分句与分句之间具有假设和结果的关系。

第四，超词形式。它们本身已不是一个词，如“如果说”“若不是”“不但不”“总而言之”等等。有的超词形式，如“不但不”，是跨语法单位的非完整形式：“不但不 p，反而 q”，按层次关系，不是“不但不｜ p，反而 q”，而是“不但｜不 p，反而 q”。“就因为”“就是因为”“正因为”“正是因为”“正由于”“正是由于”等关系词语，也是跨语法单位的超词形式。

从上面所列举的种种词语，可以知道：

第一，在词类系统中，关系词语不属于固定的类。可以是连词，也可以是关联副词，还可以是别类的词。比如：

因为 p，所以 q。

无论 p，都 q。

如果 p 的话，就 q。

是 p，还是 q?

“因为”“所以”“无论”“如果”“而”是连词，“都”“就”是关系副词，“的话”是语气助词，“是”是判断动词（“还是”是“副词＋判断动词”）。

第二，在语法单位中，关系词语不处于固定的级。可以是词，也可以是比词大的单位。比如：

除非 p，否则 q。

要么 p，否则的话 q。

与其说 p，不如说 q。

不但不 p，反而 q。

“除非”“要么”“否则”“反而”是词，“否则的话”“与其说”“不如说”“不但不”是比词大的单位。

第三，在造句功用上，关系词语不具有划一性。有的是纯粹标明复句关系的语法成分，有的则在标明复句关系的同时兼作某个句子成分。比如：

无论 p，都 q。

是 p，还是 q?

“无论……都……”标明无条件让步的关系。但“无论”是连词，专门起标明关系的语法作用；“都”却是副词，除了起关联作用，还兼作状语。

“是……还是……”标明选择关系。但有不同情况：

是找熟人，还是有公事?

是关系户，还是老同学?

在前一例里，“是……还是……”只标明选择关系；在后一例里，“是……还是……”除了标明选择关系，还兼作句子成分：“是”兼作动语，带判断宾语“关系户”“老同学”，“还”兼作状语。

总起来看，作为复句的关系标志，关系词语这一群体的集结撇开了甲类词和乙类词的界限，撇开了词和短语的区别，有时甚至突破了结构层次的限制。由于根据的是“联结分句标明关系”的共同点，而怎样才算“联结分句标明关系”，不同的人会有不同的理解，因而划定关系词语的范围有严有宽，可严可宽。对于关系词语的这种模糊性，应该如何看待？一方面，在条件的严和宽的科学性上，在相应的处理结果的准确性上，都需要作进一步的探讨和考察，以求对有关的事实作出更加合理的解释和描写。另一方面，也应认识到，这种模糊性也许会永远存在，即使研究工作再深入，也无法做到绝对的清晰。这没什么关系。因为有最一般最常用的“点标志”作为基准，所以不管严与宽的程度如何，或者说不管所认定的“标志群”是小一点还是大一点，从宏观上讲，都不会影响人们对复句关系的判定。

有一点必须明确：关系词语包括复句关系词语和非复句关系词语。有的关系词语，比如“和”“与”“及”，它们在词语和词语之间起关联作用，不是句间连词，因此肯定不属于复句关系词语。

第二节　复句关系词语的作用

讲某个复句关系词语，首先总要说它用来“表示”什么关系。这自然是最基本的解释。然而，仅仅这么说，还没有揭示复句关系和关系词语之间多种多样的联系。

一、静态和动态

复句关系词语的作用，需要从静态和动态两个角度去考察。

从静态的角度看，即从关系词语的运用结果看，关系词语的作用是标明复句关系。如“因为……所以……”标明因果关系，“虽然……但是……”标明容认性让步转折关系，“即使……也……”标明虚拟性让步转折关系。标明，通常也叫作表示或标示，指的是见于语表的静态结果。

从动态的角度看，即从关系词语的运用过程看，对于隐性的逻辑基础来说，关系词语的作用有四种：一是显示，二是选示，三是转化，四是强化。显示、选示、转化或者强化，指的都是由语里到语表的动态过程。

静态结果和动态过程的关系，可用下图表示：

<table>
<tr><th colspan="2">过程</th><th>结果</th></tr>
<tr><td>显示</td><td>→</td><td rowspan="4">标明</td></tr>
<tr><td>选示</td><td>→</td></tr>
<tr><td>转化</td><td>→</td></tr>
<tr><td>强化</td><td>→</td></tr>
</table>

为了深入地而不是表面地了解复句现象，既有必要从静态结果的角度了解关系词语，更有必要从动态过程的角度了解关系词语。

二、显示、选示、转化和强化

（一）显示

所谓“显示”，是用某种形式显示某种关系。即：两个分句之间本来隐含某种关系，人们运用表示这种关系的关系词语显示了这种关系。例如：

（6）因为我努力工作，得到了公司的特别津贴，所以现在能够全部还清债款。（高中《语文》第三册）

（7）我努力工作，得到了公司的特别津贴，但是现在还不能全部还清债款。

这两例都是显示。前一例，用“因为……所以……”显示了“我努力工作，得到了公司的特别津贴”和“现在能够全部还清债款”之间的因果关系；后一例，用“……但是……”显示了“我努力工作，得到了公司的特别津贴”和“现在还不能还清债款”之间的转折关系。再比较：

距离很远，他的话听不清楚。

→因为距离很远，所以他的话听不清楚。

距离很远，他的话还听得相当清楚。

→虽然距离很远，他的话却还听得相当清楚。

这两例也是显示。前一例，分句间本来就有因果关系，用“因为……所以……”显示了这种关系；后一例，分句间本来就有转折关系，用“虽然……却……”显示了这种关系。假若前一例换用“虽然……却……”，后一例换用“因为……所以……”，都不行：“*①虽然距离很远，他的话却听不清楚。”｜“*因为距离很远，所以他的话还听得相当清楚。”再比较：

有人接站，有人安排住宿。

→既有人接站，也有人安排住宿。

有人接站，没人安排住宿。

→虽然有人接站，但没人安排住宿。

这两例也是显示。前一例，分句间本来就有并列关系，用“既……也……”显示了这种关系；后一例，分句间本来就有转折关系，用“虽然……但……”显示了这种关系。假若前一例换用“虽然……但……”，后一例换用“既……也……”，都不行：“*虽然有人接站，但有人安排住宿。”｜“*既有人接站，也没人安排住宿。”

（二）选示

所谓“选示”，是有选择地用某种形式显示两种或多种关系中的一种。

如果客观上pq之间的关系是A，语表上也通过关系词语标明为A，或者，客观上pq之间的关系是B，语表上也通过关系词语标明为B，那么，都是显示。如果客观上pq之间的关系是A B，语表上通过关系词语标明为A，或者标明为B，这便是选示了。选示的逻辑基础，是事物间关系的多可理解；选示的过程，是多选一的过程，即根据表述者的理解与需要有所选择的过程。例如：

学英语，学法语。

→甲：既学英语，又学法语。

→乙：不但学英语，而且学法语。

“学英语”和“学法语”，就逻辑基础而言，可能是地位平等的，也可能是具有层级性的。因此，可以理解为并列关系，也可以理解为递进关系。表述中，甲看重其中的平等地位，便用“既……又……”标示为并列关系，乙看重其中的层级性，便用“不但……而且……”标示为递进关系。这就是选示。又如：

他肯出面，事情好办。

→甲：因为他肯出面，事情好办。

→乙：既然他肯出面，事情好办。

→丙：只要他肯出面，事情好办。

“他肯出面”和“事情好办”之间的关系，就逻辑基础而言，存在多可理解。甲把“他肯出面”当作事实上的原因，便选用“因为……（所以）……”标示为因果关系；乙把“他肯出面”当作推论的理由，便选用“既然……（就）……”标示为推断关系；丙把“他肯出面”当作特定的条件，便选用“只要……（就）……”标示为条件关系。对于逻辑基础来说，甲、乙、丙选用不同关系词语标示不同关系，都是选示。

（三）转化

所谓“转化”，是用特定形式转化某种关系。即：关系词语所标明的关系，对本来存在的关系有所转化。例如：

（8）许多事情都搞清楚了，许多人都觉得在精神上高大了起来。

（9）许多事情都搞清楚了，许多人因而都觉得在精神上高大了起来。

前一例，不用关系标志。从逻辑基础上考虑，若要断定其分句间的关系，都会认为“许多事情都搞清楚了”是因，“许多人都觉得在精神上高大了起来”是果。后一例用“……因而……”，这是显示，即用标示因果关系的词语直接显示因果关系。然而，再看这个例子：

（10）现在，不但许多事情都搞清楚了，而且许多人都觉得在精神上高大起来。（姜滇《清水湾，淡水湾》，《十月》1982年第3期85页）

上例用“不但……而且……”把“许多事情都搞清楚了”和“许

多人都觉得在精神上高大起来”之间的关系标示为递进关系了。由因果关系到递进关系，这是一种转化。

有时，转化表现为虚实关系的转化。比方，“化实为虚，实事虚说”，也是一种转化。例如：

(11) 当时他打了我，过后我并不记恨他。

(12) 虽然当时他打了我，可过后我并不记恨他。

前一例不用关系标志，后一例用了“虽然……可……”。“当时他打了我”本来是事实，用容认性让步句“虽然 p，可 q”，标示了实让，这便是显示。然而，再看这样的说法：

(13) 即使当时他打了我，可过后我并不记恨他。

这一例用的是虚拟性让步句“即使 p，可 q”，标示了虚让。这里，本为事实的“当时他打了我”，被用虚拟的口气表述出来了。由事实到虚拟，也是一种转化。第四编第十章“实言‘即使 p，也 q’句式”，对有关事实有较为细致的描写。

转化的过程，是视点转移的过程。即：逻辑基础为 A，主观视点上转化为 B，于是语表上标示 B。参看第五编第一章“复句格式对复句语义关系的反制约”。

(四) 强化

所谓“强化”，是用特定形式强化已由某种格式所显示的某种关系。

复句中，有这么一种情况：分句与分句之间本来隐含某种关系，这种关系已用某种关系词语显示了出来，可是，为了强化这种关系，可以再加上更为明显地标示这种关系的词语。比如：“这种浪费现象即使不严重，也应该引起我们的高度重视。”“不严重”和“应该引起我们的高度重视”之间本来有转折关系，“即使……也……”是表示先让步后转折的句式，因此已经显示了这种关系，但是，如果觉得还需要强调，就可以添加“但”，说成：“这种浪费现象即使不严重，但也应该引起我们的高度重视。”这样，这个复句的转折关系便被突出地强调出来了。再比较：

(14) 即使是个别情况，也是重要情况！

(15) 即使是个别情况，但也是重要情况……（周而复《南京的陷落》，《当代》1985 年第 5 期 208 页）

前一例是显示：把本来隐含的让步转折关系通过“即使……也……”显示了出来。后一例是强化：加上“但”，在已由“即使……也……”所标示的让步转折关系中，进一步强化转折关系，使之更为明显。

由于“强化”是在一种标志的基础上再加上一种标志，因此，强化的结果，就会造成“标志复现”现象。

必须指出：第一，“强化”现象丰富复杂，不仅限于“即使 p，但也 q”的说法。后面的论说，将多处提到“强化”现象。第二，“标志复现”现象丰富复杂，不仅限于“强化”现象。可参看第五编第一章“复句格式对复句语义关系的反制约”。

本章小结

复句关系词语，在复句中联结分句，标明关系，构成特定的复句格式。

复句关系词语没有十分明确的范围。在词类系统中，不属于固定的类；在语法单位中，不处于固定的级；在造句功用上，不具有划一性。如何划定范围，需要作进一步的探讨。

复句关系词语的作用应该从静态和动态两个侧面去考察。从动态上明确关系词语对复句关系的显示、选示、转化和强化的区别，对于了解复句形式的表里关系、甲种形式和乙种形式的关系，大有好处。

附注

① * 表示该例句为病句。

第三章　复句三分系统勾描

本书把复句的关系类别划分为三大块："因果"一块，"并列"一块，"转折"一块。以此为基点，建构汉语的复句三分系统。

本章对复句三分系统作简括的勾描。为什么采用三分系统，而不采用"联合"与"偏正"的二分系统？本章将简单地述说作者的思考。

在本书的复句三分系统中，术语的选用尽量沿用通行的说法。不过，某些术语的实际含义可能有所变动。这一点，系统勾描中将在适当的地方一一点明。

第一节　因果·并列·转折

勾描复句三分系统，首先出现的是：

<table>
<tr><td rowspan="3">复句</td><td>因果类复句</td></tr>
<tr><td>并列类复句</td></tr>
<tr><td>转折类复句</td></tr>
</table>

看下面的例子：

因果：有人找他，他很高兴。
　　　→因为有人找他，所以他很高兴。
并列：有人找他，有人找我。
　　　→既有人找他，又有人找我。
转折：有人找他，他很冷淡。
　　　→有人找他，但他很冷淡。
　　　有人找他，没人找我。
　　　→有人找他，但没人找我。

分句pq，有时互为因果，有时彼此并列，有时存在转折。这是汉语复句所包含的三种最基本的关系。不管实际语言运用中复句如何千变万化，说到底，都离不开这三种关系。

一、因果类复句

勾描因果类复句，又会出现：

<table>
<tr><td rowspan="6">因果类
复句</td><td>因果句</td></tr>
<tr><td>推断句</td></tr>
<tr><td>假设句</td></tr>
<tr><td>条件句</td></tr>
<tr><td>目的句</td></tr>
<tr><td>……</td></tr>
</table>

例如：

因为有人找他，他很高兴。（因果句）

既然有人找他，他一定很高兴。（推断句）

如果有人找他，他准会很高兴。（假设句）

只要有人找他，他定会很高兴。（条件句）

一定要有人找他，以便让他高兴高兴。（目的句）

必要的解释：

第一，因果类复句是表示广义因果关系的各类复句的总称。

这一大类复句，反映各种各样的因果聚合。事实的因果固然属于因果聚合，假定的因果也属于因果聚合；说明性的因果固然属于因果聚合，推论性的因果也属于因果聚合；已然性的因果固然属于因果聚合，期盼性的因果也属于因果聚合。这就是说，排除现实性和假设性、说明性和推断性、已然性和期盼性等差异，甲乙两事之间只要存在因与果相互顺承的关系，都是广义因果关系；属于这一关系范畴的复句，都是因果类复句。上面的例子，尽管它们有所不同，但基本构成材料“有人找他”和“他高兴”之间都具有因果关系。

第二，因果类复句以“因为……所以……”为点标志。“既然……就……”“如果……就……”“只要……就……”“只有……才……”

“……以便……”等都是标志群。

第三，以因果聚合的共同点为根基，根据关系标志所构成的不同句式，因果类复句可以分为因果句、推断句、假设句、条件句、目的句等。

①因果句——“说明性因果句”的简称。说明事物间的因果联系。作为代表性形式标志，“因为……所以……”既是整个因果类复句的点标志，也是因果句的点标志。“由于……因而……”“……因此……”“……以致……”等属于标志群。跟广义因果关系相对而言，因果句所表明的因果关系是最典型的、严格意义上的因果关系。

②推断句——“据实性因果推断句”的简称。以事实为根据推断事物间的联系。代表性形式标志是“既然……就……”。“既……就……”“……可见……”等属于标志群。跟“因为……所以……”句式相比较，这类句式更重视理据性，更强调判断或行为有所据。

③假设句——“假设性因果推断句”的简称。以假设为根据推断某种结果。代表性形式标志是“如果……就……”。“要是……就……”“假若……就……”等属于标志群。跟推断句相比较，这类复句不是以事实作为推断的前提，而是以某种假设即某种虚拟性原因作为推断的前提。

④条件句——“条件性因果推断句”的简称。以条件为根据推断某种结果。代表性形式标志是“只有……才……”和“只要……就……”。“惟有……才……”“除非……才……”等属于标志群。跟假设句相比较，这类复句也以虚拟性原因作为推断前提，但着重强调所虚拟的原因是条件。

⑤目的句——“目的性因果隐含句”的简称。述说某种行为及其目的。代表性形式标志是“……以便……”和“……以免……”。“……借以……”“……用以……”“……免得……”“……省得……”等属于标志群。这类复句，在隐含的关系上跟因果句相通。

第四，从级别上说，因果类复句是一级复句类，因果句、推断句、假设句、条件句、目的句等是二级复句类。然而，因果类复句只是为一个大群体划出一个大范围，因果句、假设句等二级复句类才是复句关系类别的基本类型。只有这些基本类型，才是由某种特定形式来标示某种特定关系的，换句话说，才是语表和语里相互制约因而可以进行表里验证的。正因如此，分析复句关系类别，要把重点放在因果句、假设句等二级类别上面。

第五，二级类别是非封闭的。就是说，只要有特定的形式标志，就可以增加新的类别。所增加的类别，可以通过类比求同察异的办法来确定。例如：

因为面临困境，才另找出路。
如果面临困境，就另找出路。
只有面临困境，才另找出路。
只要面临困境，就另找出路。
越是面临困境，越要另找出路。
与其面临困境，倒不如另找出路。

上面的例子用了不同的关联格式，关联的却都是“面临困境”和“另找出路”，可见这些格式有相通之处。然而，“越 p，越 q”“与其 p，不如 q”形成了特定句式，标示出跟其他因果类复句有所不同的关系。因此，可以概括为：

①倚变句——也叫“条件倚变句”，是“条件性因果倚变推断句”的简称。请看第四编第七章“‘越 p，越 q’句式及其与转折句的牵连”。

②择优句——也叫“择优推断句”，是“择优性因果推断句”的简称。请看第二编第八章“‘与其 p，不如 q’句式”。

二、并列类复句

勾描并列类复句，又会出现：

并列类复句	并列句
	连贯句
	递进句
	选择句

例如：

既有人找他，又有人找我。（并列句）

先有人找他，接着有人找我。（连贯句）

不仅有人找他，而且有人找我。（递进句）

或者有人找他，或者有人找我。（选择句）

必要的解释：

第一，并列类复句是表示广义并列关系的各类复句的总称。

这一大类复句，反映各种各样的并列聚合。横式并列固然属于并列聚合，纵式并列也属于并列聚合；共时性的并列固然属于并列聚合，历时性的并列也属于并列聚合；合取性的并列固然属于并列聚合，析取性的并列也属于并列聚合。这就是说，排除种种差异，几件事之间只要存在并举罗列的关系，而不存在因果联系，那么都是广义并列关系。属于这一关系范畴的复句，都是并列类复句。上面的例子，尽管它们有所不同，但基本构成材料“有人找他”和“有人找我”之间都是并列的关系，而不是互为因果的关系。

第二，并列类复句以“既……又……”为点标志。“……接着……”“不但……而且……”“或者……或者……”等都是标志群。

第三，以并列聚合的共同点为根基，根据关系标志所构成的不同句式，并列类复句可以分为并列句、连贯句、递进句和选择句。

①并列句——分句间有平列并举关系的复句。这类复句是合取性的。“既……又……”既是并列类复句的点标志，也是一般并列句的点标志。“既……也……”“又……又……”“也……也……”“一面……一面……”等属于标志群。跟广义并列关系相对而言，并列句所表明的并列关系是最典型的、严格意义上的并列关系。

②连贯句——分句间有先后相继关系的复句。这类复句也是合取性的。这类复句所说的事，在时间先后上形成纵线序列。“……接着……”是点标志，“……然后……”“……又……”等属于标志群。

③递进句——分句间有层递关系的复句。这类复句也是合取性的。“不但……而且……”是点标志，“不仅……并且……”“尚且……何

况……”“……更……”等属于标志群。

④选择句——分句间有选择关系的复句。这类复句是析取性的。“或者……或者……”是点标志，“是……还是……”“不是……就是……”“要么……要么……”等属于标志群。

第四，从级别上说，并列类复句是一级复句类，并列句、连贯句、递进句、选择句等是二级复句类。然而，并列类复句只是划出一个大范围，概括了一个大群体。作为复句关系类别的基本类型的，则是二级复句类并列句、连贯句、递进句和选择句。这是因为，并列句等二级类别才是由某种特定形式来标示某种特定关系的，才是语表和语里相互制约因而可以进行表里验证的。正因如此，分析复句关系类别，要把重点放在并列句、递进句等二级类别上面。

第五，二级类别情况复杂多样。有的句式，比如“不但不 p，反而 q”句式，是由“不但 p，而且 q”句式衍生出来的，既不好说是“不但 p，而且 q”的下位句式，也不好说是“不但 p，而且 q”的同级句式。这类句式具有特殊性，可以作个案考察。请看第四编第八章“‘不但不 p，反而 q’句式及其与转折句的牵连”。

三、转折类复句

勾描转折类复句，又会出现：

<table>
<tr><td rowspan="6">转折类复句</td><td colspan="2">转折句</td></tr>
<tr><td rowspan="4">让步句</td><td>实让句</td></tr>
<tr><td>虚让句</td></tr>
<tr><td>总让句</td></tr>
<tr><td>忍让句</td></tr>
<tr><td colspan="2">假转句</td></tr>
</table>

例如：

有人找他，但他并不高兴。（转折句）

有人找他，但没人敢找我。（转折句）

虽然有人找他，但他高兴不起来。（让步句）

即使有人找他，他也高兴不起来。（让步句）

想必有人找他，否则他不会这么高兴。（假转句）

幸亏也有人找他，否则没有人敢找我。（假转句）

必要的解释：

第一，转折类复句是表示广义转折关系的各类复句的总称。

这一大类复句，反映各种各样的转折聚合，包括种种直截了当的转折、先作让步的转折和假言否定性转折的聚合。其聚合点，是事物间的逆转性，或者说是事物间的矛盾对立。以上各例，尽管有这样那样的差异，但分句与分句之间都具有逆转性。

第二，转折类复句以“……但是……”为点标志。“虽然……但是……”“即使……也……”“……否则……”等都是标志群。

第三，以转折聚合的共同点为根基，根据关系标志所构成的不同句式，转折类复句可以分为转折句、让步句和假转句。

①转折句——分句间有突然转折关系的复句。作为代表性形式标志，“……但是……”既是整个转折类复句的点标志，也是转折句的点标志。“然而”“可是”“不过”等属于标志群。跟广义转折关系相对而言，转折句所表明的转折关系是最典型的、严格意义上的转折关系。这类转折句，前分句没有预示后分句将要转折的任何标志，它所表示的是突然的直截了当的转折，因此，严格地说，应该叫作突转句或者直转句。在跟让步句、假转句对比使用时，突转句或直转句的说法更加明晰；但在通常情况下，说是转折句即可。

②让步句——分句间有先让后转关系的复句，也叫让转句。所谓“先让后转”，即先让步，后转折。其突出特点，是前分句出现“虽然”“即使”等让步标志，预示后分句将有转折。这类复句，以“虽然……但是……”为点标志，“即使……也……”“无论……都……”“宁可……也……”等属于标志群。

③假转句——分句间有假转关系的复句。所谓“假转”，即假言否定性转折。这类复句，先指明甲事，接着指出如果不这样就会成为乙事。以“……否则……”为点标志，“……不然……”“……要不……”“……要不然……”等属于标志群。

作为转折类复句，假转句的"假转"不同于直转句、让转句的"转折"。但是，不管怎样，前后分句之间毕竟存在逆转。例如：

他们天天打拳，但是身体还是不好。

他们天天打拳，否则身体不会这么好。

你应该学打拳，但是不宜多跑步。

你应该学打拳，否则应该多跑步。

上例"但是"固然表示逆转，"否则"同样也表示逆转，只不过逆转的具体含义有所不同罢了。从宽泛的意义上说，任何逆转都可以认为是转折。

第四，从级别上说，转折类复句是一级复句类，转折句、让步句和假转句是二级复句类。然而，跟因果类复句和并列类复句情况一样，转折类复句只是划出一个大范围，概括了一个大群体，作为复句关系类别的基本类型的，则是二级复句类转折句、让步句和假转句。分析复句关系类别，重点要放在指出转折句、假转句这样的二级类别上面。

第五，根据"从关系出发，用标志控制"的原则，让步句又可以分为实让句、虚让句、总让句和忍让句四种。尽管它们都是三级复句类，但是，由于它们各有点标志和标志群，或者说，它们各有特定的格式，因此，分析复句关系类别时，最好不仅指明是"让步"，而且具体指明是"实让""虚让""总让"或"忍让"。

第二节　复句句式和复句类别

复句类别受到复句句式的规约。但是，复句句式和复句类别往往不是一对一的关系。就是说，一种句式和一种类别之间的联系不一定是专一的绝对排他的。

一、多对一和一对多

多对一，指多个句式对一种关系；一对多，指一个句式对多种关系。即：

	句式	关系
多对一	多	一
一对多	一	多

一方面，标示某种关系类别，可以有多个句式。多个句式中，可能有的是点标志，有的属于标志群。例如：

句式	关系
“因为p，所以q”	说明因果
“由于p，øq”	
“øp，因此q”	

另一方面，同一个句式，可以用来标示多种关系。其结果，某种句式所能标示的关系便是跨大类或跨小类的。例如：

句式	关系
“一p，就q”	条件
	连贯

二、跨大类和跨小类

有的句式，它所标示的关系跨大类。大类，即因果类、并列类和转折类。以“一p，就q”来说，例如：

(1) 张老师一上课，学生就提前到教室抢座位。

(2) 张老师一上车，就有人给他递了一个条子。

前一例等于说“只要一……”，p是q的条件；后一例等于说“刚一……”，pq先后相继。前一例不能说成：“张老师刚一上课，学生就提前到教室抢座位。”后一例不能说成：“张老师只要一上车，就有人给他递了一个条子。”条件关系属于因果类关系，连贯关系属于并列类关系。

有的句式，它所标示的关系跨小类。小类，即因果类、并列类或转折类内部的关系类。以“任（凭）p，也q”来说，例如：

(3) 任凭谁怎么呼唤，它也不肯回来。（小学《语文》）

（4）任你武功再强，也决不能一跃而出……（金庸《神雕侠侣》）

前一例等于说“不管……”，是无条件让步关系，即总让；后一例等于说“即使……”，是虚拟性让步关系，即虚让。总让关系和虚让关系，都是转折类关系。

标志跨类的事实，从一个侧面反映了复句系统多样性的面貌。有关现象，请看第五编第二章“跨复句大类的几个关系标志”。

第三节　复句关系类别的三分和二分

本书为什么采用三分系统，而不采用“联合”与“偏正”的二分系统？这里需要略加讨论。

一、三分

把复句划分为因果类、并列类、转折类三大块，主要有以下三个方面的考虑。

第一，便于验证。

凡是分句间存在因果性，并且在形式上使用了或者可以转换出“因为……所以……”的，是因果类；凡是分句间具有并举罗列的关系，没有因果联系，形式上使用了或者可以添加上“既……又……”等的，是并列类；凡是分句间存在逆转性，并且在形式上使用了逆转性标志“但是、否则”等的，是转折类。所谓“转折”，有的是原因项和结果项之间的转折，即因果逆转；有的是并举项和并举项之间的转折，即甲乙逆转。作图表示：

因果 | 并列

转折

这三大块，由于在“语里一语表”上存在规定性，因此是可验证的。

第二，便于形成系统。

因果、并列和转折三大类各自的规定性，决定了它们相互之间的区别性。以其规定性作为演绎或类比的前提，既容易讲清类统属，也容易讲清类跨属。一方面，可以比较明确地把各种复句句式分别归入相应的大类，从而把它们安置在特定的系统之中；另一方面，如果某种句式有时可以归入甲大类，有时可以归入乙大类，那么，这种句式就可以视作类跨属。

第三，便于解释事实。

因果、并列和转折三大类的划分，在对语言事实的分析中有很强的解释力。比如，对于转折类标志和因果类标志的复现现象，转折类标志和并列类标志的复现现象，因果类标志和并列类标志的复现现象，描写和解释都十分方便。又比如，“p，但是 q”有的能说成“虽然 p，但是 q”，有的不能说成“虽然 p，但是 q”，其原因，从“因果—转折”和“并列—转折”的关系演化上说，很容易讲清楚。

可能有人会提出这样的问题：跟因果相对的是非因果，跟并列相对的是非并列，跟转折相对的是非转折，怎么可以一次就分出三大块来呢？

给事物分类，A 和非 A 的分法和 A、B、C 的分法都是允许的。A 和非 A 的分类法是矛盾概念分类法，A 是肯定概念，本身有明显的内涵，非 A 是否定概念，它的内涵要依赖于 A，即以否定 A 的内涵为内涵，它本身没有肯定的内涵。A、B、C 的分类法是并列概念分类法，A、B 和 C 都各有自己的明确肯定的内涵。在语法研究中，学者们往往采取并列概念分类法，有时由于特殊的需要，才采取矛盾概念分类法。比如：

A 陈述句、疑问句、祈使句和感叹句

——并列概念分类法。

B 陈述句和非陈述句

——矛盾概念分类法（陈述句是立足点和侧重点）。

疑问句和非疑问句

——矛盾概念分类法（疑问句是立足点和侧重点）。

祈使句和非祈使句

——矛盾概念分类法（祈使句是立足点和侧重点）。

感叹句和非感叹句

——矛盾概念分类法（感叹句是立足点和侧重点）。

把复句划分为因果类、并列类、转折类三大块，这意味着其中任何一大块都同其他两大块相对立。讨论问题时，如果立足于甲块，那么乙块和丙块可以看作非甲；如果立足于乙块，那么甲块和丙块可以看作非乙；同样，如果立足于丙块，那么甲块和乙块可以看作非丙。

二、二分

所谓“二分”，指把复句划分为联合复句和偏正复句。

在汉语语法教学中，一般采取二分法。联合复句和偏正复句，二者非此即彼。如果立足于联合复句，那么二者相当于联合复句和非联合复句；如果立足于偏正复句，那么二者相当于偏正复句和非偏正复句。下面是教学中比较通行的分类系统：

复句	联合复句	并列复句
		连贯复句
		递进复句
		选择复句
	偏正复句	转折复句
		假设复句
		条件复句
		因果复句
		目的复句

“联合”“偏正”是一级复句类，“并列”“连贯”等是二级复句类。所谓“联合”，是分句平等联合，不分主次；所谓“偏正”，是分句有偏有正，正句为正意所在，偏句只起陪从的作用。在大多数的语法教材里，二级复句类的数目有所不同，名称有所不同，不过总的说来，路子是相同的。

这个二分系统，存在不少问题。

第一，解释不清事实。

首先，并列、连贯、递进等联合复句，分句与分句是不是任何时候都平等联合、不分主次？比较：

他不仅不后悔起用郎平，而且下决心锤炼她。

他不仅不后悔起用郎平，反而下决心锤炼她。

他不仅不后悔起用郎平，却反而下决心锤炼她。

上例都有递进关系。前一例用“而且”，已经强调了后分句的意思；中间一例改用“反而”，特别是后一例还加上转折词说成“却反而”，便更加明显地强调了后分句是正意之所在。显然，用平等和主次作为区别性特征，很难解释清楚诸如此类的现象。

其次，所谓“偏正复句”，到底哪个分句是“偏”，哪个分句是“正”？比较：

除非你答应结婚，否则我不理睬你！

除非他临时有事，否则他肯定会来！

同是“除非……否则……”，正意或前或后：前一例，正意在前分句“你答应结婚”；后一例，正意在后分句“他肯定会来”。按照一般的说法，偏正复句是前偏后正，这显然解释不了丰富复杂的语言事实。

第二，跟标志相冲突。

按偏正归类，有时会跟按标志归类发生冲突。因此，处理起语言事实来，会出现这也不好、那也不妥的两难情况。比如：

虽然爸爸反对，但是妈妈不反对。

爸爸坚决反对，但是妈妈不反对。

爸爸坚决反对，只是妈妈没做声。

有学者把“虽然……但是……”归入主从复句（相当于偏正复句），把“……但是……”归入等立复句（相当于联合复句）。然而，把分句与分句之间都用了转折词的复句分割为两块，实在让人难以接受。

通行的教学系统中把转折句归入偏正复句。这么处理，维护了用转折词的复句的完整性，然而，却在孰偏孰正的检验上遇到麻烦。以上面三个例子来说：前一例，的确是前偏后正，正意在后分句；中间一例，便很难说正意在哪个分句；后一例，由于用的是表示轻转的“只是”，反而是正意在前分句，即前正后偏了。

偏正毕竟只是意念上的东西。用偏正作为系统建构的基点，是很容易造成系统的混乱的。

第三，缺乏形式依据。

联合复句和偏正复句的区别，在结构形式上找不到依据。

有学者曾经从结构上进行过探索。他们认为，联合复句和偏正复句各有结构上的特点：偏正复句有封闭性，不能延长，采用二分法；联合复句是非封闭性的，采用多分法。比如，以递进复句来说：

不但你知道，而且我也知道。

→不但你知道，而且我也知道，甚至他也知道。

不但事情多，而且时间少。

→不但事情多，而且时间少，更何况要求高呢？

可见，递进复句可以延长，可以多分，属于联合复句。

问题在于：

一方面，有的明显属于联合复句的句式是封闭的，不能延长的，只能二分的。比如：

不是 p，而是 q。

这一句式，不管怎么扩展，不管是扩展成“不是……而是……而是……”，还是“不是……不是……而是……”，还是“不是……不是……而是……而是……”,都只能采用二分法。

另一方面，有的明显属于偏正复句的句式是非封闭的，可以延长的，可以多分的。以条件倚变句式“越 p，越 q”来说：

事情越多，时间越紧。

→事情越多，时间越紧，对效率的要求也就越高。

我们越了解情况，掌握的材料就越多。

→我们越了解情况，掌握的材料就越多，解决问题的信心也就越足。

也许可以这么辩论：“越……越……越……”尽管延长了，但仍然只能二分。即：

事情越多，‖时间越紧，｜对效率的要求也就越高。

然而，既然这么着，所说的“不但……而且……”的延长，又何尝不可以二分？情况可是完全相同的。比如：

不但事情多，|| 而且时间少，| 更何况要求高呢？

可知，从结构形式上区分“联合”与“偏正”的努力尽管是十分可贵的，但结果还是不能把二者区分清楚。

本章小结

本书根据因果、并列和转折的相互区别，建构复句三分系统；又进一步根据特定的形式标志，确定作为二级类别的复句基本类型。

复句句式和复句类别往往不是一对一的关系。有时是“多对一”，一种关系类别，可以由多个句式来标示；有时是“一对多”，同一个句式，可以用来标示多种关系。由于可以“一对多”，某种句式所能标示的关系便会是“跨大类”或“跨小类”的。建构复句系统，既要看到系统的清晰性，也要看到系统中的交叉现象。

划分复句的一级类别，语法教学中通常采用“联合”与“偏正”的二分法。本书之所以采用三分法，是因为三分法便于验证，便于形成系统，便于解释事实。三分法是并列概念分类法。本书之所以不采用二分法，是因为二分法缺乏形式依据，既解释不清事实，又跟标志相冲突。

第二编
广义因果与有牵连的句式

第一章　“因为p，所以q”及相关句式

本章讨论“因为p，所以q”句式，并讨论相关的“由于p，（因而）q”句式、“p，以致q”句式和“既然p，就q”句式。

在因果类复句里，“由于p，（因而）q”和“p，以致q”是“因为p，所以q”的同义句式，“既然p，就q”是“因为p，所以q”的同类句式。

第一节　“因为p，所以q”

“因为……所以……”标示说明性因果关系，是因果句的代表句式。作为因果句式的标志，“因为”是因标，“所以”是果标。“因为”的单音节形式是“因”。

一、因标与果标同现

因标“因为”和果标“所以”经常呼应使用，同时出现。前分句的“因为”，可以用在主语前边，也可以用在主语后边、谓语前边；后分句如果有主语，“所以”一定得用在主语前边。例如：

（1）因为他想跟苦三儿说说话的心情越来越急切，所以送饭的间隔也越来越缩短了。（常庚西《深山新喜》，《长城》1982年第1期141页）

（2）贫农，因为最革命，所以他们取得了农会的领导权。（毛泽东《湖南农民运动考察报告》）

“因为p，所以q”有时说成“因为p的缘故，所以q”。例如：

（3）因为这个错误长期残留在党内的缘故，因为在党内揭发

与反对这种错误之斗争异常不够的缘故，更因为这种错误是在实际工作与实际斗争中千百次重复表演的缘故，所以它给党、给革命的损害也最大。(《刘少奇选集》上卷23页)

“因为p，所以q”中的“所以”，有时换用“故”或“因此/因而”。例如：

(4)(晚饭花就是野茉莉。)因为是在黄昏时开花，晚饭前后开得最为闹哄，故又名晚饭花。(汪曾祺《晚饭花》，《十月》1982年第1期196页)

(5)因为任何缺点和错误，都是对人民不利的，因此也就对党不利。(《刘少奇选集》上卷350页)

“故”是文言词，现代汉语里已不怎么使用；“因此/因而”和“因为”中都有“因”字，有所重复，因此“因为……因此/因而……”的说法在现代汉语里也不多见。

二、因标或果标单用

原因分句里只要出现“因为”，就能保证因果复句的成立。结果分句里，可以不出现“所以”“因此”之类。例如：

(6)因为饿，她已经没有力气跑跑跳跳。(老舍《四世同堂·饥荒》，《十月》1982年第2期158页)

结果分句里只要出现“所以”“因此”之类，也能保证因果复句的成立。原因分句里可以不出现“因为”。例如：

(7)老炳父子住的地方偏僻，所以来晚了一步。(罗旋《红线记》，《1980年全国优秀短篇小说评选获奖作品集》，上海文艺出版社1981年版403页)

(8)已经开始上山了，因而端坐的姿势使人感到有些后倾。(袁和平《沼泽地带》，《十月》1982年第1期172页)

(9)选举只能每二年进行一次，过多的选举，没有必要，并将妨害工作，因此，除代表大会外还需召集代表会议来检讨与布置工作。(《刘少奇选集》上卷362页)

三、因果联系的已然和未然

“因为……所以……”句式一般表示已然的因果联系，即就已实现的事来述说因果。不过，这不是绝对的，有时并非如此。大体说，还有这么三种情况：

第一，原因是已然的，结果是未然的。即由已然的原因引出未然的结果。例如：

(10) 因为人民有这种想法，所以要去试一试和平的但也是麻烦的方法。(《周恩来选集》上卷273页)

(11) 在第二类地区，因为平分尚不彻底，贫雇农仍占多数，贫民团的独立领导作用尚未失去，因此应该组织贫农团，并使其在农民中起领导作用……(《周恩来选集》上卷249页)

前一例，结果分句里有“要”，“要去试一试”是尚未试；后一例，结果分句里有“应该”，“应该组织”是尚未组织。

第二，原因是未然的，结果是已然的。即由未然的原因引出已然的结果。例如：

(12) 也许有人适应不了这里的气候，所以我给你们送来了一点药品。

(13) 下午要下雨，因此他把雨伞带走了。

前一例，“适应不了这里的气候”尚未成为事实，“送来了一点药品”已经成为事实；后一例，“下雨”尚未成为事实，“把雨伞带走”已经成为事实。

第三，原因是未然的，结果也是未然的。即由未然的原因引出未然的结果。例如：

(14) 许多时候须反复失败过多次，才能纠正错误的认识，才能到达于和客观过程的规律性相符合，因而才能够变主观的东西为客观的东西。(毛泽东《实践论》)

这一例，原因分句和结果分句包含“能”“能够”，所说的事都是未然的。

可见，不能绝对肯定地说“因为……所以……”句式表示现实的因果关系。不过，这类句式重在客观地述说事物的因果联系，因此，即使所说的事是未然的，也给人以重视客观事实、一切从客观情况出发的感觉。

四、由因到果和由果溯因

先说由因到果。

结果总是产生于原因之后。因此，因果句一般是前分句表示原因，后分句表示结果，即由原因说到结果。为了取得强调的效果，“因为”前边还可以加上“就”“正”之类，以说成“就因为”“正因为”“正是因为”等。例如：

（15）就因为他当着我们面说出这样的话，把我们都激恼了。（肖马《钢锉将军》，《当代》1983年第3期22页）

（16）正因为你是老模范，才让你带这个头啊。（翁新华《哀兵阿满》，《中篇小说选刊》1999年第1期33页）

（17）正是因为列宁建立了那么一个好的党，才能取得十月革命的胜利，建立了第一个社会主义国家。（邓小平《完整准确地理解毛泽东思想》，《邓小平文选（一九七五——一九八二年）》，人民出版社1983年版41页）

再说由果溯因。

有时，人们采用由果溯因的句法，前分句表示结果，后分句表示原因。例如：

（18）这条河里所以有那么多“傻大姐”生存，因为河的上游，经过一个温泉地带……（从维熙《北国草》，《收获》1983年第3期206页）

由果溯因有两种情况：

第一，有的重在分析断定结果产生的原因。在形式上，常用“（之）所以……（是）因为……”之类前后呼应的格式。前面结果分句如果有主语，“（之）所以”之类用在主语后边；后面原因分句不管有没有主语，“（是）因为”之类都用在前头，如例（18）的“所以……因为……”。又如：

（19）我们党之所以有力量，就因为党代表着最广大人民的利益。（胡耀邦《全面开创社会主义现代化建设的新局面》）

（20）她之所以没有当时揭发这件事，完全是因为她有些怜悯他。（江奇涛《人鸟岛》，《钟山》1983年第3期15页）

只要后分句前头用了“是因为”“就因为”之类带“是”“就”的表因词语，即使前分句不用“（之）所以”之类，也是分析断定结果产生的原因。例如：

（21）我抽烟，是因为想孩子们。（毛毛《我父亲邓小平在动乱岁月》，《中华儿女》1999年8月号5页）

（22）小伙子说出这话，是因为远远看见，老支书忙人阿爷在山脚下放羊哩！（轩锡明《赶马车的小伙子》，《小说月报》1983年第4期84页）

后面原因分句对结果所作的分析断定，有时并列肯定和否定两个方面，有时只说否定方面。例如：

（23）我们之所以输掉这场球，不是因为我们技不如人，而是因为我们临场过于紧张。

（24）我不能迁就苏格尔，这不仅仅是因为他是可尊敬的上级。（从维熙《黄金岁月》，《十月》1982年第4期188页）

第二，有的重在补充说明结果产生的原因。语流中，一般是顺着上文说出了某个结果，紧接这个结果，又补说一个原因；形式上，只在补说原因的分句前头用“因为”，“因为”前边不用“正（是）”“就”之类。例如：

（25）你该明白我是多么惦念她，因为我深知她前途的泥泞。（张承志《黑骏马》，《小说月报》1983年第4期19页）

（26）几个人的笑谈没能继续下去，因为又开来了一辆引人注目的汽车。（王蒙《青龙潭》，《小说月报》1983年第4期44页）

五、“因为”的介词用法

“因为”有时是介词，用在名词性词语前边，一起组成介词结构作状语。去掉“因为”，后边的名词性词语成不了分句；同时，去掉“因为”，整个句子往往站不住。例如：

（27）你……不能因为自己，而毁了她的一生。（从维熙《北

国草》，《收获》1983年第3期242页）

(28) 因为表姐的事，姑妈家整日风风雨雨。（叶文玲《小溪九道弯》，《小说月报》1982年第2期25页）

第二节　“由于p，（因而）q”

“由于”是因标，用于原因分句。

“由于”有时和“所以/因而/因此”呼应使用，构成“由于……所以/因而/因此……”。例如：

(29) 由于深，所以湖水并不浑浊。（张承志《黑骏马》，《小说月报》1983年第4期29页）

(30) 由于每家所剩的麦子都不多，所以今年的麦收没有现出紧张，各家人都是不慌不忙地磨着镰刀。（周大新《金色的麦田》，《小说月报》1999年第10期54页）

(31) 由于不了解武装斗争在中国革命中的重要性，因而犯了不重视军队工作，不学习军事知识的错误。（《刘少奇选集》上卷342页）

(32) 由于毛泽东对于刘、邓的处理有区别，因此刘、邓的处境也大不相同。（毛毛《我父亲邓小平在动乱岁月》，《中华儿女》1999年8月号4页）

但是，常见的情况是“由于”单用。例如：

(33) 由于好奇，我接过她的身份证。（高中《语文》第二册）

(34) 由于叛徒告密，方志敏同志不幸落到敌人的手里。（初中《语文》第二册）

(35) 上了中学以后，由于学校离家较远，每天要坐公共汽车上学。（初中《语文》第一册）

(36) 由于他的南方口音，魏校长一时没听清楚，周恩来又慢慢地说一遍：……（初中《语文》第一册）

“由于……（因而）……”和“因为……所以……”的细微差别，

主要表现在以下四个方面：

第一，“因为”和“所以”经常配对使用，“由于”则作为因标通常单用。尽管有时有“由于……因而……”之类的说法，但大多数情况下后分句不出现果标。笔者查了高中《语文》第一册和第二册，又查了初中《语文》第一册和第二册，都未发现“由于”和果标呼应使用的例子。可见，单用的频率大大地高于成对使用。

第二，“由于”书面语色彩较强。例如：

(37) 由于现代科学文化飞速发展，图书激增，书目的形式不断演变和革新。(初中《语文》第五册)

上例用了“飞速发展”“图书激增”这样的四字格，配上“由于”这样的因标，书面语色彩比较协调。这里如果用“因为”，便不如用“由于”了。假如换一个场合，比方在口头对话中，用“由于”就不如用“因为”自然。比如：

老师（责备地）：你怎么又迟到？

学生（吞吞吐吐）：因为……因为……

在这种面对面说话的场合，学生一般不会说成“由于……由于……”。

第三，用“由于”，尽管也是述说情况，但又使得所说的话倾向于议论事物之间的因果联系。

看这几个例子：

(38) 由于白天上街宣传、募捐，晚上笔不停挥地写“问题小说”，理科的功课脱下一大截。(初中《语文》第六册)

(39) 由于受泰戈尔《飞鸟集》的影响，她写出了为文坛瞩目的短诗集《繁星》和《春水》，模仿者不乏其人，造成了所谓“小诗的流行的时代”，当时有人将此类短诗称为“春水体”。(初中《语文》第六册)

(40) 由于当时党对于全面建设社会主义的思想准备不足，“八大”提出的路线和许多正确意见没有能够在实践中坚持下去。(邓小平《中国共产党第十二次全国代表大会开幕词》，《邓小平文

选（一九七五——一九八二年）》，人民出版社1983年版371页）

上例内容各异，但有一点相同，这就是：既述说了情况，又表明了对情况的分析和议论。

第四，“由于”也有由果溯因的用法，但是，限于断定结果产生的原因，而不用来在语流中补充说明结果产生的原因。形式上，构成“（之）所以……是由于……”之类前后呼应的格式。例如：

（41）党所以能取得上述许多方面的胜利，归根到底，是由于坚持了马克思主义的理论和实际相结合的原理。（胡耀邦《全面开创社会主义现代化建设的新局面》）

（42）我之所以能坐上位子，而位子又须每天更换，就是由于每天总免不了有人旷课的缘故。（高中《语文》第二册）

（43）党内斗争之所以必要，并不是由于我们主观的嗜好斗争，而是由于在党的发展过程中产生了党内原则上的分歧。（《刘少奇选集》上卷161页）

“由于”也有介词用法，这一点跟“因为”相同。例如：

（44）我也是由于一个偶然的机会，才得知他俩在调查马队长的事。（贺星寒《高空跳板》，《红岩》1982年第2期231页）

这里的“由于”是介词，它跟名词短语“一个偶然的机会”组成介词结构，作状语。

第三节　“p，以致q”

“以致”是果标，用于后分句。

“以致”有时跟“因为/由于”呼应使用，构成“因为/由于……以致……”。例如：

（45）由于编辑人员各有不同的任务和种种其他个人情况，私人信件又不便统一拆阅登记，以致时有延误，也极易丢失，查找也极为不便。（编辑部《重要启事》，《当代》1983年第4期128页）

（46）由于他脖子弯得太低了，以致使别人无法看见他脸上的表情。（从维熙《北国草》，《收获》1983年第3期216页）

（47）在掩埋烈士遗体的时候，由于他们两手扣着，把敌人抱得那样紧，分都分不开，以致把有些人的手指都掰断了。（初中《语文》第五册）

但是，常见的情况是“以致”单用。例如：

（48）他被这突然来临的事震动了，以致就像受到电击一般，精神处在半痴半呆的状态之中。（张贤亮《灵与肉》，《1980年全国优秀短篇小说评选获奖作品集》，上海文艺出版社1981年版226页）

（49）她凝望得那么专心，以致我站在门口半晌她也没有察觉。（王火《白下旧梦》，《收获》1983年第3期68页）

（50）夺了权之后，刘格平与张日清的矛盾日益显露出来，并越积越深，以致成为对立的两大派。（欧阳青《谢振华将军与陈永贵的恩怨由来》，《中华儿女》1999年8月号34页）

应该进一步指出的是：

第一，“……以致……”强调乙事受到甲事的强烈影响，而乙事是一种不好的或不正常的结果。如例（48）“……精神处在半痴半呆的状态之中”是受到“被这突然来临的事震动”的强烈影响而产生的不好的结果；例（49）“我站在门口半晌她也没有察觉”是受到“她凝望得那么专心”的强烈影响而产生的不正常的结果；例（50）“成为对立的两大派”是受到“……矛盾日益显露出来，并越积越深”的强烈影响而产生的动乱和武斗的坏结果。

第二，“……以致……”句式所表示的因果联系有两种情况。

①“以致”由因引果。前分句叙述某种作为原因的事情，后分句通过“以致”引出不好的或不正常的结果。在这种情况下，“以致”引出结果的基础本身就是起因。看这两个例子：

（51）这音响像梦中幻影一般朦胧，又像远方的闷雷一样沉重，以致欧姆感到一阵晕眩。（建安《在金皇冠的阳光下》，《小说

月报》1982 年第 5 期 61 页）

（52）他不住地在楼板上踱来踱去，以致看门的王老头好几次不放心地上楼来……（恳拓《蓝云湖流过这里》，《钟山》1983 年第 3 期 207 页）

前一例，“这音响……”是“欧姆感到……”的起因；后一例，“他不住地……”是“看门的王老头好几次不放心地……”的起因。

②“以致”由果引果。先述说某种事情，引出一个顺承的或逆接的结果，接着以这一结果为原因，通过“以致”引出不好的或不正常的结果。在这种情况下，“以致”引出结果的根据，实际上又是另一件事情的结果。这样的“……以致……”句式，被包含在多重复句之中，是多重复句里的一个组成部分。例如：

（53）人人长舒一口气，都争着向小姑娘握手感谢，以致使她不好意思起来。（冯德英《苦菜花》）

这里，“都争着向小姑娘握手感谢”对上文说是顺承的结果，对下文说又是“使她不好意思起来”的原因。这个例子是二重复句，“人人长舒一口气”和“都争着向小姑娘握手感谢，以致使她不好意思起来”构成第一层次，连贯关系；“都争着向小姑娘握手感谢”和“使她不好意思起来”构成第二层次，因果关系。又如：

（54）除此以外，党员就不应该有个人地位、个人名誉、个人英雄主义以及其他个人打算等等个人的独立目的，否则，就会使自己离开党的利益，以致走到在党内进行投机。（《刘少奇选集》上卷 131 页）

这里，“使自己离开党的利益”对上文说是逆接的结果，对下文说又是“走到在党内进行投机”的原因。这个例子也是二重复句，“……否则……”构成第一层次，假转关系；“……以致……”构成第二层次，因果关系。

第三，“以致”有两个同义词，一个是“致使”，另一个是“以至”。

先说“致使”。例如：

（55）次数太多了，致使游行队伍完全失掉了“游行”二字应

有的威仪。（韦君宜《洗礼》，《小说月报》1982年第6期2页）

（56）同月，江青提出“文攻武卫”，致使全国各地武斗急剧升级，大规模流血事件频频发生。（毛毛《我父亲邓小平在动乱岁月》，《中华儿女》1999年8月号5页）

这里的“致使”相当于“以致”。不过，由于包含“使”字，“致使”更加强调了引发和导致某种后果的意义。

再说“以至”。例如：

（57）好像文学有一种魔力，把我们拉到另一个幻想的世界，以至我完全忘记了自己在什么地方。（张抗抗《夏》，《1980年全国优秀短篇小说评选获奖作品集》，上海文艺出版社1981年版254页）

（58）某些人因为对于这些问题不能解答，以至悲观失望起来。（《刘少奇选集》上卷150页）

这里的“以至”相当于“以致”。不过，“以至”引出的结果不一定都是不好的或不正常的情况。例如：

（59）像果麻这样的边防点，团结的好事那是层出不穷的，单是凉棚就体现了一种团结，以至很难发现不团结的人和事。（刘克《康巴阿公》，《十月》1983年第4期124页）

上例“很难发现不团结的人和事”是好事，因此，这里的“以至”不好换成“以致”，不好说成：“……单是凉棚就体现了一种团结，以致很难发现不团结的人和事。”

此外，有时“以致”和“因此”可以同时使用。例如：

（60）还有个别的人受不起旧社会剥削阶级的引诱，看到了花花世界，看到了金钱美色，他们就动摇起来，以致因此犯罪，直至叛变党和革命。（《刘少奇选集》上卷147页）

用“因此”，直接说明前后分句之间有因果关系；用“以致”，着重说明某种原因会导致某种不好的结果。二者配合使用，可以取得强调的效果。这样的用例，十分罕见。

第四节 “既然 p，就 q”

“既然 p，就 q”是推断句式，表示推断性因果关系。“既然”的单音节形式是“既”。

“既然”有时跟“所以/因此”之类配合使用，说成“既然……所以/因此……”。由此可知，推断句同因果句存在相通之处。例如：

(61) 冀平同志这部著作既然用的是这个系统，所以我想请读者同志费一点时间，容我把它的产生过程和主要特点大略说一说。(张志公《吕冀平〈汉语语法基础〉序》)

(62) 这个最低纲领，既已全部为人民政治协商会议所接受，因此，中国共产党拥护人民政治协商会议并为实现它的共同纲领而奋斗，乃是当然的事情。(《刘少奇选集》上卷 434 页)

值得注意的是：

第一，经常跟“既然”呼应使用的是“就”。因此，一般把“既然……就……”作为推断句式的代表性标志。

这一句式里，“既然”用于前分句，可以出现在主语前边，也可以出现在主语后边、谓语前边。例如：

(63) 既然我是一个比您年纪大的同事，我就认为我有责任给您进一个忠告。(初中《语文》第三册)

(64) 二奎既然能把房门的钥匙给她，就很可能把我的打算告诉她。(毛志成《小镇风情》，《当代》1983 年第 3 期 244 页)

这一句式里，“就”用于后分句。后分句若出现主语，“就”用在主语后边。例如：

(65) 既然把我当工程师用，就要给我工程师的条件。(肖力《钢锉将军》，《当代》1983 年第 3 期 35 页)

(66) 既拿来，我就不再拿回去。(常庚西《深山新喜》，《长城》1982 年第 1 期 147 页)

后分句的主语前边，有时还用“那么/那”或“则”。后分句如果不出现主语，“那么/那”可以直接跟“就”连用，但“则”不行。例如：

（67）我们既然解决了提高和普及的问题，则专家和普及工作者的问题也就可以随着解决了。（毛泽东《在延安文艺工作座谈会上的讲话》）

（68）她既然爱好音乐，那么就从音乐方面去打动她的心。（张英《她，怎么办?》，《长城》1982年第1期109页）

后分句如果是反问句，常常不用“就”；不是反问句的，有时也不用“就”。例如：

（69）你既然不愿意工作，国家为什么还要照发工资呢？（邓小平《当前钢铁工业必须解决的几个问题》，《邓小平文选（一九七五——一九八二年）》，人民出版社1983年版11页）

（70）既然有了血痕了，当然不觉要扩大。（鲁迅《纪念刘和珍君》）

第二，“既然……就……”有时表示据因断果，有时表示据果断因。

先说据因断果。

所谓据因断果，即以因为据，推断结果。有两种情况：

①根据是已然的，结论表示对客观情况的推断。后分句一般包含有表示可能性、必要性、肯定性的词语，如“可能”“必须”“要”“得”“一定”等等。例如：

（71）查档案既无结果，还得作调查。（韦君宜《平常疑案》，《十月》1982年第1期129页）

（72）他们既然能从县委弄到这样的信，难道就不能把你的话反映上去？（常庚西《深山新喜》，《长城》1982年第1期128页）

②根据是已然的，结论表示主观方面的反应。后分句包含有只好接受某种事实的意思，有时用“只好”“只有”之类的语气副词。例如：

（73）既然领导定了我带工，我服从分配。（常庚西《深山新喜》，《长城》1982年第1期132页）

(74) 既然上帝不赏脸，只有不在乎这个了。（叶永刚等《别有蹊径》，《小说月报》1982年第3期87页）

再说据果断因。

所谓据果断因，即以果为据，推断原因。所据的结果是已然的事实，但推断的原因不一定是事实。例如：

(75) （但是他又想）既然党组织叫他联系，一定没有问题。（罗广斌等《挺进报》，初中《语文》第一册95页）

(76)（有的反对给刘少奇同志平反，认为这样做违反了毛泽东思想；有的则认为，）既然给刘少奇同志平反，就说明毛泽东思想错了。（这两种看法都是不对的。）（邓小平《对起草〈关于建国以来党的若干历史问题的决议〉的意见》，《邓小平文选（一九七五——一九八二年）》，人民出版社1983年版255～256页）

前一例，“党组织叫他联系”是已然事实，然而是不是“没有问题”却不一定，不能绝对排斥他因欺骗了组织而暂时取得组织信任的情况。后一例，“给刘少奇同志平反”是事实，但“毛泽东思想错了”却不是事实。这一例的后边已明确指出“是不对的”。

这种推断句，后分句常用“一定”“准是”之类的词语。但是，这类词语只表明说话人的肯定语气，从跟事实的联系看，同“说不定”没有什么分别。比较：

既然他不来开会，一定是闹情绪。

既然他不来开会，说不定是闹情绪。

用“一定”口气坚决肯定，用“说不定”口气灵活。但不管是用“一定”还是用“说不定”，“闹情绪”可能都是事实，或者都不是事实。

第三，跟“因为……所以……”相比较，“既然……就……”重在推断，主观性较强，而“因为……所以……”重在述说，客观性较强。看这两个例子：

因为他反对，会议才开不成。

既然他反对，会议就开不成。

前一例是客观地述说事实，后一例是主观地推断事物的发展。再看这两个例子：

因为他反对，我只好留下来。

既然他反对，我只好留下来。

前一例，偏重于就客观的事实来说明因果；后一例，偏重于就主观的推断来论说因果。

第四，由于“既然……”是推断的理据，后分句往往可以表示疑问或反问。“因为……”的后边，则不好接上问句。比较：

既然他反对，你们为什么还要干？

* 因为他反对，你们为什么还要干？

第五，“既然”推断句有时可以进入转折词。参看第四编第五章“‘却’字和‘既然 p，就 q’句式”。

本章小结

第一，“因为……所以……”是因果句的代表句式。这一句式一般表示已然的因果联系，但有时并非如此。这一句式一般是由因到果，有时却是由果溯因。由果溯因有两种情况，形式上有不同的反映。

第二，“由于……，（因而）……”也是因果句式。“由于”有时跟“因而”之类呼应使用，但常见的情况是“由于”单用。这一句式在表意上和“因为……所以……”相通，但二者存在细微差别。

第三，“……以致……”也是因果句式。“以致”有时跟“由于”之类呼应使用，但常见的情况是“以致”单用。这一句式强调乙事受到甲事的强烈影响，而乙事是一种不好的或不正常的结果。

第四，“既然……就……”是推断句式。“既然”有时跟“所以”之类配合使用，反映了推断句同因果句存在相通之处。这一句式重在推断，不仅可以表示据因断果，而且可以表示据果断因。

第二章 《红楼梦》中的“因 p，因 q”句式

分析《红楼梦》（后简称“红”）前 80 回的语言，发现有一种说法：“因 p，因 q”。一般是复句，p 代表原因，q 代表结果或跟结果意义有关的后续行为。数量不多，只有十来个例句，但情况特殊，值得注意。

第一节 “因……因……”

这种“因……因……”，是因果关联格式。呼应使用的两个“因”，前一个标因，后一个标果。例如：

（1）贾母因见月至中天，比先越发精彩可爱，因说：“如今好月，不可不闻笛。”（红 76 回，862 页）

（2）那时天色将晚，（宝玉）因见袭人去了，却有三四个丫鬟伺候，此时并无呼唤之事，因说道：“你们且去玩玩，等我叫时再来。”（红 34 回，352 页）

这两例，“因见到什么”，说的是原因；“因说些什么”，说的是结果。

大家知道，古代汉语里，连词“因”有两种标示作用：其一，标示原因，相当于“因为”，一般用于复句前分句，有时也用于句群的表因部分；其二，标示结果或行为的后续，相当于“因此／于是”，一般用于复句后分句，有时也用于句群的表果部分或表示后续行为的部分。《古汉语简明词典》在“因”下面共列举义项十一条，其中关于连词的有两条，即：“［连］因此，于是。虎～喜，计之曰：‘技只此耳！’～

跳踉大阚，断其喉，尽其肉，乃去。”(《黔之驴》)“［连］因为。～造玉清宫，伐山取材，方有人见之。”[1]（《雁荡山》）现代汉语里，连词“因”消失表示“因此/于是”意思的用法，只用于复句或句群的表因部分，表示“因为”的意思。这就是说，作为复句或句群的关系标记，“因”在古代汉语里既是原因标又是结果标，而在现代汉语里却专职为原因标。《现代汉语词典》在“因”下面所列举的义项中就只有“因为”条，不再列出“因此/于是”[2]。

《红楼梦》里，标因“因”和标果“因”全都常用。笔者对作家出版社1955年出版的《红楼梦》中的“因”作过统计。根据《红楼梦八十回校字记》[3]，《红楼梦》的各种版本在“因”字的使用上没有多大的差别。因此，不管采用哪一种本子，都不影响对《红楼梦》里“因”字用法的观察。

在本书采用的本子里，前80回共出现连词“因”1211次。其中，标因“因”出现563次，标果“因”出现648次。标果“因”，相当于“因此”和相当于“于是”的有时不好互换，但往往很难划清。据笔者的不很精确的统计，相当于“因此”的“因”（标果“$因_1$”）出现266次，相当于或大体相当于“于是”的“因”（标果“$因_2$”）出现382次。看下表：

	叙述	对话	诗词祭文信札	标题	合计
标因“因”	353	185	23	2	563
标果“$因_1$”	246	20	0	0	266
标果“$因_2$”	381	1	0	0	382

在一般情况下，《红楼梦》里“因p”和“因q”出现在不同的复句或句群里头。然而，有的时候，它们却组合在一起，互相呼应，因果相承，形成了“因”“因”同表而异里的“因p，因q”因果句式。

第二节　几点认识

观察“因p，因q”的说法，可以得到以下几点认识：

第一，“因 p，因 q”说法里，p 的核心动词常用“见”类动词，q 的核心动词常用“说”类动词。换句话说，“因见……因说……”的说法，特别容易形成“因 p，因 q”。如例（1）、例（2），p 里都用“见”，q 里分别用“说”和“说道”。又如：

（3）因见尤氏进来，不似方才和蔼，只呆呆的坐着，李纨因问道：“你来过了，可吃些东西？只怕饿了？”（红 75 回，848 页）

（4）（宝玉）因低头看见许多凤仙石榴等各色落花锦重重的落了一地，因叹道：“这是他心里生了气，也不收拾这花儿来了。……”（红 27 回，280 页）

上例，p 里分别用“见”和“看见”，q 里分别用“问道”和“叹道”。

当然，情况不完全如此。有时也可以只在 q 里出现“说”类动词，而在 p 里不出现“见”类动词。例如：

（5）我因要赶着打完了这结子，没工夫和他们瞎闹，因哄他说：“……我要在这里静坐一坐，养一养神。”（红 64 回，716 页）

（6）因此时薛姨妈李婶娘都在座，邢夫人及尤氏等也都过来请安，还未过去，贾母因向王夫人等说：“……今日你们都在这里，都是经过妯娌姑嫂的，还有他这么想得到的没有？”（红 52 回，562 页）

这两例里表因部分都不出现“见”或“看见”之类。

有时，还可以 p 里 q 里都不出现“见”类动词和“说”类动词。例如：

（7）因闻得梨香院的十二个女孩儿中有个小旦龄官唱的最好，因出了角门来找……（红 36 回，381 页）

（8）因他生于末世，父母祖宗根基已尽，人口衰丧，只剩得他一身一口，在家乡无益，因进京求取功名，再整基业。（红 1 回，6 页）

这两例，表果部分既未出现“说”类动词，表因部分也未出现“见”类动词。

第二，“因 p，因 q”的说法，从语表形式看，p 和 q 的因果联系可能是直接的，也可能是非直接的。不过，非直接的因果关系可以改造成直接的因果关系。

有时，p 单纯表示 q 的原因，跟 q 之间存在直接的因果联系。这有两种情况：

①p 只有一个分句，直接表示 q 的原因。如例（4），p 只有一个分句“（因）低头看见许多凤仙石榴等各色落花锦重重的落了一地”，它自然是“因叹道……”的直接原因；又如例（7），p 只有“（因）闻得梨香院的十二个女孩儿中有个小旦龄官唱的最好”这么一个分句，它自然是“因出了角门来找……”的直接原因。

②p 尽管包含两个或几个分句，但“因”后第一分句和第二、第三分句之间不存在因果关系，它们合起来共同表示 q 的原因。如例（6），p 包含三个分句：“薛姨妈李婶娘都在座”“邢夫人及尤氏等也都过来请安”“还未过去”，相互间没有因果联系，它们共同表示“贾母因向王夫人等说……”的原因。

有时，p 本身包含因果关系。即 p 包含两个或几个分句，标因“因”后边的一个分句和另一个分句之间存在因果联系。在这种情况下，从语表上看，p 和 q 的因果关系是间接的。但是，即使如此，如果对 p 的分句进行删除或调整，仍然可以形成 pq 之间语表上的直接因果关系。例如：

（9）（宝钗）因见席上有鸡，便猜着他是用“鸡窗”“鸡人”二典了，因射了一个“埘”字。（红 62 回，688～689 页）

上例“见席上有鸡”和“便猜着……了”已存在因果关系。作为结果，“因射了……字”对“因见席上有鸡”来说具有间接性。可是，只要对表因部分包含的分句有所删除，就可以得到语表上直接发生因果关系的“因 p，因 q”：

因见席上有鸡，因射了一个“埘”字。

因猜着他是用“鸡窗”“鸡人”二典，因射了一个“埘”字。

又如：

(10)(黛玉)因见宝玉构思太苦,走到案前,知宝玉只少"杏帘在望"一首,因叫他抄录前三首,却自己吟成一律,写在纸条上,掷向宝玉跟前。(红 18 回,181 页)

上例"见宝玉构思太苦""走到案前""知宝玉只少……一首"之间已存在连续性的因果联系。就语表来说,"因叫他……"只是"因见宝玉构思太苦"的间接结果。可是,只要对表因部分包含的分句有所删除,还是可以得到语表上直接发生因果关系的"因 p,因 q":

因见宝玉构思太苦,因叫他抄录前三首,却自己吟成一律,掷向宝玉跟前。

因知宝玉只少"杏帘在望"一首,因叫他抄录前三首,却自己吟成一律……

再如:

(11)(赖嬷嬷)因看见周瑞家的,便想起一事来,因说道:"可是还有一句话问奶奶:这周嫂子的儿子,犯了什么不是,撵了他不用?"(红 45 回,485 页)

上例"因看见周瑞家的"和"便想起一事来"有因果联系,就语表而言,"因"既已同"便"呼应,它同后一个"因"的呼应就隔了一层。然而,如果把表因部分的分句在构造上略加调整,便又可以得到语表上发生因果关系的"因 p,因 q":

赖嬷嬷因看见周瑞家的后想起一事来,因说道:"可是还有一句话问奶奶……"

第三,"因 p,因 q"的说法,不是《红楼梦》所独有的偶发的现象。其他白话文作品里也有,比如时间早些的《儒林外史》④和时间晚些的《儿女英雄传》⑤。各举一例:

(12)公孙居丧三载,因看见两个表叔半世豪举,落得一场扫兴,因把这做名的心也看淡了,诗话也不刷印送人了。(《儒林外史》13 回,164～165 页)

(13)(小人)因看了看作官的尚且这等有冤没处诉,何况我们百姓?想了想,还是当强盗的好,因投奔山上落草。(《儿女英

雄传》11 回，160 页）

这两例前一个“因”都相当于“因为”，后一个“因”都相当于“因此”。前一例，“因 p”和“因 q”在语表上直接发生因果关系；后一例，“因 p”和“因 q”在语表上似乎不发生直接的因果关系，但可以经过略加删改使之成为直接的因果关系：

小人因看了看作官的尚且这等有冤没处诉，何况我们百姓？因投奔山上落草。

应该指出：《红楼梦》里，跟“因 p，因 q”近似的说法还有“因为 p，因 q”和“为 p，因 q”。例如：

(14)（老太太昨日还说要来呢，）因为晚上看见宝玉兄弟吃桃儿，他老人家又嘴馋，吃了大半个，五更天时候，就一连起来两次，今日早晨，略觉身上倦些。因叫我回大爷，今日断不能来了。（红 11 回，108 页）

(15) 我不过为找人找不着，因问你；你既去了，也不是什么大事，谁又把你叫进来？（红 71 回，804 页）

前一例是“因为……因……”，后一例是“为……因……”。

其他白话文作品，比如时间晚些的《二十年目睹之怪现状》[6]，也有这样的现象。例如：

(16) 我因为他是制台的幕友，不便怠慢他，因对来人说：“我本来今日要回家，就请下午到舍去谈谈。”（《二十年目睹之怪现状》5 回，37 页）

(17) 我因为没有话好说，因请问他贵府在那里。（《二十年目睹之怪现状》37 回，281 页）

这两例都是“因为……因……”。

本章小结

“因 p，因 q”说法，以及近似的“因为 p，因 q”“为 p，因 q”说法，出现于白话叙述的语境，属于白话说法。但是，由于用了标果

“因”，又明显带有不同于现代汉语说法的“古味”。语言的发展不是顿变的。诸如此类的特殊说法，笔者以为，可以看作是古代汉语和现代汉语在过渡转换时段上产生的“混合”现象。

附注

①史东：《简明古汉语词典》，云南人民出版社1985年版，第577页。

②中国科学院语言研究所：《现代汉语词典》，商务印书馆1973年版，第1224页。

③俞平伯校订、王惜时参校：《红楼梦八十回校字记》，人民文学出版社1993年版。

④吴敬梓：《儒林外史》，人民文学出版社1978年版。

⑤文康：《儿女英雄传》，上海书店出版社1981年版。

⑥吴趼人：《二十年目睹之怪现状》，人民文学出版社1978年版。

第三章　“如果p，就q”及相关句式

本章讨论假设句式“如果p，就q”。

本章也涉及由一般假设句式衍化出来的“要不是p，就q”句式和“如果说p，那么q”句式。

本章还涉及跟假设句式有某种关联的“与其p，不如q”句式。

第一节　“如果p，就q”

“如果……就……”表示假设与结果的关系，是假设句的代表句式。“如果”的单音节形式是“如”。

所谓“假设”，实际上是一种待实现的原因，因此，假设句也属于因果类复句。比较：

因为赶不上火车，我们改乘轮船。

如果赶不上火车，我们改乘轮船。

这两例，pq之间都有因果联系，只不过前一例的因果联系是已实现的，而后一例的因果联系则是待实现的。

一、句式的构造

首先，从假设分句看，“如果”是表示假设的代表性标志。例如：

(1) 如果没有丰富的知识，就不可能有丰富的联想。（初中《语文》第一册）

(2) 如果不嫌弃我们村办小厂，我就把你作个物色对象。（翁新华《哀兵阿满》，《中篇小说选刊》1999年第1期38页）

“如果”的同义形式是“要是”“假使”“假如”“倘若”“倘或”

“倘”“设使”“设若”“如若”“若”等等。丰富多彩的假设词，供人们根据表达需要而选用。例如：

(3) 我伍运来要是说话不算数，你们把我从花瓶镇轰走！（向本贵《花瓶镇》，《中篇小说选刊》1999 年第 1 期 82 页）

(4) 假使你一个人害怕，我送你回去。（鄢国培《巴山月》，《长江》1982 年第 3 期 207 页）

(5)（久居姑苏，也许并不觉得这城市怎么清幽，）倘若是从外地来，那感觉就大不同了。（姜滇《清水湾，淡水湾》，《十月》1982 年第 3 期 69 页）

(6) 设若单单是有阳光，那也算不了出奇。（初中《语文》第一册）

表示假设语气的“的话”，也有显示假设分句的作用。例如：

(7) 要打官司的话，板子该打在你身上。（黄晓延《陷落》，《中篇小说选刊》1999 年第 1 期 12 页）

(8) 辛姨，你不讨厌我的话，我会常来的。（阿耀《序奏》，《小说月报》1983 年第 2 期 75 页）

“的话”也常同“如果”之类配合使用。例如：

(9) 如果真不方便的话，你也可以用其它办法代替。（陈源斌《利刃高悬》，《小说月报》1999 年第 10 期 34 页）

(10) 假使真有能力把供销干下去的话，他肝胆涂地也要报知遇之恩。（高晓声《陈奂生包产》，《人民文学》1982 年第 3 期 34 页）

其次，从结果分句看，“就”是常跟“如果”呼应使用的关系词。“就”也可以说成“便”。例如：

(11) 如果能够真实、全面、深刻地把群众情绪反映出来，作用就很大。(《刘少奇选集》上卷 404 页)

(12) 如果笑不起来，便不是成功的作品。（初中《语文》第一册）

“如果……就……”有时说成“如果……那么就……”。例如：

(13) 如果生活失去了令人向往的前景和理想，那么就不会召唤人们紧张地全力以赴地去工作。(赵丹涯《蓝天，也是属于你的》，《芙蓉》1983年第4期99页)

不过，“就”或“那么”不一定非用不可。例如：

(14) 如果掌鼓得响些，有可能听到五六响。(初中《语文》第一册)

(15) 如果我们的领导人没有这种大无畏的胆量，中国革命是很难取得成功的。(初中《语文》第一册)

(16) 他如去辽宁，注销杭州户口，人家会以为他发了神经病。(张抗抗《在丘陵和湖畔，有一个人……》，《十月》1982年第1期69页)

二、句式的运用

这一句式，运用极为广泛，跟陈述、疑问、祈使、感叹等等用途都有关系。择要地说：

第一，用于推知。

“如果……就……”表示由某种假设推知某种结果。重在客观地展示事物的发展。结果分句一般用包含“能”“会”“得”之类助动词的陈述句，也用相当于陈述句的反问句。例如：

(17) 一千四百方石头，如果四个月的任务争取三个月完成的话，连起带运，每人每天至少得搞一方石头。(常庚西《深山新喜》，《长城》1982年第1期135页)

(18) 还有斑蝥，倘若用手指按住它的脊梁，便会啪的一声，从后窍喷出一阵烟雾。(初中《语文》第一册)

(19) 如果没有丰富的知识，就不可能有丰富的联想。(初中《语文》第一册)

(20) 要是不当采购员，到明年年底，不就归进那百分之七里头去了吗！(高晓声《陈奂生包产》，《人民文学》1982年第3期33页)

第二，用于应变。

“如果……就……”表示由某种假设引发某种应变的行动。重在从主观上表明态度和对策。结果分句用陈述句，反映为主观意志所支配的行动，主语一般是第一人称的“我”“我们”“咱们”等。例如：

(21) 你如果不娶我，我就死！（浩然《姑娘大了要出嫁》，《春风》1982年第1期45页）

(22) 他们要是再想从队中打四类分子，咱们全体社员一块当。（常庚西《深山新喜》，《长城》1982年第1期130页）

第三，用于质疑。

“如果……就……”表示由某种假设导出某种疑问，结果分句用疑问句。例如：

(23) 如果你那个车间完不成计划，理由是什么？（蒋子龙《拜年》，《人民文学》1982年第3期11页）

(24) 阿俊，如果让马永泰来当组长，有什么不好？（于炳坤《凤凰归来》，《红岩》1982年第2期95页）

第四，用于祈使。

“如果……就……”表示由某种假设引出某种祈求。结果分句用祈使句。例如：

(25)（他叮嘱我，）要是把故事写进小说，千万不要把他写成英雄。（从维熙《黄金岁月》，《十月》1982年第1期192页）

(26) 兄弟，要是就为了跟哥哥我要钱解穷，还是实说吧！（毛志成《大门道的主人》，《红岩》1983年第2期80页）

第五，用于评说。

“如果……就……”表示由某种假设引出某种针对假设情况所做的评说。结果分句对假设分句有按注作用，带形式主语“这”“那”，或能添加形式主语“这”“那”。有三种情况：

①结果分句用“那该多么……”“那真太……了”之类的感叹句。例如：

(27) 要是大嫂当了队长，把花洞收拾起来，那该多好！（毛志成《大门道的主人》，《红岩》1983年第2期70页）

(28) 如果那时陈秀把生命毁在这“审查审查也有好处”的政治运动中，真是太不值得了。(刘炜《弱者》，《芙蓉》1982年第3期195页)

②结果分句用包含“是”“像”这类动词的陈述句。例如：

(29) 倘能够到北京见到毛主席，那将是他一生最大的幸福。(巴金《杨林同志》，《建国以来短篇小说》上册，上海文艺出版社1978年版178页)

(30) 夫妻俩要不吵不闹呀，就像炒菜没放盐！(叶文玲《晚雪》，《十月》1982年第2期201页)

③结果分句用包含“好”“不好”“对”“不对”之类形容词性词语的陈述句。例如：

(31) 如果一辈子都不同工人农民见面，这就很不好。(毛泽东《在中国共产党全国宣传工作会议上的讲话》)

第六，用于证实。

有时，用“如果……就……”句式，是借假设分句来诱发结果分句，以便落实说话人的某种结论。假设分句是铺垫的东西，起提醒对方的作用；结果分句用信多于疑的问句，也用“应当是……”“一定是……”之类的陈述句。各举一例：

(32) 如果我没有认错的话，您就是著名记者陆琴方同志吧？(张笑天《公开的“内参”》，《小说月报》1982年第4期65页)

(33) 书记假如不健忘，应当记得两年前他上电大引起的一场风波。(张抗抗《在丘陵和湖畔，有一个人……》，《十月》1982年第1期49页)

三、“如果……”分句的后置

假设分句“如果……”有时可以出现在结果分句的后边。这样的假设句式，假设分句有补充说明的作用，同时，由于次序特殊，假设分句也有引人注意的作用。例如：

(34) 她原是可以救活的，如果及时送到医院的话。(向明《一曲遥寄》，《当代》1982年第4期111页)

(35) 他戴太太一定是一名导演家，如果是生在现在这个二十世纪五十年代的话。(巴人《莽秀才造反》,《当代》1982 年第 4 期 246 页)

(36) 为什么拿来看呢，要是寄存的话？(高中《语文》第三册)

后置的假设分句大多既用“如果”之类，又带“的话”。也有不带“的话”的。例如：

(37) (人们来这里，只为恢复工作后的疲劳，) 随便喝点，要是袋里有钱；……(高中《语文》第二册)

四、“如果……”的单用

对话中，语流中，如果结果分句的意思上文已经出现，假设分句“如果……”可以单独用来提问，但要求带“呢”，即采取“如果……呢”的形式。例如：

(38) “你——”陈芳问，“如果你考不上大学，又没有其他人冲到前面去当靶子呢?”(贺星寒《高空跳板》,《红岩》1983 年第 2 期 220 页)

(39) 任何真实也不能搅扰你的梦了。但是，如果你真的还在从那三块青石片搭起的窗口中向外探望着呢？(陶正《女子们》,《当代》1983 年第 4 期 11 页)

(40) “唐芳能在家当一辈子老姑娘？她还有几天就要出门子呀！”“她要是来个‘女娶男’呢?”(毛志成《大门道的主人》,《红岩》1983 年第 2 期 62 页)

(41) 常四爷：要是洋人给饭吃呢？(高中《语文》第四册)

(42) 阿满说：“是呀，我当知青时也吃过。只是，假如人家不肯呢?”(翁新华《哀兵阿满》,《中篇小说选刊》1999 年第 1 期 34 页)

第二节 “要不是 p，就 q”

“要不是……就……”是一种比较特殊的假设句式。“要不是”即

"如果不是"，不过，"要不是"经常结合使用，具有一定的凝固性。例如：

(43) 要不是该睡觉了，我真想看看它们究竟是怎样开放的。(初中《语文》第二册)

(44) 要不是她留着乌黑的短发，穿着方口鞋，差点认不出她是女孩子了。(初中《语文》第二册)

形式上，"要不是p，就q"是假设句式；内容上，却表达了甲事与乙事之间的因果联系，跟"……否则……"句式相通。比如上面两例，可以变换为：

(45) 该睡觉了，否则我真想看看它们究竟是怎样开放的。

(46) 因为她留着乌黑的短发，穿着方口鞋，否则差点认不出她是女孩子了。

这一句式，不管是语表、语里还是语值，都值得注意。请看本编第六章"'要不是p，就q'句式"。

第三节 "如果说p，那么q"

"如果说……那么……"也是一种比较特殊的假设句式。这一句式，表示说法上的假设与结论之间的关系。例如：

(47) 如果说我在泰山路上是翻着什么历史稿本，那么现在我才算翻到我们民族的真正宏伟的创业史。(杨朔《泰山极顶》)

这里，以"我……翻着什么历史稿本"的说法为假定的前提，引出"现在我才算翻到……创业史"的结论。

"如果说"是这类句式的基本标志。有时只用"如果"，但可以添上"说"。因此，看起来是"如果……那么……"，实际上却是"如果说……那么……"。例如：

(48) 如果一部分的商人、地主和官僚是中国资产阶级的前身，那么，一部分农民和手工业工人就是中国无产阶级的前身了。(毛泽东《中国革命和中国共产党》)

跟“如果说”配合使用的关系词语一般是“那么……就”。“那么”往往简化为“那”。例如：

(49) 如果说重庆的地形像一条长长的舌头，那么朝天门就是舌头尖了。(初中《语文》第三册)

(50) 如果说小居里夫妇从居里夫妇那里继承了什么遗产，那就是继承了为科学而献身的精神遗产。(初中《语文》第四册)

有时后分句只用“则”或“就”，或者“那么”“则”“就”都不用。例如：

(51) 如果说亚历山大三世桥是珠光宝气的盛装王后，则连接城岛和左岸拉丁区的小桥就是朴实无华的小家碧玉。(初中《语文》第三册)

(52) 如果说长江是人体的主动脉的话，这南广河充其量也只是一根小小的毛细血管。(初中《语文》第三册)

在特定条件下，这一句式里可以进入转折词“却”。参看第四编第六章“‘却’字和‘如果说 p，那么 q’句式”。

第四节 “与其 p，不如 q”

“与其……不如……”是择优推断句式。例如：

(53) 与其和暴风雨在海上肉搏，不如把轮船停在安全的港湾里，等待较好的天气。(初中《语文》第六册)

(54) 一个高中文科的学生，与其囫囵吞枣或走马观花地读十部诗集，不如仔仔细细地背诵三百首诗。(初中《语文》第二册)

前一例，“和暴风雨在海上肉搏”跟“把轮船停在安全的港湾里，等待较好的天气”相比较，“把轮船停在安全的港湾里，等待较好的天气”为优。后一例，“囫囵吞枣或走马观花地读十部诗集”跟“仔仔细细地背诵三百首诗”相比较，“仔仔细细地背诵三百首诗”为优。

从跟“如果……就……”的关系看，“要不是……就……”和“如果说……那么……”都是“如果……就……”的衍化格式，而“与其……不如……”则是另一种格式，只能说跟假设句之间存在某种联系。这就是："与其”往往可以替换为“要是”。比如，上面两例也可以说成：

（55）要是和暴风雨在海上肉搏，不如把轮船停在安全的港湾里，等待较好的天气。

（56）一个高中文科的学生，要是囫囵吞枣或走马观花地读十部诗集，不如仔仔细细地背诵三百首诗。

另外，“与其说……”的说法也跟“如果说……”的说法有点近似。例如：

（57）与其说“文以载道”，不如说“因文证道”。（高中《语文》第六册）

要进一步了解“与其……不如……”，请看本编第八章“‘与其 p，不如 q’句式”。

本章小结

第一，“如果……就……”是假设句的代表句式。“如果”的同义形式相当多。“如果……”之类有时可以后置，“如果……呢”有时可以单用提问。

第二，假设实际上是一种待实现的原因。日常生活中经常运用假设，因此语言表达中也经常运用假设句。假设句的用途是多种多样的。

第三，“要不是……就……”和“如果说……那么……”都是由“如果……就……”衍化出来的比较特殊的假设句式。

第四，“与其……不如……”是择优推断句式。这一句式跟假设句式之间存在某种联系，“与其”有时可以替换为“要是”。

第四章 “只有p，才q”及相关句式

本章讨论条件句式“只有 p，才 q”。这是一种最典型的条件句式。

本章也讨论相关的“只要 p，就 q”句式。这一句式和“如果 p，就 q”句式的比较，另文讨论。

本章还涉及相关的“越……越……”句式。对于这一句式的具体情况，另文讨论。

第一节 “只有 p，才 q”

“只有……才……”表示条件与结果的关系，是条件句的代表格式。

所谓“条件”，实际上也是一种待实现的原因，因此，条件句也属于因果类复句。比较：

因为赶不上火车，我们才改乘轮船。

只有赶不上火车，我们才改乘轮船。

这两例，pq 之间都有因果联系，只不过前一例的因果联系是已实现的，而后一例的因果联系则是待实现的。

一、句式的构造

这一句式里，“只有”和“才”配对使用。前分句用了“只有”，后分句总要有一个跟它呼应的“才”。例如：

(1) 只有徐副书记来了，他们才在一起说说笑笑。（张锲《改革者》，《当代》1982 年第 5 期 29 页）

(2) 只有用这样实事求是的态度，去进行独立的科学研究及

其他一切工作，才有成功的希望。（高中《语文》第六册）

更多情况下，“才”的后头还出现助动词“能”“会”之类。例如：

（3）只有勤奋耐苦，才能在社会里站稳脚跟。（雁宁《回答》，《红岩》1983年第2期110页）

（4）只有我们的同志尊重群众，信任群众，群众才会尊重我们，信任我们。（《刘少奇选集》上卷60页）

“才”的后边还往往出现“有可能”：

（5）只有当你坚持不懈地进行艰苦卓绝的开采和经久不息的冶炼时，你才有可能获得一颗光彩夺目的金珠。（初中《语文》第六册）

前分句出现主语时，“只有”可以在主语前后活动。比较：

（6）只有你意识到这一点，你才能更深刻了解我们的战士在朝鲜奋不顾身的原因。（初中《语文》第五册）

（7）你只有意识到这一点，才能更深刻了解我们的战士在朝鲜奋不顾身的原因。

前一例“只有”在主语前边，后一例“只有”在主语后边。观察这两个例子，可以知道：如果“只有”在主语前边，这个复句的构造是“＜只有＞主谓＋主＜才＞谓”；如果“只有”在主语后边，这个复句的构造是“主＜只有＞谓＋＜才＞谓”。这反映了“只有”句法配置的一般规律。再看两个“只有”用在主语后边的例子：

（8）我们只有这样做了，才有可能正确地或者比较正确地解决问题……（邓小平《在全军政治工作会议上的讲话》，《邓小平文选（一九七五——一九八二年）》，人民出版社1983年版109页）

（9）你们说：“党只有在政治上去动员，才能迅速夺取广大工人群众去实际组织武装暴动。”这样的解释，显然将日常斗争与准备武装暴动对立起来。（《周恩来选集》上卷50页）

这两例都是“主＜只有＞谓＋＜才＞谓”。

有时承接上文的述说，“只有”后边用指示代词“这样”。这时，不管是“只有”前边还是后边，一般都不出现主语。例如：

(10) 只有这样，才能使我们具有对中国社会问题的最基础的知识。(初中《语文》第六册)

(11) 只有这样，才能准确地判断什么情况是“过”，什么情况是“不及”，才能使我们的工作做得“恰到好处”。(高中《语文》第一册)

条件也好，结果也好，都可以不只一项。相应地，“只有”或“才”都可以多次使用，即可以是“只有……只有……才……”“只有……才……才……”等。例如：

(12) 只有这个矛盾的逐渐解决，只有在党内加强马克思列宁主义——无产阶级科学思想的教育与锻炼，不断克服小资产阶级以及其他各阶级反映在党内的思想，我们党的建设和党的事业，才能进步，才能发展。(《刘少奇选集》上卷 327 页)

(13) 只有对这些弊端进行有计划、有步骤而又坚决彻底的改革，人民才会信任我们的领导，才会信任党和社会主义，我们的事业才有无限的希望。(邓小平《党和国家领导制度的改革》，《邓小平文选(一九七五——一九八二年)》，人民出版社 1983 年版 293 页)

“必须……才……”，相当于“只有……才……”。例如：

(14) 必须战胜这敌人，才能完成我国的资产阶级民主革命。(《刘少奇选集》上卷 127 页)

“除非……才……”，相当于“只有……才……”。例如：

(15) 除非大山崩塌，它才会随之毁灭。(张抗抗《在丘陵和湖畔，有一个人……》，《十月》1982 年第 1 期 86 页)

二、“只有……才……”所表示的条件

作为条件句式，“只有……才……”所表示的条件是强制性的。它把某种条件限定为必不可少的不满足不行的条件，语气坚决，迫使接受，迫使考虑。例如：

(16) 只有坦白交代，才能考虑从宽处理。

通过“只有”提出“坦白交代”的条件，没有商量的余地。

对于结果的实现来说，强制性条件不一定就是唯一条件。检验唯一条件的标准，是“没有这个条件就不行，有了这个条件就足够”。完全符合这一标准的，才是唯一条件。如上例，“坦白交代”是唯一条件，缺它不行，有它就够。但是，通过“只有”提出的条件，有时不是唯一条件。例如：

（17）只有呼吸到空气，人才能活着。

作为人“能活着”的条件，“呼吸到空气”是缺少不得的，因为不呼吸空气人不能活着；但不是有了就够的，因为仅仅呼吸空气人也不能活着。可见，这个条件不是唯一条件。

事实上，“只有……才……”句式的作用在于带强制性地迫使人们去认识所提条件的决定性影响。至于所说的条件是唯一的还是非唯一的，说话人并不关心，听话人也并不关心，而且有时也难区别清楚。看这两个例子：

（18）只有自己对于原则问题具有明确性，才能改正人家的不明确。（《刘少奇选集》上卷 209～210 页）

（19）只有经常接近广大的群众，才能增加自己的勇气。（《周恩来选集》上卷 330 页）

这两例里所提的条件，是不是唯一条件呢？是不是仅仅具备了所提的条件就够了呢？很难判明，也不必判明，重要的是必须努力满足所提的条件。

三、“只有……才……”的非复句用法

有时，“只有……才……”句式不是复句。即是说，“只有……”和“才……”两部分之间不是分句与分句的关系。这有两种情况：

第一，“只有……才……”用来联结主语和谓语，只要去掉这一关联格式，就可以明显看到两个部分之间的主谓关系。例如：

（20）只有在深夜里见过这种景象的人才懂得这句诗的妙处。（高中《语文》第五册）

（21）只有这种人的态度，才是正确的态度。（《刘少奇选集》上卷 107 页）

(22) 只有杨新，才对代销店与施工队的关系感兴趣。(贺星寒《高空跳板》,《红岩》1983 年第 2 期 236 页)

第二，“只有……才……”用来联结状语和谓语，只要去掉这一关联格式，就可以明显看到前一部分是状语。例如：

(23) 只有在夜间，她才回到她那被烧毁了的破屋子里去。(高中《语文》第五册)

(24) 只有在铲除愚昧和丑恶的杂草之后，科学之树才会结出丰硕的果实。(赵丹涯《蓝天，也是属于你的》,《芙蓉》1983 年第 4 期 103 页)

(25) 这些话只有在文件上、开会时才用。(贺星寒《高空跳板》,《红岩》1983 年第 2 期 206 页)

第二节 “只要 p，就 q”

“只要……就……”也表示条件与结果的关系。就具有条件性而言，它跟“只有……才……”是同类格式，二者之间许多时候存在相通之处。例如：

只有找到他，才能把问题弄清楚。

只要找到他，就能把问题弄清楚。

用“只有……才……”也好，用“只要……就……”也好，“找到他”都是“把问题弄清楚”的条件。

“只要……就……”的前项或后项也可以多次连用。例如：

(26) 只要我活着，只要我还捧着公家的饭碗，你就休想跟腊月结婚！(张一弓《张铁匠的罗曼史》,《十月》1982 年第 1 期 27 页)

(27) 只要一万万五千万人翻身，我们的力量就比蒋介石大，后备力量就比他大得多。(《刘少奇选集》上卷 395 页)

前一例是“只要……只要……就……”，后一例是“只要……就……就……”。

一、“只要……就……”和“只有……才……”

在逻辑关系上，在语意表达上，“只要……就……”跟“只有……才……”有区别。

首先，条件的性质有所不同。

所谓“条件”，实际上有两种：一是充足条件，“有它就够”；二是必要条件，“缺它不得”。语言运用中，“只要……就……”偏重于跟充足条件相联系，“只有……才……”偏重于跟必要条件相联系。

有时，“只要……就……”表示单纯的充足条件。这时，不能改成“只有……才……”。例如：

(28) 只要乘1路电车，就可以从武昌到汉口。

“乘1路电车”是单纯的充足条件。满足了这个条件，就可以出现从武昌到汉口的结果。但是，人们乘4路电车、10路汽车或轮渡也可以从武昌到汉口，所以“乘1路电车”这一条件并不是缺少不得的。这个例子，不能改说成：“只有乘1路电车，才可以从武昌到汉口。”

反过来说，有时，“只有……才……”表示单纯的必要条件。这时，不能改成“只要……就……”。例如：

(29) 只有爱动脑子，才能成为科学家。（不爱动脑子的人不可能！）

“爱动脑子”是单纯的必要条件。若缺少“爱动脑子”这一点，必定不能成为科学家。但是，“爱动脑子”这一点并不是有了就够，换句话说，光做到这一点，不见得就能成为科学家。这个例子不能改说成：“只要爱动脑子，就能成为科学家。”

其次，强调的重点有所不同。

有的时候，同样的内容，既可以说成“只有……才……”，又可以说成“只要……就……”。但是，“只有……”表达的是强制性条件，着重强调“必要”的一面，口气坚定，要求偏严；“只要”表达的是宽容性的条件，着重强调“足够”的一面，口气缓和，要求偏宽。比较：

(30) 只有你去，才能解决问题。

(31) 只要你去，就能解决问题。

前一例，要求偏严，限定非“你去”不能解决问题；后一例，要求偏宽，显得结果的出现并不很难。再比较：

(32) 只有坦白交代，才有出路！

(33) 只要坦白交代，就有出路！

前一例，口气坚定而严厉，意味着“不坦白交代”就只有死路一条，是警告性的说法；后一例，口气灵活宽容，意味着不隐瞒就会有好的结果，是劝告性的说法。

可见，“只有……才……”重在说明某种结果在严格的条件下才能出现；而“只要……就……”则重在强调某种结果在一定条件下不难出现。

二、“只要……就……”和“如果……就……”

“只要……就……”句式有明显的假设意味。它的前分句，可以说是表示假设性的条件，也可以说是表示条件性的假设。例如：

(34) 这种固定的沙丘，只要能妥善保护草皮和灌木，防止过度砍伐和任意放牧，就可以固定下来。(初中《语文》第三册)

(35) 就是长文章也可以摘抄，只要记下提要或论点和论据，就能帮助记忆全文的主要内容。(初中《语文》第三册)

上例的“只要”，要是改为“如果”，意思差不多。

在内容上，“如果……就……”和“只要……就……”都表示一符合前分句所说的假设情况，一满足前分句所提的假定要求，就会出现后分句所说的结果。在形式上，“如果”常同“就”呼应使用，“只要”也常同“就”呼应使用；“如果……”后边可以加上“的话”，“只要……”后边也可以加上“的话”。例如：

(36) 凡是八路军、新四军所到之区域，只要有可能的话，就不能不建立抗日民主政权……(《刘少奇选集》上卷174页)

但是，从语言运用上说，“只要……就……”和“如果……就……”是有区别的。请参看本编第五章“‘只要p，就q’和‘如果p，就q’”。

三、“只要……”分句的后置和单用

“只要……”分句有时后置。后置以后，既有补充说明的作用，也有强调突出的作用。例如：

(37) 不像你，什么都无所谓，只要有钞票。(李肇正《亭子间里的小姐》，《小说月报》1999 年第 10 期 93 页)

(38) 我们还是比较乐观的。拖那么一两年大概可以，只要平时调理得好。(程乃珊《蓝屋》，《钟山》1983 年第 4 期 31 页)

(39) 我看倒是值得考虑，只要政策许可的话。(李国文《花园街 5 号》，《十月》1983 年第 4 期 15 页)

"只要"有时单用。在说话的语流中，紧接上文的意思，可以只出现"只要……"。在这样的情况下，表示结果的分句隐而不现，但意思明显。例如：

(40) 胖所长："这次回来，是长住？是短居？"苏小琴："难说，吃开口饭的，只要有听客。"(张重天等《琵琶声声》，《十月》1982 年第 1 期 153 页)

(41) 说嘛，啊，不要有顾虑。有什么意思谈出来就好，尤其是对我，啊，当然，只要是善意的。(张晓明《青山遮不住》，《清明》1983 年第 3 期 144 页)

(42) 这你放心，那房子是我修的。只要你到时候别泄气！(李国文《花园街 5 号》，《十月》1983 年第 4 期 50 页)

第三节　"越 p，越 q"

"越……越……"也表示条件与结果的关系。就具有条件性而言，它跟"只要……就……"和"只有……才……"是同类格式，三者之间许多时候存在相通之处。例如：

只有深入研究，才能有所发现。

只要深入研究，就能有所发现。

越是深入研究，越能有所发现。

上面三例，用"只有……才……"也好，用"只要……就……"也好，用"越(是)……越……"也好，"深入研究"都是"有所发现”的条件。再看两个实际用例：

(43) 唯有从生活方面去体验，把生活所得的一点一点积聚起来，积聚得越多，了解就越深切。(初中《语文》第五册)

(44) 我们读散文，也就是在饮这杯“酒”，越是细细品尝，越能够体会出其中丰富而复杂的滋味，得到启迪和美感。(初中《语文》第四册)

仅就条件关系而言，前一例也可以说成：“只有积聚得多，才能了解得深切。”｜“只要积聚得多，就能了解得深切。”后一例也可以说成：“只有细细品尝，才能够体会出其中丰富而复杂的滋味。”｜“只要细细品尝，就能够体会出其中丰富而复杂的滋味。”

不过，“越……越……”是一种条件倚变句式，在大多数情况下，“越 p”是“越 q”的充足条件。因此，跟“只要……就……”的条件性质相同。也因此，二者可以套合使用，说成“只要越……就越……”。例如：

(45) 发现的问题越多，对于事物一定看得越清楚……(初中《语文》第四册)

(46) 他越客气，老杨同志越觉着不舒服，一遍接一遍道：“我自己舀!”(初中《语文》第四册)

(47) 离敌人越近，越觉着打得过瘾，越觉着打得解恨！(初中《语文》第五册)

前一例，可以说成“只要发现的问题越多，对于事物就一定看得越清楚”。后两例情况相同。

当然，从“倚变”的角度说，“越……越……”不同于“只要……就……”，更不同于“只有……才……”。另外，在特定条件下，“越……越……”句式里可以进入转折词。请参看第四编第七章“‘越 p，越 q’句式及其与转折句的牵连”。

本章小结

第一，“只有……才……”表示条件与结果的关系，是条件句的代表格式。所谓“条件”，实际上也是一种待实现的原因，因此，条件句也属于因果类复句。“只有……才……”的同义形式是“必须……才……”和“除非……才……”。

第二，“只要……就……”是另一种重要的条件句式。作为条件句式，这一句式跟“只有……才……”有相通之处。但是，它偏重于跟充足条件相联系，而“只有……才……”则偏重于跟必要条件相联系，二者在条件的性质上有所不同，在语言运用中强调的重点也有所不同。

第三，“越……越……”是一种条件倚变句式。这一句式跟“只要……就……”的条件性质相同，在表示条件关系上也跟“只有……才……”有相同之处。但是，从“倚变”的角度说，这一句式又具有自己的特点。

第五章 “只要p，就q”和“如果p，就q”

讲汉语语法的书，全都把“如果 p，就 q”复句归入假设复句，这反映了大家的共同认识。但是，“只要 p，就 q”却有不同的归法。20 世纪 50 年代，中学《汉语》和《文学》分科时，初中《汉语》课本归入假设复句。杨欣安等《现代汉语》第四册解释说：“‘只要’换成‘如果’‘要是’等都可以，所以《初中汉语课本》把它划在假设句里了。”但是，目前全国通用的中学《语文》课本，还有许多高等学校的《现代汉语》教材，都将其划归条件复句。本书赞同归入条件复句的处理办法。

第一节 逻辑关系

从逻辑上看，“如果……就……”和“只要……就……”具有共性。它们都表示假言判断，或称条件判断。它们的前分句“如果……”和“只要……”都表示充足条件，有时还表示充足而必要的条件。例如：

(1) 如果乘火车，一天内就可以从北京到武汉。

(2) 只要乘火车，一天内就可以从北京到武汉。

这里，“乘火车”是充足条件。满足了这一条件，就可以出现“一天内从北京到武汉”的结果。又如：

(3) 如果乘飞机，两小时内就可以从北京到武汉。

(4) 只要乘飞机，两小时内就可以从北京到武汉。

这里，“乘飞机”既是充足条件，有它就够；又是必要条件，缺它不得。如果满足这一条件，而且只有满足这一条件，才有可能在两小时内从北京到武汉。

第二节　语法分类不能只看逻辑关系

讲逻辑，“如果……就……”和“只要……就……”是一类。然而，语法分析不同于逻辑分析。复句分析问题是语法分析问题，判断复句关系固然不能不考虑复句构成的逻辑基础，但还必须注重考察各种语言形式在语言运用中的不同之处。只有把逻辑关系和语言形式联系起来观察、考虑，才能从语法的角度对复句关系作出恰当合理的解释。比方说：

既然大人都搬不动，小孩怎么能搬得动呢？

大人尚且搬不动，小孩更搬不动了！

这两个复句，逻辑基础是相同的。它们包含着同样的推理内容，它们的省略了的大前提都是：“一个东西，如果大人搬不动，那么，小孩就不可能搬动。”但是，在语言形式上，前者用“既然……（就）……”，是因果复句，语意上重在举出理由，推论因果；后者用“尚且……更……”，是递进复句，语意上重在以深证浅，反逼而进。如果抛开语言形式，就看不出这两个复句的区别。

有人认为，复句的分类完全是逻辑上的分类，这是一种片面的观点。

第三节　二者在语言运用上的区别

从语言运用上说，“如果……就……”和“只要……就……”是有区别的。

一、语意表达上重点不同

一方面，采用“如果……就……”这种语言形式，重在表明所说的情况仅仅是假设。尽管许多时候“如果”可以换成“只要”，但替换后假设语气也随之发生变化。

不仅如此，在纯粹假设的场合，或者说，在偏重于表达说话人的内心假设的时候，“如果”是不能换成“只要”的。例如：“如果我牺牲了，请把这份材料转交给上级。”“我牺牲”是纯假设，前头只能用“如果”，不能用“只要”。又如：

(5) 他错在哪里？如果他错了，谁还想做好事，谁还愿意卖力？（吕幼安《我没有错》，《中篇小说选刊》1999 年第 4 期 23 页）

(6)（我很想很想冲过去……告诉她）如果没有她的陪伴，我在北京的日子将会多么难挨……（池莉《紫陌红尘》，《池莉精品文集》538 页）

上例用“如果”引出的情况，都是纯粹假设的情况。前一例，说话人内心已明确认定，他没有错；后一例，说话人本意是强调实际上有了她的陪伴。若把这两例的“如果”改为“只要”，不行。再看下面的例子：

(7) 如果美国人民问到共产党为什么作战，我该怎样回答呢？（《毛泽东选集》第 4 卷 1190 页）

(8)（对不起，小姐。您到底是谁？……）如果您也是要求上片子的小姐，请直接报姓名，否则我只好挂电话了。（池莉《紫陌红尘》，《池莉精品文集》522 页）

上例用“如果”引出的情况，都是说话人内心的一种假定，不存在向什么人提什么须要满足的条件的意思。其中的“如果”，也不能改成“只要”。再看下面一个语流中出现的几个“如果”：

(9)“你的心态似乎平衡得很好。”我笑道，“如果现在有一个非常让你动心的女人在诱惑你，你还会这么平衡吗？”

“能让我动心的女人非常少。既能让我动心又能诱惑我的女人更是少之又少——几乎是没有的。”他笑道。

“如果有呢？”

“我不知道。”他沉吟道，“我想像不出来。不过我知道，如果有这样一个女人，如果她不向我要求婚姻，那她就决不是真爱我；

如果她向我要求婚姻，我就决不会答应她。”我们都笑了，都望着窗外婆娑树叶。如果，如果，怎么会有那么多的如果呢？（乔叶《一个下午的延伸》，《十月》1998年第1期152页）

上例中的“如果”，不管是见于甲说的话，还是见于乙说的话，同样都是为了适应说话人的内心假设而使用的，因此不能或者很难替换成“只要”。

另一方面，采用“只要……就……”这种语言形式，重在表明提出了某种特定条件。尽管许多时候“只要”可以换成“如果”，但条件语气也会相应减弱或消失。看这个例子：

(10) 我想只要不再见到王先生，我随便住什么样的招待所都成。（池莉《紫陌红尘》，《池莉精品文集》543页）

上例，“不再见到王先生”是“随便住什么样的招待所都成”的条件。假若把“只要”换成“如果”，条件语气便不存在了。

不仅如此，在以事实为假定的条件时，“只要”是不能换成“如果”的。例如：“谁不知道您是教授？只要您是教授，您就可以坐软卧！”事实是“您是教授”。这是以事实作为假定的特定条件，前头只能用“只要”，不能用“如果”。又如：

(11) 小兄弟，别理他，只要我有一口气在，此仇不能不报。（金庸《射雕英雄传》7回）

(12) 一个人只要下有群众上有党，他做人就会非常踏实。（池莉《小姐你早》，《池莉精品文集》41页）

上例，“我有一口气在”也好，“下有群众上有党”也好，都是事实。现在用来作为假定的条件，前头要用“只要”，不能改为“如果”。

可见，“如果……就……”是假设式，“只要……就……”是条件式。它们语意表达上着重点的不同，在它们互相衔接前后连用时可以看得更加清楚。例如：

(13) 只要看到你这个样子，我就恼火！如果再看到你这个样子，我就要打你了！

这是妈妈恼火地指着顽皮孩子说的话。前边的“看到你这个样子”，是以事实为条件，用“只要”，不能用“如果”；后边的“再看到你这个样子”是纯粹的假设，用“如果”，不能用“只要”。再看两例：

(14) 在土地改革时期，如果有少数开明绅士表示赞成我们的土地改革，对于全国土地改革的工作也是有益的……只要他们这样做，我们就应该毫无例外地去团结他们，并且在团结中教育他们。(《毛泽东选集》第4卷1288页)

(15) 只要不犯大的路线错误，全国性的大乱子是不会出的……当然，如果我们搞得不好，历史走一点回头路，有点回归，这还是很可能的。(《毛泽东选集》第5卷353页)

前一例，“如果……就……”在前，“只要……就……”在后；后一例，“只要……（就）……”在前，“如果……（就）……”在后。不管哪个在前哪个在后，对比之下“如果……就……”重在表示假设，“只要……就……”重在提出条件，这是明显的。

二、正反推论中用法有别

“如果……就……”可以用于正反两面同时推论，即可以同时从正反两面提出假设，作出推断。例如：

(16) 如果他有这本书，他一定借给你；如果他没有这本书，他也会帮你借的。

(17) 如果我不外出，我就陪你玩几天；如果我外出，我就请小张接待你。

这种两面假设、正反推论的说法，是很普遍的。

“只要……就……”则一般不用来同时从正反两面进行推论。常见的情况是：从两面中选择一面为条件，然后以另一面为假设，起补充作用，借以把意思表达得更加周全。比较地说，选择为条件的一面，是更积极、更需要着重强调的一面。先看有问题的说法：

(18) 只要他有这本书，他一定借给你；只要他没有这本书，他也会帮你借的。

(19) 只要我不外出，我就陪你玩几天；只要我外出，我就请小张接待你。

这是从正反两面同时设置条件。这样的说法是很别扭的。即使有时能勉强站得住，那也不是很好的表达法。再看：

(20) 只要他有这本书，他一定借给你；如果他没有这本书，他也会帮你借的。

(21) 只要我不外出，我就陪你玩几天；如果我外出，我就请小张接待你。

这就很畅达了。先说“只要……就……”，重在条件，突出了需要着重强调的一面；后说“如果……就……”，重在假设，从另一面补充了需要说明的意思。

可见，作为假设式，“如果……就……”可以形成两面假设、正反配合的用法，正反两面一般轻重平衡，显得比较客观、冷静；作为条件式，“只要……就……”则在正反两面中具有选择性和强调作用，它偏重于其中的一面，使之突出。试观察这个例子：

(22) 还有一种，是动摇分子，半真半假，看势办事。如果第三次世界大战不打，蒋介石不来，那末，就跟共产党走下去。如果第三次世界大战打起来，他就另打主意。(《毛泽东选集》第5卷110页)

这是在同一平面上客观地分析两种可能有的情况，哪一种情况都不必强调突出，所以连用两个“如果……就……”。要是把第一个“如果……就……”改为“只要……就……”，比如说成“只要第三次世界大战打不起来，蒋介石不来，他就跟共产党走下去”，这就显得强调突出了这一方面，不像原句那样能够更好地反映“半真半假，看势办事”的“动摇”情况。

为了语言简练，不管是两个“如果……就……”的正反连用，还是“只要……就……”和“如果……就……”的正反连用，后边的“如果……”都可以简化为“否则”。例如：

(23) 如果我们在上述两方面都做了适当的措施，就可能避免敌人给我们的重大危害，否则我们可能要犯错误。(《毛泽东选集》第5卷141页)

(24) 只要美国政府愿意在公平合理的基础上解决问题，不再如过去那样用种种可耻的方法破坏和阻挠谈判的进行，则朝鲜的停战谈判是可能成功的，否则就不可能成功。(《毛泽东选集》第5卷50页)

这两例都用了“否则”。“否则”前边的部分是正意所在，意思突出些。不过，用“如果……就……”的，还是重在客观地分析假设情况；用“只要……就……”的，还是重在表明特定条件，更具有强调作用。

三、某些格式不能相互转换

“如果……就……”的使用范围，比“只要……就……”的使用范围要大。在用“如果”的某些格式里，不能改用“只要”。

比方，“如果说……(那么)(就)……”的格式，不能说成“只要说……(那么)(就)……”。如：

(25) 如果说要有问题，这才是最根本的问题，如果说严重性，这才是最大的严重性。(张平《抉择》，《小说选刊》增刊1997年第1期59页)

上例不能说成：“只要说要有问题，这才是最根本的问题，只要说严重性，这才是最大的严重性。”

又比方，“如果p，(那么)q呢?”可以简省为“如果p呢?”例如：“如果他不肯来，(那么)我该怎么办呢?”→“如果他不肯来呢?”不管是完全式还是简省式，其中的“如果”都不能换成“只要”。再看一个实际用例：

(26)(一个法警冲进来，提着电警棍逼视着我，说：“看在你是一个医生的份上，我客气地请你出去。”)“如果我不呢?”我说。(池莉《一冬无雪》，《池莉精品文集》621页)

“如果我不呢?”＝“如果我不出去，你怎么奈何我呢?”这里的“如果”，不能用“只要”去替换。

本章小结

“只要……就……”跟“如果……就……”一样，都表示假言判断，逻辑基础相同。但是，在语言运用上，它们存在这样那样的区别。

2001年全国通用的初中《语文》第五册把“如果……就……”划归假设复句，把“只要……就……”划归条件复句，指出用“只要……就……”组成的复句和用“只有……才……”一样，也是表示条件关系的，只是口气上稍有不同。这是合适的。

当然，作为条件式，“只有……才……”和“只要……就……”尽管可以简而言之“只是口气上稍有不同”，但它们在逻辑基础和表达作用上的实际区别，又大有文章。

第六章 “要不是 p，就 q”句式

“要不是 p，就 q”句式是一种属于假设复句的句式。例如：

要不是有人帮忙，他就不会那么风光了。

要不是有人捣乱，他就不会这么倒霉了。

本章从不同角度观察这种比较特殊的假设句式。

第一节 句式组造

这一句式，“要不是……就……”是关系标志，pq 是前后分句基本的表意构件。

第一，“要不是”在标明关系上起决定作用。“要不是”等于“如果不是”，“要”相当于“如果”。看两个实际用例：

（1）要不是我在场，她那小拳头就捶在小涛身上了。（汤保华《情感分析》，《小说家》1983 年第 2 期 104 页）

（2）那晚上要不是老娘下了他的蒙心药，那北京姑娘就莫想活命了。（谢璞《寻找》，《芙蓉》1982 年第 3 期 167 页）

这里的“要不是”，都可以说成“如果不是”：“如果不是我在场，……”｜“那晚上如果不是老娘下了他的蒙心药，……”

实际语言运用中，也常用“如果不是”。例如：

（3）如果不是楚杨用他那男子汉的行为教育了我，我会把这种偏见带进棺材里的！（徐小斌《河两岸是生命之树》，《收获》1983 年第 5 期 49 页）

这里的“如果不是”可以改说成“要不是”。

比较地说，“要不是”具有较大的凝固性，“要”和“不是”总是结合使用；“如果”和“不是”却可以分离开来用在主语前后。例如：

（4）如果我不是在气头上，也许会多看他们几眼。（汤保华《情感分析》，《小说家》1983年第2期94页）

上例“如果我不是……”不能说成“要我不是……”。

第二，跟“要不是”呼应使用的“就”，有时出现，有时不出现。如例（1）、例（2）都用了“就”。又如：

（5）（刚才来的人是通知家属的，）要不是我紧着拦，连你也得给牵进去！（陶正、田增翔《我的守护神》，《春风》1983年第2期96页）

（6）要不是鲁鲁差点丧命，我还不会发现在这荒僻的旷野会有这么多的秘密武器。（马佳《林声》，《收获》1982年第6期93页）

这两例的后分句可以说成“就连你……”“我就还不会……”，但“就”都没有出现。

第三，“要不是”引出的前分句p，本身可以用肯定形式，也可以用否定形式。如例（1）的“我在场”，例（2）的“那晚上老娘下了他的蒙心药”，例（5）的“我紧着拦”，例（6）的“鲁鲁差点丧命”，都是肯定形式。又如：

（7）要不是不愿意被人打扰，我们就干脆在房里干了。（陈世旭《遥远的地平线》，《百花洲》1982年第6期10页）

这一例的“不愿意被人打扰”是否定形式。

第四，“要不是p”引出的后分句q，可以是肯定形式，也可以是否定形式，还可以用相当于肯定形式或否定形式的反问句式。如例（1）的“她那小拳头就捶在小涛身上了”，例（5）的“连你也得给牵进去”，都是肯定形式；例（2）的“那北京姑娘就莫想活命了”，例（6）的“我还不会发现……有这么多的秘密武器”，都是否定形式。又如：

（8）要不是我用了心计骇了“牛不瘟”，大亏不早就吃定了

么？（谢璞《寻找》，《芙蓉》1982 年第 3 期 169 页）

(9) 白娘子要不是游湖遇雨，怎能碰见许仙？（刘绍棠《小荷才露尖尖角》，《人民文学》1982 年第 2 期 6 页）

这两例的后分句都是反问。前一例从否定方面问，表示肯定的意思，等于一个肯定形式；后一例从肯定方面问，表示否定的意思，等于一个否定形式。

第五，“要不是”偶尔只说“要不”。例如：

(10) 我告诉你萧部长，要不看你是何文仲的老婆，我会开口骂人，你信不信？（吕幼安《我没有错》，《中篇小说选刊》1999 年第 4 期 15 页）

上例等于说：“要不是看你是何文仲的老婆，我会开口骂人。”由于后边又有一个“是”字，为了避免重复，才把“要不是”简省为“要不”。

第二节　表里关系

从语表形式和语里意义的关系看，“要不是 p，就 q”句式是一种具有明显特点的假设句式。这种句式在形式上构成假设复句，在内容上则表达了事物之间事实上或推论上的因果联系。这可以从以下三点清楚地看到。

第一，可以续上“之所以非 q，就因为是 p”，借以揭示其隐含的因果关系。即：

要不是 p，就 q。

→要不是 p，就 q；之所以非 q，就因为是 p。

例如：

(11) 要不是我在场，她那小拳头就捶在小涛的身上了；她那小拳头之所以没有捶在小涛的身上，就因为是我在场。［例 (1) 的后续式］

(12) 那晚上要不是老娘下了他的蒙心药，那北京姑娘就莫想

活命了；那北京姑娘之所以能活命，就因为是那晚上老娘下了他的蒙心药。[例（2）的后续式]

“要不是p，就q”本身就包含“之所以非q，就因为是p”的意思，续上后者，可以显现这种隐含的因果关系。当然，正因为“要不是p，就q”本身已包含“之所以非q，就因为是p”的意思，所以，在实际的语言运用中，后者总是不再出现，硬要续上，反而给人以画蛇添足之感。

第二，可以在“要不是”和p之间插入表示原因的连词“因为”，借以显示其本来存在的因果关系。即：

要不是p，就q。

→要不是因为p，就q。

例如：

（13）要不是因为我在场，她那小拳头就捶在小涛的身上了。[例（1）的插入式]

（14）那晚上要不是因为老娘下了他的蒙心药，那北京姑娘就莫想活命了。[例（2）的插入式]

“要不是”引出的p是表示原因的。不用“因为”，p表示的原因是隐性的，加上“因为”便成为显性的了。在实际语言运用中，插入“因为”的例子并不少见。其他各种假设复句是不能这么办的。略举几例：

（15）其实，要不是因为丈夫气色不好，怕他病倒，她又何尝不希望丈夫把报告准备得天衣无缝，无懈可击。（曾德厚、木杉《有意无意之间》，《当代》1983年第1期5页）

（16）现在，要不是因为出了这场斗殴事件，人们也许早把他忘个一干二净了。（伊始《斗殴》，《百花洲》1983年第1期61页）

（17）……要不是因为公社广播放大站的工作离不开，她早就来了。（沈小兰《她》，《当代》1983年第4期214页）

（18）也许要不是因为有他，要不是因为他当着这个市的市长，眼前的这些人说不定早离开这里了。（张平《抉择》，《小说选刊》增刊1997年第1期25页）

既然“要不是”后边能用“因为”，“如果不是”“假若不是”“若不是”等后边自然也能用。例如：

(19) 若不是因为李昕是一个胆小的姑娘，蒋合营肯定不会应声。(萧克凡《堡垒漂浮》，《中篇小说选刊》1998 年第 1 期 57 页)

第三，可以变换为表示因果逆转的“p，否则 q”句式，借以显示其本来包含的因果逆转关系。即：

要不是 p，就 q。

→p，否则 q。

例如：

(20) 幸亏我在场，否则她那小拳头就捶在小涛身上了。[例(1) 的变换式]

(21) 那晚上幸亏老娘下了他的蒙心药，否则那北京姑娘就莫想活命了。[例 (2) 的变换式]

“p，否则 q”句式可以表示多种关系，表示因果逆转关系的有四个具体格式：①“幸亏 p，否则 q”；②“可惜 p，否则 q”；③“因为 p，否则 q”；④“(想来) 肯定 p，否则 q”。前三个是释因式，后一个是推因式。“要不是 p，就 q”句式，根据 p 与 q 之间的具体联系，有的可以变换为“幸亏 p，否则 q”，有的可以变换为“可惜 p，否则 q”，有的可以变换为“因为 p，否则 q”，有的可以变换为“(想来) 肯定 p，否则 q”。看这四个例子：

(22) 要不是你从那里把我救回来，要不是大叔给我吃了解毒的药，我这条命，恐怕非丢了不可！(杨啸《岩画探奇》，《春风》1983 年第 2 期 73 页)

(23) ……要不是皮肤黑一点，真像是一尊活观音。(庄东贤《番客婶》，《萌芽》增刊 1983 年第 3 期 86 页)

(24) 要不是隔壁毛家占咱地界，我一生动过谁一指头？(贾平凹《小月前本》，《收获》1983 年第 5 期 190 页)

(25) 毫无疑问，要不是遇到了突然的变故，要不是遭到了意外的不幸，他们家是绝对不会平白无故地从这里搬走的！(杨啸

《岩画探奇》，《春风》1983 年第 2 期 67 页）

以上例子，可以分别变换为：“幸亏你从那里把我救回来，幸亏大叔给我吃了解毒的药，否则，我这条命恐怕非丢了不可！”｜“可惜皮肤黑一点，否则，真像是一尊活观音。”｜“只因隔壁毛家占咱地界，否则，我一生动过谁一指头？”｜“（想来）肯定遇到了突然的变故，肯定遭到了意外的不幸，否则，他们家是绝对不会平白无故地从这里搬走的！”

吕叔湘先生曾经指出：“假设句和因果句息息相关。”（《中国文法要略》，商务印书馆 1956 年版 43 页）这个论断十分精确。“要不是 p，就 q”句式，实际上是借假设的形式来表达因果的内容。那么，既然本来就是因果关系，为什么不直截了当地使用因果复句，而要使用假设复句呢？这就需要从语用价值的角度来回答这个问题了。

第三节　语用价值

从语用价值看，或者说从修辞角度看，“要不是 p，就 q”句式是一种具有特殊表达作用的句式。

第一，“要不是 p，就 q”句式的一个明显的作用是：反证释因，加强句子的容量和论证性。

考察 p 与 q 之间的语义关系、逻辑关系，我们可以看到，这种假设复句具有回归性。它从“假设不是因为 p”出发，经过推断，回转来归结到对否定的否定，即肯定，从而指明正是“因为 p”。它包含一个比较完整的间接证明，用的是假言反证法，其证明过程是：

命题：正是因为 p

证明：如果非 p，则 q，

　　　事实非 q，

可见，是非非 p，即 p。

如例（1），通过反证说明了她之所以没“捶”，正是因为“我在场”。又如例（2），通过反证说明了那北京姑娘之所以能“活命”，正是因为“老娘下了他的蒙心药”。反证的结果，都清楚地解释了原因。再看这个例子：

(26) 当初，赵淑贤要不是为了自己的前途和幸福，敢拼敢斗，那个娘家恰恰会苦害她一辈子。（浩然《姑娘大了要出嫁》，《春风》1982 年第 1 期 6 页）

上例从假设“不是……敢拼敢斗”出发，合乎逻辑地引出“那个娘家恰恰会苦害她一辈子”的推断；然而事实上她并没有被娘家苦害一辈子，因而又必然合乎逻辑地回转来否定假设的“不是”，证明了所要证明的命题：正是因为“……敢拼敢斗”。这里，运用了反证的方法，解释了真实的原因。

由于“要不是 p，就 q”本身就是一个证明，有推理，有回归，如前所说，本身就包含有“之所以非 q，就因为是 p”的意思，所以，容量大，所表示的内容比一般直接解释因果关系的复句丰富得多；同时，由于“要不是 p，就 q”本身就是一个证明，是用反证的办法来论说事物之间的因果联系，所以，跟直接解释因果关系的复句比较起来，更有论证性，更能显示论理的逻辑力量。比较：

(27) 要不是来共产党，哪有俺这个日月过呢？（陈登科《风雷》第一部下册，中国青年出版社 1964 年版 57 页）

(28) 因为来了共产党，俺才有这个日月过。

(29) 俺之所以有这个日月过，就因为来了共产党。

后两例是直接说明事情之间的因果联系；前一例，则既在内容上包含后两例的意思，又在说法上具备后两例所没有的反证论说性。

必须指出：反证释因，一般是反证归真。不过，所说的原因不一定都是事实的真实。有的，可能只是认识上的真实，反映说话人的观点、看法的真实。看这个例子：

(30) 要不是祖宗积德，你和贞兰的狗头早下地了。（谢璞《寻找》，《芙蓉》1982 年第 3 期 149 页）

“祖宗积德”的事是不存在的，这只反映了一种迷信的观点。然而，说话人是把它当作真实的事情来说的。由于借助了“要不是 p，就

q”这种句式的论证性的力量，听起来使人感到“振振有词”。

还必须指出：假设复句也可以用来反证归谬，同样具有论证性，但不采取“要不是……就……”的形式，表达作用的偏重点也跟反证释因有所不同。例如：

（31）要是真的祖宗积德，你和贞兰就不会是现在这个样子了。

上例是归谬。通过反证，说明既然你和贞兰事实上是现在这个样子，“祖宗积德”的说法自然是荒谬可笑的。反证归谬重在“破”，作用在于否定某种荒谬的说法，用于反驳；反证释因重在“立”，作用在于肯定某种认为确是原因的事情，用于证明。

第二，“要不是 p，就 q”句式的另一个明显的作用是：反证强调，突出甲事对乙事的关键性的影响。

这种假设句，反证的目的既是指明原因，更是强调原因的重要意义。如例（1），强调“我在场”对于避免她那小拳头捶在小涛身上这件事具有决定性影响；又如例（2），强调“老娘下了他的蒙心药”对于那北京姑娘能够活命这件事具有决定性影响。再看这个例子：

（32）要不是“文化革命”罢课造反，他恐怕很难进入中学的大门。（马佳《林声》，《收获》1982 年第 6 期 97 页）

“他”为什么能进入中学的大门？通过反证，作为原因的“‘文化革命’罢课造反”被强调得特别突出，使人相信，如果不那样就根本不行。

特异的事情，往往需要适当的形式来表达，来强调。在表达事物间的因果联系上，“要不是 p，就 q”句式可以强调突出事情的特异性。看这个例子：

（33）真难为你，要不是生病，一辈子也别想吃你做的饭。（王金屏《编辑夫人》，《春风》1983 年第 2 期 56 页）

“生病”是坏事，然而却引出了意想不到的好结果。这里用反证的办法，把“生病”作为值得庆幸的事情来强调，很好地表达了说话人的思想活动与心情。如果说成“因为生病，才吃到了你做的饭”，就显得平淡无奇了。

一个结果的产生，往往有不只一个原因。如果需要反证强调两个或几个原因，就可以连着说两个或几个“要不是……”，成为“要不是p1，要不是p2，就q”的句式。例如：

(34)(吴蓓感到委屈：)要不是她前年抱病留在城里，要不是待业，要不是为了减轻家里的负担，要不是妈妈哭得昏天黑地，三姑像赶火车似的催着她，她才不结婚呢！（郑万隆《红灯黄灯绿灯》，《当代》1982年第3期64页）

这里，并用四个“要不是……”，排比四种原因。反证的强调原因的作用，加上排比造成的气势，使人感到“她”确实无法避免“结婚”的结果。

本章小结

运用语言，目的是传达信息，交流思想。为了加大信息量，取得最佳效果，人们必须选择最有效的表达方式，换句话说，必须讲究修辞。从这一点上说，“要不是p，就q”句式是作为一种修辞手法来运用的。在我们的丰富多彩的语言里，本来可以用甲句式来表达的意思，却偏要用乙句式来表达，这样的情况还很多。深入地研究句式变换的表达效果和特定句式的语用价值，应是语用学或修辞学研究的重要课题。

须要指出的是：作为句式标志的“要不是”，尽管凝固性比“如果不是”要强，但它并不是一个定型的词或短语词。从具体句子中的句法功能看，“要不是”可能有不同的情况。比较：

(35)你要不是宴请老同学，我就不会这么热心了！

(36)你要不是我的老同学，我就不会这么热心了！

比较地说，前一例“要不是”后边是VP，整体性强些；后一例“要不是”后边是NP，分析起来，“要”相当于“如果”，“不是我的老同学”是判断性动宾结构。

第七章 “p，以便q”及相关句式

本章首先讨论“p，以便q”句式。这是最典型的目的句式。讨论中，涉及句式构造、前后分句的因果联系、后分句的已然和未然等问题。

本章接着讨论“p，以免q”句式。这是跟“p，以便q”相关的另一类重要的目的句式。讨论中，既解说“……以免……”跟“……以便……”的区别和联系，也描述“p，以免q”句式在构造上的基本情况。

第一节 “p，以便q”

“p，以便q”是目的句式。前分句表示行动，是实现某种愿望的凭借；后分句表示目的，是采取某种行动所要避免的结果。例如：

(1) 两人争执不下，最后干脆去取书，以便核实。(李文伟《谈三国》，《今古传奇》1996年第3期185页)

一、句式构造

“以便”用在后分句前头。后分句出现主语时，“以便”用在主语前边；后分句若不出现主语，“以便”用在谓语前边。例如：

(2) 工具书，内容可靠，叙述扼要，而且按照某种特殊编排方式，把知识排列起来，以便人们能随时准确地查到。(初中《语文》第五册)

(3) 我们现时只能先从我们内部查起，以便脱掉我们的干系。(鄢国培《巴山月》，《长江》1982年第3期206页)

前一例，后分句出现主语“人们”，“以便”用在“人们”前边；后一例，后分句不出现主语，“以便”用在谓语前边。

当后分句不出现主语时，也可以不用“以便”，而用别的形式。主要有：

一为“以”。用“以”时，要注意音节的配合。比如，例（3）可以说成“……以脱掉我们的干系”；例（1）不能说成“……以核实”，这是因为音节配合不协调，要是说成“……以核实具体写法”，这就行了。又如：

（4）不可不注意团结我们的真正的朋友，以攻击我们的真正的敌人。（毛泽东《中国社会各阶级的分析》）

二为“借以”。用“借以”时，以某种行为作为某种凭借的意思显得比较突出。例如：

（5）只有小马，偶尔会发几句调皮的议论，或仰起脖子打几个又长又响的呵欠，借以轻松轻松。（陆北威《年轻人》，《人民文学》1982年第1期34页）

（6）她把一名男华侨请到家中作客，事后在小镇街上闲逛，借以增辉。（毛志成《小镇风情》，《当代》1983年第3期242页）

（7）她们只能从书里的图画中数出当年是“几龙治水”，借以预测一年的天时。（高中《语文》第二册）

三为“用以”。用“用以”时，着重强调了“利用来”的意思。例如：

（8）他们共同制造工具（主要是石器），用以狩猎和防御野兽并采集植物果实……（高中《语文》第二册）

（9）燃料箱中存放着200万升液态氢和液态氧，用以推动航天飞机进入轨道。（初中《语文》第五册）

当后分句出现主语时，也可以不用“以便”，而用“好让/好使”的形式。用“好让/好使”时，重在表明通过某种行动便于实现某种目的，口语性比“以便”要强。例如：

（10）到了刘永桂参军的时候，乡亲们就约和着，在他入伍头三天，帮助他和湄秀订了婚，好让他走后，他妈在家有个亲人照顾。(黄天明《爱的波涛》,《长江》1982 年第 3 期 13 页)

(11) 有时候，这闺女还装作在院里找什么东西，拿着灯出来，好让小明看清楚一点。(王笠耘《春儿姑娘》,《当代》1982 年第 3 期 191 页)

(12) 可是敌人还是要拼死争夺，好使自己的主力不致覆灭。(魏巍《谁是最可爱的人》)

值得注意的是，虚化的“好”也可以表示目的。但“好”总是用在谓语前边，后分句出现主语时就用在主谓之间。这一形式，口语性更强。例如：

(13) 你要不忙就去找找会计，好领我去看看房子。(铁凝《东山下的风景》,《长城》1983 年第 3 期 127 页)

(14) 离婚吧，离了婚，你好回上海。(闻波《秋水》,《作品与争鸣》1982 年第 7 期 14 页)

二、前后分句的因果联系

“……以便……”句式中，前分句和后分句互为因果。

一方面，前分句表示实现某种目的的依据、凭借，实际上就是使某种目的得以实现的原因。如果把“以便”之类抽去，可以添上“因为这样……可以/能够……”的说法，基本意思不变。这说明，可以认为前分句是因，后分句是果。如例 (1)，可以说成：“他们干脆去取书，因为这样，可以核实具体写法。”又如例 (2)，可以说成：“工具书……按照某种特殊编排方式，把知识排列起来，因为这样，人们能随时准确地查到。”再如：

(15) 我决定尽量多参加一些体力劳动，多学习一些农活，以便取得一套起码的养家糊口的本领。(刘鹏越《安魂曲》,《芙蓉》1982 年第 1 期 177 页)

这一例也可以说成：“我决定……多学习一些农活，因为这样，可以取得一套起码的养家糊口的本领。”

另一方面，后分句表示所要达到的目的，实际上也是需要采取某种行动的原因。若把“以便”改说成“是为了”“是因为要”，前分句里就可以加上“之所以”。从这一方面看，又可以认为前分句是果，后分句是因。如例（15），可以说成：“我之所以决定……多学习一些农活，是为了取得一套起码的养家糊口的本领。”还可以说成：“我之所以决定……多学习一些农活，是因为要取得一套起码的养家糊口的本领。”

运用中常见“之所以……是为了……”的说法，一般都可以改说成“……以便…”。例如：

（16）他的瓜之所以切开论牙卖，在很大程度上是为了控制瓜籽的外流。（张武《瓜王轶事》，《小说月报》1982年第2期44页）

这一例也可以说成：“他的瓜总是切开论牙卖，以便控制瓜籽的外流。”

三、后分句的未然和已然

有的时候，这一句式的后分句指未然的事。例如：

（17）如果不去，请你明天告诉我们，以便我们在第二名或第三名中继续选择。（廖静文《往事依依》，《收获》1982年第4期37页）

有的时候，这一句式的后分句指已然事实。例如：

（18）老赵尽力使车子跑得平稳，以便总指挥睡得安宁。（杜鹏程《工地之夜》，《建国以来短篇小说》上册，上海文艺出版社1978年版428页）

有的时候，这一句式的后分句到底指已然的事还是未然的事，可以有两可理解。即既可以理解为已然，也可以理解为未然。例如：

（19）我国已从美国动物园引进东北虎，以便和国内动物园里的东北虎配种。（初中《语文》第四册）

第二节 “p，以免q”

“p，以免q”也是目的句式。前分句表示行动，是实现某种愿望的凭借；后分句表示目的，是采取某种行动所要获取的结果。例如：

（20）郭靖顺势退后，卸去敌人的猛劲，以免受伤。（金庸《神雕侠侣》）

（21）至少应该加上自己的姓，以免引起误会。（初中《语文》第二册）

（22）必须坚持写仿宋字，以免被敌人发现笔迹。（初中《语文》第二册）

一、跟“……以便……”的区别和联系

“以便”和“以免”都是连词，用它们联结的复句，分别表示行为的目的是获取什么和免除什么。因此，“……以便……”是一种获取性的目的句式，“……以免……”则是一种免除性的目的句式。

但是，这两种句式是相通的：

第一，就“以免”说，在意义上“以免”等于“以便避免”。如果把“以免”说成“以便避免”，联结前后分句的关系词语便是“以便”，免除性目的句便变成获取性目的句。例如：

（23）心地善良的希尔曼夫妇，从来不问佛来德在德国的经历，以免引起他痛苦的回忆。（德兰《求》，《收获》1982 年第 1 期 55 页）

（24）不过，读这类暗示的写法，一定要注意根据作品的实际，认真地、仔细地思索体味，切忌牵强附会地去“发掘”作品的“言外之意”“象外之味”，以免造成误读。（初中《语文》第四册）

这两例都是免除性目的句。前一例，如果说成“……以便避免引起他痛苦的回忆”，便成了获取性目的句。后一例，如果说成“……以便避免造成误读”，也成为获取性目的句。

第二，就“以便”说，“以便”之类后边的部分可以是否定形式，或者是包含有否定意思的形式。只要把否定词去掉，或者把否定意思改为肯定意思，便可以把“以便”之类改成“以免”之类，获取性目的句就可以变为免除性目的句。比如：“可是敌人还是要拼死争夺，好使自己的主力不致覆灭。”这是获取性目的句。如果说成“可是敌人还是要拼死争夺，以免自己的主力覆灭”，便成了免除性目的句。又如：

(25) 要请你在其中能传达出他们全部的精神面貌，以便我不会把他们和任何杂货商人、任何别的守门人混同起来。(初中《语文》第六册)

(26) 只要他们不觉得厌烦，我甚至愿意跟他们谈谈我们在探索人生方面曾经走过的弯路，以便他们少付出一些不必要的代价。(初中《语文》第二册)

这两例都是获取性目的句。如果它们分别说成：

(27) 要请你在其中能传达出他们全部的精神面貌，以免我把他们和任何杂货商人、任何别的守门人混同起来。

(28) 只要他们不觉得厌烦，我甚至愿意跟他们谈谈我们在探索人生方面曾经走过的弯路，以免他们付出一些不必要的代价。

这样，就都成了免除性目的句。

二、句式构成

“以免”用在后分句前头。后分句出现主语时，“以免”用在主语前边；后分句若不出现主语，“以免”用在谓语前边。例如：

(29) 他先前虽曾起意设法除去周伯通，以免郭靖多一强助……(金庸《神雕侠侣》)

(30) 不要告诉她车里坐的是谁，以免她心里不安。(初中《语文》第二册)

(31) 我点点头，赶紧转身而去，以免眼泪又要涌出。(航鹰《前妻》，《小说月报》1982 年第 7 期 59 页)

上例的“以免”都用在主语前边。

(32) 如果此种斗争已经发生，则应劝告干部采取公平态度解决问题，以免脱离群众。(《刘少奇选集》上卷 382 页)

(33) 在东堤又筑了一道人字堰，作为南北两渠的分水岭，以免出堤后水流混合。(高中《语文》第一册)

(34) 那老顽童也是一般的又喜又愁，愁的自是为了取不到玉蜂蜜浆，喜的却是不必和小龙女会面，以免揭穿他窃蜜之丑。(金

庸《神雕侠侣》)

上例的“以免”都用在谓语前边。

“以免”有下列几个同义的可以替换的形式：

一是“以防”。这个形式书面语色彩较浓。例如：

(35) 棋力占优势的人，落子更要小心谨慎，以防在疏忽大意中受到挫折……(苏策《臭棋》，《当代》1983 年第 3 期 200 页)

二是“免得”。这个形式常用于口语。例如：

(36) 你要信得过我，骑我的车先走，免得家里担心。(刘富道《南湖月》，《1980 年全国优秀短篇小说评选获奖作品集》，上海文艺出版社 1981 年版 200 页)

(37) 我跟着她走，听她摆布，免得被她看作土包子、假道学。(胡小胡《在省城》，《人民文学》1982 年第 3 期 71 页)

三是“省得”。这个形式口语色彩更浓。例如：

(38)(他们的头发卷得特别厉害，那发里的虱子可难对付哩，所以)女人索性都剃光头，省得麻烦。(杜埃《在巴斯布尔山上》，《花城》1983 年第 3 期 179 页)

(39) 现在你爹回到家了，我能在跟前伺候，省得麻烦别人了。(李西岳《农民父亲》，《小说月报》1999 年第 10 期 11 页)

带“省得”的目的分句，有时可以放到行动分句的前边。这是一种特殊的说法，可以起强调突出的作用。带“以免”的目的分句不能这么办。例如：

(40)(你看，我怕把水缸冻裂了，围上一圈茅草；)省得你去挑水，我在缸里存上一缸雪块。(从维熙《北国草》，《收获》1983 年第 3 期 195 页)

本章小结

第一，“p，以便 q”是获取性目的句式。“以便”既是这类目的句的形式标志，也是整个目的句最具代表性的标志。跟“以便”同义的形式有“以”“借以”“用以”“好让”“好”等。

第二，“p，以便 q”句式中，前分句和后分句互为因果。

第三，“p，以免 q”是免除性目的句式。“……以免……”和“……以便……”表意重点有所不同，但二者实际上是相通的。跟“以免”同义的形式有“以防”“免得”“省得”等。

第八章　“与其 p，不如 q”句式

本章讨论以“与其 p，不如 q”为代表形式的一类句式。这是一类择优推断句式。例如：

（1）与其你们当司令，不如我来当司令！（张聂尔《将军的世界》，《当代》1985 年第 5 期 29 页）

（2）与其我转述他的意思，不如把这信寄给你。（苏叔阳《婚礼集》，北京十月文艺出版社 1984 年版 309 页）

第一节　基本关系

“与其 p，不如 q”句式在前后项的相互关系上具有择优性和推断性。

一、择优性

在“与其 p，不如 q”句式里，p 与 q 相对比而存在，它们各代表可供选择的一种情况。没有对比、无所选择的事物，不能进入“与其 p，不如 q”句式。比如“春光明媚”和“春苗茁壮”，不能说成“与其春光明媚，不如春苗茁壮”。

不过，“与其 p，不如 q”不是表明“或 p 或 q”的一般选择关系，而是表明“择 q 弃 p”的优选关系。在这一句式里，前项 p 已被规定为落选项，后项 q 已被规定为优选项。比如“与其你们当司令，不如我来当司令”，表明 q“我来当司令”比 p“你们当司令”为优；如果反过来，说成“与其我来当司令，不如你们当司令”，则表明 q“你们当司令”比 p“我来当司令”为优。

对情况的择优，一般取决于说话人的主观认识。由于主观认识的不同，张三可以认为甲选择优于乙选择，李四却可以认为乙选择优于甲选择。正因如此，两个选择项一般可以互为pq。比如："与其我转述他的意思，不如把这信寄给你。"→"与其把这信寄给你，不如我转述他的意思。"前一说法表明说话人认为寄信可以避免转述的疏漏或歪曲，后一说法则表明说话人认为转述可以避免寄"这信"所引起的种种麻烦。再看这个例子：

(3) 只要"标本"(皮包)不在，他就不会走掉。我与其盯着这个人，不如盯着这只大皮包。(王庆《山风》,《啄木鸟》1989年第6期24页)

显然，之所以优选盯皮包，是因为说话人认为皮包若在人就在。假如换成另一个人，他认为皮包容易调换，还是盯人要紧，那么，接下来就应该是："我与其盯着这只大皮包，不如盯着这个人。"

对情况的择优，有时为人们对事物的共同认识所决定。由于两件事的优劣之分人们有共同的判断标准，因此在一般条件下较优的总是充当q，较劣的总是充当p，它们的位置通常不好互换。例如：

与其治标，不如治本。

与其治本，不如治标。

治本优于治标，这是人们的共同认识。除非是就极为特殊的条件来讨论问题，否则，不会有后一种说法。所谓"就极为特殊的条件来讨论问题"，比如：给某人治病，甲医生认为必须治本，乙医生则认为治本已来不及，在目前条件下与其治本不如治标，治标还可以让病人多活几天。再看这个例子：

(4) 打江山就得有牺牲，与其平庸苟且一生，不如轰轰烈烈一场……(高建群《老兵的母亲》,《中国作家》1989年第5期57页)

(5) 与其耽误一班人，不如他一个人作出点牺牲。(吕幼安《我没有错》,《中篇小说选刊》1999年第4期3页)

在一般情况下，人们不会说："与其轰轰烈烈一场，不如平庸苟且一生。”也不会说：“与其他一个人作出点牺牲，不如耽误一班人。”如果有人这么说，那自然是极为特殊的情况了。

对情况的择优，有时为事物间的逻辑关系所决定。凡是逻辑关系上没有第二种可能时，两件事不能互为pq。例如：

与其将来闹离婚，不如现在别结婚！

*与其现在别结婚，不如将来闹离婚！

有“将来”就有“现在”，“现在”存在“别结婚”的选择。没有“现在”就没有“将来”，现在没结婚，就不存在将来闹离婚这种可供选择的情况。因此，前一例能说，后一例不能说。再看这个例子：

(6) 与其爱不成，真不如当初不爱！（蒋子龙《蛇神》，《当代》1986年第2期66页）

“当初”确实存在“不爱”的选择。如果说成“与其当初不爱，真不如（今日）爱不成”，这不行，因为如果当初不爱，就不会有今日的爱或不爱，就不能把“（今日）爱不成”作为一个优选项。

pq的劣与优是相对而言的。离开pq对比，p不一定是劣的，q也不一定是优的。比如：

与其出国留学，不如留校当助教！

与其留校当助教，不如出国留学！

离开pq对比，前后两例分别作为p的“出国留学”和“留校当助教”，都是如意的事。

与其再等几小时，不如走路去！

与其走路去，不如再等几小时！

离开pq对比，前后两例分别作为q的“走路去”和“再等几小时”都不是顺心的事。

与其种白杨，不如种柳树。

与其种柳树，不如种白杨。

离开pq对比，“种白杨”也好，“种柳树”也好，都无所谓优与劣。

二、推断性

“与其p，不如q”句式表明，对q的优选断定借助于p在对比中的落选。即是说，由于 p 的落选，才会有 q 的优选，p q 之间存在着从否定到肯定的推断关系。

与其这么傻等，不如走路去！

与其这么傻等，为什么不走路去呢？

与其这么傻等，我看还是走路去为好！

以上三例，后分句分别采用了不同的断定语气。然而，不管怎样，“走路去”总是由于否定了“这么傻等”而导引出来的结论。

这一句式的推断性，还可以进一步从以下两个方面来观察：

第一，从跟典型推断句式的联系看，“与其 p，不如 q”往往可以说成“要是（若是/如果）p，不如 q”。这就是说，这一句式往往可以向假言推断句式转化。例如：

（7）天威心里又烦又窘，他知道眼前在劫难逃，与其让这两个女孩子捣乱，不如由他去自首。（琼瑶《莫忘今宵》，甘肃人民出版社 1988 年版 187 页）

（8）与其让光耀来卖，不如我先下手为强。（董令生《无言的结局》，《小说家》1997 年第 3 期 8 页）

上例的“与其”都可以自然地改为“要是”。再看下面的例子：

（9）如果去砸车子，不如去砸人！（琼瑶《昨夜之灯》，农村读物出版社 1988 年版 91 页）

（10）尉迟连心想若是先与大师兄动手，胜了之后还得对付三师弟，不如让他们二人先斗个筋疲力尽，自己再来个卞庄刺虎，拾个现成。（金庸《飞狐外传》上册，春风文艺出版社 1985 年版 196 页）

上例的“如果”“若是”也可以自然地改为“与其”。

第二，从跟逻辑推理的关系看，“与其 p，不如 q”句式实际上反映一个选言推理的推导过程。即：

大前提：或者 p，或者 q。

小前提：p 不好。

结论：因此，与其 p，不如 q。

这一点，需要分四小点来解说。

①任何“与其 p，不如 q”的说法，都隐含着大前提“或者 p，或者 q”和小前提“p 不好”。由于“与其 p，不如 q”中 p 与 q 的选择项身份都很明显，因此语言运用中大前提“或者 p，或者 q”可以隐去；又由于“与其 p，不如 q”已表明 p 劣 q 优，等于已表明“p 不好”的意思，因此语言运用中也往往省去小前提“p 不好”。比如：

（11）与其分散让敌人抓去杀戮，不如在这里跟敌人拼。（罗旋《红线记》，《1980 年全国优秀短篇小说评选获奖作品集》，上海文艺出版社 1981 年版 401 页）

上例可以补出大前提和小前提，成为：“或者分散让敌人抓去杀戮，或者在这里跟敌人拼。分散让敌人抓去杀戮是消极被动的。因此，与其分散让敌人抓去杀戮，不如在这里跟敌人拼。”

②语言运用中有时出现“p 不好，（因此）不如 q”的说法。这时，出现了小前提“p 不好”（词语运用上会有变化），而省去了“与其 p”。由于“p 不好”已意味着 p 劣于 q，因此，“与其 p”可以省去。不过，如果需要强调，“与其 p”可以补出。例如：

（12）反正人已死了，我再悲痛也无啥用。〔ø〕不如我们俩相亲相爱，快快乐乐地过一辈子。（刘成思《人有悲欢离合》，《十月》1989 年第 2 期 117 页）

（13）我分析了一下，若论厂房设备、技术力量，我都不占优势，不能再在一条路上和国营大厂拼下去，〔ø〕不如早点掉头转产。（长江《中国牛仔》，《中国作家》1990 年第 2 期 159 页）

（14）蓝妮，我不想在这里干了，〔ø〕不如我俩一齐跳槽好吗？（蓝妮《按摩女郎》，《纪实精华》，春风文艺出版社 1989 年版 135 页）

（15）还臭美呢，还瞧不起我呢，好像我不配嫁给那个糟老头子一样，真是糟踏了我自己十四年辰光，〔ø〕还不如嫁一个屠夫，至少夫唱妇随多吃几顿砂锅白肉。（王蒙《相见时难》，《1981—1982 全国获奖中篇小说集（上）》，上海文艺出版社 1983 年版 820 页）

以上各例都出现小前提，尽管具体说法有所不同，但都可以概括为“p不好”。它和“不如q”之间是因果关系。“与其p”已经隐去，但不是不能添补出来。例（12）可以添补上“与其再悲痛下去”，例（13）可以添补上“与其和国营大厂拼下去”，例（14）可以添补上“与其在这里干”，例（15）可以添补上“与其嫁给那个糟老头子”。

③小前提“p不好”有时用“既然”引出。“既然”标明“p不好”是推出“不如q”的结论的根据，“不如q”前边仍然隐含着“与其p”。例如：

（16）有些东西，恰如水中月、镜中花，既然想也想不到，想也无益，不如不想。（刘成思《人有悲欢离合》，《十月》1989年第2期100页）

（17）既然赖在家里也没有活路，只会加重父母的心病，还不如到外面去碰一下。（蒋子龙《子午流注》，《中篇小说选刊》1989年第6期18页）

前一例等于说：“既然想也想不到，想也无益，那么，与其费尽心思地想，不如不想。”后一例等于说：“既然赖在家里也没有出路，只会加重父母的心病，那么，与其赖在家里，还不如到外面去碰一下。”

由“既然”引出的作为“不如q”的根据或理由的部分，也可以不直接表明“p不好”。不过，实际上仍然蕴含着“p不好”。例如：

（18）既然这个地方如此宁静，〔ø〕倒不如沉下心来想想自己前一段做过的那些事。（水运宪《裂变》，《收获》1986年第6期74页）

根据话语背景，上例的空位可以添上“那么，与其顾影自怜、长吁短叹”。“既然”引出的“这个地方如此宁静”，实际上蕴含有“便于思考，可以利用，不应该在顾影自怜、长吁短叹中浪费时光”之类的意思，即蕴含有“顾影自怜、长吁短叹不合适”的意思。

④在“大前提—小前提—结论”的推理过程中，“与其p，不如q”是结论，是以有所抉择的断定来回应大前提。就“与其p，不如q”本

身说，“不如q”是结论的正意之所在，“与其p”则是帮助推出正意所在的否定性单位，带有对事情作假定性估量的语气。在出现小前提的说法里，明显处于结论部分的“与其p，不如q”仍然往往可以说成“要是p，不如q”。看这个例子：

(19) 抬腕看看表，已过了探视时间。他想既然如此，〔ø〕不如回宿舍去写日记，把下午的所见所闻记下来。（曾德厚《琵琶缘》，《花城》1984年第4期165页）

上例“既然”引出的“如此”是小前提，指“已过探视时间”，意味着“再待在这里已没有用处”。空位处既可以补上“与其再待在这里”，也可以说成“要是再待在这里”。

第二节 构成要素

“与其p，不如q”句式的构成要素有四个，其中两个是选择项p和q，另外两个是句式标志“与其”和“不如”。

一、p和q

p和q由动词结构或“如此”“这样”之类代词充当。这两个要素，需要从两个方面加以描述。

第一，作为相比较而存在的两个选择项，pq具有一定的对称性。如：

与其强攻，不如智取。

与其去桂林，不如去杭州。

与其扬汤止沸，不如釜底抽薪。

有时在表达上词面或句法有些变化，但二者在内容上还是完全对称或基本上对称的。例如：

(20) 咱们不收，灵宝收，与其富了外省外县，还不如让本省本县人富呢。（贾平凹《远山野情》，《中国作家》1985年第1期72页）

(21) 我要说的昨天晚上都说了，我是应该离开你的。与其开

始一段有憾的婚姻，不如就此终结。（林燕妮《浪》，中国文联出版公司 1988 年版 190 页）

前一例等于说“与其让外省外县人富，不如让本省本县人富”。后一例等于说“与其开始一段有憾的婚姻，不如就此终结我们之间的关系”。

p 和 q 在结构上只有一点不同。这就是：q 里的动词有时可以重叠，p 里的动词不能。比较：

与其去爬山，不如上街玩玩。

→＊与其去爬爬山，不如上街玩。

与其上街玩，不如去爬爬山。

→＊与其上街玩玩，不如去爬山。

与其在这儿下象棋，不如到街上看看电影。

→＊与其在这儿下下象棋，不如到街上看电影。

与其到街上看电影，不如在这儿下下象棋。

→＊与其到街上看看电影，不如在这儿下象棋。

第二，p 和 q 都可以加上反映说话人的态度或看法的评说成分。用＋号代评说成分，pq 加上评说成分前后可以这么表示：

与其 p，不如 q。→与其 p^{+}，不如 q^{+}。

首先，先说落选项 p。

落选项 p 所说的事，不管孤立地看是不是如意的，它一旦进入“与其 p，不如 q”句式，便可以加上含贬意的评说成分。如：

与其出国留学，不如留校当助教！

→与其出国留学受洋罪，不如留校当助教！

→与其毫无保障地出国留学，不如留校当助教！

“出国留学”是好事，但在“与其……”的框架里，只能有“受洋罪”“毫无保障”这样的消极性的评说。语言运用中，p 的评说成分多充当状语或定语。例如：

(22) 与其白白地送上门去被闯王杀掉，我不如就这样走下去。（姚雪垠《李自成》第三卷下册，中国青年出版社 1981 年版

1571 页）

（23）与其建个没用的碑，还不如拿这笔钱救济伤残人。（蒋子龙《子午流注》，《中篇小说选刊》1989 年第 6 期 23 页）

前一例“白白地”作状语，后一例“没用的”作定语，它们都从消极方面对事情加以评说，带有贬意。

其次，再说优选项 q。

优选项 q 所说的事，不管孤立地看是不是如意的，它一旦进入“与其 p，不如 q”句式，便可以加上含褒意的或分析优选原因的评说成分。如：

与其再等几小时，不如走路去！

→与其再等几小时，不如走路去为好！

→与其再等几小时，不如走路去，走路还可以早点到达！

一般地说，走路和坐车，人们更愿意选择坐车，因而“走路去”是不如意的事。但是，在“不如……”的框架里，却可以加上积极性的评说“为好”。

q 的评说成分，一般出现在 q 的后边。大体说，有两类：

一类是简单断语。一般粘在 q 的后边，强调 q 为优。如上例的“为好”。又如：

（24）与其和天立出去吃晚饭，不如在家里安全。（琼瑶《莫忘今宵》，甘肃人民出版社 1989 年版 270 页）

（25）与其那样，还不如干脆是第一种情况要好一些。（石英《又是暮春时节》，《昆仑》1986 年第 1 期 101 页）

上例，“安全”和“要好一些”都是简单断语，都粘在 q 的后边。“干脆”也是简单断语，不过用在述语前边。“为好”“安全”“保险”“稳当”之类只能用在 q 的后边，“干脆”则可前可后：

与其花粮食养着，不如干脆杀掉！

与其花粮食养着，不如杀掉干脆！

另一类是理据语句。一般是以分句或句子的身份用在 q 的后边，说明 q 之所以为优。比如前面例子中的“走路还可以早点到达”。

又如：

(26) 那，就这么罚站？与其这样儿，还不如到什刹海去站站，那儿有球队练球。(苏叔阳《婚礼集》，北京十月文艺出版社1984年版130页)

(27) 母亲无法，又来劝我，要我顾全大局，与其在家饿死，不如去傅非家忍气吞声，去了且可保得家庭无恙。(吴仁龙《绿宝石戒指》，《文学大观》1988年第6期17页)

(28) 与其把握他，不如把握自己；把握了自己，也就把握了将来。(赵丹涯《蓝天，也是属于你的》，《芙蓉》1983年第4期103页)

前一例“那儿有球队练球”，中间一例“去了且可保得家庭无恙”，后一例“把握了自己，也就把握了将来”，都是理据语句。它们前头，都隐含个“因为”。

理据语句也可以是表示目的的分句。不过，目的和原因相通。如：

(29) 与其让她怀疑，不如主动说出，以攻为守。(李尉《临界》，《人民文学》1989年第3期83页)

“以攻为守”是目的，可以加上“以便”。不过，要是理解为“因为（主动说出）可以以攻为守”，这就和原因相通了。

q的后边，有时既有简单断语，又有理据语句。例如：

(30) 与其这样，你还不如趁早和我结婚省事呢。我好名正言顺地照看你。(常罡《黑与白》，《当代》1990年第3期196页)

“省事”是简单断语，“我好名正言顺地照看你”是理据语句。

再次，再说落选项p和优选项q。

“与其p，不如q”中，落选项p和优选项q有时可以同时带上评说成分。这时，一贬一褒，先抑后扬，更可以加强从否定p到肯定q的断定作用。例如：

(31) 前思后想，与其不愉快地拖着，不如快刀斩乱麻，一刀两断干脆！(铁竹伟《红军浪漫曲》，《文汇月刊》1989年第10期7页)

只说“与其拖着，不如快刀斩乱麻，一刀两断”，意思已经表达清楚。前项带上贬意评说成分“不愉快地”，后项带上褒意评说成分“干脆”，更能表明弃 p 的必然和选 q 的坚决。可以说，评说成分是对事物的优劣性质的显示和强调。

二、“与其”和“不如”

“与其”和“不如”都是连词。它们呼应使用，形成择优推断句式的典型标志[①]。

第一，“与其”是掂量之词。它表示在比较中有所权衡，有所取舍。只要前分句用“与其”，就能保证择优推断句式的成立。

以下两点值得注意：

①“与其”有时说成“如其”。

前面说过，“与其……不如……”同“要是……不如……”往往相通。“要是”之类是假设之词，而不是掂量之词，如果跟“不如”照应使用的是“要是”“如果”等，便从形式上标明了整个复句是假言推断句，至少已不是典型的择优推断句。不过，“如其”一词，既有“如”，又有“其”，它在同“不如”呼应使用时，从分句间的对比择优关系看，似乎更接近“与其”，似乎可以认为还是形成择优推断句。例如：

(32) 如其你死，还不如你让我去死！（绿柳《一个少女的忏悔》，《当代中篇传奇小说集》，广州文化出版社 1988 年版 81 页）

(33) 此次围困开封，并非徒为子女玉帛，而实欲据汴京以号召天下。故如其经过恶战，使开封极其残破，处处成为废墟而后得之，不如保全宫殿与官府衙门无损，街市邸宅完好，得之之后，稍加恢复，大体上仍是汴京气象。（姚雪垠《李自成》第三卷，中国青年出版社 1981 年版 1427 页）

②前分句用了“与其”，后分句可以不用“不如”，而用“不如”或“不如 q”的一些变化形式。

首先，可以不用“不如”，而用“宁可”“宁肯”“毋宁”“无宁”等。例如：

(34) 我怎不会呢？与其吃它们，宁肯咬掉我身上的肉！（字心《雾中鼓声》，《昆仑》1983年第1期131页）

(35) 这责任与其让李自成来负，毋宁是应该让卖友的丞相牛金星来负。（郭沫若《甲申三百年祭》）

上例的“与其……宁肯/毋宁……”全都相当于“与其……不如……”。

其次，可以不用“不如q”，而用“为什么不q呢”或“（我看）还是q为好”。如：

与其这么等待，不如进城找他。

→与其这么等待，为什么不进城找他呢？

→与其这么等待，我看还是进城找他为好！

采用“为什么不q呢”“（我看）还是q为好”的说法，q作为推断的结论显得更加明显。再看两例：

(36) 与其让我活着去做一具僵尸，为什么不让我躺在这儿，用我仅有的短暂生命做点贡献呢？（顾笑言《洪峰通过峡谷》，《花城》1983年第3期20页）

(37) 与其交给他，还是放在银行里吃点儿利息保险。（马铭《三友茶寮》，《收获》1988年第4期125页）

第二，“不如”是定较之词。它表示经过比较认定乙事物胜于甲事物。“不如”前边可以加上特定词语，借以加强某种意思或某种语气。这有以下几种情况：

①“不如”前边经常用“还”，强调q尽管只是低标准的，但还是比p要好。例如：

(38) 我想，与其让老人见到今天这个安大顺，还不如就让他等他原来的那个儿子，年复一年地等下去。（胡发云《晕血》，《长江》1990年第1期56页）

(39) 与其造那么多炼不出铁的小高炉，还不如给老百姓盖一点房，改善居住条件呢！（李国文《花园街5号》，《十月》1983年第4期9页）

②“不如”前边还常用“倒”，强调 q 对 p 的逆反否定。例如：

(40) 已经没有退路了，与其低声下气地哀求之后仍然改变不了命运，倒不如大义凛然灭灭周经理的威风。（燕子《太阳雨》，《中篇小说选刊》1997 年第 4 期 25 页）

(41) 与其杀上饮血峰，倒不如在铁眉楼稳守阵地，然后再想办法讨取解药，才是上上之策。(《卧龙记》，奥林匹克出版社 1989 年版 630 页)

③“不如”前边还常用“真”，使所作的推断带有慨叹语气。“真”和“还/倒”可以在“不如”前边连用[②]。例如：

(42) 与其和支搭伙，真不如和大侯了，大侯直来直去，没有那些花花肠子。(何申《乡镇干部》，《中篇小说选刊》1990 年第 2 期 95 页)

(43) （与其来这里当“钦差大臣”，）我还真不如不来的好！（张聂尔《将军的世界》，《当代》1985 年第 5 期 11 页）

④“不如”前边还可以用“那就”。用了“那就”，前后分句之间的推断关系更加明显。例如：

(44) 与其说不清，而墙风壁耳，甚至可能招致什么不良后果，那就不如暂时搁置心里，等弟弟归国时，兄弟二人抵足同眠再作畅谈吧。(彭拜《梦绕神州》，《花城》1984 年第 4 期 142 页)

还有以下三点值得注意：

①“不如”后边的 q 可以不直接说出，但根据上下文意，q 的内容是可以猜想到的。例如：

(45) (既然我们都已认清了这一点，何必还要凑合着过下去呢？那会使我们俩人都很痛苦，在泥坑里愈陷愈深。) 与其自己蒙哄自己，自己欺骗自己，不如……（叶辛《家庭奏鸣曲》，《十月》1987 年第 3 期 141 页）

上例只出现“不如……”，但有了“不如”，后边的意思一定是“离婚”“分开过”“各走各的路”之类。

②语流中出现了“不如”，不一定是语表上完整地出现了“（与其）

……不如……”的择优推断句。比如例（12）至（15），都简省了“与其p”。有时，“p，不如q”等于“与其p，不如q”，p的前边可以把“与其”添加上去。例如：

（46）离开她，不如死去！（琼瑶《问斜阳》，作家出版社1988年版117页）

（47）让他抱，还不如让不相识的男人抱。（铁凝《遭遇礼拜八》，《小说选刊》1988年第8期94页）

这两例，前分句都可以添上“与其”。

③“不如”有时是一个动词结构。这样的“不如”不能跟连词“与其”呼应使用。例如：

（48）七哥确是一个悲剧角色。他的童年生活……与其说是“苦”，不如说是“贱”，贱得不如一条狗。（周迪荪《方方近作中的平民“自审意识”》，《芳草》1989年第4期60页）

这里出现两个“不如”。前一个和“与其”呼应使用，是连词；后一个不能和“与其”呼应使用，是动词结构。

第三节 带“说”字的格式

“与其p，不如q”句式有时表现为“与其说x，不如说y”，即p表现为“说x”，q表现为“说y”。这是一种带“说”字的格式。跟基本格式相比较，这一格式在关系上和结构上都有一些特点。

一、关于关系

“与其说x，不如说y”表示对说法的择优和推断。它包含“与其那么说，不如这么说更为准确”的意思，强调“说y”比“说x”更为准确，或更能说明问题。例如：

（49）我后来搬出罗莎的公寓，与其说是为了躲避罗莎，不如说是为了投奔陈桃。（查建英《献给罗莎和乔的安魂曲》，《人民文学》1980年第3期32页）

（50）与其说是受累，还不如说是受骗！（李国文《花园街5

号》，《十月》1983年第4期58页）

前一例断定：“不如说是为了投奔陈桃更为准确。”后一例断定：“还不如说是受骗更为准确。”

从“说x”到“说y”是在说法的准确程度上的择优，而不是在说法的正误之间的择优。在“与其说x，不如说y”的句法里，“说x”是用来导引出“不如说y”的铺垫性前件，它在内容上并不是被全然否定的。上例的“为了躲避罗莎”和“受累”的判断不能说不是事实，只是“为了投奔陈桃”和“受骗”的判断更能说明事情的实质罢了。看个更明显的例子：

(51) 如果不是已经知道，无论如何看不出池上荷子是个日本女人……穿一套带白条的深蓝色运动服，重庆街头随时可见的那种。与其说是东洋女知识分子，不如说是附近第五针织厂的女工！（莫怀戚《六弦的大圣堂》，《当代》1990年第3期138页）

池上荷子本来就是东洋女知识分子，不过说她“是……女工”，更能表明说话人对她的外表形象的感觉。

两个说法，究竟哪个更准确，不同的人往往会有不同的看法。因此，一般地说，x和y的内容可以互调。如：

与其说是为了罗莎，不如说是为了陈桃！

→与其说是为了陈桃，不如说是为了罗莎！

但是，在四种情况下，x和y的内容不能互调：

第一，x和y之间有变易关系。x是原来的事物，y是变易后人们所看到的事物。请比较：

这里与其说是亲王府邸，不如说是几间破房子！

→*这里与其说是几间破房子，不如说是亲王府邸！

“亲王府邸”是原先的事物，“几间破房子”是变易后人们所看到的事物。可以有前一说法，却不能有后一说法。再看这个例子：

(52) 到验棺时，我们才惊讶地看到，这与其说是一个人的尸首，倒不如说是屠户肉案上的一堆杂碎。（孙健忠《城角》，《十月》1989年第6期177页）

本来是一个人的尸首，说话人看到的却已不成人形，像“一堆杂碎”。这样的关系可以有上例的说法，却不能有倒转过来的说法：“这与其说是屠户肉案上的一堆杂碎，不如说是一个人的尸首。”

第二，x和y之间是表象和后果的关系。x只表示事物的表面现象，y则表示事情的后果。请比较：

对他来说，这与其说是升级，不如说是倒霉的开始。

→＊对他来说，这与其说是倒霉的开始，不如说是升级。

“升级”是表面现象，“倒霉的开始”是带必然性的后果。可以有前一说法，却不能有后一说法。再看这个例子：

(53) 有时候她觉得结婚与其说是一种两个人因结合而后产生的幸福，不如说是走一条更为孤独、令人绝望的死胡同。（杨争《黑月亮》，《小说月报》1989年第8期74页）

从表面上看结婚是一种幸福，然而实际后果却是走入一条死胡同。这样的关系可以有上例的说法，却不能有倒转过来的说法：“结婚与其说是走死胡同，不如说是一种幸福。”

第三，x和y之间是由纪实到形容的关系。x是平实性的述说，y是带点铺张性的形容。请比较：

与其说是作报告，不如说是声嘶力竭地吼叫。

→＊与其说是声嘶力竭地吼叫，不如说是作报告。

“作报告”是纪实，“声嘶力竭地吼叫”是铺张性形容。后一说法不能成立。再看两个实际用例：

(54) 这心惊胆战的一夜，与其说是在睡觉，还不如说是在同风雨搏斗中度过的。（余纯顺《走出阿里》，《小说月报》1996年第12期11页）

(55) 他抓了两个馍就着凉菜，与其说是吃下肚，还不如说是塞下肚的。（蔡其康《沙葬》，《中篇小说选刊》1997年第3期195页）

上例不能倒转过来说成：“与其说是在同风雨搏斗中度过的，还不如说是在睡觉。”｜“与其说是塞下肚的，还不如说是吃下肚。”

第四，x和y之间是程度由低到高的关系。y里用“更”字强调出在相比点上y比x程度更高。请比较：

与其说他迷恋他的事业，不如说他更迷恋他的权势。

→＊与其说他更迷恋他的权势，不如说他迷恋他的事业。

y不能带着“更”字向x转化。如果一定要倒转过来说，“更”字必须留在后项：“与其说他迷恋他的权势，不如说他更迷恋他的事业。”再看这个例子：

（56）与其说星期天在公司里他是孤独的，无宁说平常的日子里他更感孤独。（张君默《模特儿之恋》，《花城》1984年第3期140页）

上例不能倒转过来说成：“与其说平常的日子里他更感孤独，不如说星期天在公司里他是孤独的。”要倒转过来说，“更”字一定得留在后项：“与其说平常的日子里他是孤独的，不如说星期天在公司里他更感孤独。”

有时，x和y之间除了程度更高的关系，还有从写实说法到比似说法的关系。在这种情况下，即使去掉“更”字，y也不能向x转化。例如：

（57）他的面貌，与其说是一个耍笔杆子的记者，不如说更像是跑跳在运动场上的运动员。（曾宪国《在高楼大厦后面》，《红岩》1985年第3期12页）

“是记者”，这是写实；“更像是运动员”，这是比似。这样的关系只能有上例的说法，不能倒转过来说成：“与其说他（更）像一个运动员，不如说他是一个记者。”

以上四种情况，都反映事物与事物在内容上不能互为x和y的逻辑关系。

二、关于结构

“与其说x，不如说y”在结构上的最大特点是用了“说”字。此外，还有以下两点值得注意。

第一，“说”的后边往往用“是”，等于说“这是”或“他（我/

你）是”。

一方面，如果“是”的后边是名词性词语，“是”字必须用。如：

（58）代沟两个字，与其说是两代间的距离，不如说是思想上的距离。（琼瑶《浪花》，云南人民出版社 1985 年版 73 页）

（59）与其说她是来讲学的，不如说是来进修，甚至收集情报的。（莫怀戚《六弦的大圣堂》，《当代》1990 年第 3 期 136 页）

这里的“是”非用不可。

另一方面，如果“是”后边是动词性词语，“是”字可用可不用。如：

（60）命令立即执行了，弟兄们都知道面临的危险，这会儿与其说是奉命打，不如说是为了生存，为了阻挡死亡自愿参战。（周梅森《大捷》，《小说月报》1989 年第 12 期 52 页）

（61）他翻到要找的页数，一扫而过地读起来。这样与其说是为了尽快找出否定自己得癌的依据，倒不如说是为了避免对那行行吓人的字句细细琢磨。（常罡《黑与白》，《当代》1990 年第 3 期 187 页）

上例用了“是”，但可以不用。又如：

（62）柳芳和周新高这对年轻人，与其说在谈恋爱，不如说在进行一桩肮脏的交易。（澧涛《邪恶的爱情》，《当代中篇传奇小说集》，广州文化出版社 1989 年版 107 页）

（63）事实上现在的年轻知识分子，对爱情上的胜利……与其说强调结果，不如说强调过程。（莫怀戚《六弦的大圣堂》，《当代》1990 年第 3 期 136 页）

上例没用“是”，但都可以加上去。

“与其说”可以不只一次地连用，形成“与其说 x_1，与其说 x_2，不如说 y”的说法。“说”字后边“是”的使用情况，跟上面所描写的一致。如：

（64）与其说那里面有什么壮观的场面吸引着我，与其说是出于一种好奇心，不如说是唱诗般的歌声引我不知不觉地跨进这

扇神圣的大门的。(叶辛《家庭奏鸣曲》,《十月》1987 年第 3 期 139 页)

上例一处不用“是”,两处用“是”。其实,三处都可以用“是”。如果把句末的“的”字去掉,也可以三处都不用“是”。

第二,前分句的 x 不带评说成分,后分句的 y 往往带评说成分。

y 的评说成分有时是“更准确些”之类的简单断语。例如:

(65) 这次他报名去北大荒,与其说是为了开垦“北大仓”,不如说为了追踪俞秋兰更为确切。(从维熙《黄金岁月》,《十月》1982 年第 1 期 117 页)

(66) 道静也高兴起来。但她的高兴与其说是因为斗争的胜利,还不如说是因为看见他们平安回来了更合适。(杨沫《青春之歌》,作家出版社 1958 年版 273 页)

y 的评说成分有时是理据语句。它对 y 说法的更为准确加以解证。例如:

(67) 我们恋爱的时候,与其说他爱上我,不如说我爱上他,我固执地缠绕在他身边,直到他被我迷惑。(琼瑶《回旋》,《十个故事》,百花文艺出版社 1988 年版 242 页)

(68) “罗锅”这个绰号,与其说是贬意,不如说是对他的颂扬。因为他的体形像是背着个口袋,在饥饿的年代里,他那条“口袋”总是空着的。他不像有的干部把姓“公”的稻米往姓“私”的家扛。(从维熙《远去的白帆》,《1981—1982 全国获奖中篇小说集》下册,上海文艺出版社 1983 年版 1684 页)

“我固执地……”“因为他的体形……”都是理据语句。有了这样的理据语句,也就等于说明了 y 说法更为准确。

简单断语和理据语句也可以同时出现。这时,既有断又有据,更能强调“说 y”的准确性胜于“说 x”。比如例 (67) 也可以说成:

(69) 我们恋爱的时候,与其说他爱上我,不如说我爱上他更为确切。因为,事实是我当时固执地缠绕在他身边,直到他被我迷惑。

应该指出：同基本格式一样，“与其说 x，不如说 y”中的“与其”也往往跟“如果”之类相通，往往可以互换。在实际语言运用中，也常见“如果说 x，不如说 y”之类说法。如：

(70) 如果说这是为了不让妻子担忧，倒不如说这是为了我的男子汉的尊严。（陆柱国《除夕夜》，《昆仑》1983 年第 1 期 137 页）

(71) 这种感受如若说是痛苦，毋宁说是幸福。（万方《献给爱丽丝》，《花城》1986 年第 6 期 217 页）

这里的“如果说”“如若说”都可以说成“与其说”。

本章小结

第一，“与其 p，不如 q”句式在关系上具有择优性和推断性。这一句式的基本结构成分有四个，即选择项 pq 和表示择优推断关系的“与其……不如……”。

第二，“与其 p，不如 q”句式不是表示单纯的选择关系，而是表示有所抉择的优选关系。在选择项 pq 中，p 是落选项，q 是优选项。对落选项可以加贬意的评说成分，对优选项可以加褒意的或作为优选证据的评说成分。就供选择的处于对比状态之下的具体事物说，落选与优选通常反映说话人的主观认识，两种事物往往可以互为 pq。有时两种事物一般不能或根本不能互为 pq，这决定于人们对事物的优劣具有共同认识，或者决定于事物与事物之间具有不可倒转的逻辑关系。

第三，“与其 p，不如 q”句式反映选言推理的推导过程，表明了对事物的从否定到肯定的推断。“与其 p”往往可以说成“如果 p”，“不如 q”往往可以说成“为什么不 q 呢”或“我看还是 q 为好”，“不如 q”有时还可以说成“那（么）就不如 q”。这些具有推论作用的语言形式，有助于说明“与其 p，不如 q”句式不仅是一种有所选择的句式，同时也是一种有所推断的句式。

第四，“与其”和“不如”后边有时用“说”，形成“与其说 x，不如说 y”的格式。一方面，“与其说 x，不如说 y”相当于“与其那么说，不如这么说”，还是可以概括为“与其 p，不如 q”，“说 x”是 p，“说 y”是 q；另一方面，“与其说 x，不如说 y”表示说法上的择优和推断，它通过“说”字的前后复用摆出形成对立的两个说法，它的前项与后项在语义关系上和在组织构造上都有一些不同于基本的“与其 p，不如 q”格式的地方。

第五，“与其 p，不如 q”句式具有别的句式无法取代的语用价值。首先，一般的选择句式无法取代。一般的选择句式没有推断关系，也不表示有所优选。其次，一般假设句式无法取代。尽管“与其 p……”往往可以说成“如果 / 要是 p……”，但“如果”之类只表示假设，“与其”则表示了对事物的掂量和舍弃。再次，“宁可 p，也不 q”句式也无法取代。尽管“与其跪着生，不如站着死”和“宁可站着死，也不跪着生”似乎意思差不多，但是“宁可”只表示忍让，而不表示所说的事情是优选。正因如此，“与其强攻，不如智取”就不好说成“宁可智取，也不强攻”。总之，“与其 p，不如 q”是一种具有独特作用的句式。

附注

①胡裕树主编《现代汉语》把“与其……不如……”列为连接分句的连词之一（见上海教育出版社 1981 年版 327 页）。《HSK 常用词汇一览表》把“与其”归入连词，把“不如”归入动词和连词（见刘英林主编《汉语水平考试研究》，现代出版社 1989 年版 302 页、360 页）。笔者同意这样的处理。《现代汉语八百词》把所有的“不如”全部判定为动词（见商务印书馆 1980 年版 83～84 页）。本文认为：“不如”跟“与其”呼应起连接分句的作用，可以用在主语前边或后边，还是归入连词更合适。如果归入动词，在结构分析上也会带来麻烦。至于“NP 不如 NP”这类结构中的“不如”，是动词结构。

②“还”“倒”“真”是副词，它们可以用在连词“不如”前边，这种现象如何解释？本书认为，从词与词之间的实际组合关系看，“还”“倒”“真”是修饰整个“不如……”的，正如“正（是）因为……”“就（是）因为……”，“正（是）”

“就（是)”实际上对整个“因为……”起强调作用。学者们往往把“正因为”“还不如”等作为复句关系词语列出，这只是为了说明它们所标明的分句与分句之间的关系。要知道，复句关系词语仅仅是根据联结分句、标明关系的共同点聚合拢来的一些词语的总称，有的是突破了结构层次的限制的。

第三编　广义并列与有牵连的句式

第一章　“既p，又q”及相关句式

本章选择“既……又……”作为并列句的点标志，讨论种种特定的并列句式。

全章分八个部分。前七个部分对使用下列标志所构成的种种并列句式进行讨论：①“既……又……”；②“既……也……”；③“又……又……”；④“也……也……”；⑤“一边……一边……”；⑥“一面……一面……”；⑦“一方面……另一方面……”。第八部分讨论其他并列句式。

第一节　“既p，又q”

“既p，又q”是并列句式。这一句式表示属性的并列。这一句式使用的“既……又……”，是并列句式的代表性标志。

一、语表形式

使用“既……又……”的并列句式，前后分句音节数目常常相同或相近，前后分句的肯定或否定形式也常常一致。例如：

(1) 赵汉中既是严师，又是慈母。(姜滇《蔚蓝的海峡》，《长城》1982年第1期41页)

(2) 她的小说和散文的文采既融化了古典文学的神韵，又融合了欧美文学的乳汁……(初中《语文》第六册)

这两例，前后分句都用肯定句式。

(3) 那些人既不许他外出就诊，又不准医生登门。(高中《语文》第一册)

(4)（干这一行，他手脚笨拙。）包出的饺子，既不漂亮，又不牢实。（谭谈《小路遥遥》，《芙蓉》1983 年第 4 期 158 页）

这两例，前后分句都用否定形式。

不过，也有前后分句音节数目不相等和肯定否定不一致的说法。例如：

(5) 她的服饰全部接近年龄的底线，既不到刺眼的程度，又显得年轻大方。（景风《菜市场里》，《人民文学》1982 年第 3 期 57 页）

由“既……又……”标明的并列属性，总是两项。如果还有一项需要列举，就可以在“既……又……”的后边添加“同时……”或“还……”，成为“既……又……同时……”或“既……又……还……”。例如：

(6) 郑国荃夫妇对于他，既敬重，又感恩，同时倾注羡慕之心。（姜滇《蔚蓝的海峡》，《长城》1982 年第 1 期 41 页）

(7) 既门当户对，又才貌双全，还加上个专业对口——两人都是搞环保工作的。（黄继树《女贞》，《清明》1983 年第 3 期 5 页）

二、逻辑基础

从逻辑基础看，“既 p，又 q”句式有两种情况：

第一，pq 之间本来就是并列关系。“既”和“又”的作用，在于显示这种并列关系。例如：

(8) ……在那里既能得到理解，又能得到照顾。（余纯顺《走出阿里》，《小说月报》1996 年第 12 期 43 页）

(9) 它分布广、材质好、用途多，既适合四旁绿化和成片造林，又是华北、中原广大地区实行农田林网化和农桐间作的好树种……（高中《语文》第一册）

(10) 当时她既不可能与工农结合，又缺乏先进思想的武装，（只能以自己“美满”的家庭中的“亲子之爱”作为灵药，推荐给当时患有时代病的青年……）（初中《语文》第六册）

(11) 食物就是一种能够构成躯体和供应能量的物质……它们既能构成躯体，又能在呼吸时被氧化而放出能量。(初中《语文》第六册)

第二，pq之间本来隐含着转折关系。“既”和“又”的作用，在于把转折关系转化成并列关系，从而形成并列复句。即逻辑基础为转折，主观视点上转化为并列，于是语表上标示为并列。例如：

(12) 韩成贵心里很复杂，他既是望子成龙，又不想全家一古脑进城。(关仁山《天壤》,《小说选刊》1998年第11期37页)

(13) 我荣升“大姐级”的同时，既为自己是公司的元老而自豪，又暗暗感慨时光不饶人。(燕子《太阳雨》,《中篇小说选刊》1997年第4期23页)

(14) 这使我既感到欣慰，又体会到某种凄凉。(佘纯顺《走出阿里》,《小说月报》1996年第12期17页)

(15) 我无意贬低我的生身母亲……因而我在20几年的曲折生活中，对母亲这一概念既熟悉，又陌生。(初中《语文》第六册)

(16) 你真的疯狂就好了，红娣也会这样想的。可惜，你既疯狂，又不疯狂！(矫健《红印花》,《中篇小说选刊》1997年第3期41页)

凡是构成基础是转折关系的“既……又……”句式，都允许“但”类词进入，从而形成“既……但又……”的句式。参看第四编第三章“‘但’类词和‘既p，又q’等句式”。

第二节　“既p，也q”

“既p，也q”也是并列句式，也表示属性的并列。

一、语表形式

使用“既……也……”的并列句式，前后分句的音节数目常常相同或相近，而且往往或者都用肯定句式，或者都用否定句式。例如：

(17) 小屋的光线既富于科学的时间性，也富于浪漫的文学性。(高中《语文》第一册)

(18) 这些话既激怒了他，也提醒了他。(常庚西《深山新喜》，《长城》1982年第1期110页)

这两例，前后分句都用肯定句式。

(19) ……那匹白马仍孤零零地呆立在原先的位置上，既不吃草，也不挪动。(余纯顺《走出阿里》，《小说月报》1996年第12期20页)

(20) (听到这个消息，大家态度都很淡漠，)既说不上惋惜，也谈不上高兴。(曹玉林《祠堂里的学校》，《当代》1982年第3期162页)

(21) 她既没有到过水暖班，也没有见过管子钳工。(孙淑敏《白云》，《春风》1982年第1期183页)

这三例，前后分句都用否定句式。

有时，肯定句式和否定句式可以分别充当前后分句，成为并列的两项。例如：

(22) 她的回答和态度，都是鲜明的，既平和、礼貌，也不虚套、迁就。(徐绍武《孀居》，《芙蓉》1983年第4期190页)

(23) 对于我的旅行，次仁旺堆既表示了理解，也没忘行使他的“有权”。(余纯顺《走出阿里》，《小说月报》1996年第12期14页)

有时，句式中还可以插入“同时”，说成“既……同时也……”。例如：

(24) 此行，既是为了走访新疆，同时也是为了挺进新藏路。(余纯顺《走出阿里》，《小说月报》1996年第12期5页)

从主语的使用情况看，通常是“既……”的前边出现主语，“也……”的主语承前省略。不过，有的时候，“既……”和“也……”的前边可以都同现主语。前后两个主语可以是不相同的，也可以是相同的。例如：

(25) 房钱既拿不出来，饭钱也没着落。(邓友梅《那五》，《小说月报》1982年第1期67页)

(26) 我既习惯别人这样来评论我，我也习惯这样看待生活。(马佳《找，能找到》，《收获》1982年第2期165页)

前一例，前后分句主语不同；后一例，前后分句主语相同。

二、逻辑基础

就句式的逻辑基础来说，“既……也……”句式也有两种情况：

第一，pq之间本来就是并列关系，“既”和“也”的作用在于从形式上显示这种并列关系。例如：

(27) 剧本把青鸟作为一种象征，既体现人类精神上的幸福，也体现人类物质上的幸福。(陆星儿《呵，青鸟》，《收获》1982年第2期123页)

(28) 蔡老师说得平平静静，自自然然，既没有激昂的词句，也没有深奥的道理……(曹玉林《祠堂里的学校》，《当代》1982年第3期173页)

(29) 大约几十万万年以前，当地球还是非常年轻的时候，地面上尽是高山和岩石，既没有平地，也没有泥土。(初中《语文》第六册)

前一例，“既……也……”关联的是肯定句式；后两例，“既……也……”关联的是否定句式。减去“既”和“也”，剩下“体现人类精神上的幸福”和“体现人类物质上的幸福”，“没有激昂的词句”和“没有深奥的道理”，“没有平地”和“没有泥土”，显然都是一般的并列关系。

第二，属性与属性之间本隐含转折关系，“既”和“也”的作用在于把转折关系转化成并列关系，从而形成并列复句，强调两种属性的同时存在。例如：

(30) 对面前的这人既产生同情，也感到惋惜。(牟崇光《闪光的珍珠》，《人民文学》1982年第3期48页)

(31) 你这个人就是责任感太强，这既是你的优点，也是你致

命的缺点。(张平《抉择》,《小说选刊》增刊1997年第1期33页)

(32)(饺子)吃得一个不剩,既没人叫太饱,也没人说不够。(白桦《冬日梦中的大雷雨》,《十月》1982年第3期44页)

前两例,“既……也……”关联的是肯定句式;后一例,“既……也……”关联的是否定句式。减去“既”和“也”,剩下“产生同情”和“感到惋惜”,“是你的优点”和“是你致命的缺点”,“没人叫太饱”和“没人说不够”,相互间存在着一定的对立性和逆转性。

凡是构成基础是转折关系的“既……也……”句式,都允许“但”类词进入,从而形成“既……但也……”的句式。参看第四编第三章“‘但’类词和‘既p,又q’等句式”。

三、“既……又……”和“既……也……”的区别

并列句的pq之间,有时既可以用“既……又……”,也可以用“既……也……”。但是,用“既……也……”,后项表示补说另一层相关的意思,重点一般在前项;用“既……又……”,后项表示另起一层独立的意思,前后两项都被强调。比较:

(33)他既没有大学的文凭,经济状况也不好,我不干!

(34)他既没有大学的文凭,经济状况又不好,我不干!

前一例用“既……也……”,说话人主要关心的是“没有大学的文凭”,“经济状况不好”有补说的性质;后一例用“既……又……”,“没有大学的文凭”和“经济状况不好”成了同样关心、同样重视的两个方面。

有时,前后两项之间只能用“既……又……”,不能用“既……也……”。这时,后项所指的绝对不是次要的能用来做补充说明的事,而是另外一件跟前项所指对立明显并且值得强调的事。例如:

(35)(苦三儿的心跳得更厉害了!……)既怕她说,又愿意她说。(常庚西《深山新喜》,《长城》1982年第1期140页)

这里的“既怕她说,又愿意她说”不能说成“既怕她说,也愿意她说”。

第三节　“又 p，又 q”

“又 p，又 q”也是并列句式，也表示属性的并列。

一、语表形式

“又……又……”一般联结两个肯定形式。有时，也联结两个否定形式。例如：

(36) 两间一套的房子，又简单，又杂乱。(胡小胡《在省城》，《人民文学》1982 年第 3 期 72 页)

(37) 这人真是祖传的爱多管闲事，又不是个工程师，又不多挣工资加班费，厂里改革不改革与你有什么相干呀?!(郑万隆《红灯黄灯绿灯》，《当代》1982 年第 3 期 61 页)

如果并列的属性不只两项，可以在“又……又……”的后边再加“又……”，成为“又……又……又……”。例如：

(38) 乘康又能干，又勤快，对你又那么好……(张弦《回黄转绿》，《人民文学》1982 年第 3 期 20 页)

有时，“又……又……”用于并列三项中的后两项，第一项前边不出现“又”，但可以添上“又”。例如：

(39) 老崔是党员，又是书记，又是校长，(在政治运动中，自然比我们忙得多。)(王中才《龙凤砚》，《春风》1982 年第 1 期 126 页)

有时，“又……又……又……”用于并列四项中的后三项，第一项前边不出现“又”，但可以添上“又”。例如：

(40) 她是老婆，又是老妈子，又是厨子，又是护士。(王蒙《相见时难》，《十月》1982 年第 2 期 49 页)

“又……又……”有时说成“又是……又是……”。如果有三个并列项，也可以说成“又是……又是……又是……”。不过，用“又是……又是……又是……”时，第一项前边的“又是”必须用，不能省去。例如：

(41) 上午他叫小阮、小冯两个年轻人，又是和泥，又是搭墩，又是拣漏，又是粉墙，整整一天忙得不亦乐乎。(曹玉林《祠堂里的学校》,《当代》1982 年第 3 期 164 页)

二、逻辑基础

从逻辑基础看，“又……又……”句式有三种情况：

第一，本来就是并列关系，“又……又……”的作用在于从形式上显示这种关系。例如：

(42) 鼎足式的，式样又新颖，又匀称。(姜滇《蔚蓝的海峡》,《长城》1982 年第 1 期 35 页)

(43) (吴菲拉开椅子请我坐……) 她又熟悉，又随便。(胡小胡《在省城》,《人民文学》1982 年第 3 期 69 页)

第二，本来隐含转折关系，“又……又……”的作用在于把转折关系转化成并列关系，形成并列复句，强调两种关系的并存。例如：

(44) 你呀！又想吃，又怕烫。(从维熙《北国草》,《收获》1983 年第 3 期 231 页)

(45) 宝全又恨他，又巴不得他来，酸溜溜儿的说不上啥滋味。(锦云、王毅《“大能人”趣话》,《小说月报》1982 年第 2 期 67 页)

第三，本来隐含连贯关系，“又……又……”的作用在于把连贯关系转化为并列关系，以便把先后发生的动作强调成同时发生的动作，制造紧张热烈的气氛。在这种情况下，“又……又……”一般说成“又是……又是……”。例如：

(46) 他又是扳我的肩膀，又是捶我的胸。(王宗《夜明星》，初中《语文》第 3 册 45 页)

(47) 我们去后，他又是倒茶，又是拿糖，又是留饭。(郭从林《年轻的心》,《当代》1982 年第 3 期 181 页)

三、“又……又……”和“既……又……”的区别

这表现为以下四点：

第一，逻辑基础是并列关系的，用“又……又……”显得集中紧凑，用“既……又……”则显得相对松弛。比较：

(48) 他呀，又喝酒，又抽烟，又喜欢玩牌，坏习惯多着呢！

(49) 他呀，既喝酒，又抽烟，又喜欢玩牌，坏习惯多着呢！

前一例，重在把问题集中起来说，有点像集束手榴弹，三个一起甩出；后一例，重在把问题分开来说，有点像三个手榴弹一个一个地甩出。

第二，逻辑基础是转折关系的，“既……又……”可以直接添加转折词“但/却”之类，而“又……又……”却受到一定的限制。比较：

宝全又恨他，又巴不得他来。

→宝全又恨他，却又巴不得他来！(?)

→宝全既恨他，却又巴不得他来！(十)

你呀！又想吃，又怕烫。

→你呀！又想吃，却又怕烫，真是个窝囊废！(十)

看来，“又……又……”如果紧接主语，添加转折词的能力不及“既……又……”；然而，“又……又……”如果独立活动，添加转折词的可能性便增加了。

第三，逻辑基础是连贯关系的，只能用“又（是）……又（是）……”，不能用“既……又……”。例如：

(50) 我妈呢，在一边又是骂，又是笑，又是打，又是拉，又是出点子，总算把我爸那榆木脑袋瓜说开窍了。(张凤洪《房管局长焦老头》，《长城》1982年第3期122页)

这里，连用五个“又是”，根本不能换成“既……又……”。即使只出现“又是……又是……”，也不好换成“既……又……”。

第四，“又……又……”在复句里出现的位置要比“既……又……”灵活。有时，“又”和“又”可以分别用在前后分句的补语前边，“既”和“又”不能这么用。例如：

(51) 他一头钻了进去，领会得又深刻，记得又牢固。(楚良《新演诸葛》，《作品与争鸣》1982年第7期20页)

这里，“又……又……”着重显示“深刻”和“牢固”这两种属性的并列关系，不能说成“……领会得既深刻，记得又牢固”。

第四节 “也 p，也 q”

“也 p，也 q”也是并列句式，表示情况的并列。

一、语表形式和逻辑基础

这一句式，用“也……也……”关联两种类同的或相关的情况。例如：

(52) 孟蓓呢，眼角也像在笑，嘴角也像在笑，还是轻轻的声音：“谁让你用的是圆筷子……”（陈建功《丹凤眼》，《1980 年全国优秀短篇小说评选获奖作品集》，上海文艺出版社 1981 年版 385 页）

(53) 说话嗓门也高了，脸色也好看了。（蒋子龙《一个工厂秘书的日记》，《1980 年全国优秀短篇小说评选获奖作品集》，上海文艺出版社 1981 年版 173 页）

如果类同或相关的情况有三种，就可以说成“也……也……也……”。例如：

(54) 回家去，酒也好，菜也香，喝得也清静，多好。（陈建功《辘轳把胡同 9 号》，《小说月报》1981 年第 12 期 18 页）

这一句式中，前后分句如果都是肯定形式，那么，分句的主语不同，如上面三例。前后分句如果都是否定形式，那么，分句的主语可以不同，也可以相同。例如：

(55) 听说你病啦，饭也吃不下，觉也睡不好。（陈建功《丹凤眼》，《1980 年全国优秀短篇小说评选获奖作品集》，上海文艺出版社 1981 年版 392 页）

(56) 也宝也不哭，也不笑，也不说话，只是紧紧地抱着奶奶。（茹志鹃《她从那条路上来》，《收获》1982 年第 4 期 204 页）

这两例前后分句都是否定形式。前一例，两个分句主语不同；后一例，三个分句主语相同。

当“也……也……”单独成为复句，前后不出现别的分句的时候，如果前后分句都是肯定形式，那么每个分句都要求带“了”；如果前后分句都是否定形式，则不受这个限制。例如：

(57) 鸡也飞了，蛋也打了。(张贤亮《河的子孙》，《当代》1983 年第 1 期 124 页)

(58) 你也别发火，我也不要生气。(马烽《我的第一个上级》，《建国以来短篇小说》上册，上海文艺出版社 1978 年版 2 页)

上面两例，“鸡也飞了，蛋也打了”和“你也别发火，我也不要生气”都各自成为一个复句。前一例，前后分句都是肯定形式，都带“了”；后一例，前后分句都是否定形式，都不带“了”。

从逻辑基础看，“也……也……”句式是单纯的，都是并列关系。这就是说，甲情况与乙情况之间本来存在并列关系，“也……也……”的作用在于显示这种关系。

二、“也……也……”和“又……又……”的区别

首先，“又……又……”关联的两个分句，主语往往相同；“也……也……”关联的两个分句，主语一般不同。比较：

(59) 你我相处半月，酒也呷了，烟也抽了，这两分船钱本来不应该收你的。(吴雪恼《船家》，《小说月报》1982 年第 6 期 90 页)

(60) 你我相处半月，又呷酒，又抽烟，这两分船钱本来不应该收你的。

前一例用“也……也……”，主语分别是“酒”和“烟”；后一例用“又……又……”，主语都是“你我”。

其次，“也……也……”关联的两个分句，谓语可以是相同的；“又……又……”关联的两个分句，谓语一定是不相同的。看这个例子：

(61) 山也绿，水也绿，真是一片绿色的世界！

上例前后分句的谓语都是“绿”。这里，不能用“又……又……”。

再次，有的时候“也……也……”和“又……又……”都可以用，但“也……也……”表示两种情况密切结合，重在相关性；“又……又……”表明一种情况之外又有一种情况，重在相对性。比较：

(62) 他家是冒尖户，钱也多，粮也足，日子过得红火极了！

(63) 他家是冒尖户，钱又多，粮又足，日子过得红火极了！

前一例用“也……也……”，偏重于强调“多”“足”两种情况的相关性，还可以说成“钱也多，粮也多”，或者可以说成“钱也足，粮也足”；后一例用“又……又……”，偏重于强调“钱”和“粮”两种事物的相对性，可以说成“又有钱，又有粮”。

此外，“也……也……”的构成基础是并列关系；“又……又……”的构成基础，除了并列关系，还可以是转折关系、连贯关系。

第五节 “一边p，一边q”

“一边p，一边q”也是并列句式，表示两个动作正在同时进行。

一、语表形式

这一句式，前后分句的谓语都是动词，前后分句的两个动词都可以带上“着”字。例如：

(64) 迟大冰一边漫无目的地走着，一边遥望着广漠的绿野。(从维熙《北国草》，《收获》1983年第4期230页)

常见的情况，是两个动词中有一个带“着”，另一个不带。但也有都不带“着”的。例如：

(65) 鲁玉枝一边笑着，一边闪到一棵老枫树后……(从维熙《北国草》，《收获》1983年第4期230页)

(66) 苏老师一边说，一边对他微微地笑着。(黄蓓佳《这一瞬间如此辉煌》，《花城》1983年第3期81页)

(67) 顾新雨一边洗脸，一边听宋伯伯向那女同志介绍。(李心田《两个蟋蟀》，《人民文学》1982年第3期65页)

如果同时进行的动作不只两个，可以在“一边……一边……”后边再加“一边……”或者“同时……”。例如：

（68）她一边说，一边笑，一边就跑。（田中禾《月亮走，我也走》，《当代》1983 年第 4 期 124 页）

（69）他一边吃饭，一边用眼睛往远处看，一边头脑里想着许多事，许多今天和今后该办的事……（许辉《周围与身边》，《百花洲》1998 年第 3 期 184 页）

（70）他一边把黑胖子扶下条案，一边问，同时拿眼睛盯住那欲逃不逃继续犯横的小男孩儿。（郑效农《花鸟鱼市》，《当代》1982 年第 3 期 222 页）

“一边……一边……”中的“一边”，有时可以略去前面的一个，成为“（一边）……一边……”；有时可以略去后边的一个，成为“一边……（一边）……”。参看本编第二章“关系词‘一边’的配对与单用”。

“一边……一边……”有时说成“边……边……”。例如：

（71）青年们边望我微笑，边互相窃窃私语。（马烽《结婚现场会》，《1980 年全国优秀短篇小说评选获奖作品集》，上海文艺出版社 1981 年版 362 页）

（72）伊品超边遐想着，边细针密线地缝着。（徐绍武《孀居》，《芙蓉》1983 年第 4 期 175 页）

二、逻辑基础

这一句式的逻辑基础，是甲动作和乙动作同时进行的并列关系。“一边……一边……”的作用，在于显示这种并列关系。但是，所谓“动作同时进行”，实际上又有两种情况。

第一，某一时间内甲动作与乙动作自始至终同时进行，互不干扰，是典型的并列关系。例如：

（73）是那天，我拉着孩子在外面一边晒太阳，一边看着水泥篮球场上的飞行员们做预习准备。（海波《彩色的鸟，在哪里飞徊?》，《小说月报》1982 年第 7 期 38 页）

（74）唯独三女儿有点害羞，一边含着手指，一边跟在她父

亲的后边。（余纯顺《走出阿里》，《小说月报》1996 年第 12 期 35 页）

上例“晒太阳”和“看着……飞行员们做预习准备”，“含着手指”和“跟在她父亲的后边”，都是在所说的时间内始终同时进行的互不干扰的两个动作。

第二，某一时间内，甲动作与乙动作交错进行，互有干扰，这是一种具有交替性质的并列关系。例如：

(75) 我和两个客人，一边饮酒，一边吸烟，一边畅谈。（肖为《不能改正的错误》，《花城》1983 年第 3 期 94 页）

在所说的时间内，“饮酒”“吸烟”和“畅谈”这三个动作都在进行，但它们并不总是同时进行，而是有所交替的。

三、不是复句关系词语的“一边……一边……”

“一边……一边……”有时不是复句关系词语，而是表明位置关系的处所名词。或者用在“是”字前边作主语，或者用在主谓结构前边作状语，可以用“左边……右边……”“这边……那边……”之类的说法去替换。例如：

(76) 这里连接着一条后楼房的水泥走廊，一边是水泥栏杆，一边是佣人和孩子住的后房。（茹志鹃《她从那条路上来》，《收获》1982 年第 4 期 194 页）

(77) 一边，战士们和警卫员顶牛；一边，战士们和张辉孟对着吸烟，说着掏心肝的亲切话。（黄天明《爱的波涛》，《长江》1982 年第 3 期 25 页）

前一例，前后两个“一边”都作主语；后一例，前后两个“一边”都作状语。

第六节 “一面 p，一面 q”

“一面 p，一面 q”也是并列句式，表示同时进行的两个具体动作，或者同时采取的两种非短时性的行为。

一、同“一边……一边……”的比较

“一面……一面……”有时关联正在同时进行的两个具体动作。例如：

(78) 杜丽一面拭汗，一面瞅着徐竹卿和那些大汽车小汽车。(鲁彦周《春前草》,《小说月报》1982年第3期24页)

(79) 老熊一面走，一面用前掌拨开一路的树叶。(张曼菱《有一个美丽的地方》,《当代》1982年第3期139页)

“一面……一面……”有时关联同时进行的两种非短时性行为。例如：

(80) 一面决不滥用浪费，一面努力发展生产。(毛泽东《必须学会做经济工作》)

(81) 因为家里穷，他一面帮家里做农活，一面跟父亲念点儿书。(小学《语文》)

关联两个具体动作的“一面……一面……”，相当于“一边……一边……”，二者可以互换，如例(78)可以说成“杜丽一边拭汗，一边瞅着……那些大汽车小汽车”。

如果需要标明三个具体动作同时进行，也可以说成“一面……一面……一面……”。例如：

(82) 照旧例，近年是每逢节根或年关的前一天，他一定须在夜里十二点钟才回家，一面走，一面掏着怀中，一面大声地叫道：“喂，领来了！”(鲁迅《端午节》)

关联两种非短时性行为的“一面……一面……”，不能或不大能换成“一边……一边……”。如例(80)不能说成：“一边决不滥用浪费，一边努力发展生产。”又如：

(83) 她一面读书，一面做着零零星星的活计，用自己的力量养活自己。(姜滇《清水湾，淡水湾》,《十月》1982年第3期75页)

这里所说的“读书”和“做着零零星星的活计，用自己的力量养活自己”都不是在短暂时间里完成的活动，因此用“一面……一面……”比用“一边……一边……”更适宜。如果说成“她一面看书，一面织着毛线衣”，那么，就可以很自然地改说成“她一边看书，一边织着毛线衣”，这是因为，这里的“看书”和“织着毛线衣”都是短时性的具体动作。

二、逻辑基础

在关联同时进行的两个具体动作时，“一面……一面……”的构成基础跟“一边……一边……”相同，是并列关系。

在关联非短时性的两种行为时，“一面……一面……”的构成基础有两种：

一种是并列关系。如例（80）的“决不滥用浪费”和“努力发展生产”是并列关系，例（81）的“帮家里做农活”和“跟父亲念点儿书”是并列关系，“一面……一面……”的作用是从形式上显示这种关系。又如：

（84）他在原地手搭凉棚观察了我片刻后，便一面对我叫着“阿美利加、阿美利加”，一面朝我这个方向跑将过来。（余纯顺《走出阿里》，《小说月报》1996年第12期21页）

另一种是转折关系。“一面……一面……”的作用是把这种关系转化成并列关系，形成并列复句，表明两种行为的同时存在。例如：

（85）一面在口头上宣称实行“民主”，“还政于民”，一面又在实际上残酷地压迫人民的民主运动，不愿意实行丝毫的民主改革。（毛泽东《论联合政府》）

（86）（当时，武汉的环境是困难的，在敌人封锁、内部动摇的情况下，把最后的希望押在冯玉祥身上……）冯玉祥一面与武汉来的这些人应付，一面宣布他要去徐州会蒋介石。（《周恩来选集》上卷170页）

（87）这时的心情便有些复杂，一面不由地加快了步伐，一面又希望脚下的路程更长一些，以便有足够的心理准备，好面对仰慕已久的龙湫之水。（黄文山《雁荡散章》，《百花洲》1998年第3期181页）

构成基础是转折关系的“一面……一面……”，可以添加“但”类词，进一步把它转化成转折复句。参看第四编第三章“‘但’类词和‘既 p，又 q’等句式”。

第七节　“一方面 p，另一方面 q”

“一方面 p，另一方面 q”也是并列句式，表示两个方面的情况的并列。

一、语表形式

“一方面……另一方面……”是句式标志，后分句里“另一方面”常跟“又”“也”等配合使用。例如：

(88) 一方面他觉得苏青很爱他，另一方面又觉得苏青说不爱他就可能不爱他了。(王石《雁过无痕》，《中篇小说选刊》1997 年第 3 期 139 页)

(89) 上面所说的那些，一方面是由于幼稚而来，另一方面也是由于责任心不足而来的。(高中《语文》第四册)

主语如果只在第一分句出现，“一方面……另一方面……”用在这个主语后边。比如上面两例。又如：

(90) 我们一方面实行开放政策，另一方面仍坚持建国以来毛泽东主席一贯倡导的自力更生为主的方针。(邓小平《我国经济建设的历史经验》，《邓小平文选（一九七五——一九八二年）》，人民出版社 1983 年版 361 页)

如果两个分句都出现主语，“一方面”和“另一方面”分别用在主语前边。例如：

(91) 在解放区，一方面，军队应实行拥政爱民的工作，另一方面，民主政府应领导人民实行拥军优抗的工作，更大地改善军民关系。(毛泽东《论联合政府》)

(92) 在这种非常复杂的形势下，一方面我们没有在大敌当前犯进攻“自家人”的错误，另一方面我们也没有在反共顽固派武

装进攻面前，犯毫不抵抗、一味退让的右倾机会主义的错误。（《刘少奇选集》上卷280页）

“另一方面”可以不用“一”，说成“另方面”。例如：

（93）党一方面必须对于错误思想进行严肃的斗争，另方面又必须充分地给犯错误的同志留有自己觉悟的机会。（毛泽东《矛盾论》）

“另一方面”有时可以说“又一方面”。例如：

（94）中央认为应使干部对于党内历史问题在思想上完全弄清楚，同时对于历史上犯过错误的同志在作结论时应取宽大的方针，以便一方面，彻底了解我党历史经验，避免重犯错误；又一方面，能够团结一切同志，共同工作。（毛泽东《学习和时局》）

“另一方面”有时单用，前面分句不出现“一方面”。例如：

（95）那个“对象目标”就算真像兄弟夸的那么流油光，也得让她当妈的看着顺眼、符合心意，还得让女儿高兴；另一方面，人家男方那头也得同意才行呀！（浩然《姑娘大了要出嫁》，《春风》1982年第1期5页）

“另一方面”有时不用“另”，整个句式说成“一方面……一方面……”。例如：

（96）那时候一方面和平了，一方面又埋伏了文章。（《周恩来选集》上卷194页）

（97）但是我们一方面取之于民，一方面就要使人民经济有所增长，有所补充。（毛泽东《抗日时期的经济问题和财政问题》）

二、逻辑基础

这一句式的构成基础有时是一般的并列关系。例如：

（98）这块读书人的“宝地”之所以书肆昌盛，一方面是它比邻文庙、学官、贡院、书院，借着各路的文气和书卷气；另一方面是它受着状元府第浓郁的仕途官气的庇荫……（丁帆《金陵古意寻踪》，《百花洲》1998年第3期168页）

（99）一方面，用武力掩护了群众的生产；另一方面，又用劳

力进行了普遍的帮助。（毛泽东《游击区也能够进行生产》）

这一句式的构成基础有时是互相矛盾的两方面情况，有转折关系。例如：

（100）一方面是投降派们连妓女都不如的民族气节的丧失，另一方面是江南士子们无力的呻吟和反抗。（丁帆《金陵古意寻踪》，《百花洲》1998年第3期165页）

（101）及至五十年后，方苞以戴名世《南山集》案罹难，不死却以布衣值南书房，一方面其心中对亡明不无遗老之念，另一方面又感皇恩浩荡。（洪放《清香桐城》，《清明》1999年第5期164页）

构成基础具有转折性的“一方面……另一方面……”，可以添加“但”类词，使之转化成转折复句。参看第四编第三章“‘但’类词和‘既p，又q’等句式”。

三、同“一面……一面……”的区别

“一面……一面……”在关联两种非短时性行为时，一般同“一方面……（另）一方面……”相通。如“冯玉祥一面与武汉来的这些人应付，一面宣布他要去徐州会蒋介石”（《周恩来选集》上卷170页），也可以说成“冯玉祥一方面与武汉来的这些人应付，另一方面又宣布他要去徐州会蒋介石”。但是，这两种句式是有很大的不同的。

首先，“一方面……（另）一方面……”可以用在主语前边，“一面……一面……”一般不用在主语前边。

其次，“一方面……（另）一方面……”所关联的限于两项，“一面……一面……”可以延伸成“一面……一面……一面……”，所关联的不限于两项。

第三，“一面……一面……”可以关联具体的动作，“一方面……（另）一方面……”不能用来关联具体的动作。如可以说：“施芬兰一面说，一面往外走。”（肖为《不能改正的错误》，《花城》1983年第3期96页）但不能说：“施芬兰一方面说，另一方面往外走。”

第四，在用来关联非短时性行为时，“一方面……（另）一方面……”重在表明存在两个方面的情况，分开来说的意味较强；“一面……一面……”重在表明同时采取两种行为，合起来看的意味较强。比较：

（102）她一方面苦苦练琴，一方面也选修中国古典诗词。（姜滇《蔚蓝的海峡》，《长城》1982年第1期55页）

（103）她一面苦苦练琴，一面选修中国古典诗词。

前一例重在分别说出“她”在学习中的两个方面的情况，后一例重在说明“她”同时进行两种学习活动。

第八节　其他并列句式

以上七种并列句式以及它们的类同句式，都重在“平排列举”，因而都可以认为是平列句式。除了平列句式，还有两种并列句式，这就是：对照句式和解注句式。

一、对照句式

对照句式，是分句与分句之间有对立关系或然否关系的句式。主要有两种情况：

第一，前后分句使用形成对照的反义词或临时性反义词语。例如：

（104）北方太冷，南方太热。（我都不想去！）

（105）敌人一天天烂下去，我们一天天好起来。

第二，前后分句的组构采用“是……不是……”或“不是……而是……”的形式。例如：

（106）这里是大学校园，不是你们可以胡闹的场所！

（107）你不是一个小孩，而是一个国家干部！

二、解注句式

解注句式，是分句与分句之间存在乙解注甲、甲解注乙或者甲乙相互解注的关系的句式。主要有三种情况：

第一，前后分句之间用“这就是说”“换句话说”之类的词语表示乙解注甲。例如：

(108) 文如其人，这就是说，什么样的人就写什么样的文章。

(109) 受事句不一定都用“被”字，换句话说，受事句不一定都是“被”字句。

第二，后分句针对前分句的某个关键词语有所解注。

有的是“直解”，即一个分句对一个分句直接解注。后分句里常出现“这”“那”这类词语。例如：

(110) 大婶抚养过三个孤儿，这三个孤儿现在都参加工作了。

有的是“分解”。或者是先总后分的解注，或者是先分后总的解注。例如：

(111) 大婶有两个儿子，一个参加了工作，一个在北京上大学。

(112) 天保二十五，玉璐二十三，他们都是硕士研究生。

前一例，先总后分；后一例，先分后总。“总—分”或“分—总”之间，是解注关系；“分”的内部，则是平列关系。这类复句，实际上是二重复句。

第三，前分句用比喻的说法对后分句加以解注。例如：

(113) 一根麻线难搓绳，一人难办大事情。

(114) 生铁百炼成好钢，军队百战无敌挡。

本章小结

第一，本章讨论了“既 p，又 q”“既 p，也 q”“又 p，又 q”“也 p，也 q”“一边 p，一边 q”“一面 p，一面 q”“一方面 p，另一方面 q”等七个特定的并列句式。还涉及了两种其他并列句式，即对照句式和解注句式。

第二，严格地说，七个并列句式里，“既 p，又 q”“既 p，也 q”“又 p，又 q”和“也 p，也 q”是一组，它们有更多的相通之处；“一边 p，一边 q”“一面 p，一面 q”和“一方面 p，另一方面 q”是另一组，它们有更多的相通之处。选择“既……又……”作为整个并列句式的点标志，有一定的随意性。

第三，作为平列关系的句式，两组并列句式内部的各个句式实际上各有各的用途。了解“既 p，又 q”和“既 p，也 q”的区别，了解“又 p，又 q”和“也 p，也 q”的区别，了解“一边 p，一边 q”和“一面 p，一面 q”的区别，如此等等，对于深入了解汉语的并列句大有好处。

第二章 关系词“一边”的配对与单用

语法书里，讲复句的并列式时，总要列出“一边……一边……”。给人的印象是：只要出现表示并列关系的“一边”，就一定是配对的。事实并非如此。关系词“一边”的使用，实际上构成了三种形式：

a 式：一边 p，一边 q。

b 式：øp，一边 q。

c 式：一边 p，øq。

a 式是配对形式，b 式是后单用形式，c 式是前单用形式。例如：

他们一边挥着鲜花，一边飞也似的冲了过去。

他们挥着鲜花，一边飞也似的冲了过去。

一边挥着鲜花，他们飞也似的冲了过去。

《现代汉语词典》《现代汉语八百词》《现代汉语虚词例释》和《现代汉语虚词词典》都提到过 b 式现象，只举了一两个例子，都没有提及 c 式。拙著《复句与关系词语》abc 三式都曾提到，但未做深入的讨论。

本章主要讨论 b 式和 c 式。行文中，ø 代表“一边”的空位，S 和 O 分别代表主语和宾语，V 代表动词或动词结构。“一边”有时是方所名词，如“搁在那一边”，不在讨论的范围。

本章所用的例句，一部分来自一个电脑语料库，没有注明详细出处；一部分摘自 2001 年左右的文学作品，为了保持全章的一致，也只注明作者和篇名或书名。因为跟全书的体例略有不同，特别做个说明。

第一节 配对和单用

观察几组小统计，思考相关的若干问题，可以对“一边”的配对和单用获得大致的了解。

一、A组小统计

作者·作品	a式	b式	c式	总计
不光《闯西南》	1	0	0	1
陈染《无处告别》	1	0	0	1
池莉《你是一条河》	2	0	0	2
刘震云《一地鸡毛》	3	0	0	3
龙凤伟《石门夜话》	3	0	0	3
阿城《棋王》	5	0	0	5

这组小统计中，只出现a式，即“一边”的配对形式。

值得注意的是：

第一，查遍20世纪80年代人民教育出版社编辑出版的小学语文课本1～6册，发现“一边……一边……”27例，未发现b式、c式用法；又查遍初中语文课本1～6册，发现“一边……一边……”24例，也未发现b式、c式用法。这说明，a式确实是常规形式。

第二，即使是配对的“一边……一边……”，在一些作品中也找不到。比如王蒙的《坚硬的稀粥》，百合的《哭泣的色彩》，廉声的《夜色狰狞》，余秋雨的《西湖梦》。这说明，关系词“一边”的使用频率虽然比较高，但它不是无处不在的。

第三，“一边”在书面上有时写成“一边儿”；“一边”的使用有时不限于两个，可以说成“一边……一边……一边……”。例如：

（1）打手势或者画画儿要用手，手就不能同时做别的事，说话用嘴，可以一边儿说话，一边儿劳动。（初中《语文》第六册）

（2）我一边说，一边写，一边注意她用的信封。（田柯《流水落花儿》）

二、B组小统计

作者·作品	a式	b式	c式	总计
蒋春光《教工之家》	10	8	0	18
王朔《一点正经没有》	8	1	0	9
白帆《寂寞的太太们》	6	1	0	7
莫怀戚《陪都旧事》	5	2	0	7

这组小统计中，不仅出现a式，而且出现b式，即“一边”的后单用形式。

值得注意的是：

第一，从总体上看，b式的出现频率低于a式。但是，这不是绝对的。比如，王朔的《一点正经没有》，a式8例，b式1例；他的另一篇作品《顽主》，a式仅1例，b式却有2例。又如，严怪愚的《痤牛记》，a式仅1例，b式却有5例。

第二，也有只出现b式的情况，尽管这种情况并不多见。如：

作者·作品	a式	b式	c式	总计
何玉茹《怕之门》	0	1	0	1
蒋韵《现场逃逸》	0	3	0	3

三、C组小统计

作者·作品	a式	b式	c式	总计
张欣《仅有爱情是不能结婚的》	2	1	1	4
莫伸《危情》	5	1	6	12
二月河《雍正皇帝·九王夺嫡》	44	13	52	109

这组小统计中，既出现a式和b式，也出现c式，即“一边”的前单用形式。

值得注意的是：

第一，从总体上看，a式占有明显的优势，使用c式的作品很少；但是，上面的数字表明，在少数作品中c式的使用频率并不低，有的接近 a 式，有的高于 a 式。

第二，经过长期的考察，可以知道：使用 b 式的作品要多于使用 c 式的作品。不过，就具体的作品而言，c 式的使用可能多于 b 式。在某些作品里，只发现 a 式和 c 式，但没有发现 b 式。如：

作者·作品	a 式	b 式	c 式	总计
陈冲《无反馈快速跟踪》	3	0	1	4
王笠耘《春儿姑娘》	3	0	1	4

第三，20 世纪 80 年代人民教育出版社编辑出版的高中语文课本中，关系词“一边”的使用频率很低。第二册中，未发现 a 式、b 式，却发现 c 式 1 例：

(3) 蓬头，赤脚，一边扣着钮扣，几个还没睡醒的“懒虫”从楼上冲下来了。(夏衍《包身工》)

这是“一边 p，øq”，等于说：“蓬头，赤脚，几个还没睡醒的‘懒虫’一边扣着钮扣，一边从楼上冲下来了。”

“一边”abc 三式共存并用的现象，在近代著名的白话文作品中就已存在。比如，曹雪芹的《红楼梦》第一回到第八十回，使用关系词“一边”的例子共 6 个，顺序为：

(4) 一边说，一边催他穿了衣服，同鸳鸯往前面来见贾母。

(5) 不言卜家夫妇，且说贾芸赌气离了母舅家门，一径回归旧路，心下正自烦恼，一边想，一边低头只管走，不想一头就碰在一个醉汉身上，把贾芸唬了一跳。

(6) 一边说，一边将一个锦匣举起来。

(7) 史湘云一边摇着扇子，笑道：“自然你能会宾接客，老爷才叫你出去呢。”

(8) 李纨收过，一边吩咐内库上人说：“等太太回来看了再收。”

(9) 一边想，一边便走过来蹲下笑道：“你在这里作什么呢？”

6 个例子中，abc 三式的比例为 4∶1∶1。即 a 式 4 个，见例 (4)、例（5）、例（6）、例（9）；b 式 1 个，见例（8）；c 式 1 个，见例（7）。这个比例，恰好也是现代汉语里 abc 三式使用的基本状况。

第二节　b 式：øp，一边 q

"一边"的后单用形式，后项出现"一边"，前项留有"一边"的空位，形成 øp。把语义和结构两个方面结合起来看，øp 大体可以概括为三种。

一、在续式

p 表示行为在续，常采用"S—V 着［O］"的形式。这一形式的 øp 后边，很容易接上后项"一边 q"。比较：

大娘笑（不带"着"），一边连连点头。（?）

大娘笑着（带"着"），一边连连点头。（+）

检测同类现象和相关现象，可以知道：

第一，前项 p 用了"V 着［O］"，明显表示行为在续，可以为后项 q 使用表示同时并发的"一边"准备语义条件。看实际用例：

（10）（小禄……手里拿着个洗干净的萝卜，）利落地切着，一边笑说："你们福气！我打量借不来米呢……"（二月河《雍正皇帝·九王夺嫡》）

（11）我在心里诅咒着他的肥胖，一边轻盈地躲闪着街上的行人和车辆。（何玉茹《怕之门》）

前一例 p 里出现"V 着"，等于说："一边利落地切着，一边笑说：……"后一例 p 里出现"V 着 O"，等于说："一边诅咒着他的肥胖，一边轻盈地躲闪着街上的行人和车辆。"

如果前项 p 是动词连用，可以说成"V 着［O］+V 着［O］"，或者"V 着［O］+V［O］"。例如：

（12）老板（见他前言不搭后语，满口柴胡，极怕生事，只好着意周旋，）捧着香茶，拧着热毛巾侍候着，一边逗他说话出酒气："爷不知道？今儿法场出事了，刀下留人！"（二月河《雍正皇

帝·九王夺嫡》）

上例 p 里用了三个“着”字，形成了“V 着 O＋V 着 O＋V 着”。又如：

（13）“市委领导同志”满面红光地微笑着向群众致意，一边把麦克风递给杨重：“活该，谁让你们把麦克风给我让我讲话的。”（王朔《顽主》）

（14）他只是咧着大嘴呵呵笑，一边招手：“上来，你上来。”（王朔《一点正经没有》）

这两例 p 里都只用一个“着”字，分别形成了“V 着＋V”和“V 着 O＋V”。

第二，前项 p 形式上是“V ［O］”，但留有“着”的空位，可以补说成“V 着 ［O］”。这时，前项 p 仍然明显表示行为在续，为后项 q 提供使用“一边 V”的语义条件。例如：

（15）有没来得及拖下去的伤兵，在冒着烟的焦炭中爬动，一边咬牙切齿地骂着：“狗娘养的，丢老子在这里呀?!”（邓一光《遍地菽麦》）

（16）她蹲在窗台上擦玻璃，一边还哼着小曲儿。（莫怀戚《陪都旧事》）

（17）小白人掩嘴笑个不停，一边热烈地和冯小刚握手，“舒坦了舒坦了，从未有过的舒坦。”（王朔《你不是俗人》）

这三例的前项都可以添加“着”，说成“V 着”“V 着 O”“V 着 V”：“有没来得及拖下去的伤兵，在冒着烟的焦炭中爬动着，一边咬牙切齿地骂……”｜“她蹲在窗台上擦着玻璃，一边还哼着小曲儿。”｜“小白人掩着嘴笑个不停，一边热烈地和冯小刚握手。”

有的时候，前项 p 里出现时间副词“正／正在”，这就相当于出现“着”了。例如：

（18）中午，司马婉卓正在煤气灶上炒菜，一边收听着收音机里的长篇小说连播节目。（莫伸《危情》）

二、过程式

前项 p 表示行为过程，常出现趋向动词，形成“V 趋”的形式。

这一形式的 øp 后边，也很容易接上“一边 q（V）”。比较：

大娘吃完饺子（不含“趋”），一边乐呵呵地笑。（?）

大娘端出饺子（含“出”），一边乐呵呵地笑。（+）

检测同类现象和相关现象，可以知道：

第一，前项 p 用了“V 趋”，可以表示行为的一个过程，从而为后项 q 使用同时并发的“一边”准备语义条件。至于后项“一边 V”在过程的哪个点上发生，则相对模糊，只能根据具体语境来意会。比如：

（19）叫老易的兵（就松弛下来，）慢慢走回方才自己睡的地方，坐下，一边故作大方地说：“也就是大肉炖萝卜了，什么好东西……”（邓一光《遍地莜麦》）

（20）事已至此，刘国璋也只得收起自己的种种奇思异想，一边观察别人怎么当的班主任。（蒋春光《教工之家》）

前一例，前项用“走回”，表示了地点位移的一个过程，后项的行为似乎是发生在过程的末端；后一例，前项用“收起”，表示了时间位移的一个过程，后项的行为似乎是贯穿于过程的始终。

第二，前项 p 有时既用趋向动词，又配合使用某些具有方向意义的介词。这时，更能明显地表示行为位移的过程。例如：

（21）秀秀娘忙不迭地到灶间去烧菜，一边叫道：“秀子！秀子！”（礼平《小站的黄昏》）

（22）“我给你看看去。”老太太站起来，往厨房走，一边对于观说，“你好长时间没来了。”（王朔《顽主》）

前一例，前项用了“到灶间去”，这是“介词短语＋V（趋）”。后一例，先用“站起来”，这是“V 趋”，再用“往厨房走”，这是“介词短语＋V”。

所谓“具有方向意义的介词”，包括“往”“朝”“向”“到”“给”等。有的时候，形式上只出现“介词短语＋V”，但可以补出趋向动词，或者可以变换出趋向动词。比如上例“往厨房走”，可以说成“往厨房走去”。又如：

（23）他摇摇晃晃朝工棚里面走，一边回头瞪着小满。（苏童

《食指是有用的》)

(24) 文峰(用手拂一下已经很整齐的分头,)往旁边挪挪屁股,给姑娘让座,一边又凑近了,轻言细语和她说话。(蒋春光《教工之家》)

前一例,可以说成“朝工棚里面走去”;后一例,等于说“往旁边挪开屁股”。

不过,如果介词出现在V的后边,便占据趋向动词的位置。在这种情况下,自然不能再补出趋向动词。比如:“大家奔向大海,一边高声欢呼。”|“他把钱还给我,一边不停地说谢谢。”

第三,前项p中有时出现“了”,“V趋”说成“V趋了”或“V了趋”。如:“大娘端出了面条,一边乐呵呵地笑。”(V趋了)|“小魁站了起来,一边向我眨眼睛。(V了趋)”并用“了”和趋向动词,既强调行为的实现,又强调状态的延展。看两个实例:

(25)“我们全家都是用的这种篾块。”说完,那学生就把头低了下去,一边用脚尖在地上划拉。(蒋春光《教工之家》)

(26) 当下三人在门口解装,一个麻脸伙计早提着灯迎了出来,一边帮着卸骡子……(二月河《雍正皇帝·九王夺嫡》)

上例表明,“低”和“迎”的行为已经实现,但“低下去”和“迎出来”的状态仍在延展。正因如此,后边才能接上“一边q”。

三、说引式

前项p表示人物说话,V用“说”类动词。这一形式的øp后边,也很容易接上“一边q(V)”。例如:

她说:“别走!”一边拉住他的手。

“来人呀!”她大声叫喊,一边顺手捡起一块砖头。

检测同类现象和相关现象,可以知道:

第一,前项p用特定形式交代什么人说什么话。特定形式包括两个要素,一个是“S说”,一个是“……”(直接引语:所说的话)。后项使用“一边……”,是强调人物在说话的同时手脚或内心也在活动。至于后项的行为活动到底在说话的哪个时点发生,也是相对模糊的。

比如：

(27) 我说："还要莫斗人，不吃人家的麦子和小菜，懂了没有?"一边还轻轻地在他头上拍了一巴掌。(严怪愚《瘟牛记》)

(28) 黄丽的哥哥很忠于职守地说："好的，我等你考虑。"一边摸出烟，点燃火，很有架势地吸起来。(蒋春光《教工之家》)

上例只是强调嘴和手的活动同时并发，但很难说清楚二者相互重合的时间长度。

第二，"说"类动词包括"说""骂""喊""问""回答""吩咐"等等。它们不带"着"，不带趋向动词，但可以带上"一句""一声"之类的宾语。如：

(29) 他没听清楚她说什么，他问，"什么?"一边向前探着身子。(蒋韵《现场逃逸》)

上例前项用"问"，可以说成"问一句"。又如：

(30) 胡石大乐，他笑得喷饭，他大骂一声，操！一边把呼机举到林则眼前。(蒋韵《现场逃逸》)

上例前项用"骂"，带有"一声"。

第三，直接引语"……"有时不是用在"S说"的后面，而是用到了"S说"的前面。这样，前项p和后项q就直接连在了一起。例如：

(31)"我来给我儿子，寄……寄一点钱。"他回答，一边把手从衣襟里抽出来，掌心里有一个小纸包，包得严严实实。(张抗抗《白罂粟》)

上例直接引语用在"S说"的前面。书面上，直接引语通常要加引号，但如果关系清楚明确，引号也可以略去。如例(30)的"操"，未加引号。又如：

(32) 现在你先等一会儿。我会付双倍的等候费。老安慷慨地说，一边盘算着。(张抗抗《银河》)

这里，"S说"前面出现了一个未加引号的直接引语："现在你先等一会儿。我会付双倍的等候费。"

第三节 c式：一边p，øq

“一边”的前单用形式，前项出现“一边”，后项留有“一边”的空位，形成øq。bc两式相比较，øq跟øp有同有异。

一、øq跟øp有相同之处：øq也常常使用在续式、过程式和说引式

例如：

一边跑，他脑子里不停地转着念头。

一边看，他不由自主地流下了眼泪。

他一边朝前走，口中答道：“我不在乎！”

观察同类现象和相关现象，可以知道：

第一，øq有时是在续式，常用“着”字。在续的涵义，使得øq容易成为“一边p”的后项。不过，使用条件要比øp严格。例如：

(33)（胤禛）一边说，苦笑着摇了摇头……（二月河《雍正皇帝·九王夺嫡》）

(34) 金玉泽一边命人给邬思道打水取换洗衣服，自坐着吃茶，（出了半天神方叹道：……）（二月河《雍正皇帝·九王夺嫡》）

上例出现“着”。不过，单说“苦笑着”“自坐着”不行，后边还得出现“摇了摇头”“吃茶”之类。否则，就得用上“仍然”“还在”一类的词语，如：“胤禛一边说，仍然苦笑着。”｜“金玉泽一边命人给邬思道打水取换洗衣服，仍然坐着。”看这个例子：

(35)（他们走进餐厅。）一边走，方亮的心里仍在不停地翻腾。（陈冲《无反馈快速跟踪》）

上例未用“着”，但用了表示在续的“仍在”，而且仍然可以补上“着”字：“一边走，方亮的心里仍在不停地翻腾着。”

第二，øq有时是过程式，常用趋向动词。过程的涵义，也使得øq容易成为“一边p”的后项。比如“一边挥着鲜花，他们飞也似的冲了过去”，后项用了“过去”，表示了空间移位的过程。又如：

(36)“……你不是说，你特别喜欢花吗？”一边说，双手恭恭敬敬地把花献上。(莫伸《危情》)

(37)(晓燕叫智雄切萝卜，自己在一旁择豆角。)一边择，冷不丁笑了出来，(智雄道，“什么事这么好笑？”)(张欣《仅有爱情是不能结婚的》)

前一例用了趋向动词“上”，表示了空间移位的过程；后一例用了趋向动词“出来”，表示了时间移位的过程。

第三，øq 有时是说引式，使用“说＋直接引语”的形式。这一形式，也使得 øq 容易成为“一边 p”的后项。《红楼梦》里就有这一形式[例(7)]。又如：

(38)刘夔一边笑着给刘文运斟酒，说道，“脸都叫踢白了！……”(二月河《雍正皇帝·九王夺嫡》)

(39)戴铎一边想，笑道：“就是四爷这话！……”(二月河《雍正皇帝·九王夺嫡》)

上例用了“说道”“笑道”和直接引语。例中的“说”类词语，都是两个音节的。如果只用一个音节的“说”类动词，前后还必须出现别的语言成分。看这个例子：

(40)(于是司马婉卓看见了他胳膊上的受伤处，那里正汩汩地冒着血。)她(急忙上前扶住胳膊，)一边采取措施止血，顺口问了句：“怎么伤成这样？”(莫伸《危情》)

这里，“问”的前后出现了“顺口”和“了句”，不然，就得说成“问道”：“她一边采取措施止血，问道：‘怎么伤成这样？’”

二、øq 又有异于 øp 之处，这就是：øq 还可以使用“已”字式、“突然”式和“内心”式

例如：

一边吆喝，他已采取了守势。

一边表演，他突然变了花样。

一边朝里走，我内心越来越不安。

观察同类现象和相关现象，可以知道：

第一，øq 有时是“已”字式。句中出现“已”类词语。它强调还没等到 p 行为不再持续，q 行为就已产生并延展。b 式的 øp，不能用“已”字式。比如可以说“一边吆喝，他已采取了守势”，却不大能说“他已采取了守势，一边 q”。看几个实际用例：

(41) 胤禔……一边寻思，口中已转了风：“这事情不单要从字迹上想……”(二月河《雍正皇帝·九王夺嫡》)

(42)(康熙又转脸对张廷玉道：“你拟旨……”张廷玉素以行文敏捷办事迅速著称。)康熙一边说，他已在打腹稿。(二月河《雍正皇帝·九王夺嫡》)

(43) 戴铎一边说，胤禛已经移步往前走……(二月河《雍正皇帝·九王夺嫡》)

(44)(邬思道)一边说，已经进了店……(二月河《雍正皇帝·九王夺嫡》)

前两例，后项用“已”；后两例，后项用“已经”。

有时，用不用“已”，对充当后项的小句能否站稳大有影响。比如：

(45)“那好，我们现在要查房了，如果你没有什么事，我们就不陪你了。”一边说着，司马婉卓迅速准备好各种器具，和李惠芬一起出门了。(莫伸《危情》)

这一例，可以只说：“一边说着，司马婉卓和李惠芬一起出门了。”(后项用“出”，是过程式。)但如果只说：“一边说着，司马婉卓迅速准备好各种器具。”句子站不稳。然而，如果加个“已”，情况便有所不同：“一边说着，司马婉卓已迅速准备好各种器具。”这一来，句子便可以站稳了。

第二，øq 有时是“突然”式。句中出现“突然”一类词语。它强调 p 行为尚在持续，突然出现了 q 行为。b 式的 øp，不能用“突然”式。比如可以说“一边表演，他突然变了花样”，却不大能说“他突然变了花样，一边 q”。同类的例子：

一边斟酒，她突然给我丢了一个眼色。

一边往前带球，他突然抽筋倒在地上。

一边和谈，他们突然发动了进攻。

有时，用不用“突然”，对充当后项的小句能否站稳大有影响。例如：

(46) 只听两个道人低声谈论，对明日比武之约似乎胜算在握，一面解衣上炕，突然皮清玄叫了起来：“啊，被窝中湿漉漉的是什么？啊，好臭，姬师兄，你这么懒，在被窝中拉尿？”（金庸《神雕侠侣》）

上例前项用“一面”，相当于“一边”。后项用“突然”，既表明行为的突发，又有“稳句”的作用：只说“两个道人一面解衣上炕，皮清玄叫了起来”，句子站得不怎么稳。可见，有时后项尽管已经出现“起来”之类的趋向动词，但还需要出现“突然”。

第三，øq 有时是“内心”式。句中常用“内心”“心里”“心下”之类的词语。它强调跟随着在续的 p 行为，内心里有什么感知或有什么活动。在笔者所掌握的用例中，尚未见到 b 式的 øp 是“内心”式的。比方，可以说“一边朝里走，我内心越来越不安”，但还不知道有没有“我内心越来越不安，一边 q”之类的说法。又如：

(47) 令狐冲一面运功，心下暗自奇怪：“怎地雪花落在脸上，竟然不消融？”（金庸《笑傲江湖》）

上例后项用了“心下”，前项的“一面”相当于“一边”。

有时，这类说法没有出现“内心”一类词语，但实际上隐含有这类词语。例如：

(48)（司马婉卓缓缓地转过身，走出去。）一边走，她感到自己的脚步很沉重，几乎有一种抬不起来的感觉。（莫伸《危情》）

(49) 我一边说着，思前想后，也忍不住冒泪花儿了。（王笠耘《春儿姑娘》）

这两例等于说：“一边走，她内心里感到……” | “我一边说着，内心里思前想后……”

三、从主语出现的位置看，c 式和 b 式也有不同

b 式“øp，一边 q”中，后项前头不出现主语；而 c 式“一边 p，

øq”中，却有时出现主语，形成“一边 p，Søq”的说法。上面已有不少这样的例子。又如：

(50)“……知识分子当我的大哥，我服！”一边说，他端起杯子，豪气十足地：“……来，干杯！”（莫伸《危情》）

这一例，S“他”用在了后项前边。

S 用在后项，可以起划界的作用，更清楚地表明 p 和 q 是相对的两个行为。再看两例：

(51)“王主任，你看见他来了吗？在哪儿看见的？”一边说，她侧过脸，拼命向王维力使眼色。（莫伸《危情》）

(52)胤禛也点点头道：“先生说的是，这字神韵不足。”一边说，二人随着戴铎进来。（二月河《雍正皇帝・九王夺嫡》5 页）

这两例，主语“她”和“二人”固然可以用在前项，但用到后项之后，形成“一边 V，SV”，而不是“S 一边 V，V”，因而更能突现后项。

本章小结

第一，在关系词“一边”的使用中，a 式“一边 p，一边 q”是常规形式，而 b 式“øp，一边 q”和 c 式“一边 p，øq”是简省形式。作为常规形式，a 式不仅 p 和 q 都没有受到 bc 两式那样的限制，而且“一边……一边……”常常紧缩，中间不需逗开，并且还可以说成“边 p 边 q”或“边 p 边 q 边 r”。如：“一边做一边学。”（老舍《茶馆》）（→边做边学）｜“春儿边听边问边叹气。”（王笠耘《春儿姑娘》）这是 bc 两式所没有的现象。

第二，b 式“øp，一边 q”，øp 在语义上和结构上有特定的要求。这就是：常常使用在续式、过程式和说引式。凡是“一边 p，一边 q”的形式，只要 p 符合特定要求，“一边”便可以隐去。例如：

(53)他一边用浴巾擦着身子，一边心不在焉地回答佩如的故意搭讪。（徐坤《如烟如梦》）

(54) 队长就一边往兵的面前走，一边脸上堆起讨好的笑来。(邓一光《遍地莜麦》)

前一例的 p 属于在续式，后一例的 p 属于过程式，这两例可以分别说成："他用浴巾擦着身子，一边心不在焉地回答佩如的故意搭讪。" | "队长就往兵的面前走（去），一边脸上堆起讨好的笑来。"

有时隐去"一边"会导致划界关系的变动，应从实际需要出发决定采取什么形式。比如：

(55) 那两条牧羊犬总是 ø 在牦牛四周来回跑动，一边警惕地观察着四野，一边帮主人监视着牦牛以及有可能掉下来的货物。(余纯顺《走出阿里》)

上例有三个分句，用 a 式"一边……一边……"，表明 2 分句与 3 分句之间具有同时并发关系。如果删除前一个"一边"，说成："那两条牧羊犬总是 ø 在牦牛四周来回跑动，警惕地观察着四野，一边帮主人监视着牦牛以及有可能掉下来的货物。"这就成为 b 式，划界关系有了变动：1、2 分句与 3 分句之间具有同时并发关系。

第三，c 式"一边 p，øq"在语义上和结构上也有特定的要求。这就是，øq 既常使用在续式、过程式和说引式，还可以使用"已"字式、"突然"式和"内心"式。凡是"一边 p，一边 q"的形式，只要 q 符合特定要求，"一边"便可以隐去。例如：

(56) 此刻，他一边小口小口地抿酒，一边睁大眼睛往远处看。(陶纯《乡语》)

上例的 q 属于在续式，可以加"着"。隐去后项的"一边"，可以说成：此刻，他一边小口小口地抿酒，睁大（着）眼睛往远处看（着）。

有时隐去"一边"会导致划界关系的变动，应从实际需要出发决定选用什么形式。比如：

(57)"可是！"秀秀娘也慢搭搭拐过来，一边将锥尖儿在头皮上磨磨，使劲儿在鞋底子上扎一锥子，然后挑出麻线的头儿来，缠在手指上，吱地一声拉出好长，一边说，"比那淑贞，她可是差

了天地!”(礼平《小站的黄昏》)

上例在组合上包括三个部分，用 a 式“一边……一边……”，表明 2 部分与 3 部分之间具有同时并发关系。如果删除后一个“一边”，并不成为 b 式，而成为 c 式，原来用于前项的“一边”变为用于后项，等于说：秀秀娘也（一边）慢搭搭拐过来，一边将锥尖儿在头皮上磨磨……说，“比那淑贞，她可是差了天地!”

第四，bc 两式的选用，都有其语用上的原因。

之所以选用 b 式，既是顺势叙述的需要，又是显示关系的需要。看这个例子：

(58) ……林则从抽屉里取出现金，交给了她，一边庄重地说：“夫人，愿我们不断发展我们两国之间的贸易关系。”(蒋韵《现场逃逸》)

前项不用“一边”，是顺着上文说了下来，叙述上显得语流贯通；后项用“一边”，是特意强调行为的同时并发，而不想表述为先后连贯的关系。

当 øp 是“S 说＋直接引语”时，为了语流的贯通，并且为了避免前后两个“一边”相距过远，前项的“一边”也宜于略去。

之所以选用 c 式，既是显示关系的需要，又是句法变化的需要。看这个例子：

(59) 周用诚几步到门口，扶着哭得泪人似的七十四进来，一边让他坐了，说道：“你先别伤心……”(二月河《雍正皇帝·九王夺嫡》)

插入“一边”，是为了预示后面将有同时并发关系的语势，而不想表述成一般的连贯关系；后项不用“一边”，是为了使句式略有变化，免得总是那么“有板有眼”。

第五，现代汉语里，关系词语的配对使用格式相当多。然而，跟“一边”的情况一样，配对现象和单用现象共存并用，具有一定的普遍性。研究清楚各种各样配对格式的单用状态，对于复句研究的深入来说，是十分麻烦却又是十分必要的事。

第三章　“p，接着q”及相关句式

本章选择“接着”作为连贯句的点标志，讨论种种特定的连贯句式。

全章分三个部分，对使用下列标志构成的几种连贯句式进行讨论：①“……接着……”；②“……然后……”；③“……这才……”。

第一节　“p，接着q”

“……接着……”是连贯句式。凡是连贯句式，都表示动作的先后连贯。所谓“先后连贯”，实际上有两个方面的意思：一方面，是说两个或几个动作有先有后；另一方面，是说两个或几个动作连贯承接。

一、语表形式

“接着”用于后分句前头。例如：

(1) 隔壁传来倒茶的响声，接着是警卫员喊首长接电话。（黄天明《爱的波涛》，《长江》1982年第3期32页）

(2) 灰白色的沉重的晚云中间时时发出闪光，接着一声钝响，是送灶的爆竹；……（高中《语文》第三册）

书面上，“接着”后边有时加个逗号。例如：

(3) 邹丽梅眼睛湿润了，接着，两滴硕大的泪珠涌出眼帘。（从维熙《北国草》，《收获》1983年第3期230页）

(4) 走了一会，就听到前面响起一阵粗野的吆喝声，接着，就出现了十多个便衣，押着一个人从山坡上下来了。（高中《语文》第五册）

“接着”常常跟“又”“就”“便”等副词结合使用。通常是“又”“就”等用在后边，说成“接着又”“接着就（便）”等；有时是“又”用到前边，说成“又接着”。例如：

(5)（亚女）微微地蹙起了眉尖，摇了摇头，接着又打起了我无论如何也不明白的手势。（叶文玲《心香》，《1980年全国优秀短篇小说评选获奖作品集》，上海文艺出版社1981年版541页）

(6) 我给那些因为在近旁而极响的爆竹声惊醒，看见豆一般大的黄色的灯火光，接着又听得毕毕剥剥的鞭炮，是四叔家正在“祝福”了；……（高中《语文》第三册）

(7) 她跳起来，搂住朋友的脖子，狂热地亲她，接着就带着这件宝物跑了。（高中《语文》第三册）

(8) 冷风穿透一层层衣服，收干了皮肤上的热汗，接着就侵入肌肤，刺向骨干。（池莉《有土地，就会有足迹》，《长江》1982年第3期140页）

(9) 我到了自家的房外，我的母亲早已迎着出来了，接着便飞出了八岁的侄儿宏儿。（初中《语文》第四册）

(10) 老人家说到这里，停了一会，又接着说下去：……（初中《语文》第二册）

前分句里，有时出现“先”，形成“先……接着（又/就）……”的说法。例如：

(11) 我先是诧异，接着是很不安，似乎这话于我有关系。（高中《语文》第三册）

(12) 我先是一怔，接着便明白过来了：……（高中《语文》第二册）

(13) 到了公元1190年，南宋有个名叫赵惇的人，他先在这里当王，接着又当上了皇帝，真是喜庆双重……（初中《语文》第三册）

二、表达作用

“……接着……”这一句式重在强调动作与动作的连贯承接。这是

"……接着……"同"……然后……"的主要区别。

有时，"接着"前边加个"紧"字，构成短语词"紧接着"。这样，便更加强调动作的紧相承接。例如：

(14) 一个茶房送来了茶碗，紧接着就有人送上一块洒了香水的热毛巾。(邓友梅《那五》，《小说月报》1982年第7期69页)

(15) 她飞也似的来到了五光十色的五洲电料行，把情况说完，紧接着问："三十分钟能不能办好?"(高中《语文》第一册)

(16) 随着钢鼓乐团艺术指导宋庆中老师的指挥，缓慢的钢鼓乐声伴随一串渗透着忧伤情感的"啊"声飘出来，紧接着钢鼓乐声速度加快，乐曲转入节奏明快的旋律。(初中《语文》第四册)

第二节　"p，然后q"

"……然后……"也是连贯句式。这一句式，跟"……接着……"略有不同。

一、语表形式

"然后"用于后分句前头。书面上，"然后"后边有时加个逗号。例如：

(17) 他在落实了我的身份之后对我说，你等着，然后把电话给了另一个人。(邓一光《扬起扬落》，《中篇小说选刊》1999年第6期137页)

(18) 欧阳慧看着大家，然后她端起一碗，捧到刘刈面前……(李国文《花园街5号》，《十月》1983年第4期66页)

(19) 卫伟愣了一小会儿，然后，悄悄地把资料夹回了乐谱里。(黄蓓佳《这一瞬间如此辉煌》，《花城》1983年第3期25页)

"然后"也常常跟"又""就""才"之类副词结合使用，说成"然后又(就/才)"。例如：

(20) 他从挎着的布包里取出一个装着蛋糕的纸袋递到黄成宾面前，让他过目，然后又放回布袋里。(鄢国培《巴山月》，《长

江》1982年第3期226页）

前分句里，有时也出现“先”，形成“先……然后（又/就）……”的说法。例如：

（21）林冲故事先提出全篇主眼，然后一步紧一步向顶点发展……（高中《语文》第五册）

（22）前天中午，前县委书记余正奇从地区打电话给他，先戏谑地说了声对不起，然后又倚老卖老地说老兄向你祝贺了。（李康美《赴任》，《中篇小说选刊》1997年第4期3～4页）

（23）我先送他上车，然后我们一块儿回去。（黄天明《爱的波涛》，《长江》1982年第3期8页）

二、表达作用

根据动作的已然和未然，“……然后……”句式可以分为两种：

第一，已然性的。所说的动作都已实现，各分句都用陈述句式。例如：

（24）我们隔着山谷一挥手，然后各奔前程。（张曼菱《有一个美丽的地方》，《当代》1982年第3期128页）

（25）我们在电话里又说了一会儿别的话，然后把电话挂了。（邓一光《扬起扬落》，《中篇小说选刊》1999年第6期141页）

第二，未然性的。所说的动作都未实现，前后分句有时用祈使句式，或带有一定的祈使语气。例如：

（26）《关于建国以来党的若干历史问题的决议》通过以后，要组织大家认真学习，然后要引导大家认真读点书。（邓小平《关于反对错误思想倾向问题》，《邓小平文选（一九七五——一九八二年）》，人民出版社1983年版336页）

（27）下班前，你把老金送到我家门口，然后，就请你自便。（蒋子龙《一个工厂秘书的日记》，《1980年全国优秀短篇小说评选获奖作品集》，上海文艺出版社1981年版184页）

“然后”一词，重在强调动作分先后。因此，不管是表示已然性的连贯，还是表示未然性的连贯，它在显示连贯关系的同时，还可以在叙述中划分动作的步骤和节奏。请看几个包含不只两个分句的例子：

(28) 丁猛在屋里踱了个来回，然后走到桌前，把全部预算书摞到一块，往钱工面前一撂……（柯云路《三千万》）

(29) 心心胜利地插直腰板，举起梅花扳手向她走远了的母亲示威地挥舞，然后赔不是地招呼乡亲们上车。（李国文《月食》，《当代》1982 年第 3 期 77 页）

(30) 黄成宾摇摇头，取下眼镜揩拭水气，然后戴好，呆呆地看着洪老板出神。（鄢国培《巴山月》，《长江》1982 年第 3 期 224 页）

前一例是"A，然后 B，C，D"。"然后"既显示连贯关系，又把第一个动作和第二、三、四个动作分成两个步骤，形成两个节奏。中间一例是"A，B，然后 C"。"然后"既显示连贯关系，又把第一、二个动作和第三个动作分成两个步骤，形成两个节奏。后一例是"A，B，然后 C，D"。"然后"既显示连贯关系，又把第一、二个动作和第三、四个动作分成两个步骤，形成两个节奏。

"然后"究竟在哪个分句之后出现，是自由的，完全取决于表达的需要。换句话说，由说话人划分步骤的需要所决定。看下面的例子：

(31) 她下了草滩，一直走到婶婶湖边，铺了一张什么东西在跳板上，然后坐下来，弹响了吉他。（池莉《有土地，就会有足迹》，《长江》1982 年第 3 期 159 页）

(32) 她下了草滩，一直走到婶婶湖边，铺了一张什么东西在跳板上，坐下来，然后弹响了吉他。

(33) 她下了草滩，然后一直走到婶婶湖边，铺了一张什么东西在跳板上，坐下来，弹响了吉他。

(34) 她下了草滩，一直走到婶婶湖边，然后铺了一张什么东西在跳板上，坐下来，弹响了吉他。

前一例是"A，B，C，然后 D，E"。第二例是"A，B，C，D，然后 E"。第三例是"A，然后 B，C，D，E"。第四例是"A，B，然后 C，D，E"。"然后"可以用在任何一个位置上，意思一样，但步骤性和节奏感起了微妙的变化。

前分句若出现“先”，形成“先……然后……”的说法，动作的步骤性和节奏感更加鲜明。例如：

（35）现在呢，先到办事处吃午饭，然后洗洗澡，睡个午觉。（顾笑言《洪峰通过峡谷》，《花城》1983年第3期85页）

上例明显地把动作的程序分成了“吃午饭”和“洗澡＋睡午觉”两个步骤。

前分句或后分句若出现“又（再）”，便形成“……又（再）……然后……”或“……然后……又（再）……”的说法。在这种情况下，不管分句有多少，都把动作的过程分成了三个步骤。例如：

（36）戴笠自己从衣钩上取下博士帽戴上，又客气了几句，然后握手而别。（鄢国培《巴山月》，《长江》1982年第3期206页）

（37）她利索地解下缠着的布带，把木盒放在矮凳上，然后把伤腿搁在木盒上，再用葛布罩着，闷住药气。（罗旋《红线记》，《1980年全国优秀短篇小说评选获奖作品集》，上海文艺出版社1981年版405页）

三、“……接着……”和“……然后……”的区别

“接着”和“然后”往往可以互换。但是，从形式上说，“接着”可以说成“紧接着”，“然后”不能说成“紧然后”；“接着”有时可以用在主语后边，“然后”没有这样的用法。例如：

（38）吃完喝完，我们接着往前走。（不光《闯西南》）

从表意上说，“接着”着重表明动作的承接，“然后”着重表明动作分先后。

在动作行为明显分为先后两段时，宜用“然后”。如“你先把他送走，然后请你自便”，若说成“你先把他送走，接着请你自便”，就不那么自然。又如：

（39）如果有人送点什么吃的给他，他总要工作人员先送给毛主席和我父亲一些，然后自己才肯吃。（初中《语文》第六册）

这里的“然后”也不好换成“接着”。

在需要表明动作一个紧接一个发生时，用“接着”比用“然后”显得流畅。看这个例子：

(40) 每天天还没亮，母亲就第一个起身，接着听见祖母起来的声音，接着大家都离开床铺，喂猪的喂猪，砍柴的砍柴，挑水的挑水。(初中《语文》第五册)

这里连用两个“接着”，突出了动作的紧接性，具有紧张感，若换成“然后”，比较别扭。再比较：

(41) (他刚下车，那一串) 送煤进城，然后拉化肥回来 (的大车队，正从他面前经过……) (李国文《月食》，《1980 年全国优秀短篇小说评选获奖作品集》，上海文艺出版社 1981 年版 77 页)

(42) (当我) 目送亚女出了门，接着又分明望见小元的影子在自家的院子里晃动 (时，我像吞了一个秤砣，立时愧疚得无地自容了……) (叶文玲《心香》，《1980 年全国优秀短篇小说评选获奖作品集》，上海文艺出版社 1981 年版 554 页)

前一例，“送煤进城”和“拉化肥回来”之间还有好些动作行为，如吃饭、休息、买点小东西等等。用“然后”，强调了“送煤进城”和“拉化肥回来”这两个动作的先后性。后一例，“目送亚女出了门”和“又分明望见小元的影子……晃动”在短时间中相继发生，用“接着”，强调了这两个动作的紧接性。若将这两例中的“然后”和“接着”互换，都不如原来贴切。

连贯句中用“接着”，应该说，也能表明动作的步骤性和节奏感，但是，跟“然后”相比，还是一个重在“紧接”，一个重在“先后”。看这个例子：

(43) 他吸了一口烟，又很快把烟筒里的烟灰吹掉，接着又吸，又吹。(严阵《数声风笛》，《钟山》1983 年第 3 期 151 页)

这里，“接着”把动作分成了“吸—吹—”和“吸—吹—”的不同步骤，形成了不同的节奏，然而，强调的是一个步骤与一个步骤之间、一个节奏与一个节奏之间的紧接，若换成“然后”，重点便变成强调先后了。

“接着”和“然后”往往配合使用，或者说成“……接着……然后……”，或者说成“……然后……接着……”。不管如何配置，给人的感觉都是用“接着”时重在强调紧接，用“然后”时重在强调先后。例如：

(44) 一篇文章或一篇演说，如果是重要的带指导性质的，总得要提出一个什么问题，接着加以分析，然后综合起来，指明问题的性质，给以解决的办法……（高中《语文》第四册）

(45) 在座的长辈们都点头称是，然后由老四叔主持，换了庚帖，翁柯和茂漪饮了订婚酒，接着大家随便饮酒吃菜，夜深方散。（王中才《龙凤砚》，《春风》1982年第1期110页）

(46) 事情很麻烦，两个人都阴沉着脸，然后有了进展，接着一切就迎刃而解。（万方《空镜子》，《小说月报》2000年第2期20页）

有时，“接着”和“然后”的配置似乎取决于修辞的需要，表意上看不出明显的区别。例如：

(47) 电话放下不久，我办公室的电话就响个不停，最先是王家物业有限公司董事长滕锦华打来的，然后是宝泰实业有限公司总经理徐方生打来的，接着是朋友出租汽车公司总经理占赋打来的，最后是大西部农庄的庄主程自祖打来的，他们的电话内容全部是一样的……（邓一光《扬起扬落》，《中篇小说选刊》1999年第6期138页）

上例是“最先……然后……接着……最后……”。若说成“最先……接着……然后……最后……”，没有什么不可以。不过，从修辞上看，把“然后”和“最后”分隔开来，让“然后”照应“最先”，再让“接着”引出“最后”，似乎比说成“最先……接着……然后……最后……”要好。

第三节 “p，这才q”

“……这才……”也是一种连贯句式。这种连贯句式，跟“接着”

和“然后”的表意重点有所不同。

一、“……这才……”及其作用

“这才”是“这时才”的意思，意味着“不到这时还不会”。例如：

(48) 山虎如梦初醒，这才明白父女俩的心意。（罗旋《红线记》，《1980年全国优秀短篇小说评选获奖作品集》，上海文艺出版社1981年版413页）

(49) 亚女满意极了，双手接过捧在胸前，几乎是向我鞠躬似的点了一下头，这才迈着轻盈的脚步走了。（叶文玲《心香》，《1980年全国优秀短篇小说评选获奖作品集》，上海文艺出版社1981年版514页）

“这才”关联的分句有时主语相同，有时主语不同。前后分句各有主语时，“这才”用在后分句主语的后边。例如：

(50) 亚女红了脸，勇敢地跨出了矮墙，我这才鼓足了勇气，朝她家走去。（叶文玲《心香》，《1980年全国优秀短篇小说评选获奖作品集》，上海文艺出版社1981年版551页）

不管前后分句的主语是否相同，“这才”引出的动作往往指人物由前面的动作而产生的某种反应，因此，有的时候，前后分句之间有着隐隐约约的因果联系，但是，总的说来，还是重在显示连贯关系。例如：

(51) 傍晌午，她瞧见在附近地里干活的社员都收工了，这才回到地边。（浩然《能人楚世杰》，《长城》1982年第3期71页）

(52) 这两年，我画了一百零八座影壁，有个八十八岁的老画师下乡走马看花，边看我十几幅影壁画，连叫十几声好，还要写一篇文章，替我刷个广告，文化馆这才打算给我举办影壁画展览会。（刘绍棠《柳伞》，《十月》1982年第4期43页）

“这才”有时跟“然后”之类配合使用，“然后”之类表示动作有先后，“这才”表示某个动作“不到这时还不会”发生。例如：

(53) 这就好比一人远远而来，最初我们只看到他穿的是长衣或短褂，然后又看清了他是肥是瘦，然后又看清了他是方脸或圆

脸，最后，这才看清了他的眉目乃至音容笑貌：这时候，我们算把他全部看清了。（高中《语文》第五册）

跟“这才”同义的“这时才”也可以构成连贯复句，但“这时才”可以被主语隔开，“这才”却不能被主语隔开。这说明，“这才”已结合成一个近似短语词的单位，在结合程度上跟“这时才”并不等同。例如：

（54）阿鸽原路摇船回村，这时她才发现，身边少了什么。（姜滇《阿鸽与船》，《小说月报》1982年第6期51页）

“这时她才……”不能说成“这她才……”。

二、不表示连贯关系的“……这才……”

有时，“这才”不表示连贯关系，但这种“……这才……”跟表示连贯关系的“……这才……”有很大的不同。例如：

（55）应当把这一二年上边提倡说谎话所造成的影响，也写进去，这才完整。（韦君宜《洗礼》，《小说月报》1982年第6期7页）

（56）路见不平，拔刀相助，这才是美人儿理想的情人。（韦君宜《洗礼》，《小说月报》1982年第6期6页）

从这两个例子可以知道：首先，“这”是指物代词，不表示时间，不等于“这时”。其次，“这”充当句子的主语，“才”作状语，“这才”没有结合成一个语言单位。第三，“才”引出的是形容词或带“是”的判断结构，不表示动作行为。

本章小结

第一，凡是连贯句式，都表示动作的先后连贯。所谓“先后连贯”，实际上有两个方面的意思：一方面，是说两个或几个动作有先有后；另一方面，是说两个或几个动作连贯承接。

第二，“p，接着q”是典型的连贯句式，侧重于强调动作连贯承接的一面。

第三，“p，然后 q”实际上也是典型的连贯句式，侧重于强调动作分先后的一面。

第四，“p，这才 q”是比较特殊的连贯句式。“这才”在语义上跟“这时才”相当，侧重强调“不到这时还不会”。

第四章 “不但p，而且q”及相关句式

本章选择“不但……而且……”作为递进句的点标志，讨论种种特定的递进句式。

全章分四个部分，对使用下列标志构成的递进句式进行讨论：①“不但……而且……”；②“不但……连一也……”；③“尚且……何况……”；④带“别说”的递进句式。

第一节 “不但p，而且q”

“不但……而且……”表示以一层意思为基点向另一层意思顺递推进。这是递进句的典型句式。例如：

（1）不但应该使每个车间主任、生产队长对生产负责任、想办法，而且一定要使每个工人农民都对生产负责任、想办法。（邓小平《解放思想，实事求是，团结一致向前看》，《邓小平文选（一九七五——一九八二年）》，人民出版社1983年版136页）

一、语表形式

“不但”用于前分句，可以出现在主语前边，也可以出现在主语后边；“而且”用于后分句前头，如果后分句出现主语，“而且”不能用在主语后边。例如：

不但我这么做了，而且大家都这么做了。

我不但这么做了，而且如实地写出来了。

跟“不但”作用相当，常同“而且”呼应使用的，还有“不仅”“不单”“不只”“不光”“不独”“非但”等。例如：

(2) 这不仅是科学界、教育界的问题，而且是整个国家的重大政策问题。(邓小平《关于科学和教育工作的几点意见》，《邓小平文选（一九七五——一九八二年)》，人民出版社 1983 年版 48 页)

(3) 群众不只是盼望电气化，而且有力量自己搞电气化。(孙谦《南山的灯》，《建国以来短篇小说》上册，上海文艺出版社 1978 年版 223 页)

(4) 他不单单说这支歌编了四十年，而且特别说明这支歌是全中国各族人民编的。(李增正《〈东方红〉的故事》，初中《语文》第一册 56 页)

(5) 似乎在这之前，他连想都没想过，然而今夜，非但想，而且隐隐觉得有点恨。(陈传瑜《自付》，《人民文学》1982 年第 2 期 107 页)

跟“而且”作用相当，常同“不但”之类呼应使用的还有“并且”“且”“甚至”等。例如：

(6) 下面就是首阳村，所以不但常有砍柴的老人和女人，并且有进来玩耍的孩子。(鲁迅《采薇》)

(7) 这女人不单开荒地多，且是惹不起的人物。(张里人睁大双眼盯着她，打算照着葫芦画瓢。)(张贤华《小镇的墟天》，《人民文学》1982 年第 2 期 32 页)

(8) 这位不速之客是谁？和韩潮记忆里的伯爵惟妙惟肖，不但外貌酷似，神态相仿，甚至那种没落衰微的贵族气息，也一模一样。(李国文《花园街 5 号》，《十月》1983 年第 4 期 7 页)

“不但”之类是构成递进复句的充足条件。只要前面分句用了“不但”之类，后面不用“而且”之类，只用某个副词，甚至副词也不用，仍然可以成为递进句式。例如：

(9) 不但学生应该尊重教师，整个社会都应该尊重教师。(邓小平《在全国教育工作会议上的讲话》，《邓小平文选（一九七五——一九八二年)》，人民出版社 1983 年版 106 页)

(10) 这个问题不光是铁道部门存在，其他地方和部门也同样存在。（邓小平《全党讲大局，把国民经济搞上去》，《邓小平文选（一九七五——一九八二年）》，人民出版社 1983 年版 5～6 页）

（11）不光是生活，是生命。（田芬《金钥匙》，《十月》1982 年第 1 期 159 页）

“而且”“并且”“且”“甚至”也是构成递进复句的充足条件。只要前后分句之间用了它们，也成为递进句式。例如：

（12）邮局离得很远，而且不通公共汽车。（李陀《魔界》，《小说月报》1982 年第 5 期 31 页）

（13）母亲的眼泪，使我也想起爹的背影，并且在以后的多年，不断忆起那个背影：……（初中《语文》第一册）

（14）那干部比曹光荣小几岁，且又生得面嫩、消瘦，（所以颇显年轻。）（薛勇《红灯和绿灯》，《长城》1982 年第 1 期 18 页）

（15）一次大风沙袭击，可以把幼苗全部打死，甚至连根拔起。（初中《语文》第三册）

“不但”之类是预示递进语势的词语。在前分句不用“不但”之类时，由于没有预示，因此后分句的递进语势显得突兀而起。突兀的意味，“并且”“且”稍弱，“而且”较强，“甚至”特强。不管突兀意味是强是弱，采用没有预示的递进说法都是由于语流中顺叙的需要。即需要首先顺着上文的意思叙述下来，然后才突然推进。

值得注意的是：

“不但……”可以不只一次地使用，“而且”也可以不只一次地使用。例如：

（16）气氛不但严肃，不但凝重，而且，简直开始凝固了！（梁晓声《婉的大学》，《中篇小说选刊》1999 年第 6 期 58 页）

（17）（就是在这所弥漫着不祥气息的医院里，他被证实了）不仅有病，而且患的是绝症，而且到了说什么都晚了的程度。（陈铁军《设计死亡》，《作品》1999 年第 4 期 28 页）

“甚至”有时可以用在后分句的主语后边。例如：

（18）我再也不必担心有谁会拿着大棒子凶神恶煞似的追赶

我，我甚至可以不时地抬头看看天上吱吱喳喳飞过去的小鸟，树上绽开的花儿和蓝天上白色的云朵。(初中《语文》第二册)

二、句式的构成基础

“不但……而且……”句式的构成基础并不单一。主要有以下几种：

第一，典型的并列关系。在这种情况下，前后两项可以互换位置。究竟以哪一项为递进的基点，取决于说话者的表达需要。例如：

(19) 这孩子不但能听懂一些中国话，还能写不少中国字。(边震遐《火凤凰》,《十月》1982 年第 3 期 194 页)

(20) 我眼下不光开机子，还学修理。(浩然《姑娘大了要出嫁》,《春风》1982 年第 1 期 6 页)

(21) 这两人不仅胖瘦不匀，性格也截然不同。(燕平《小镇旧痕》,《长城》1982 年第 1 期 75 页)

前一例，“能听懂一些中国话”和“能写不少中国字”是并列的两件事。能听懂中国话的不一定能写中国字，因为他学中国话可能只是通过听和说；能写中国字的不一定能听懂中国话，因为他学中国字可能只限于书面材料，没有经过听说训练。根据表达需要和强调重点，既可以说“不仅能听懂一些中国话，还能写不少中国字”，也可以说“不仅能写不少中国字，还能听懂一些中国话”。后两例类推。

第二，范围上或程度上的某种递进关系。这实际上还是并列关系，只是语义上后项范围较大，程度较深，因此不能同前项倒过来说。例如：

(22) 请你们出去作报告，不光在咱牛角沟光荣，在全公社全县都光荣。(常庚西《深山新喜》,《长城》1982 年第 1 期 133 页)

(23) 不光她自己生在上海，长在上海，而且她的爸爸、妈妈、爷爷奶奶，还有爷爷奶奶的爷爷奶奶等等，等等，都是生在上海长在上海的。(范小青《屋檐下》,《小说月报》1982 年第 3 期 90 页)

这两例前后项之间有范围上的递进关系。前一例，“在咱牛角沟光荣”和“在全公社全县光荣”实际上还是并列关系，但后者比前者范围大，不能说成“不光在全公社全县光荣，而且在咱牛角沟也光荣”。后一例也一样。又如：

(24) 三年工夫，不仅欠账还清，而且，在企业自有基金方面，成了临江首户，真正的百万富翁。(李国文《花园街5号》，《十月》1983年第4期12页)

(25) 他……仿佛向我证明：他不仅是个人，而且是个很大的人。(初中《语文》第二册)

这两例前后项之间有程度上的递进关系。前一例，“欠账还清”和“成了……百万富翁”实际上还是并列关系，但后者比前者程度深，不能说成“不仅成了……百万富翁，而且欠账还清”。后一例，“是个人”和“是个很大的人”实际上是反复并列，但后者深入一层揭示了属性，不能说成“他不仅是个很大的人，而且是个人”。

第三，因果关系。后项依赖前项而产生，是在前项基础上出现的结果。“不但……而且……”标示由原因到结果的递进，是把因果关系转化成递进关系。例如：

(26) 现在，不但许多事情都搞清楚了，而且许多人都觉得在精神上高大起来。(姜滇《清水湾，淡水湾》，《十月》1982年第3期95页)

(27) 这个吃红苕长大的女人，不仅给他带来了从来没有享受过的家庭温暖，并且使他生命的根须更深地扎进这块土地里……(张贤亮《灵与肉》，《1980年全国优秀短篇小说评选获奖作品集》，上海文艺出版社1981年版235页)

这两例如果去掉“不但……而且……”“不仅……并且……”，可以把“因而”添加上去，可见前后项之间本来存在因果联系，由于“不但……而且……”句式的转化，才成为递进复句。

有时，隐含的因果关系可以先用“因而”“因此”之类显示出来，然后再用表示递进关系的词语加以转化，清楚地标示出从原因到结果的递进。例如：

(28) ……别人把这看成是一件惨事，并因此而可怜我，甚至同情我；我不需要！(陈浩泉《香港狂人》,《花城》1983 年第 4 期 83 页)

“因此而”显示因果关系，加上“并”和“甚至”，便又进一步转化成递进句式。

第四，转折关系。前后项代表相对立的两个方面，二者之间有转折性。“不但……而且……”标示由一个方面向另一个方面的递进，是把转折关系转化成递进关系。例如：

(29) 小白同志，你看我这个团中央书记处书记，不但做促进工作，还做你的“促退”工作。(从维熙《黄金岁月》,《十月》1982 年第 1 期 109 页)

这一例，若去掉“不但……还……”，可以说成“本来应该……可现在却……”。可见前后项之间本来存在转折关系，由于“不但……而且……”句式的转化，才成为递进复句。

应该指出：因果忤逆的转折关系不能转化为递进复句。例如：

* (30) 他不但很瘦，而且精神十分饱满。

这是病例。“很瘦”和“精神十分饱满”因果相悖，只能用“但”“却”之类关联，不能说成“不但……而且……”。

三、三级递进

在“不但……而且……”后边添加“甚至……”，可以形成三级递进的句式。例如：

(31) 在五十年代和六十年代初期，它生产的多种型号的车床，不但装备了大半个中国的机械生产，而且远销亚非拉，甚至竟开拓到欧罗巴。(耿耿《人的问题》,《百花洲》1983 年第 4 期 14 页)

这里用“不仅……而且……甚至……”，表示三个层级的连续递进。

三级递进句式中，副词“也”“还”也可以用来引出其中一个层级。只要第一分句出现“不但”之类，“不但……也……而且……”

“不但……还……也……”等都可能成为表示三级递进的句式。例如：

(32) 大自然不光长栋梁材，也长小草，而且长得更多……(池莉《有土地，就会有足迹》，《长江》1982年第3期145页)

(33) 一场荒火，不仅夺去了马俊友同志的生命，还烧毁了我们的一片麦子，也烧焦了垦荒队员的心。(从维熙《北国草》，《收获》1983年第4期254页)

前一例等于说：“不光长栋梁材，也长小草；不仅长小草，而且长得更多。”后一例等于说：“不仅夺去了马俊友同志的生命，还烧毁了我们的一片麦子；不仅烧毁了我们的一片麦子，而且烧焦了垦荒队员的心。”这两个例子都表示了三个层级的连续递进。

三级递进句式中，第一项也可以不出现“不但”之类预示递进的连词，但后两项必须用表示递进关系的连词“而且”“并且”“甚至”等。例如：

(34) 一年后，我要让两百号人有活干，有饭吃，而且要生活得比付出同等劳动的其他人一样好，甚至要更好。(绍六《镶金边的彩云》，《花城》1983年第4期49页)

四、“不但……而且……”句式中谓语的“蒙后省”现象

这一句式，前分句的谓语可以蒙后省略。例如：

(35) 不仅文艺界，其他方面也有类似的问题。(=不仅文艺界有类似的问题，其他方面也有类似的问题。)(邓小平《关于思想战线上的问题的谈话》，《邓小平文选(一九七五——一九八二年)》，人民出版社1983年版345页)

有时，蒙后省略的是谓语的主要部分。剩下的，除了主语，还有助动词和作状语的介词结构。例如：

(36) 我们不仅要从思想上，而且要从工作制度上创造有利于杰出人才涌现和成长的必要条件。(=我们不仅要从思想上创造有利于杰出人才涌现和成长的条件，而且……)(邓小平《在中国文学艺术工作者第四次代表大会上的祝辞》，《邓小平文选(一九七五——一九八二年)》，人民出版社1983年版185页)

(37) 只要我们党的领导是正确的，那就不仅能够把全党的力量，而且能够把全国人民的力量集合起来，干出轰轰烈烈的事业。(=不仅能够把全党的力量集合起来，干出轰轰烈烈的事业，而且……)（邓小平《目前的形势和任务》，《邓小平文选（一九七五——一九八二年)》，人民出版社 1983 年版 231 页）

第二节　“不但 p，连一也 q”

“不但……连一也……”是“不但……而且……”的下位句式，也表示以一层意思为基点，向另一层意思顺递推进。跟“不但……而且……”相比较，有一些值得注意的地方。

一、语表形式

前分句用“不但”“不仅”“不光”等，后分句用“连一也”。“连”可以说成“就连”或“就是”，“也”可以说成“都”，有时“也”“都”可以不用。例如：

(38) 他不但没有到过外省，连县界也没出过。（李满天《力原》，《建国以来短篇小说》上册，上海文艺出版社 1978 年版 537 页）

(39) 可是又不巧，踏上红石崖，不但“百中”老人没有来，就连董昆也到县城领火药去了。(高中《语文》第二册)

(40) 不单是尖端武器、常规武器有科研问题，就是减轻战士身上带的东西的重量，同样有科研问题。(邓小平《军队整顿的任务》，《邓小平文选（一九七五——一九八二年)》，人民出版社 1983 年版 20 页）

“连一也”前边可以再出现“而且”，成为“不但……而且连一也……”。例如：

(41) 时间一天一天过去了，他不但未按期回贵阳，而且连一封信也没写给我。(廖静文《往事依依》，《收获》1982 年第 4 期 69 页）

这一句式，通过“连一也”强调地显示情况的极端，后分句有时是夸张的说法。例如：

(42) 不但深翻不了一丈，就连一层地皮也揭不下来。（刘绍棠《柳伞》，《十月》1982 年第 2 期 42 页）

如果去掉“连”“就连”“就是”，后分句表示极端的情况便是隐含的，整个复句就会成为一般的“不但……而且……”格式的复句。但是，并不是所有一般的“不但……而且……”格式的复句都隐含向极端情况递进的意思。比较：

(43) 不但我辞职，我们老一代的都不兼职了。（邓小平《答意大利记者奥琳埃娜·法拉奇问》，《邓小平文选（一九七五——一九八二年）》，人民出版社 1983 年版 309 页）

(44) 不但我不干，最听他指挥的那几个人都不干了！

这两例都不用“连”，都属于一般的“不但……而且……”格式的复句。但前一例不隐含向极端情况递进的意思，只能添上“而且”，不能添上“连”；后一例隐含向极端情况递进的意思，可以加上“连”，成为“不但……连一都……”的句式。

二、句式的构成基础

这一句式的构成基础比较单纯，都是并列关系。并列的两项，具有递进性和类同性。具有递进性，是说甲项和乙项在程度上或范围上有某种递进关系；具有类同性，是说甲项和乙项的谓语指同类的或相同的状况。例如：

(45) 阿雪的铺子前门庭若市，不光年轻人挤，连上了年纪的也来瞧新鲜……（范小青《屋檐下》，《小说月报》1982 年第 2 期 92 页）

(46) 从此以后，陈奂生的身份显著提高了，不但村上的人要听他讲，连大队干部对他的态度也友好得多……（高晓声《陈奂生上城》，《1980 年全国优秀短篇小说评选获奖作品集》，上海文艺出版社 1981 年版 209 页）

前一例，年轻人怎么样和上了年纪的人怎么样是并列的两件事，在程度上、范围上，后者对前者来说是进了一层。从谓语看，“挤”和“来瞧新鲜”是同类的事，如果说成“不光年轻人挤，连上了年纪的人也挤”，谓语便是相同的。后一例可以类推。

三、“不但……连一也……”句式中谓语的“蒙后省”现象

这一句式的前后分句，如果主语不同，谓语完全相同，那么，为了避免词面的重复，前分句的谓语可以蒙后省略。例如：

(47) 不但她，连学贯中外古今的毕部长也说不出。（＝不但她说不出，连学贯中外古今的毕部长也说不出。）（李国文《月食》，《1980年全国优秀短篇小说评选获奖作品集》，上海文艺出版社1981年版83页）

(48) 咳，这些天，不光孩子，连大人都乏呀。（＝不光孩子乏，连大人都乏。）（锦云、王毅《“大能人”趣话》，《小说月报》1982年第2期64页）

第三节　“尚且p，何况q”

“尚且……何况……”表示以一层意思为基点向相比之下不值一提的另一层意思反逼递进。这是一种反逼性递进句。例如：

(49) 爹去世已经整整十年了，当年的县劳模尚且被人淡忘，何况他撇下的孤儿呢？（王钢《野瓣花儿》，《小说月报》1982年第2期48页）

上例以当年的县劳模被人淡忘这一层意思为基点，强调出孤儿同样会被人淡忘这一层意思。既然劳模也被人淡忘，那么，孤儿被人淡忘自然是不在话下的。

一、语表形式

从语表形式上看“尚且……何况……”这种反逼性递进句，以下三点值得注意：

第一，前分句以用“尚且”为典型形式。有时前分句只用“都”“还”“也”“连一也（都）”等，但可以替换为“尚且”。例如：

(50) 这浑浊的空气，好人都受不了，何况肺病患者。(燕平《小镇旧痕》，《长城》1982年第1期82页)

(51) 一头骡子有时还尥蹶子呢，何况车！(李国文《月食》，《1980年全国优秀短篇小说评选获奖作品集》，上海文艺出版社1981年版76页)

(52) 连土地都难以做到旱涝保收，何况人？(李国文《花园街5号》，《十月》1983年第4期48页)

有时前分句不用任何关系词语，但可以添加上“尚且”。例如：

(53) 常言说：望山跑死马，何况行人是在饥饿疲乏中步行呢。(杨尚武《追匪记》，《建国以来短篇小说》上册，上海文艺出版社1978年版464页)

第二，后分句以用“何况”为典型形式。“何况”前头往往可以加个“更”字。例如：

(54) 据我所知，就连北大那几位死去的名教授的书画古玩，尚且在劫难逃，更何况苏伯伯那区区几柜书呢？(达理《卖书》，《十月》1983年第4期147页)

(55) 连草原上的乳牛都知道爱护自己的犊子，更何况你打的是自己的儿子！(从维熙《黄金岁月》，《十月》1982年第1期182页)

后分句用“何况”“更何况”，一定成为反问句式。有时后分句不用“何况”“更何况”，而用“更不用说”“更不必说”之类，这便成为陈述句式。例如：

(56) 见面尚且怕，更不必说敢有托付了。(鲁迅《为了忘却的纪念》)

有时，只要前分句用了“尚且”之类，后分句可以不用“何况”“更不用说”等。例如：

(57) 对梁倩尚且如此这般，对别人又该如何呢？(张洁《方舟》，《收获》1982年第2期19页)

第三，为了表示二次反逼递进，可以采取“尚且……何况……更何况……”或“尚且……何况……又何况……”之类的形式。例如：

(58) 结婚？谈何容易。现在黄花闺女还嫁不出去，何况她这离婚的四十岁的女人，更何况她还有一个儿子。（张洁《方舟》，《收获》1982年第2期23页）

(59) 连北京都有那么多人迷“参考片”，何况在这大西北的兰州！又何况陆老师这种难得搞到一张“内部参考片”票的中学老师！（刘心武《相逢在兰州》，《人民文学》1982年第2期48页）

二、“何况……”的构造

“何况”后边的部分，一般是跟前分句里某个词语相比较的词语。常见的情况，是跟前分句的主语相比较的表示人或事物的词语；有时，是跟前分句的状语相比较的表示处所、时间或对象的词语。这取决于“不值一提”的事项到底是什么。比较：

(60) 他尚且搬不动，何况你我！

(61) 他在这儿尚且如此放肆，何况在别的场合！

(62) 他在这时候尚且如此放肆，何况在别的时候！

(63) 他对你尚且如此放肆，何况对我们！

上例里，“你我”是跟前分句主语相比较的表示人的词语，“在别的场合”“在别的时候”“对我们”是跟前分句状语相比较的表示处所、时间、对象的词语。

“何况”也可以引出由主谓结构充当的完整的句子形式。这有两种情况：第一，既需要引出被强调的事物，又需要提示其某个方面的特性，因此得采用主谓结构；第二，既需要引出被强调的事物，又需要说明另一事物同它的关系，因此得采用主谓结构。比较：

(64) 煤炭渣尚且有用，何况人呢！

(65) 煤炭渣尚且有用，何况人还有两只手呢！

(66) 煤炭渣尚且有用，何况你还是个人呢！

(67) 煤炭渣尚且有用，何况你所唾弃的还是人呢！

前一例，“何况”只引出被强调的事物——跟前分句主语“煤渣”相比较的“人”。第二例，“何况”引出的是一个主谓结构，“人”是被强调的事物，“还有两只手”提示其一个方面的特性；后两例，“何况”引出的也是主谓结构，“人”是被强调的事物，“你”和“你所唾弃的”都是用来说明跟“人”有从属关系的事物。

三、“尚且……何况……”句式同“不但……连一也……”句式的区别

首先，“尚且……何况……”和“不但……连一也……”是递进方向完全相反的两种句式。

任何“尚且……何况……”递进复句都可以改为“不但……连一也……”递进复句，但必须改变前后递进项的配置，把“尚且 B，何况 A”说成“不但 A，就连 B”。比较：

a. 大风浪尚且经得住，何况小风浪！

不但小风浪经得住，就是大风浪也经得住！

b. 小风浪尚且经不住，何况大风浪！

不但大风浪经不住，就连小风浪也经不住！

有时，把“尚且……何况……”改为“不但……连一也……”需要在字面上按基本意思略加改动。例如：

a. 见面尚且怕，更不必说敢有所托付了。

不但害怕有所托付，就连见面也害怕。

b. 煤炭渣尚且可以铺路，何况她还是个人呢！

不仅人有用，就连煤炭渣也有用。

在递进方向上，“不但……连一也……”是由低到高顺推而进，“尚且……何况……”是由高向低反逼而进。以 A 代表较低的级层，以 B 代表较高的级层，那么，“不但……连一也……”就是以 A 为基点向 B 顺推，“尚且……何况……”就是以 B 为基点向 A 反逼。如图：

A　不但 → 连一也　B
　　何况 ← 尚且

其次，“尚且……何况……”和“不但……连一也……”的构成基础有所不同。“不但……连一也……”的构成基础，是程度上或范围上的某种递进关系，实质上还是并列关系，而“尚且……何况……”的构成基础，则是推论关系，属因果关系。比较：

大风浪尚且经得住，何况小风浪！

既然大风浪经得住，小风浪当然也经得住！

“尚且……何况……”有推论关系，因此能改说成推断句。再比较：

不但小风浪经得住，连大风浪也经得住！

*既然小风浪经得住，大风浪当然也经得住！

“不但……连一也……”没有推论关系，因此不能改说成推断句。

可见，“尚且……何况……”是以高逼低，以深证浅，包含着推论。这种句式的作用，在于把因果关系转化成递进复句，从而突出地加强“不在话下”“不值一提”之类的意味。

四、跟“尚且……何况……”句式有某种相似之处的两种句式

(一)“……何况……”

形式上，前分句不用“尚且”，也不能补上“尚且”；内容上，前分句提出一个理由或作出一个判断，后分句通过“何况”再补加一个理由。所补加的理由，指难于做到的事情或不同寻常的事物。例如：

(68) 场上爆发了一阵热烈的掌声。因为五发四中已经是优秀了，何况这个五发四中是从虎穴里掏得的虎子！(任斌武《开顶风船的角色》，《建国以来短篇小说》上册，上海文艺出版社 1978 年版 260 页)

(69) 如果一切重新开始，她会找到一个比大亮更好的，何况还有一个“山盟虽在，锦书难托”的人呢。(郑万隆《红灯黄灯绿灯》，《当代》1982 年第 3 期 61 页)

(70) 不消说，这是个苦差事，更何况还是远离林场，单独作业。(刘树德《山路曲曲弯弯》，《小说月报》1982 年第 5 期 54 页)

这类句子中的“何况”或“更何况”，可以改说成“况且”。前后两层意思是并列的关系，而不是推论的关系。“何况”的作用，在于引出补加的一层意思，借以反转来加强前面所说的理由或所作的判断。由于有一定的反逼意味，这种句式也可以认为是一种反逼性的递进句式。

（二）"尚且……反倒……"

形式上，前分句用"尚且"，后分句不用"何况"之类，而用"反倒""倒反""竟然""居然"等；表意上，前分句提出某种事实作为议论的基点，后分句强调出跟基点相抵触的事情，并带有不满或赞赏的情味。例如：

（71）看不上眼的王胡尚且那么多，自己倒反这么少，这是怎样的大失体面的事呵！（鲁迅《阿Q正传》）

（72）如此重大的事情厂长尚且不能个人决定，他竟然违背原则，擅自作主！（《现代汉语八百词》用例）

（73）父亲对我们讲话尚且采取商量的口吻，你在我面前居然如此放肆！（《现代汉语八百词》用例）

这类句子的构成基础是转折关系。前后分句的联系跟"尚且……何况……"恰好相反。比较：

（74）这么大的石头，大人们尚且搬不动，何况他只是个十二三岁的小孩子！

（75）这么大的石头，大人们尚且搬不动，他这个十二三岁的小孩子反倒搬动了。（真了不起！）

前一例是说：大人搬不动，小孩子更搬不动。前后分句的意思不是对立的。后一例是说：大人搬不动，小孩子却搬动了。前后分句的意思是对立的。

"反倒"之类是强调前后分句意思对立的词语。"反倒"之类前边可以加"却"，也可以干脆把"反倒"之类改说成"却"，如例（71）可以说成"看不上眼的王胡尚且这么多，自己却（倒反）这么少……"。

可见，这类句子应划归转折类复句。尽管前分句用了"尚且"，但不足以表明它们是递进复句。

第四节　带"别说"的递进句式

带"别说"的递进句式有两种：一是"别说……连一也……"，一是“连一也……别说……”，都具有某种特殊性。

一、“别说……连一也……”和“不但……连一也”

“别说……连一也……”基本上相当于“不但……连一也……”。前分句的“别说”可以换成“不但”“不仅”之类；后分句用“连一也”或意思相当的形式。例如：

(76) 别说人，连双眼睛都挤不进去。（王润滋《卖蟹》，《1980年全国优秀短篇小说评选获奖作品集》，上海文艺出版社1981年版691页）

(77) 别说姑娘们，连与他同年龄的小伙子，他都从不敢主动与他们搭讪。（程乃珊《蓝屋》，《钟山》1983年第4期6页）

(78) 别说羊角垴的这位军烈属，就连被撂在一边的伊汝，也至少半信半疑看待她的来访。（李国文《月食》，《1980年全国优秀短篇小说评选获奖作品集》，上海文艺出版社1981年版88页）

(79) 没上过山的人，别说扛着百十斤的水泥袋，就是空手往上爬，也会感到十分吃力。（常庚西《深山新喜》，《长城》1982年第1期126页）

前分句的“别说”也可以说成“甭说”“慢说”“不要说”等。例如：

(80) 甭说人的手艺不如前，就连这红砖也不比早先，好像是豆腐渣捏出来的……（李国文《花园街5号》，《十月》1983年第4期8页）

(81) 山高皇帝远，解放以来，慢说省、地、县的工作人员从未来过这穷乡僻壤，就是公社的干部也是一年半载不着边儿。（常庚西《深山新喜》，《长城》1982年第1期124页）

(82) 华丽的服装只有演员演戏的时候穿，平时不要说穿，就连看着也觉得碍眼。（初中《语文》第四册）

(83) 不要讲这使裘干事大感意外，就连我们其他人也吃了一惊。（曹玉林《祠堂里的学校》，《当代》1982年第3期165页）

前分句用了“别说”之类，后分句有时不用“连”“就连”之类，只用“也”“还”等副词。例如：

(84)（虽然穷得当当响，可是小成旺却在双亲温暖的手掌中长到七八岁。）好家伙，不用说讲话，乡村里流行的时曲小调也会唱好一摞哪。（李满天《成旺爷》，《长城》1982年第1期179页）

(85) 要是抓不住，别说官儿做不成，还要押进京城治罪。（王笠耘《春儿姑娘》，《当代》1982年第3期193页）

(86) 别说教他们，教你也成！（叶辛《追回的青春》，《十月》1982年第4期96页）

同“不但……连一也……”相比较，“别说……连一也……”句式在表意上有其特殊之处。这就是，“别说”之类表示对事物的贬低和轻视，或者表示对事物的抬高并排除。在以较低较弱的事物为基点向较强较高的事物顺递推进时，“别说”之类表示对事物的贬低和轻视，是借贬低弱者来评议强者，说明强者跟弱者具有类同性；在以较强较高的事物为基点向较弱较低的事物顺递推进时，“别说”之类表示对事物的抬高并排除，是借排开强者来突出弱者，说明弱者跟强者具有类同性。比较：

(87) 别说同事讲话他不听，就是院长讲话他也敢反驳。

(88) 别说院长讲话他不敢反驳，就是同事讲话他也不敢不听。

前一例是由低级层事物向高级层事物推进，“别说”表示对“同事讲话”的贬低和轻视，突出地说明“院长讲话”的实际效果并不比“同事讲话”强。后一例是由高级层事物向低级层事物推进，“别说”之类表示对“院长讲话”的抬高和排除，突出地说明“同事讲话”的实际效果并不比“院长讲话”差。这两例里的“别说”都可以改为“不但”“不仅”之类，但改为“不但”“不仅”之类之后，“贬低轻视”和“抬高排除”之类的意思也会随之消失。

二、“连一也……别说……”和“别说……连一也……”

“别说……连一也……”往往可以改说成“连一也……别说……”。

比较：

(89) 别说是嫁妆，连一双草鞋都没穿出来。(刘真《春大姐》，《建国以来短篇小说》上册，上海文艺出版社1978年版300页)

(90) 连一双草鞋都没穿出来，别说是嫁妆！

然而，“连一也……别说……”跟“别说……连一也……”是有区别的。

首先，在递进的方向上，“别说……连一也……”相当于“不但……连一也……”，而“连一也……别说……”相当于“尚且……何况……”。比如上两例，分别相当于：

(91) 不但没有什么嫁妆，连一双草鞋都没有穿出来！

(92) 草鞋尚且没穿出来，何况是嫁妆！

这就是说，“连一也……别说……”是反逼性递进句，它隐含推论因果的关系，“连一也……”部分是递进的基点，实际上也是一种推论的根据，“别说……”部分是递进的终结，实际上也是一种推论的结果。当然，“连一也……别说……”跟“尚且……何况……”也有不同：“何况……”一定是反问句，“别说……”一定是陈述句。

其次，在语言形式上，“连一也……别说……”句式的“别说”前边可以加“更”，“别说……”末尾可以加“了”，成为“连一也……更别说……了”，“别说……连一也……”句式不能这么办。如例(92)可以说成“连一双草鞋都没穿出来，更别说是嫁妆了！”又如：

(93) ……他连科室那几个坐办公室的姑娘都分不清楚，更别说别的姑娘。(程乃珊《蓝屋》，《钟山》1983年第4期6页)

(94) ……连动物都不会有，更不要说会有男人出现。(黄铁男《一个犯过错误的男人》，《花城》1983年第4期69页)

前一例，“别说”前边加“更”，可以带“了”，说成“更别说别的姑娘了”。后一例，“不要说”前边加“更”，可以带“了”，说成“更不要说会有男人出现了”。

本章小结

第一，“不但……而且……”是递进句的典型句式。这一句式，表示以一层意思为基点向另一层意思顺递推进。

第二，“不但……连一也……”是“不但……而且……”的下位句式。这一句式，通过“连一也”强调地显示情况的极端，后分句有时是夸张的说法。并非所有的“不但……而且……”都可以改说成“不但……连一也……”。

第三，“尚且……何况……”是一种反逼性递进句式。这一句式，表示以一层意思为基点向相比之下不值一提的另一层意思反逼递进。“尚且……何况……”和“不但……连一也……”是递进方向完全相反的两种句式。

第四，带“别说”的递进句式有两种：一是“别说……连一也……”，一是“连一也……别说……”。“别说……连一也……”基本上相当于“不但……连一也……”，“连一也……别说……”接近于“尚且……何况……”。

此外，“不但不……反而……”是一种反转性递进句式。参看第四编第八章“‘不但不p，反而q’句式及其与转折句的牵连”。

第五章　“（或者）p，或者q”及相关句式

本章选择“或者……或者……”作为选择句的点标志，讨论种种特定的选择句式。全章分两个部分，分别讨论：①“（或者）p，或者q”；②“不是p，就是q”。

“要么p，要么q”的作用跟“不是p，就是q”基本相同。由于某些方面需要作细致的描述，后边专章讨论。

第一节　“（或者）p，或者q”

“（或者）……或者……”是选择句式，它联结两个或几个选择项，表示情况的选择或交替。例如：

（1）（有的背着光线，）或者斜倚在书桌旁边，或者蹲在阴暗的角落里，（埋头看书、做习题。）（初中《语文》第五册）

一、语表形式

“或者”有时成对使用，前后呼应，说成“或者……或者……”。例如：

（2）或者是无产阶级世界观，或者是资产阶级世界观。（毛泽东《在全国宣传工作会议上的讲话》）

更多的时候，前分句不出现“或者”，只在后分句出现“或者”：

（3）有些人从地方上拿东西，或者低价购买。（邓小平《军队整顿的任务》，《邓小平文选（一九七五——一九八二年）》，人民出版社1983年版18页）

（4）她可能在这个岗位上工作了三个月五个月，或者是三年

五载了。（初中《语文》第二册）

如果有三个选择项，就可以说成“或者……或者……或者……”。

（5）（她渴望立即参加到他的生活中去，）或者主宰他的生活，或者依附于他的生活，或者两样都有，矛盾而又合理地同时存在；（只要是两个人的生活融汇在一起，怎么都行。）（陈冲《无反馈快速跟踪》，《十月》1982 年第 4 期 33 页）

（6）或者有个强盗要来抢，或者这个已经一十有八的女儿会惹出一笔风流债，或者与落难秀才私订终身。反正是这个套路。（彭星荣《林平在剧团的日子》，《作品》1999 年第 4 期 36 页）

“或者”有时说成“或是”“或则”，也可以只说“或”。例如：

（7）就他的志向来说，他更愿意教化学、物理，或是当一个治疗克山病的医生。（张抗抗《在丘陵和湖畔，有一个人……》，《十月》1982 年第 1 期 53 页）

（8）至今还有一些高级干部，所到之处，或则迎送吃喝，或则封锁交通，或则大肆宣扬，很不妥当。（邓小平《党和国家领导制度的改革》，《邓小平文选（一九七五——一九八二年）》，人民出版社 1983 年版 290 页）

（9）那些来自全球各个角落的新闻、轶事，常使他激动不已，或愤慨，或讪笑，或惊讶，或焦虑。（陆星儿《啊，青鸟》，《收获》1982 年第 2 期 103 页）

“（或者）……或者……”变成疑问句，在不改变人称的情况下，要用“（是）……还是……”。比较：

（10）现在，你面临着两条道儿的选择：或者往好里走，或者破罐破摔！

（11）现在，你面临着两条道儿的选择，是往好里走，还是破罐破摔？（李国文《花园街 5 号》，《十月》1983 年第 4 期 69 页）

在无条件让步句中，前分句如果包含两个选择项，那么，既可以用“还是”，也可以用“或者”。不过，用“还是”时，可以说成“是……还是……”；用“或者”时，不能说成“或者……或者……”。

比较：

无论教语文，还是教历史，他都能行。

无论教语文，或者教历史，他都能行。

无论是教语文，还是教历史，他都能行。

＊ 无论或者教语文，或者教历史，他都能行。

二、所表示的选择关系

这一句式所表示的选择关系，可以分为三类。

第一，可能性选择。可供选择的，是可能的情况；换句话说，各选择项都指未然的事。

有时，选择项是穷尽遍举的，事实上不存在其他的情况；有时，选择项是重点枚举的，事实上不一定不存在别的可能。例如：

(12) 这样，就只有两条路走，或是袁沛文跟陶慧贞走，或是袁沛文跟陶慧贞断，这都是佟英所不愿意的。（黄继树《女贞》，《清明》1983 年第 3 期 28 页）

(13) 抬回去或者当儿子，或者做女婿……（罗旋《红线记》，《1980 年全国优秀短篇小说评选获奖作品集》，上海文艺出版社 1981 年版 402 页）

前一例的两个选择项是穷尽遍举的，前边的“只有两条路走”强调了不存在别的可能。后一例两个选择项是重点枚举的，原文所用的省略号表明了不一定不存在第三、第四种可能。

可能性选择项之间，可以是互相排斥的，如“袁沛文跟陶慧贞走”和“袁沛文跟陶慧贞断”，“当儿子”和“做女婿”；也可以是不互相排斥的。例如：

(14)（这样郁郁闷闷地呆下去，）或者是发神经病，或者是重进国民党的监狱，或者是受到左翼学生的怀疑、冷落、孤立乃至难以设想的残酷打击，（没有一条活路。）（王蒙《相见时难》，《十月》1982 年第 2 期 46 页）

这里所说的三种情况，可能只出现一种，但也有可能同时出现两种或三种。

第二，交替性选择。所说的情况，或者同时在不同对象身上交替发生，或者先后在同一对象身上交替发生。各选择项都指已然的事。例如：

(15) 这些客人都穿着不怕泥水的翻毛马靴，或者打着绑腿。(从维熙《黄金岁月》，《十月》1982年第1期184页)

(16) 尹影一回家就埋头在书堆里，或者咬着笔杆苦思冥想，对着稿纸沉吟发愣。(张弦《回黄转绿》，《人民文学》1982年第3期19页)

表示情况同时在不同对象身上交替发生时，“或者”有“有的”的意思，如例(15)。常见的情况是连用两个或几个“或者”。例如：

(17) 或者凭借一种热望，或者依仗一次良机，或者花费无数时光，谁都可以吹尽狂沙拾到金，还可以用所得的黄金随心所欲地滥造金币。(初中《语文》第六册)

(18) 我就认识几个这样的，或是为了进大学抱铁饭碗，或是为了出国一去不回，或是满脑子个人的功名利禄。(陈冲《无反馈快速跟踪》，《十月》1982年第4期29页)

前一例连用三个“或者”，等于说“有的……有的……有的……”；后一例连用三个“或(是)”，也相当于“有的……有的……有的……”。

“或者”是连词，“有的”是相当于名词的代词性短语词，但它们有时可以在前后分句同时使用，在表意上具有同一性。例如：

(19) 有男有女，有老有少……或者诉说自身的不幸；或者请他们给自己的孩子命名；有的索性跪在马车前不起来，拍胸大叫，要求伯爵率领回到俄国去打布尔什维克。(李国文《花园街5号》，《十月》1983年第4期87～88页)

表示情况先后在同一对象身上交替发生时，“或者”有“有时”的意思，如例(16)。也常常连用两个或几个“或者”。例如：

(20) (张铁匠) 不时地转向每一个发问者，古铜色的四方脸庞上露出庄重的微笑，或颔首认可，或笑着辟谣，或婉言解释，

或郑重说明。(张一弓《张铁匠的罗曼史》,《十月》1982年第1期4页)

上例连用四个“或”,等于说“有时……有时……有时……有时……”或“一会儿……一会儿……一会儿……一会儿……”。

第三,措词性选择。提出两种说法,表明在措词上可以有所选择。“或者”一般带“说”。例如:

(21) 他刚回国,对我们的生活还不够了解,或者说还不习惯。(黄进捷《沉雷》,《长城》1982年第1期221页)

(22) 我感到画家像突然惊异地发现了什么,或者说作画时忍不住某种情绪的流露。(袁和平《沼泽地带》,《十月》1982年第1期174页)

“或者说”的前后两项,一般是从不同角度描述说明事物,不分轻重;有时,后项是前项的程度上的加深。例如:

(23) 这个人,对党还是有意见,或者说,有不少意见。(王中才《龙凤砚》,《青春》1982年第1期135页)

表示程度加深的措词性选择,“或者说”可以说成“或者甚至”。如上例可以说成“……或者甚至有不少意见”。看这两例:

(24) 莲莲却一切依然如故,或甚至比过去更狭隘更平庸。(张弦《银杏树》,《小说月报》1982年第6期80页)

(25) 假如他坚持的意见不那么正确,或者甚至是错误的,那么结果会是——我不敢想了,低下头去看稿。(王安忆《迷宫之径》,《小说月报》1982年第5期52页)

“一切依然如故,甚至比过去更狭隘更平庸”,“他坚持的意见不那么正确,甚至是错误的”,都是递进复句,加上了“或”“或者”,就转化成了选择复句,表示措词性选择。

第二节　“不是p,就是q”

“不是……就是……”也是选择句式,也表示情况的选择或交替,但强调非此即彼，二者必居其一。例如：

他怎么被撸掉了呢？不是没本事，就是犯了错误，二者必居其一！

跟“不是……就是……”相比较，“或者……或者……”表示或此或彼，一般带有任凭选择的意味，口气比较灵活，可以称为“任选句式”；而“不是……就是……”却限定在两项之中选择一项，强调二者必居其一，口气肯定，因而可以称为“限选句式”。

一、语表形式

“不是……就是……”总是成对使用，前后呼应。再看两例：

(26) 一般庙宇的塑像，往往不是平板，就是怪诞……（高中《语文》第一册）

(27) 最近，只要一丢饭碗，她站起来就走。不是给这个或者那个打电话，就是在房间里写东西。（李国文《花园街5号》，《十月》1983年第4期74页）

“不是……就是……”联结的是两个选择项。如果还有一个选择项需要补充说明，就可以再加上“再就是……”“再不就是……”“要不就是……”等。例如：

(28) 然而在排练时却遭到了不少麻烦，不是场地安排不过来，就是学生没有时间唱，再就是乐队不凑手。（姜滇《蔚蓝的海峡》，《长城》1982年第1期47页）

(29) 这些日子来，他夜里常常出去。不是借口开会，就是借口去同志家坐坐，要不就干脆什么也不说，吃罢晚饭就匆匆走了。（郭从远《年轻的心》，《当代》1982年第3期181页）

(30) 这样大的孩子在驾驶室里没个老实劲，不是摸摸变速杆，就是动动仪表盘，要不就瞅着窗外乱喊乱叫。（张贤亮《肖尔布拉克》，《十月》1983年第4期13页）

“不是……就是……”中的pq，往往由谓词性词语充当。但是，有时也可以由名词或名词性词语充当。例如：

(31) 其必然的结果，不是机会主义，就是盲动主义。（高中

《语文》第三册)

不管pq是谓词性词语还是名词性词语,“不是……就是……”都标示选择关系。但是,分析句子成分时要作不同的处理。比如:

他不是出了事,就是害了病。

他不是董事长,就是总经理。

前一例,“不是……就是……”可以只看作选择关系的标志。后一例,“不是……就是……”既是选择关系的标志,其中的“是”又应分析为判断动词。即:“他”是主语,“是”是动词,前边的“不”和“就”是状语,后边的“董事长”和“总经理”是判断宾语。

有时,“不是……就是……”可以说成“除了……就是……”。在“除了”相当于“不是”时,“除了……就是……”构成复句,而不是单句。例如:

(32)(万秀芳)心灵好学,一天除了写,就是看。(浩然《姑娘大了要出嫁》,《春风》1982年第1期29页)

二、所表示的选择关系

根据选择情况的不同,“不是……就是……”句式可以分为两类。

第一,可能性选择。表示有两种情况可供选择,强调非此即彼。两个选择项都指未然的或未经证实的事。例如:

(33)积四十年和二十八年的经验,中国人不是倒向帝国主义一边,就是倒向社会主义一边,绝无例外。(骑墙是不行的,第三条道路是没有的。)(毛泽东《论人民民主专政》)

(34)按本地的习惯,女人用彩色丝线绣鞋垫,不是为自己准备嫁妆,就是为未来的女婿准备礼品。爱爱都是为了谁呢?(陶正《女子们》,《当代》1983年第4期10页)

第二,交替性选择。表明两种情况在不同时间或不同地点交替出现,也强调非此即彼。两个选择项都指已然的或本来如此的事。例如:

(35)每回她来,都是匆匆忙忙的。不是开会晚了,就是要赶去干什么。(谌容《独自怎生得黑》,《人民文学》1982年第4期33页)

（36）路西边不是丝茅夹阻，便是榛蔓拥塞。（罗旋《红线记》，《1980 年全国优秀短篇小说评选获奖作品集》，上海文艺出版社 1981 年版 409 页）

本章小结

第一，“（或者）……或者……”是典型的选择句式。这一句式包括两个或几个选择项，表示情况的选择或交替。这一句式表示或此或彼，一般带有任凭选择的意味，是一种“任选句式”。

第二，“（或者）……或者……”变成疑问句，在不改变人称的情况下，要用“（是）……还是……”。

第三，“不是……就是……”也是常用的选择句式。这一句式强调非此即彼，二者必居其一，是一种“限选句式”。如果有第三个选择项需要补充说明，可以再加上“再就是……”“再不就是……”“要不就是……”等。

第六章　“要么p，要么q”句式

“要么”是现代汉语表示选择的重要关系词语，一般语法教科书讲得很少。本章分三个部分展开：①“要么p，要么q”的作用；②“要么”的使用；③“要么p，要么q”和“不是p，就是q”“要不p，要不q”“或者p，或者q”。

第一节　“要么p，要么q”的作用

“要么……要么……”也是选择句式。这一句式，作用跟“不是……就是……”基本相同，也表示非此即彼的选择。例如：

(1) 男女之间的关系要么无爱无缘如同路人，要么有爱有缘灵与肉二者完全结合，非此即彼。(龙凤伟《生命通道》，《中篇小说选刊》1994年第6期22页)

(2) 邹达海自认为是养蛐蛐的行家，决心在这小小的躯体上孤注一掷，要么发家，要么成为抱着瓢子要饭的花子。(从维熙《黄金岁月》，《十月》1982年第1期110页)

这一句式明确限定选择对象，强调二者择一，别无他物。所表示的选择，可以是可能性的，也可以是交替性的。上例都表示可能性选择。又如：

(3) 要么杀人，要么被杀，假如二者供你选择呢？(龙凤伟《生命通道》，《中篇小说选刊》1994年第6期19页)

(4) 他不知这是怎样造成的，要么是自己想得太多了，要么就是宋丹身上的一种什么东西征服了他。(黑子《阴影》，《十月》

1987 年第 3 期 91 页）

（5）是么！人家要么神气十足，要么高深莫测的，咱们还是远着点走吧！（“人家”指穿着“四个兜的制服”的“一群人”。）（乔雪竹《天边外》，《收获》1984 年第 4 期 121 页）

（6）那些不了解他的人，要么对他产生误解，要么被他的才华惊倒。（郑效农《花鸟鱼市》，《当代》1982 年第 3 期 210 页）

前两例是可能性选择。提供选择的，都是两种可能的情况，未经证实。后两例是交替性选择。所说的情况在不同人物身上发生，已成事实，语意跟“有的……有的……”相近。

第二节 “要么”的使用

复句中，“要么”一词既可双用，也可多用或单用。张志公主编的《汉语知识》说：“用‘不是……，就是……’‘要么……，要么……’关联的句子，只表示‘二者居其一’，语气更肯定些。这样的关联词语必须成对地用，不能单用一个。”就“要么”的使用而言，这个说法过于绝对。

一、“要么”双用

“要么……要么……”一般成双配对，引带 pq，成为前后两个选择项的标记。即：

要么 p，要么 q。

再看两例：

（7）要么拒绝治疗（后果是他的部队继续陷于瘫痪）；要么接受治疗（后果是他和他的部属无论其肉体还是精神都将浸泡在中国人臊臭尿液中）。这种选择对堂堂大日本帝国的一名将领来说不能不说是十分艰难的。（龙凤伟《生命通道》，《中篇小说选刊》1994 年第 6 期 8 页）

（8）终有一天，要么因它而阻碍社会的健康发展，要么有健康发展的社会来战胜它，别无他途。（余秋雨《十万进士》）

跟“要么……要么……”相当的说法是“要就是……要就是……”。例如：

(9) 处在今天的国际环境中，殖民地半殖民地的任何英雄好汉们，要就是站在帝国主义战线方面，变成世界反革命力量的一部分；要就是站在反帝国主义战线方面，变成世界革命力量的一部分。(二者必居其一，其他的道路是没有的。)(毛泽东《新民主主义论》)

二、“要么”多用

不管是可能性选择还是交替性选择，一个复句里“要么”所关联的选择项都不一定限于两个。有时出现三个或四个选择项，因此相应使用三个或四个“要么”。即：

要么 p，要么 q，要么 r，要么 s。

连用三个“要么”的现象，如：

(10) 县委领导在研究善后处理此事时，曾经有过几种打算，把一应家具变卖了，连同银行存款，要么一起寄交环珲河北老家的家属，要么全部交作党费，要么充作县委机关的职工福利。(古华《云烟街夜话》，《钟山》1983 年第 4 期 62 页)

(11) 这一刻，家属院里的老夫老妻、少夫少妻破天荒地没有了甜言蜜语，儿女情长，感情不和的也没有斗嘴。要么相对无言，要么少言寡语，要么低声核计着今后的日子。(刘恒志《共和国在裁军》，《小说家》1987 年第 2 期 7 页)

前一例是可能性选择，后一例是交替性选择。

连用四个“要么”的现象，如：

(12) 人们要么尊他孙老，要么唤他老孙，要么称他孙猴，要么就叫孙会计。(宏甲《龙脊》，《长城》1985 年第 3 期 101 页)

上例是交替性选择。

三、“要么”单用

选择项起码要有两个，否则无从选择。然而，“要么”有时可以单用，它所关联的选择项并未全都带有标记。

“要么”有时前单用。这时，前分句出现“要么”，后分句出现“要VP就VP”或“既（然）VP就VP”的说法。即：

要么p，q（要/既VP就VP）。

例如：

（13）四辈儿要么不哭，要哭就哭得声泪俱下……（陈铁军《老杂碎》，《中篇小说选刊》1997年第4期130页）

（14）要么不来，既然来到长沙做官就一定要把旧游之地岳麓书院振兴起来……（余秋雨《文明的碎片》）

这一说法里，后分句的选择项身份由“要VP就VP”“既（然）VP就VP”之类来落实。

特别要注意的是，“要么”有时后单用。这时，后分句出现“要么”，前分句留有“要么”的空位。即：

øp，要么q。

例如：

（15）我想回油田去，要么就提前退休，回老家，放放牛。（杜峻《握手之后》，《花城》1984年第2期239页）

（16）你赶快拍个电报通知他，要么打个长途电话，可以说得详细些。（《现代汉语词典》1197页用例）

这里的“要么”起着提引出可供选择的补充项目的作用，表示“要是非p，那么（就）”的意思。前项p不带“要么”，是个无标志选择项。它的选择项身份要经过q的反证才能确认。从说话人看，首先提出p，只是述说某种情况或需求，由于感到可能不成立，于是补出一个可供选择的q。既然q是选择项，与q相对的p自然也是选择项。就听话人说，光听p还意识不到是个选择项，等听了“要么q”，才能反转去断定前边的p也是一个选择项。如前一例，光说“想回油田去”，并未确定为选择项，它只有在“要么就提前退休……”的反证下，才被认识到也是一个选择项。如果说成“我要么回油田去，要么提前退休……”，p作为选择项是一开始就确定的。后一例情况相同。

在“øp，要么q”的说法里，pq的对立有两类：

一类是并立式对立。如上面的前一例，基本对立是“回油田”和“回老家”；又如上面的后一例，基本对立是“拍个电报”和“打个长途电话”。

另一类是条件与结果的对立。p 选择项对 q 来说是一种条件；q 选择项表示某种不好的结果，“要么”强调要是非 p 就会面临 q 的不如意的选择。例如：

(17) 今夜晚，你们把这饭菜拿过去，明日就多待几席，要么剩下也吃不完。(贾平凹《腊月・正月》，《十月》1984 年第 4 期 52 页)

(18) 公社能看上叫我去迎接，咱便要知趣，要么，就失礼了。(贾平凹《腊月・正月》，《十月》1984 年第 4 期 46 页)

这里单用“要么”，把不好的结果作为选择项提出，可以反证采纳 p 选择项的重要意义。如果改用这样的说法：“要么多待几席免浪费，要么剩下吃不完。”“要么知趣去迎接，要么不知趣而失礼。”这便成了“要么 p，要么 q”，其中 p 与 q 的对立是并立式的。

“要么”在后分句单用，它所关联的 p 和 q 不一定出现在一个复句里头。换句话说，“øp”可以属于 A 句子，“要么 q”可以属于 B 句子。例如：

(19) 到乡下的第一天，我们在庄上转了整整一个上午，也没找到厕所。后来看到房子后边有一个玉米秆子搭的小棚子，心想，要么到那里去吧。(王安忆《69 届初中生》，《收获》1984 年第 4 期 200 页)

(20) “我还是那句话，到上海去……”圣荃说得简简单单。不过句句实在。翠翠摇着头只是不响……“要么到乡下去?”奶奶另找了办法。(茹志鹃《她从那条路上来》，《收获》1982 年第 4 期 239 页)

前一例，包含这样的选择：“要么找到厕所，要么到那个小棚子里去。”但“øp”的意思隐含在前一个句子里头，“要么 q”的选择项则在后一个句子里头出现。后一例，包含这样的选择：“要么到上海去，要么到乡下去。”但前后两个选择项分别出现在圣荃和奶奶的话里头。

在几个人各提各的选择方案的场合，几对“øq”和“要么 q”可以交错使用，各自单说。下面是个有趣的例子：

(21) 班级要成立红卫兵战斗队了，红五类们聚在一起，讨论着应该给战斗队起什么名字。

姜爱国说：“叫作董存瑞战斗队。”

雯雯说：“叫作海燕战斗队。”

王彧说：“叫作尖刀战斗队。”

魏玉娥说：“叫作雄鹰战斗队。”

谁也不听谁的，吵个不休……

“要么干脆叫代代红战斗队。”姜爱国……又多出了一种意见。

“要么叫遵义战斗队。”雯雯也提出了一条。

“要么叫破旧立新。”

没完没了了。

(王安忆《69 届初中生》，《收获》1984 年第 3 期 246～247 页)

四个人各有各的选择：在姜爱国，要么叫董存瑞战斗队，要么叫代代红战斗队；在雯雯，要么叫海燕战斗队，要么叫遵义战斗队……由于 p 不加“要么”，“要么 q”可以跟它离析开来；然而，不管离开多远，由于有 q 前“要么”的关联，pq 之间总存在着照应。

第三节 “要么 p，要么 q”和“不是 p，就是 q”等

使用“要么”，最常见的说法还是“要么 p，要么 q”。为了加深对“要么 p，要么 q”的认识，有必要涉及它的几个同义形式：“不是 p，就是 q”“要不 p，要不 q”“或者 p，或者 q”。

一、“要么 p，要么 q”和“不是 p，就是 q”

二者都表示“限选”，似乎没什么不同。比较：

他肯定会提升：不是当主任，就是当处长。

他肯定会提升：要么当主任，要么当处长。

但是，从以下两个方面看，二者还是有所不同：

第一，在结构组织上，“要么 p，要么 q”比较宽松，而“不是 p，就是 q”则比较紧固。

证据一：“要么 p，要么 q”里，“要么”和 p 或 q 之间可以停顿，书面上加逗号。“不是 p，就是 q”没有这种情况。例如：

(22) 问明了情况后，他皱紧了眉头。最后提出：要么，让张宗昌入赘；要么，让张宗昌立即滚蛋。（安家正《张宗昌卖妻》，《大众小说》1987 年第 2 期 106 页）

(23) 我的意思是说，要么，你骆大胡子连你的儿子一起，统统“枪毙”，要么，就连我一起批！（汤世杰《高原的太阳》，《十月》1984 年第 4 期 84 页）

证据二：“要么 p，要么 q”里，能插入按注性语句。“不是 p，就是 q”没有这种情况。例如：

(24) 反正这两年，书记段长都不在段上，要么在局里开会——如今有的是会要开，也都要负责人参加；要么在省城休病假，一休就是一、二个月……（汤世杰《高原的太阳》，《十月》1984 年第 4 期 78 页）

(25)“那你为什么要选择这种工作呢？”“我又没有什么特长，要么当小学教员，可我不喜欢孩子；要么到服务行业去；要么干这个。”（德兰《真》，《十月》1987 年第 1 期 180 页）

证据三：“要么 p，要么 q”有“要么 p，要么 q，要么 r，要么 s”和“øp，要么 q”等变化。“不是 p，就是 q”一定成双配对，形式固定，不能增减。比较：

要么考美院，要么考音专。	不是考美院，就是考音专。
要么考美院，要么考音专，要么干脆待在文化馆。	——
我想考美院。要么考音专！	——

第二，在词语搭配上，“不是 p，就是 q”比较多样，而“要么 p，要么 q”则比较单纯。

首先，“不是p，就是q”前边可以加上“若”“要”之类表示假设的词语，使选择复句转化成假设复句。“要么p，要么q”不能这么办。例如：

（26）对于一个自知丑陋的人讲漂亮之类的奉承话，若不是揶揄，就是出于恶毒的用心。（宋学孟《前面是太阳岛》，《萌芽》增刊1983年第3期11页）

（27）他常常白天跑这儿，跑那儿，一刻不停地进行摄影采访，晚上要不是埋头写图片说明，采访纪实，就是在暗房一干就是大半夜……（黑子《阴影》，《十月》1987年第3期90页）

其次，同“不是……就是……”搭配的pq可以是动词或其他谓词性词语，也可以是名词；同“要么……要么……”搭配的pq一般是前者，不会只是典型的表示人物的名词。比较：

a. 我不是当编辑，就是当记者。

我要么当编辑，要么当记者。

b. 他不是编辑，就是记者。

*他要么编辑，要么记者。

当“不是……就是……”里的pq是名词的时候，“是”是典型的判断动词。如果改说成“要么p，要么q”，必须保留“是”，说成“要么是……要么是……”：

他不是编辑，就是记者。

他要么是编辑，要么是记者。

第三，在语意上，“要么p，要么q”和“不是p，就是q”有不同的表达范围和表达重点。

首先，“要么p，要么q”既可以表示析实性选择，即pq所说的情况是对事实的描述或反映，客观性较强；又可以表示意欲性选择，即pq所说的行为都跟人的意向欲望有关，主观色彩较浓。“不是p，就是q”则一般只表示析实性选择，不大能用来表示意欲性选择。比较：

a. 她的成绩要么第一，要么第二。（析实）

她的成绩不是第一，就是第二。（析实）

b. 要么把我排第一，要么干脆别排！（意欲）

*不是把我排第一，就是干脆别排！（意欲）

某些表示意欲的“要么 p，要么 q”，似乎不是不能改说成“不是 p，就是 q”，但只要一改说，意欲性就会变成析实性。例如：

(28)（刘钊）“你要么答应，要么拒绝——”（丁晓）“你真是一只狼！”（李国文《花园街 5 号》，《十月》1983 年第 4 期 80 页）

这是意欲性选择。刘钊通过“要么……要么……”逼着丁晓在“答应”和“拒绝”之间迅速作出抉择。这里的“要么……要么……”不大能改成“不是……就是……”。即使能改说成“你不是得答应，就是得拒绝”，催逼的意味和语气也随之消失，变成客观地说明利害关系了。

其次，在同是表示析实性选择的时候，“要么 p，要么 q”和“不是 p，就是 q”特别接近，但是意味上还是有所不同。

用“不是 p，就是 q”，断定更坚决，语气更坚定；用“要么 p，要么 q”，相对说来在口气上就显得灵活一些。比如，跟“要么当主任，要么当处长”比较起来，“不是当主任，就是当处长”断定性更强。又如：

候选人不是张辉，就是李良。

候选人要么是张辉，要么是李良。

前句口气特别坚定。相对地说，后一句在口气上略有估测性。

只要说话人觉得不必对事实作特别坚决的断定，就可以采用“要么 p，要么 q”的说法。比如：“那些不了解他的人，要么对他产生误解，要么被他的才华惊倒。”又如：

(29) 她就是她，要么是火，要么是冰。（李斌奎《啊，昆仑》，《当代》1985 年第 1 期 18 页）

二、“要么 p，要么 q”和“要不 p，要不 q”

“要不……要不……”可以说成“要么……要么……”。例如：

(30) 我要不就留在家给她带孩子，当保姆；要不，就搬出

去。（江浙成等《深夜，凝视的眼睛》，《当代》1982 年第 2 期 43 页）

（31）怎么办？要不认栽赔人家，要不找管理处去，交税就得受保护！（郑效农《花鸟鱼市》，《当代》1982 年第 2 期 224 页）

这两种格式的不同之处主要表现在：

第一，“要么 p，要么 q”既可以表示析实性选择，也可以表示意欲性选择；“要不 p，要不 q”一般只表示意欲性选择，不用来表示析实性选择。这一点，“要不 p，要不 q”和“不是 p，就是 q”恰好相反。比较：

a. 要么你留下，要么你赶快走。（意欲）
要不你留下，要不你赶快走。（意欲）
*不是你留下，就是你赶快走。（意欲）

b. 这一向他要么满不在乎，要么斤斤计较。（析实）
*这一向他要不满不在乎，要不斤斤计较。（析实）
这一向他不是满不在乎，就是斤斤计较。（析实）

“要不 p，要不 q”也不是绝对不能表示析实性选择，但必须加上“就是”，说成“要不就是……要不就是……”，句子才站得稳。比如：这一向他要不就是满不在乎，要不就是斤斤计较。又如：

（32）可是找了一个，两个，三个，四个，赵良皆未看中，要不就是家境不富裕，要不就是模样丑陋或一派委琐……（贾平凹《故里》，《十月》1987 年第 2 期 94 页）

上例用“要不”，后边跟着用“就是”。再如：

（33）老镇长……喜欢讲话。要么是几条合理化建议，要么是几句顺口溜的“喜歌”，倒也惹人发笑。（张武《三家集能人协会联合会纪实》，《十月》1987 年第 3 期 71 页）

上例用“要么”，后边出现了“是”。但若把“要么”改为“要不”，还是得再加“就”字：要不就是几条合理化建议，要不就是几句顺口溜……

第二，表示意欲性选择的“要么 p，要么 q”和“要不 p，要不 q”，基本意思相同。但在语气上，用“要么”显得较直较硬，用“要不”显得有所婉曲。

在表明决心怎么样的时候，需要借助于较直较硬的语气，因而宜用“要么”：

（34）要么随波逐流，要么撞得头破血流滚下台！（王剑《二月潮》，《十月》1983 年第 3 期 45 页）

上例若改用“要不”，语气偏软。

在要求对方作出选择决定的场合，如果重在催促追逼，多用“要么”；如果重在劝告商量，多用“要不”。比较：

（35）要么答应我立即结婚，要么你我今后别再相见！

（36）要不你写封信让我带去，要不你去找他当面谈谈。

前一句是紧催硬逼，后一句是委婉劝告。

顺便指出：凡是在后分句单用的“要么”，都能改成“要不”。可检验前面所举的例子。但是，并非凡是在后分句单用的“要不”都能改成“要么”。例如：

（37）幸亏他没当评委，要不我很难评上。

（38）可惜他没当教练，要不我肯定评上。

“要不”一般相当于“否则”，可以出现在好几种非选择句式里头。

三、“要么 p，要么 q”和“或者 p，或者 q”

“或者 p，或者 q”有时用来表示二者居其一，意思也跟“要么 p，要么 q”基本相同：

（39）这样，就只有两条路走，或是袁沛文跟陶慧贞走，或是袁沛文跟陶慧贞断，这都是佟英所不愿意的。（黄继树《女贞》，《清明》1983 年第 3 期 29 页）

这里的“或是”可换成“要么”。

然而，即使同是表示非此即彼，这两种说法也有细微差别：

第一，“或者 p，或者 q”是平叙，口气平实，情绪稳定；“要么 p，要么 q”是夸陈，口气较铺张，情绪较活动。比如：“邹达海自认为是养蛐蛐的行家，决心在这小小的躯体上孤注一掷，要么发家，要么成为抱着瓢子要饭的花子。”这是意欲性选择，用“要么”比用“或者”更能强调出不到黄河心不死的决心。又如：

(40) 我就像丢了魂，干哪样不像哪样！下午，我把饭煮糊了，糊得像焦炭！炒的菜，要么咸得要死，要么没盐味儿！(汤世杰《高原的太阳》，《十月》1984年第4期80页)

上例是析实性选择，用“要么”比用“或者”更能强调出情绪不佳造成的后果。若把“要么”改为“或者”，就会使人感到话语的情绪性有所减弱。

例(39)用“或是……或是……”，表述者偏重于平实地说明情况。再看这个例子：

(41) 大家要是同意，我去找地方党组织，动员群众抬你们。抬回去或者当儿子，或者做女婿。(罗旋《红线记》，《1980年全国优秀短篇小说评选获奖作品集》，上海文艺出版社1981年版402页)

上例，说话人只需把两种可能性向大家作平实的交代，因此不必用“要么……要么……”。

第二，在关系词语的运用上，“要么p，要么q”的后项往往可以加个“就”字，借以显示前后项之间的推论关系。“或者p，或者q”不大能采取这样的说法。例如：

(42) 自视甚高的人，往往容易走极端，要么对任何人的褒贬都不在意，要么就恰恰相反。(王意如《我是一片绿叶》，《收获》1984年第4期85页)

要是连用三个“要么”，“就”可以在第三项出现：

(43) 以前，我总觉得，你们的心都很简单，要么是一团火，要么是一块石头，要么就是摊稀脏的烂泥。(陆天明《第七个黑铁门》，《十月》1983年第5期128页)

本章小结

第一，“要么……要么……”明确限定选择对象，强调二者择一，别无他物。所表示的选择，可以是可能性的，也可以是交替性的。

第二，“要么……要么……”一般成双配对，引带pq，成为前后两个选择项的标记。然而，一方面，“要么”可以多用，或者连用三个，或者连用四个；另一方面，“要么”可以单用，有时只在前分句出现“要么”，有时只在后分句出现“要么”。

第三，“要么……要么……”和“不是……就是……”“要不……要不……”“或者……或者……”有同有异。弄清它们之间的细微差别，可以深化对语言事实的理解和认识。

第七章 前加特定形式词的“一 p，就 q”句式

本章讨论四种前加特定形式词的“一 p，就 q”句式。特定形式词，是指出现在“一……就……”前边的“刚”“从”“这么”“只要”等词。即：

刚一 p，就 q。

从一 p，就 q。

这么一 p，就 q。

只要一 p，就 q。

如果把“一……就……”看作独用形式，则“刚一……就……”等便可以看作合用形式。

“一……就……”有时表示单纯的连贯关系，有时在表示先后连贯的同时还反映出条件、因果等关系。参看第五编第二章“跨复句大类的几个关系标志”。不管情况如何，采取独用形式的“一 p，就 q”，都显示“行为紧接”这一基本语义关系；采取合用形式的“刚一 p，就 q”等，则既显示“行为紧接”的基本语义关系，又显示时点、时段、情态、条件等非基本语义关系。

“一 p，就 q”句式里有时不出现主语，但也经常出现主语。若用 S 代表主语，那么，可能有“S 一 p，就 q”“一 p，S 就 q”“S_1 一 p，S_2 就 q”等形式。不管实际上是否出现主语，本章都用“一 p，就 q”来统括。

本章讨论的“一 p，就 q”句式，限于“一”和“就”同时出现的情况。“就”有时说成“便”，讨论中对它们不加区别。

本章过去曾作为单篇论文在《中国语文》上发表。当时，为了节

省篇幅，删去了例句的出处，现在已无法一一补出。凡是详细注明出处的，都是新补加的例句。

第一节 “刚一 p，就 q”

一、这是时点强调式，强调 p 于始发点同 q 紧接

时点有小有大。始发点可以是行为发生的头一两秒钟，也可以不限于头一两秒钟。不管怎样，由于“一……就……”已构成紧锁格局，强调“间不容发”（吕叔湘《中国文法要略》），再加“刚”，便特别能给人以极为迅速的感觉。例如：

（1）刚一搭话，刘大头就哭起来……（王立纯《春天的花玻璃》，《中篇小说选刊》1997 年第 3 期 181 页）

（2）老队长真敏捷，刚一沾地，就顺势地一滚一翻，正好躲过车沟。（浩然《晚霞在燃烧》）

（3）田福堂的这个宝贝儿子刚一进城，就把干部子弟的派势都学会了。（路遥《平凡的世界》）

“一……就……”前边加“刚”，可以特别显示和强调 X 行为的始发点。这一点，从下面的例子里可以得到很好的证明：

（4）讨论会一结束，人们刚一走，庄文伊就克制不住他的激烈情绪了……（柯云路《新星》）

这里出现两个“一 p”，但只在“一走”前加“刚”，显示其始发点，强调其始发点。孤立地看“讨论会一结束，庄文伊就克制不住他的激烈情绪了”，不是不能说成“讨论会刚一结束，庄文伊就……”，但从实际情况看，在讨论会结束之后、人们尚未走掉之前，庄文伊的激烈情绪还没有爆发，激烈情绪的爆发不在“讨论会一结束”的始发点，因此不能加“刚”。

二、“刚一 p，就 q”一般反映一次性的已然行为

即：

某个时候，刚一 p，就 q。

但是，如果同样的行为在同样情况下多次反复，每个时候都如此，就会变成带规律性的现象。即：

甲时候，刚一 p，就 q；

＋乙时候，刚一 p，就 q；

＋丙时候，刚一 p，就 q；

……

＝每每刚一 p，就 q。

这就是说，“刚一 p，就 q”有时也可以表示对反复多次成为规律的行为的总括。句子里一般要出现“每”字。如：

（5）每天清晨，溯源阁刚一开门，便会迎来不少顾客。（魏润身《私情》）

这类句子所作的概括，自然是根据过去多次出现的已然事实，但由于它说的是带有规律性的现象，因此意味着将来也会这样。总之，它是总结已然，但也指向未然。

三、“刚一 p，就 q”里的“刚”，有时可以说成“刚刚”或“才刚”

这种说法，一般出现在表示一次性已然行为的句子里面。例如：

（6）汽车刚刚一到，他就来找我，带来师部曾参谋的信和一把小刀。（王星泉《白马》）

（7）可是，他才刚一动脚，丫丫的祖父就喊了一声：“你等等！”（李宽定《山林恋》）

“刚才”相当于“方才”，指说话之前不久的时间，不等于“刚”，用在“一……就……”前边时不是强调 X 的始发点。例如：

（8）我刚才一推门，就听见有人仰在椅背上一边理牌一边拉着调儿说：“咱们这辈子就算彻底交代罗！”是吧？（柯云路《新星》）

上例，若把“刚才”移到主语前边，还可以很自然地加上“刚”：“刚才（方才），我刚一推门，就听见……”

四、“刚一 p，就 q”中，q 里往往可以加上“立即”“猝然”之类的副词，并且常常带有或者可以带上表示完成的“了”

“了”可以出现在句末，也可以出现在句中。“刚一……就立即……了”，可以说是时点强调式的具有区别性特征的形式。例如：

(9) ……八个小时才下台，刚一摘口罩就（立即）晕倒了。(王永海《冷色、暖色》)

(10) 方案刚一批下，县广播站便（立即）以头条新闻进行了报道。(张平《无法撰写的悼词》)

(11) 两人的眼锋刚刚一碰，便像受惊的黄羊，猝然分开（了）。(谭力、昌旭《蓝花豹》)

这一句式中，“立即”的位置上有时也可以出现“已经”：

(12) 那一小列队伍在远方的田埂上刚一出现，申丝的心就已经狂跳起来了。(乔雪竹《弟弟，妹妹，哥哥啊！》)

这是强调没等到行为再现、事态进一步发展，q已成为事实。实际上，还是等于强调在p行为开始的一刹那，q已成为事实。这里的“已经”跟“立即”有相通之处。不过，如果p行为是不再继续出现或不会进一步发展的，q里就只能说“立即”，不能说“已经”。比较：

任命刚一宣布，就立即有人巴结送礼了。

任命刚一宣布，就已经有人巴结送礼了。

药刚一喝下，就立即吐了出来。

*药刚一喝下，就已经吐了出来。

五、在句法构造上，“刚一p，就q”跟“一p，就q”具有类同性，而跟“刚p，就q”有所不同

一般来说，“刚一p，就q”说成“一p，就q”或“刚p，就q”都能成立，意思基本相同。例如：

(13) 刚一开门，柜台前就出现了一长队人。(景风《菜市场里……》)

→一开门，柜台前就出现了一长队人。

→刚开门，柜台前就出现了一长队人。

但是，“刚p，就q”里，前项可以含有“不久”“几天”之类的时段补语，或“不远”“几步”之类的地段补语；而“刚一p，就q”却同“一p，就q”一样，对时段、地段补语是排斥的。比较：

刚开门，柜台前就……

→刚开门不久，柜台前就……

→刚开门几分钟，柜台前就……

一开门，柜台前就……

→*一开门不久，柜台前就……

→*一开门几分钟，柜台前就……

刚一开门，柜台前就……

→*刚一开门不久，柜台前就……

→*刚一开门几分钟，柜台前就……

再比较：

刚走出校门，他就发现有人盯梢。

→刚走出校门不远，他就发现有人盯梢。

→刚走出校门几十步，他就发现有人盯梢。

一走出校门，他就发现有人盯梢。

→*一走出校门不远，他就发现有人盯梢。

→*一走出校门几十步，他就发现有人盯梢。

刚一走出校门，他就发现有人盯梢。

→*刚一走出校门不远，他就发现有人盯梢。

→*刚一走出校门几十步，他就发现有人盯梢。

“刚一 p，就 q”有时可说成“一 p，就 q”，不能说成“刚 p，就 q”；相反，有时可说成“刚 p，就 q”，不大能说成“一 p，就 q”。例如：

（14）他手刚一抓，这团子就被他捏成了一把碎渣子。（路遥《平凡的世界》）

（15）没想到，他们刚一回去，老队长就被揪了出来。（杨啸《岩画探奇》）

前一例，“一 p”有“p 一下”的意思，整个儿作为 q 的先导行为。“刚一抓”等于“刚抓一下”。可以说成“他手一抓，这团子就……”，不能说成“他手刚抓，这团子就……”。后一例，前后行为的紧接具有巧合性。可以说成“他们刚回去，老队长就……”，这合乎原意；如果说成“他们一回去，老队长就……”，这跟原意有出入，似乎他们的回去和老队长的被揪存在什么内在联系。

即使是上述在内容上更接近于“刚 p，就 q”的“刚一 p，就 q”，仍然在句法上排斥时段、地段补语，不同于“刚 p，就 q”。比较：

他们刚回去，老队长就……

→他们刚回去不久/半个月，老队长就……

他们刚一回去，老队长就……

→ * 他们刚一回去不久/半个月，老队长就……

第二节　“从一 p，就 q”

一、这是时段强调式，强调 p 自始至今同 q 紧接

“从一 p”表明时段的起点，可加“起”，说成“从一 p 起”。时段的终点是隐含的，略带模糊性，可以肯定的是“至今”或“到说话时”仍然如此，但不排斥以后还会如此。在形式上，划定终点的词语不能出现。例如：

(16) 从一见面，她就喜欢这个叔叔。（柯云路《夜与昼》）（原文分句间未用逗号。这里加个逗号，是为了更能说明问题）

(17) 好像从一生下来，我就想当个歌手，可总是当不上。（刘索拉《蓝天绿海》）（原文分句间未用逗号）

前一例可以说成“从一见面起”，后一例可以说成“（好像）从一生下来起”。下例出现了“起”：

(18) 金秋从一踏进门起，便做东忙西地巴结干活。（叶文玲《小溪九道弯》）（原文分句间未用逗号）

“从一”是可分隔的。“从”和“一”之间可以出现主语等成分。例如：

(19) 从她一踏上城市的街道，就觉得自己好像失去了根底……（李锐《凤女》）

(20) 爹！从我一出生，您就教导我：尽忠报国。（白桦《槐

花曲》)

由于“从一p，就q”强调自始至今的时段，它所表示的意思跟“刚一p，就q”有着明显的不同。比较：

十年前参军。刚一参军，就当班长！

十年前参军。从一参军，就当班长！

前一句用“刚”强调时点，是说开始就如此，偏于褒：有板眼！后一句用“从”强调时段，是说从开始到现在一直如此，偏于贬：没出息！

二、“从一p，就q”反映已然行为，其中的p和q都具有延伸性

如果p或q不具有延伸性，这一句式不能成立。例如：

从一上车，他就闭目养神。

*从一上车，他就转身跳下。

*从一上车，他就瞟我一眼。

第一例可以成立：“上车”有延伸性，人在车上；“闭目养神”也有延伸性。第二例不能成立：“上车”没有延伸性，人一上车就跳了下去，不在车上；“转身跳下”也没有延伸性。第三例也不能成立：人上车以后虽然一直在车上，但“瞟我一眼”只是迅速完成的行为，没有延伸性。

时点强调式“刚一p，就q”不像时段强调式那样要求行为必须具有延伸性。例如：

刚一上车，他就闭目养神。

刚一上车，他就转身跳下。

刚一上车，他就瞟我一眼。

这三例全都能说。

三、“从一p，就q”里的“从”，有时说成“自从”，强调较长的时段

例如：

(21) 自从一戴上右派帽子，雷治邦就沉默寡言了。(鲍昌《神秘果》)

(22) 自从一进了省城踏进表姑家的门，葛金秋就觉得自己变得畏畏缩缩而又十分迟呆。(叶文玲《小溪九道弯》)

时段长时，“从”和“自从”都可以用，作用稍有不同；如果时段很短，就只能用“从”，不能用“自从”。比较：

从一回家，他就抚育弟妹苦挣扎。

自从一回家，他就抚育弟妹苦挣扎。

从回家起到说话时起码已经“挣扎”了好几年，时段相当长。这里“从”和“自从”都可以用，但用“自从”更有强调作用。再比较：

从一回家，他就大声叫喊要吃饭。

* 自从一回家，他就大声叫喊要吃饭。

从回家起到说话时顶多不过“叫喊”几个小时，时段很短。在这种情况下，可以用“从”，却不能用“自从”。

“从”“自从”也可以说成“打”“打从”“从打”，口语语体色彩较重：

(23) 打我一工作起，就一个心眼干、干，可到头儿落着个啥？(白小易《青史留名》)

(24) 从打代表团脚后跟一落地，就涌来大批各界人物……(杨大群《宋美龄的蓝纱巾》)

四、“从一 p，就 q”里的 q，含有“一直如此”的意思，其否定说法可以采取“（一直）没……过”的形式

“从一……就一直……”和“从一……就没……过”，可以说是时段强调式的具有区别性特征的形式。例如：

从一上车，他就一直坐着。

→从一上车，他就没走动过。

从一见面，我们就一直争吵。

→从一见面，我们的争吵就没停止过。

又如：

(25) ……这女的从一上山来，蒙住的脸，就一直朝着那个湖南兵。(海波《铁床》)

(26) 我对不起你。从你一过门，我就没对你笑过。(吴伸《三岔镇风波》)

q 不管采用肯定形式还是采用否定形式，都含有“一直”的意思，但有时会表现出不同的褒贬倾向。例如：

从一参军，就当班长。

从一参军，就没当过大头兵。

前一句等于说一直当班长，强调没出息；后一句等于说一直没当过大头兵，强调有板眼。采用肯定形式的 q，有时在可以出现“一直”的地方出现“开始”，有时甚至让“开始（了）”单独充当谓语。但是，整个 q 项实际上还是含有“一直如此”的意思。例如：

(27) 从一当上干部，他就开始追求享受了。

(28) 自从婚礼一结束，他的不幸就开始了。结婚虽然已经三个月，但他还是等于一个光棍。(路遥《平凡的世界》)

从……起开始如此，意味着接下去也一直如此。前一例等于说一直追求享受，后一例等于说一直是不幸的。

五、在句法构造上，“从一 p，就 q”跟“从 p，就 q”有不同之处

“从一 p……”全都可以说成“一 p……”，有时却不能说成“从 p……”。例如：

(29) 从一进门，他就发现这还是独身女子的宿舍。(王永海《冷色、暖色》)

上例，只说“一进门”，站得住；只说“从进门”，站不住。

“从一 p……”里不能出现“后/以后/以来”，“从 p……”里却能出现这类后附成分。如：

(30) 从堂吉诃德被俘后，我就想借此寻找他的踪迹。(杨绛《丙午丁未记事》)

“从……后”能说，“从一……后”不能说。如果把上例改为“从一 p，就 q”，就得删除“后”字：“从堂吉诃德一被俘，我就想借此寻找他的踪迹。”

第三节　“这么一 p，就 q”

一、这是情态强调式，强调 p 在特定情况状态下同 q 紧接

“这么一 p”一般有先行句。“这么”指代和统括特定的情况状态，所指的具体内容见于上文。例如：

(31)（可是我又总这样想……）这么一想，我的气就消了。（崔亚斌《我们是同行》）

(32)（黑妹在一旁话中有话地说：……）小韦无可奈何地一笑，说：“这么一讲，我就只好不走了。”（罗欣荣《青山绿水人家》）

具体怎么“想”，具体怎么“讲”，上文都有交代。原文较长，引例中用“……”代表。

有时没有先行句。“这么”所指的情态可以用某种动作来表示。比方可用手势：

(33) 有些事情看起来是不沾边，用你两只手这么一摆弄，像捏饺子皮一样，也就沾到一块去了。（节延华《铜牌与幽灵》）

二、“这么一 p”不考虑时点、时段，而重在对情态的指示和统括

统括到最抽象的程度，就成为“这么一来”。这里的“来”虽是动词，但无实义。如例 (31) 的“这么一想”可以说成“这么一来”，例 (32) 的“这么一讲”也可以说成“这么一来”。又如：

(34)（她学着捣蛋了……）这么一调皮，不知怎么，就有许多同学和她交上了朋友，和她一起捣蛋。（王安忆《69 届初中生》）

(35)（这两件事加起来，李书记就给我扣了帽子……）这么一分析批判，就把我到手的房子批判走了。（程树榛《人约黄昏后》）

(36) ……这么一收拾，峰峰就焕然一新了……（陈小米《春天的花玻璃》，《中篇小说选刊》1997 年第 3 期 184 页）

“这么一调皮”“这么一分析批判”“这么一收拾”都可以说成“这么一来”。运用中，常用“这么一来，就……”的说法：

(37)（事有凑巧……）这么一来，他便更有些惶惶然了。（徐

孝鱼《山风》)

(38)(这你们难道想不到?……)这么一来,歌舞团就更成了无源之水了。(陶正《明灭的星群》)

不过,具有抽象统括性的"这么一来",前边一般不能出现主语。比较:

这么一忙,我就很少跟他通信了。

我这么一忙,就很少跟他通信了。

前一句可以说成"这么一来,我就……",后一句不能说成"我这么一来,就……"。又如:

(39)气氛这么一变,边晓玲就觉得太扫兴。(罗学蓬《大河上》)

"气氛这么一变"不能说成"气氛这么一来"。

有时,"这么一来"前边也可以出现主语。其中的"来",除开跟"去"相对的这一种,也可以具有抽象统括性,但必须重读,而且带有"胡来""胡搅蛮缠""无理取闹"之类的意味。比如:

他这么一闹,会就没法开下去了。

→他这么一来,会就没法开下去了。

再看下面这个例子:

(40)他冲我一乐:"过年了,哪那么多事。来两嗓子,我给你拉胡。"他这么一说,学生们就一齐拍手。(汤吉夫《小城旧事》)

按原意,这里的"他这么一说"不能说成"他这么一来"。如果说成"他这么一来","来"字重读,就有"胡闹、乱起哄"之类的意味,这跟原意不符。

三、情态强调式通常指已然事实。"这么一p"和"就q"之间存在因果联系,p对q具有使成性

说"这么一p,就q",等于说"因为/由于这么一p,就q"。例如:

(41)(算了算了……大姐你情愿背那丑名声就自家背去……)这么一赌气,以后妹麦就再也不管大姐的事了。(吴雪恼《姊妹仨》)

(42)（老校长拉着儿子的手说：……）老父亲这么一吩咐，他就变了态度，又是给律师们递烟，又是请律师们喝工夫茶。（陈安先《辩护律师》）

(43) 陈宝明这么一不言声，其他人也就猜出个七八分。（何申《穷乡》，《中篇小说选刊》1994 年第 6 期 72 页）

前一例，等于说“因为这么一赌气，以后妹麦就……”；中间一例，等于说“由于老父亲这么一吩咐，他就……”；后一例，等于说“由于陈宝明这么一不言声，其他人也就……”。

表示结果的“就 q”，有时采用“可就……了”的形式。“可”是语气副词，略带夸张地强调原因对结果的决定性影响。例如：

(44) 他仔细这么一看呀，可就禁不住高兴得心花怒放了。（杨啸《岩画探奇》）

(45)（我提醒他……）可是，这么一来，我可就引火烧身了。（杨沫《十年风雨家国事》）

情态强调式有时也表示对未然结果的推断。“这么一 p”和“就 q”之间存在根据和推断的联系。例如：

(46) 要不是早年练过武艺，有身好骨头，这么一折腾，没准就归了西。（王健和《天下第一吃》）

四、情态强调式对情态的指示和统括，也可以采用跟“这么”同义或近义的形式

有时用“这样”：

(47) 这样一想，就觉得还是隐忍为上。（徐孝鱼《山风》）

(48) 这办法当然好嘛！这样一搞，就肯定没耍奸溜滑的人了。（路遥《平凡的世界》）

(49) 大概是出于对知识的实用主义观点吧，郝师傅把两个光头孩子领来了，除了免费剃头还请我为他们辅导小学算术。这样一来，就多少有点交情了。（中英杰《猎杀天鹅》，《小说月报》1997 年第 5 期 29 页）

有时用“那么”，指的是说话时已成为过去的事情。例如：

(50) 所以，女娲走后，果然州河涨水，那两个泥人就变成了有血有肉的人，那么一配合，就儿儿孙孙全生下来了。（贾平凹《浮躁》）

(51) 你今天在台子上那么成功的一表演，得！好多人便向我打听你的情况……（罗继长《天，还是蓝蓝的》）

有时还可以只用“这”。比如“这么一来”可以说“这一来”。又如：

(52) （只是这婚配，有点“冲喜”的味道……）这一结婚，就给天明拴上了已婚的徽号……（苏叔阳《故土》）

(53)（如今大空死了，说是畏罪自杀……）大空这一死，金狗我看也就活不了多久了！（贾平凹《浮躁》）

第四节 “只要一 p，就 q”

一、这是条件强调式，强调 p 作为某种特定条件同 q 紧接

“只要一 p”和“就 q”之间的条件性紧接，有两类：一是假言预测的，二是据实总括的。前者是对未然事情的推测，所说的事过去未曾出现；后者是对已然事实的总结，p 和 q 之间的联系已经多次反复，形成规律。例如：

(54) 我们只要一倒手……几十万票子就哗哗淌来了……（节延华《铜牌与幽灵》）

(55) 时至今日，只要一想到那晚上的事，他的心就发颤……（王永海《冷色、暖色》）

前一例是假言预测的，后一例是据实总括的。

“只要一”可以分隔。“只要”和“一”之间可以出现主语等成分：

(56) 只要这几家人一搬迁，就准备立即炸山。（路遥《平凡的世界》）

(57) 只要她一出去，一宿就没有响动了。（王笠耘《春儿姑娘》）

"就 q"里，有时带上"能""会""要"之类具有推断性的词语：

(58) ……恍惚她并没有走，还在我身边，只要一低头，就能瞧见她。(冯骥才《临街的窗》)

(59) 从那以后，只要一听到他柔和和深沉的声音，她就要检查检查自己的门窗是不是关严了……(张辛欣《我们这个年纪的梦》)

二、表示假言预测的"只要一 p，就 q"，"只要"可以换成"如果"，不能换成"每当/每逢"

看例子：

(60) 那俩娃娃，手持柳条鞭，猪倌似的，在我们左左右右盯住，好像只要一不如意，就准备再猛抽一气。(汤吉夫《小城的梦》)

(61) 主任，让我们暂时上白班吧，只要一抓住流氓，我们就恢复倒班。(朱纯林《一桩毁容案的报告》)

按原意，可以说成"如果一不如意""如果一抓住流氓"，但不能说成"每当一不如意""每当一抓住流氓"。

语言运用中，有时有"如果一 p，就 q"的说法。"如果"也可以换成"只要"。例如：

(62) 如果德国人一出现疏忽，就会立即给这些前锋钻空子……(华山边《欧洲队可望在拉美首夺桂冠》)

(63) 同志们，我们的任务是艰巨的，我们推车时，如果一不小心，就会掉下去。(何亚京《蜀道行》)

这两例，也可以说成："只要德国人一出现疏忽……""只要一不小心……"。

用"只要"，是把某种假设情况作为特定条件来强调。如果只需要提出一个假设，作为推断结果的前提，那么，不必用"只要"，而用"如果"。比如：

(64) 如果一败，事情就将成定局，为父的纵然三头六臂，也无回天之力了……(袁浪《烟波黄鹤怨》)

显然，说话人偏重于对假设情况的预测，而不着意强调条件。

三、表示据实总括的“只要一 p，就 q”，“只要”可以换成“每当/每逢”

看例子：

(65) 我们移民队走到哪里，歌就唱到哪里。只要我们一唱，男男女女、老老少少就立时把我们围起来。听着听着，他们的嘴也动起来，像是早就会唱这支歌，又像是早就想唱这支歌。(李增正《〈东方红〉的故事》)

(66) 有那么几天，她只要一闭上眼，立刻就能浮现火车上那几张幸灾乐祸的脸，还有那些不堪入耳的话。(徐坤《如烟如梦》，《小说月报》1997 年第 6 期 39 页)

(67) 可她只要一看到俊俊娃那双细长迷人的眼睛，就满心喜欢哩。(蔡其康《沙葬》，《中篇小说选刊》1997 年第 3 期 191 页)

语言运用中，有时有“每当/每逢一 p，就 q”的说法。“每当/每逢”也可以换成“只要”。例如：

(68) 我所讨厌的破习惯就是每当第二节预备铃一响，大便就必在肛门附近挤压，大有非排不可之势，因此总得迟到几分钟。(余学先《人不是候鸟》)

(69) 时间长了，每逢怀西往旁边一蹲，老喇嘛就递给他一张小氇氇……(余学先《人不是候鸟》)

用“每当/每逢”，是强调事实每每如此，成了规律；用“只要”，是把每每如此的带规律性的事实作为特定条件来强调。因此，“每当/每逢”和“只要”有相通之处。上文第一节第二部分里曾经提到“每每刚一 p，就 q”的说法。这种说法，自然也跟据实性“只要一 p，就 q”相通，因此可以加上“只要”，说成“每每只要刚一 p，就 q”。如例 (5)，可以说成：

(70) 每天清晨，溯源阁只要刚一开门，便会迎来不少顾客。

四、表示据实总括的“只要一 p，就 q”，“只要”有时也可以换成“如果”

这要分以下三点来说明：

第一，有的“只要一 p，就 q”，所说的事多次反复，但只是偶然巧合。这时，“只要”不能换成“如果”。例如：

（71）只要一搬家，天就下雨。（真怪！）

→＊如果一搬家，天就下雨。（真怪！）

第二，有的“只要一 p，就 q”，针对眼前现象，特指当时发生的带规律性的事实。这时，“只要”不能换成“如果”。例如：

（72）看看，只要一下班，他的精神就来了。真不像话！

→＊看看，如果一下班，他的精神就来了。真不像话！

第三，有的“只要一 p，就 q”泛说一般规律，既总括已然，也蕴含未然。这时，“只要”可以换成“如果”。例如：

（73）这一向，他只要一不顺心，就拿孩子出气！

→这一向，他如果一不顺心，就拿孩子出气！

看两个实际用例：

（74）他要是一上场，球场上就变成战场了……（李民发《马班长闲话》）

（75）水汉子们倘一歇憩，便要寻快活，嘴巴哗哗敞开了口，没遮没拦谈女人，相互拿老婆来开心。（罗学蓬《大河上》）

“要是”和“倘”都同“如果”相当。这两例，采用假设语气，但跟据实性的“只要一 p，就 q”相通。

应该指出：表示据实总括的“只要一 p，就 q”，有的“只要”虽然能换成“如果”，却仍然可以改用“每当/每逢”，这跟表示假言预测的“只要一 p，就 q”有所不同。如：他只要一上场→他如果一上场→每当他一上场｜水汉子们只要一歇憩→水汉子们如果一歇憩→水汉子们每逢一歇憩。

五、“只要一 p，就 q”句式里，合用的“只要一”跟“就”都有关联作用

一有空，我就动笔修改。

只要有空，我就动笔修改。

只要一有空，我就动笔修改。

第一句只用“一”，它和“就”互相关联；第二句只用“只要”，它和“就”相互关联；第三句合用“只要一”，它们和“就”都有关联。

不过，在下面两种格式里，情况有所不同：

第一，“只要一 p_1，就 q_1，一 p_2 就 q_2”：

（76）只要一听到他的声音，她就会心跳；一看见他的眼睛，她就会脸红。（王雨谷《爱，迷失的号码》）

这样的格式中，“一”和“就”的照应更加明显。

第二，“只要一 p_1，一 p_2，就 q”：

（77）现在，只要车一停，门一开，他俩便可以大步流星回家去。（宏甲《龙脊》）

这样的格式中，“只要”和“就”的照应更加明显。

本章小结

第一，“一……就……”前边有时出现“刚”“从”“这么”“只要”等特定形式词，从而形成了时点强调式“刚一 p，就 q”，时段强调式“从一 p，就 q”，情态强调式“这么一 p，就 q”，条件强调式“只要一 p，就 q”。跟“一……就……”这种独用形式相对说来，这些合用形式既表示了行为的先后紧接，又强调了不同的语义侧面：

一接触，就感到这个人不简单。

→刚一接触，就感到这个人不简单。

→从一接触，就感到这个人不简单。

→这么一接触，就感到这个人不简单。

→只要一接触，就感到这个人不简单。

如果“一……就……”前边同现两个特定形式词，那么，它们便同时强调出两个不同的语义侧面：

（78）（他曾闪过卖基宅的念头。）刚这么一想，就收回去了……（马铭《三友茶寮》）（原文分句间未用逗号）

深入考察各种合用形式，弄清它们之间的微妙差别，有利于深化对“一 p，就 q”句式的认识。

第二，特定形式词的使用，受到句子的逻辑基础的制约。一个采用“一……就……”形式的句子，可以隐含多种非基本语义关系，也可以只隐含一种非基本语义关系，还可能不隐含本文所说的任何一种非基本语义关系。“一……就……”前边能否添加特定形式词，能够添加什么样的特定形式词，特定形式词能否同现，全都取决于句子里是否隐含相应的非基本语义关系。有的句子，所能添加的特定形式词是有限的；有的句子，添加不上本文所涉及的任何一种特定形式词。例如：

(79) 我给咱做彩娥的工作！彩娥一同意，就把俊武家的缺口打开了！（路遥《平凡的世界》）

(80) 一楼第一展厅陈列的是清代山水画的临摹画展。一踏进去，就有一派清逸、宁静、淡泊的山光水色。（柯云路《夜与昼》）

前一例，可以添加“只要/如果”，不能添加“刚/从/这么”。后一例，“刚/从/这么/只要”都添加不上。

第三，特定形式词的使用，还受到句子的语用要求的制约。现代汉语句法有个重要特点，这就是：对于基本句式来说，特定形式词可隐可现，隐现灵活，隐多于现。一般是能隐时尽量隐，含而不露，只是在特别有必要的时候，也就是在讲求语用价值的时候，才在句子中显现出来。比如：

(81) 一扬起脸，就被划了一刀。

→刚一扬起脸，就被划了一刀。（朱纯林《一桩毁容案的报告》）

后句加“刚”，强调行为的始发点，特别突出地表明了“极为迅速”的感觉。又如：

(82) 厂子一投产，他就调来当了书记。

→自从厂子一投产，他就调来当了书记。（李建纲《迪斯科》）

后句加“自从”，强调行为延续的时段，特别突出地表明了“长久如此”的感觉。

总之，在实际语言运用中，之所以添加某个特定形式词，是因为说话人感到需要对某种非基本语义关系给予特别的强调，跟心理因素不无关系。

第四，“一……就……”前边出现的特定形式词，实际上不只本文所涉及的这一些。举些例子：

A. “稍”＋“一……就……”→“稍一 p，就 q”：

（83）稍一挣扎，它就从那双抖得发软的脚下穿走了。（朱联忠《友谊地久天长》）

（84）……稍一动摇，就会使这次战役一败涂地。（王星泉《白马》）

B. “当”＋“一……就”→“当一 p，就 q”：

（85）……当她一抬头，便从他那黑汪的两眼中读懂了他文里的所有文字。（郑彦英《星星》）

（86）当她一走进教室，听班长发出“起立”的口令，耳畔就回荡起陶行知的一句名言……（无口君《会“葡萄话”的女教师》）

C. “等”＋“一……就……”→“等一 p，就 q”：

（87）等论文答辩一结束，我就开始编写，写一本用比较的方法阐述的经济史。（王小鹰《一路风尘》）

（88）等这场风浪一过，就该轮到他回船队基地休假了。（刘佑平《三个故事，还有一个没讲出来》）

这些合用形式，跟本章讨论的“刚一 p，就 q”等几类比较起来，有自己的特点。对它们作比较全面而细致的描写，需要另写文章。

第四编
广义转折与有牵连的句式

第一章　“p，但是q”及相关句式

本章选择“……但是……”作为典型转折句的点标志，讨论几个特定的转折句式。

全章分三个部分展开：①“p，但是q”；②“p，不过q”；③“p，但是q”和“虽然p，但是q”。

第一节　“p，但是q”

“……但是……”是一种典型的转折句式。这一句式，直截了当地表示甲事与乙事之间的转折关系，前分句不用预示转折的特定标志。

一、关于“但是”

“但是”构成最典型的、严格意义上的转折句式。例如：

(1) 外国的经验可以借鉴，但是绝对不能照搬。（邓小平《改革是中国发展生产力的必由之路》，《邓小平文选》第三卷，人民出版社1993年版140页）

(2) 前进的道路并不平坦，但是我们相信这十年好的形势能够继续发展下去。（邓小平《形势迫使我们进一步改革开放》，《邓小平文选》第三卷，人民出版社1993年版270页）

(3) 她想笑，但是笑不出。（鲁彦周《春前草》，《小说月报》1982年第3期15页）

“但是”经常说成“但”。例如：

(4) 邮差是信使，但真正快乐的天使是她。（张笑天《康乃馨》，《小说月报》2000年第2期101页）

有时，“但”和“是”连用，“是”是判断动词，这是由于受到后边的名词结构的规约。例如：

（5）中国是个贫弱国家，但是个独立自主的国家。（邓小平《结束过去，开辟未来》，《邓小平文选》第三卷，人民出版社1993年版294页）

上例的“但是”相当于“但是是”，等于说：“中国是个贫弱国家，但是，是个独立自主的国家。”

跟“但是”作用相当或相近的关系标志还有“可是”“可”“然而”“不过”“只是”“就是”“却”等。例如：

（6）本来潘树林打完了可以跑，可是有孙燕在场他就不能跑了。（万方《空镜子》，《小说月报》2000年第2期7页）

（7）许哥本不愿这样，可他实在没办法。（于艾香《被包养的女人》，《小说月报》2000年第2期57页）

（8）女儿话里的辛辣味儿令她反感，然而不能说这些话没有一点道理。（朱崇山《生活的轨迹》，《长城》1983年第3期45页）

（9）张二娃对“早点”这个词是很陌生的，不过，他猜想“早点”大概就是早饭吧！（丁茂《张木匠上工》，《长城》1982年第1期101页）

（10）你有问必答就是了，只是不要冒犯她的忌讳。（刘绍棠《虎头牌坊》，《长城》1983年第3期43页）

（11）妈连开飞机的胆都有，就是没有闲工夫……（乔雪竹《今夜霜降》，《花城》1983年第4期119页）

（12）她眼里含着泪花，却勉强笑着。（王火《夜的悲歌》，《十月》1982年第4期143页）

“但是”“可是”“然而”等是连词，“却”是关联副词，它们经常在后分句配合使用。例如：

（13）您为我操劳，含辛茹苦，但您却从未想到，有些事本该是我自己做的呀。（初中《语文》第一册）

（14）我没来过这山村，但对连贯这一带村子的这条山区铁路

却很熟悉。（铁凝《东山下风景》，《长城》1983 年第 3 期 126 页）

二、“……但是……”句式的构成基础

总的说来，这一句式的构成基础是事物的矛盾对立或相互差异。具体点说，有下面三种情况。

第一，直接对立。两种事情同时存在，互相对立。说“p，但是q”，p 和 q 各代表直接对立的一个方面。例如：

（15）画家都应该是勤于观察的，但也有一些闭门造车的画家。（廖静文《往事依依》，《收获》1982 年第 4 期 46 页）

（16）事情明摆着，这孙大拿是假货，可共产党是真的。（耿耿《人的问题》，《长城》1983 年第 3 期 21 页）

第二，因果违逆。甲事为因，乙事是逆着甲事而出现的结果。说“p，但是 q”，等于说“p，所以一般情况下非 q，但实际上 q”。例如：

（17）他白发如雪，但精神矍铄。（边震遐《火凤凰》，《十月》1982 年第 3 期 193 页）

（18）他的作品我见得很少，但每幅都给我留下了相当深的印象。（袁和平《沼泽地带》，《十月》1982 年第 1 期 174 页）

第三，稍有抵触。两件事情同时存在，并不对立，但稍有抵触。说“p，但是 q”，目的是以乙事对甲事加以订正和补充。例如：

（19）改革中，可能会出现这样那样的小毛病，但是不要紧。（邓小平《革命和建设都要走自己的路》，《邓小平文选》第三卷，人民出版社 1993 年版 95 页）

（20）“一国两制”，是从我们自己的实际提出来的，但是这个思路可以延伸到某些国际问题的处理上。（邓小平《在中央顾问委员会第三次全体会议上的讲话》，《邓小平文选》第三卷，人民出版社 1993 年版 87 页）

三、“但是”之类和“却”的区别

连词“但是”“可是”“然而”等和关联副词“却”有时可以互换。例如：

（21）您对我的生活关怀得无微不至，却很少询问我的思想情

况。(初中《语文》第一册)

(22) 婉本能地伸出双手去抓房脊,却没抓牢,结果朝房下滚去。(梁晓声《婉的大学》,《中篇小说选刊》1999 年第 6 期 64 页)

上例的“却”可以换成“但”。然而,“却”和“但是”之类也有好些区别。

第一,在用法上,如果后分句出现主语,或者出现表示处所、时间、对象的状语,或者出现带有在什么时候、在哪一方面意义的结构,“却”要用在它们的后边。这时,“却”不能换成“但”。例如:

(23) 他身上有那么多刺,我却喜欢和他在一起。(张曼菱《有一个美丽的地方》,《当代》1982 年第 3 期 137 页)

(24) 我能下地了,做田里活却不便了。(叶文玲《小溪九道弯》,《小说月报》1982 年第 2 期 21 页)

上例的“却”不能换成“但”。又如:

他平时口才很好,这会儿却结结巴巴讲不出话来。

他平时口才很好,在领导面前却不敢开口。

他平时口才很好,对她却像一个不善于表达的小学生。

他平时口才很好,讲起课来却总是条理不清。

上例的“却”不能换成“但”。

第二,在作用上,“却”重在从意义上标明转折点,“但是”之类重在对前后分句划出转折界线。看这个例子:

(25) 地方不大,布置得却精致匀称。(初中《语文》第一册)

上例的“却”用在补语“精致匀称”的前边,标明并强调“精致匀称”是转折点。再看几个“却”和“但是”之类同时使用的例子:

(26) 她已经多年不出远门,感到什么都有点新奇,但有时却又忘了是在旅行中。(陈学昭《怀念》,《花城》1983 年第 2 期 222 页)

(27) 她端坐在那儿,一动也未动,但在脑海里却忽然掀起一片片疑云。(程树榛《人约黄昏后》,《当代》1983 年第 3 期 91 页)

(28) 大怪物只须一踏,就可轧扁它们,然而它们置身于大怪

物之前却异常镇静，毫无顾忌，真令人惊讶。（高中《语文》第一册）

（29）他要去找了，但刚动身，却又改变了主意。（刘振华《张文礼开茶馆》，《钟山》1983年第3期78页）

（30）他反对我流“咸水”，但说起这些事情，我却发现他的眼眶会突然潮湿起来。（焦祖尧《跋涉者》，《当代》1983年第2期88页）

（31）他也许有点婆婆妈妈，有点儿女情长，但在工作上，他要认准了怎么干，却是轻易不动摇的。（李国文《花园街5号》，《十月》1983年第4期20页）

在这几个例子里，“但是”之类用在分句与分句的交界线上，表示分句之间具有转折关系；“却”则或者用在表示时间、处所的状语后边，或者用在谓词性结构的后边，标明转折点，突出真正的转折内容。这说明，同是表示转折关系，“但是”之类重“线”不重“点”，“却”重“点”不重“线”。再看这个例子：

（32）有人提出冷占国，但是大多数委员不同意，却选择了胡万通。（蒋子龙《拜年》，《人民文学》1982年第3期12页）

上例“但是”管“大多数委员不同意，选择了胡万通”，划出了转折界线；“却”管“选择了胡万通”，点明了转折的最关键的内容。

第三，在适用范围上，“却”比“但是”之类要宽；有时“却”相当于“反而”，不能换成“但”。例如：

（33）昨晚，从医院看了罗先敏出来，他没有去女儿家，却一头钻进了矿井里，和做夜班的矿工们一起，在电煤钻的呼啸声中过了一夜。（谭谈《风雨山中路》，《芙蓉》1982年第3期113页）

这里的“却”可以换成“反而”，不能换成“但”。再看这个例子：

（34）一个市委书记的千金小姐，怎么会看中一个下贱的罪犯，却反而看不上省委书记的儿子？（黄继树《女贞》，《清明》1983年第3期29页）

这一例，“却”和“反而”同现，作用相当，只是一个着重强调转折，一个着重强调反倒。删去哪一个都行。这里的“却”，不能换成“但”。

第二节 “p，不过q”

“……不过……”句式从属于“……但是……”句式。但在转折意味上，“不过”表示轻微的转折，即“轻转”。对于“轻转”，需要单独谈谈。

一、关于“不过”

“不过”表示轻微转折，实际上有两种情况。

第一，表示有限的转折。后分句从某个方面、某个角度对前分句作有限度的修补。后分句可以带上“罢了”“就是了”之类表示有限语气的词。例如：

(35) 小孟也来了，不过她来得迟得多。(曹玉林《祠堂里的学校》，《当代》1982年第3期162页)

(36) 钱先生果真下了牢，不过还没有受刑。(老舍《四世同堂·饥荒》，《十月》1982年第2期155页)

(37) 我也曾有过一位“有方”的老师，不过她不是什么有名的人物，只是一个大我几岁的女孩子。(初中《语文》第四册)

这三例，分别从时间、方式、情况和年龄等角度作有限的转折，末尾都可以加上“就是了”或“罢了”。又如：

(38) ……省委业已批准，不过没有下文罢了。(海笑《最后的冲刺》，《小说家》1983年第2期79页)

(39) “望气”、取得“感性认识”什么的，我也有这种经验，不过没有你说的那样明白就是了。(张贤亮《男人的风格》，《小说家》1983年第2期152页)

前一例句末带上了“罢了”，后一例句末带上了“就是了”。

句末不带“罢了”“就是了”之类时，后分句对前分句只有修补的作用；如果带上“罢了”“就是了”之类，后分句既起修补的作用，又带有强调前分句所说的事不容置疑的语气。看这个例子：

（40）……箱子底下压了多少人民币，甚至连五元的有多少张，十元的有多少张，老汉心里都清楚得像镜子，还用得着瞒吗？不过他不打算向儿子说破这一层罢了。（王宝成《海中金》，《收获》1983年第4期145页）

这一例是句群，但也可以说成复句："这一切老汉心里都清楚得像镜子，不过他不打算向儿子说破罢了。"不用"罢了"，是纯粹的修补；用了"罢了"，就在修补的同时，强调了老汉心里实在是"清楚"的。

第二，表示弱化的转折。即前后分句在意义上的对立实际上是很强烈的，但用了"不过"，口气就和缓了下来，转折意味就相对弱化。后分句句末不能带上"罢了""就是了"之类。例如：

（41）他俩都知道这个事弄不好会掉脑袋，不过俩人都毫不迟疑地把担子担了起来。（老舍《四世同堂·饥荒》，《十月》1982年第2期156页）

（42）这些年来，你吃了不少苦；不过，总算挺过来了。（边震遐《火凤凰》，《十月》1982年第3期193页）

前一例，明知弄不好会掉脑袋，却毫无迟疑地去干，两个意思之间的对立显然是尖锐的。若用"然而""但是"，便是直接显示这种尖锐的对立，这里用"不过"，就使这种尖锐的对立受到弱化，显得不那么强调。后一例，吃了不少苦，要挺过来是不容易的，然而结果却挺过来了。两个意思之间的对立不能说是不强烈的。但用了"不过"，就成了弱化的说法，更多地表达了"好，人还活着就好"的宽慰的口气。这两例，补上"罢了""就是了"都不合适。

可见，"不过"所表示的轻微转折，有时是程度上的轻微转折，有时则只是口气上的轻微转折。

二、"……只是……"和"……不过……"

"……只是……"表示有限的转折，后分句句末也可以带上"罢了""就是了"之类。例如：

（43）数目都能报销，只是要经过单位会计仔细盘查罢了。

（铁凝《东山下的风景》，《长城》1983 年第 3 期 129 页）

（44）蹬“凤凰牌”单车一样活着，只是没有那样神气罢了！（朱崇山《生活的轨迹》，《百花洲》1983 年第 4 期 52 页）

这两例句末都用了“罢了”。不用“罢了”之类的，也可以添加上去。例如：

（45）它们就这样相爱，只是爱的方式与一般在校大学生不一样，（不张扬，不黏乎，不疯傻。）（陈晓白《正午的太阳》，《中篇小说选刊》1999 年第 6 期 102 页）

（46）两个人依旧来往，只是贴心话比以前少了。（单学鹏《啊，“美人鱼”号》，《长城》1983 年第 3 期 72 页）

前一例可以说成“只是爱的方式与一般在校大学生不一样罢了”，后一例可以说成“只是贴心话比以前少了就是了”。

“……只是……”和“……不过……”的不同之处表现在：

首先，“……只是……”没有“……不过……”的第二种用法。即它不表示弱化的转折，它的句尾总能添加“罢了”“就是了”之类。

其次，同是表示有限的转折，“……只是……”的转折意味比“……不过……”还要轻。用来评说人物，显得宽厚，不苛刻；用来劝说别人，显得委婉，有诱导性。看这两个例子：

（47）老崔热情淳厚，有组织才能，只是对知识不求甚解。（王中才《龙凤砚》，《春风》1982 年第 1 期 106 页）

（48）你做得对，只是不应该吵架。（姜滇《清水湾，淡水湾》，《十月》1982 年第 3 期 95 页）

前一例通过“只是”补提不足之处，有谅解情味；后一例通过“只是”补提劝告之点，有委婉诱导的作用。

“只是”和“不过”有时结合起来，说成“只不过”。“只不过”是个短语词，也可以表示有限的转折，句末也可以用“罢了”“就是了”之类。例如：

（49）其实，我并不是有心栽蒲公英的，只不过任它繁殖罢了。（高中《语文》第一册）

（50）他还是从前那样，矜持、骄傲、目空一切，只不过现在的心更狠些罢了。（朱崇山《生活的轨迹》，《百花洲》1983 年第 4 期 65 页）

（51）我们的纺织工业向来是习惯大批量生产，利润大，麻烦小，只不过打不进国际市场罢了。（黄蓓佳《秋色宜人》，《收获》1983 年第 4 期 39 页）

上例句末都用“罢了”。“只不过”都可以说成“只是”或“不过”。

三、“……就是……”和“……只是……”“……不过……”

“……就是……”有时也表示有限度的轻微转折。比较：

这孩子不错，就是不怎么聪明。

这孩子不错，只是不怎么聪明。

这孩子不错，不过不怎么聪明。

这几句，基本意思没有什么不同。

不过，跟“只是”“不过”相比，“就是”在表示轻微转折的同时，又比较强调后分句所说的事情是问题关键之所在。如上面的例子，前一例用“就是”，就显得比后两例更重视“不怎么聪明”的缺点，语气上对这个缺点不是“抑”，而是“扬”。再看这两个例子：

（52）你这人，啥都好，就是脾气赖坏了事。（西戎《纠纷》）

（53）说实在话，这药糖没有什么好吃，就是五颜六色的好看罢了。（初中《语文》第一册）

前一例，为了使对方能够接受批评，用的是有限度的轻微转折；但为了使对方正视自己的缺点，又用“就是”略加强调，有所“扬”。后一例，为了表明对“这药糖”没什么好评价，从不好吃到颜色好看只用轻转；转折词用“就是”，肯定颜色好看应是优点，但又对它的虚有其表有所“扬”。上例的“就是”，不好改成“不过”，说成“只是……（罢了）”也不怎么符合原意。

四、“只是”“不过”“只不过”的副词用法

“只是”有时是副词。连词“只是”同“但是”“可是”之类相近，尽管转折意味有轻重之别，但不是不可以换成“但是”“可是”；副词

“只是”不表示转折，可以说成“只”。例如：

(54) 大爷像没看见，只是用筷子指指碗、盘，示意我吃菜、吃糕。(铁凝《东山下的风景》,《长城》1983 年第 3 期 133 页)

上例的“只是用筷子指指碗、盘”可以说成“只用筷子指指碗、盘”。

副词“只是”有时也跟“罢了”之类配合使用，但还是可以说成“只”。例如：

(55) 她的离开，对他说来，只是证明金钱并不是他想象的那样力量无限罢了。(朱崇山《生活的轨迹》,《百花洲》1983 年第 4 期 55 页)

上例的“只是证明……罢了”可以说成“只证明……罢了”。

副词“只是”总是紧靠谓语。句子里如果出现主语，副词“只是”用在主语后边，也可以说成“只”。例如：

(56) 这时，老倔随同大冯赶来了，他只是激动地和石铁握手，紧紧握手。(耿耿《人的问题》,《长城》1983 年第 3 期 41 页)

上例“只是”用在主语“他”后边，“只是激动地……”也可以说成“只激动地……”。

“不过”和“只不过”有时也是副词和副词性短语词，特点跟副词“只是”相同。例如：

(57) 对我说来，这不过是一件算不得意外的意外罢了。(铁凝《东山下的风景》,《长城》1983 年第 3 期 130 页)

(58) 他本来压根不想给传辉介绍什么对象，只不过把这作为一种助兴的话题而已。(程乃珊《蓝屋》,《钟山》1983 年第 4 期 40 页)

上例的“不过”“只不过”都可以说成“只”，它们都是副词。

第三节 “p，但是 q”和“虽然 p，但是 q”

“……但是……”和“虽然……但是……”往往相通，但二者并不等同。

一、关于“虽然……但是……”

“虽然……但是……”是让步句的点标志。属于让步句的还有“即使……也……”“无论……都……”“宁可……也……”等。关于“虽然……但是……”，在讨论它同“……但是……”的区别之前，需要明确以下两点。

第一，“虽然……但是……”强调甲事本来会影响乙事，然而乙事的成立却不受甲事的影响。其构成基础，是因果逆转的关系。比较：

（59）因为黑夜笼罩着他，所以我看不到他脸上的忧伤。

（60）虽然，黑夜笼罩着他，但我仍看到了他脸上的忧伤。（廖静文《往事依依》，《收获》1982年第4期448页）

前一例，乙事以甲事为原因，“看不到……”是“黑夜笼罩……”的结果；后一例，乙事不以甲事为原因，“仍看到……”是“黑夜笼罩……”的逆结果。

反映因果逆转关系的“虽然……但是……”句式，实际上又有两种情况：

①因果逆转关系直接表现在甲事与乙事之间。即甲事的逆结果直接表现为乙事。“虽然p，但是q”＝“虽然p，但是并不因p而非q”。如例（59）等于说：“虽然黑夜笼罩着他，但我并不因为黑夜笼罩着他而看不到他脸上的忧伤。”再比较这两个例子：

（61）虽然这种人在党内外都是极少数，但是应该重视他们的作用。

（62）虽然这几种人在党内外都是极少数，但是不能因为他们是极少数而忽视他们的作用。（邓小平《坚持四项基本原则》，《邓小平文选（一九七五——一九八二年）》，人民出版社1983年版152页）

这两例意思是相同的。但后一例从词面上显示并强调了甲、乙两事之间的因果逆转的关系。

②因果逆转关系不直接表现在甲事和乙事之间。甲事的逆结果不

是乙事，而是受乙事制约的丙事。“虽然 p，但是 q” = “虽然 p，但是（因为）q_1，（所以）q_2”，q_2 对 q_1 来说是顺结果，对 p 来说是逆结果。看这个例子：

（63）这种衣料虽然很贵，但质量是上乘的。

“质量是上乘的”不是“很贵”的逆结果。但是，这个复句还隐含着“还是值得买”“我还是想买”之类的意思，等于说：

（64）这种衣料虽然很贵〈p〉，但质量是上乘的〈q_1〉，还是很值得买的〈q_2〉。

（65）这种衣料虽然很贵〈p〉，但质量是上乘的〈q_1〉，我还是想买〈q_2〉。

“值得买”或“想买”是质量上乘的顺结果，是衣料“很贵”的逆结果。可见，例（63）的构成基础还是因果逆转关系，只不过这种关系没有在词面上直接表现出来而已。

第二，从语表形式上看，让步词“虽然”之类和转折词“但是”之类往往配合使用。分开来说，需要注意以下三个方面。

一方面，就前分句的让步词而言，“虽然”可以用在主语前边，也可以用在主语后边。例如：

（66）虽然过去我们已经进行了多年的社会主义建设，但是我们仍然有足够的理由说，这是一个新的历史发展阶段的开端。（邓小平《坚持四项基本原则》，《邓小平文选（一九七五——一九八二年）》，人民出版社 1983 年版 145 页）

（67）目前我们同各种反革命分子、严重破坏分子、严重犯罪分子、严重犯罪集团的斗争，虽然不都是阶级斗争，但是包含阶级斗争。（邓小平《目前的形势和任务》，《邓小平文选（一九七五——一九八二年）》，人民出版社 1983 年版 217 页）

“虽然”可以说成“虽/虽说”；也可以不用“虽然”，而用“尽管”“固然”等。例如：

（68）这个小寨虽被我军先拆毁，但敌人昨天下午到达后又连夜改修，加上地形复杂，易守而不易攻。（初中《语文》第三册）

(69) 尽管彭德怀同志也有缺点，但对彭德怀同志的处理是完全错误的。(邓小平《对起草〈关于建国以来党的若干历史问题的决议〉的意见》，《邓小平文选（一九七五——一九八二年）》，人民出版社 1983 年版 259 页)

(70) 日耳曼人固然一般比较庄重严肃，不过倒也很热情好客。(向明《一曲遥寄》，《当代》1982 年第 4 期 109 页)

“虽”往往用在两个反复使用的形容词之间表示对事实的容认和让步。例如：

(71) 少虽少，拎在手里，却像偷来的一样，生怕人看见，左右不是味道。(高晓声《陈奂生包产》，《人民文学》1982 年第 3 期 40 页)

(72) 穷虽穷，可那是她的家啊！(范小青《萌芽》，《人民文学》1982 年第 3 期 106 页)

“虽然”和“尽管”作用相同，词面互异，在连用两个让步句时，一句用“虽然”或“虽”，一句用“尽管”，可以避免重复呆板。例如：

(73) 过去那个郑诚，虽遥隔这么多年，可谭谟对他是熟悉的。然而眼前这个郑诚，尽管近在咫尺，却是陌生的。(薛勇《红灯和绿灯》，《长城》1982 年第 1 期 14 页)

另一方面，跟“虽然”之类呼应的转折词，可以用“但是/但”，也可以用“可是”“可”“然而”“不过”“却”等。只有“只是”和“就是”，不大能跟“虽然”呼应使用。例如：

(74) 父亲虽然能干、精悍，可极不聪明地把自己的全部乃至生命都系结在极不可靠的名誉和钱财上。(程乃珊《蓝屋》，《钟山》1983 年第 4 期 43 页)

(75) 这里的茶叶，虽然比不上太湖洞庭山的碧螺春，然而临近黄天荡，自有独特的色和香。(姜滇《清水湾，淡水湾》，《十月》1982 年第 3 期 91 页)

(76) 料虽然砸断了，不过嘛，想想办法，或者会变成一根好料呢！(丁茂《张木匠上工》，《长城》1982 年第 1 期 99 页)

(77) 他虽然只有三十六岁，却已经在球场上打了十八九年了。(鲁光《敬你一杯酒》,《人民文学》1982 年第 1 期 4 页)

再一方面，“虽然”“尽管”之类既表让步，又预示后分句将有转折。因此，只要前分句用了“虽然”“尽管”之类，后分句即使不出现“但是”之类的转折词，整个复句仍然是明显的让步句。这就是说，“虽然”句里后分句可以不出现转折词。例如：

(78) 他虽然笨，也晓得共产党历来主张集体化。(高晓声《陈奂生包产》,《人民文学》1982 年第 3 期 32 页)

(79) 我们这些卖票的，开车的，虽说有个职业，其实全是“在业游民”。(初中《语文》第三册)

(80) 尽管周红娜事先打过招呼，孙燕还是觉得潘树林怎么那么黑呀。(万方《空镜子》,《小说月报》2000 年第 2 期 6 页)

二、“虽然……但是……”和“……但是……”的区别

这两种句式的区别，主要表现为以下四点。

第一，在构成基础上，“虽然……但是……”句式受到很大的限制。甲事与乙事之间如果不存在因果逆转的关系，或不能理解为隐含因果逆转的关系，就不能用“虽然……但是……”。比较：

(81) (我亲眼看见) 有三个同志坐下来抱在一起想暖和一下，但他们再也没有站起来。(江耀辉《“红军鞋”》，初中《语文》第一册 89 页)

* (82) (我亲眼看见) 有三个同志虽然坐下来抱在一起想暖和一下，但他们再也没有站起来。

前一例能成立，后一例却不能成立。这是因为，“再也没有站起来”不是“抱在一起想暖和一下”的逆结果。由于同样的原因，下面的“……但/却……”都不能或不大能说成“虽然……但/却……”：

(83) 今后你就与妈妈一起活吧，但会活得很苦很难的。(赵安平《我一定要活下去》,《健康时报》2000 年 2 月 3 日)

(84) “是城市吗?”我问道，但立即为自己的饶舌而发窘了……(廖静文《往事依依》,《收获》1982 年第 4 期 43 页)

(85) 别看她是一个女同志，笛子吹得却很到家呢！（严阵《数声风笛》,《钟山》1983 年第 3 期 155 页）

第二，在转折语势上，用“虽然……但是……”句式，转折意味笼罩全句，仅从前分句就可以知道后面将有转折，而用“……但是……”句式，从前分句到后分句的转折则是突然的、急促的。简而言之，二者有“让步”和“突转”的不同。比较：

(86) 他虽然身材瘦小，长得却很机灵……（陶嘉善《魂宝》,《花城》1983 年第 2 期 170 页）

(87)“保长”身上很热，但又不敢用力扇扇子。（叶元《巴牛皮和退休的胡局长》,《百花洲》1983 年第 4 期 118 页）

前一例，光看前分句“他虽然身材瘦小”，就知道后边将有转折；后分句，光看前分句“‘保长’身上很热”，并不知道后边将有转折。

第三，在表达效果上，“虽然……但是……”句式是容认并让开甲事实，从而突出乙事实，“……但是……”句式则只是表明甲、乙两事之间的转折关系。看这两个例子：

(88)（甚至也没和他谈过心，）客观原因虽是战斗频繁，主观原因却是我没注意他，压根没注意他。（白桦《冬日梦中的大雷雨》,《十月》1982 年第 3 期 43 页）

(89) 本来今天是来听会的，但是选拔培养中青年干部这个问题太大了，还是讲几句。（邓小平《老干部第一位的任务是选拔中青年干部》,《邓小平文选（一九七五——一九八二年）》，人民出版社 1983 年版 339 页）

前一例用“虽……却……”，让开客观原因，强调突出主观原因；后一例用“……但是……”，表明从只听不讲到“……还是讲几句”之间的转折关系，但没有把“来听会”让开的意思。

第四，在句式的变化上，“虽然……但是……”如果删去“但是”，“虽然……”可以后置；“……但是……”不可能有前分句后置的变化。例如：

(90) 她中文说得很好，虽然她从未上过哪个学校的中文系。

（黄蓓佳《秋色宜人》,《收获》1983 年第 4 期 22 页）

(91) 党章规定，党员必须执行党的决议，虽然在执行中有权保留自己的意见。（邓小平《在扩大的中央工作会议上的讲话》,《邓小平文选》第一卷，人民出版社 1994 年版 307 页）

让步分句后置，既有补充说明的作用，又有引人注意的作用。其他让步句，比如“即使……也……”和“无论……都……”，前分句也往往可以后置。例如：

(92)“文革”中为了怕让人误解他这是在“翻变天账”，他对此是闭口不谈的，即使是走到××路上的那幢蓝屋。（程乃珊《蓝屋》,《钟山》1983 年第 4 期 10 页）

(93) 在原则问题上，我郑维中从来是不含糊的，即使是对你！（顾威《风急天高》,《当代》1982 年第 4 期 200 页）

上例是“即使……”后置。下例是“无论/不管……”后置：

(94) 每天，珠珠都起这么早，到二路车终点站去乘车上班，无论天气好坏。（严婷婷《从雨到雪，一双棕色的皮鞋》,《十月》1983 年第 3 期 205 页）

(95) 反正我是老老实实地报，不管将来碰到什么问题。（李准《耕云记》,《建国以来短篇小说》上册，上海文艺出版社 1978 年版 523 页）

本章小结

第一，“……但是……”是一种典型的转折句式。这一句式，前分句不用预示转折的特定标志。由于是直截了当地表示 pq 之间的转折关系，从 p 到 q 的转折是突然的，因此，是一种“直转”或“突转”。

第二，“……不过……”也是“直转”或“突转”，但它表示轻微转折，是一种“轻转”。用“不过”的转折句，句末常用“罢了/就是了”。跟“不过”作用大体相同的，是“只是”和“就是”。

第三，“……但是……”和“虽然……但是……”往往相通，但二者并不等同。在句式的构成基础上，在全句的转折语势和表达效果上，在前分句后置的句式变化上，二者都存在或大或小的差别。

第二章 “p，否则q”句式

“p，否则q”句式，指用“否则”之类关联的句式。“否则”之类，包括“否则”“不然”“要不然”“要不”“若不”等关系词语。

本章主要讨论下列几种具体句式：

幸亏p，否则q。

可惜p，否则q。

因为p，否则q。

想来p，否则q。

除非p，否则q。

要么p，否则q。

还是p吧，否则q。

不能p，否则q。｜不能不p，否则q。

关于“否则”之类表示的关系，《现代汉语八百词》偏重于从后项来说明问题。如谈到“否则”时说，“后句指出从前句推论的结果，或提供另一种选择”（183页）；谈到“不然”时说，“引进表示结果或结论的小句”，“引进与上文交替的情况”（82页）。本章偏重于从对前项的观察出发来讨论问题，并进而揭示前项与后项之间的种种联系，说明整个句式同其他句式的变换关系。

本章讨论的一般是复句。为了说明问题，个别地方用了句群的例子。

第一节 幸亏p，否则q

这一句式，表示原因和逆原因的结果。重在说明由于某种原因才得以避免某种不如意的或不正常的结果。

一、前项p解释原因，指出已然的事实，可以用肯定句式，也可以用否定句式；“幸亏”对事实加以强调，表示值得庆幸的语气

例如：

（1）幸亏脂肪极其丰满，否则就伤及血管、骨头或神经了。（刘恒《天知地知》，《小说选刊》1996年第11期44页）

（2）幸亏这家伙没吃，否则这笑话就闹大了。（余纯顺《走出阿里》，《小说月报》1996年第12期32页）

（3）幸亏河水是污浊的，不然，映出她的脸一定很难看。（姜滇《清水湾，淡水湾》，《十月》1982年第3期80页）

（4）幸亏她没有把最后这点想法告诉小吉尔，要不然这个调皮货一定会悲愤欲绝，说不定会带着巴日卡不辞而别呢！（冯苓植《驼峰上的爱》，《收获》1982年第2期74页）

“幸亏”也可以说成“幸好”“亏得”“多亏”“好在”等。例如：

（5）幸好“四人帮”打倒了，幸好冯局长是个明白人，否则，他起码也是一个“肖伯仲的黑后台、大红伞”……（杨夔仪《无名小卒》，《当代》1983年第2期57页）

二、后项q表示反事实的结果，逆原因的结果，不如意的结果；“否则”之类揭示q同p之间的因果逆转关系，实际上是借q来反证p，说明p具有决定性的影响

试分析：

（6）幸亏四辈儿改行得早，不然非失业不可。（陈铁军《老杂碎》，《中篇小说选刊》1997年第4期131页）

首先，“否则”引出的结果是反事实的，已然事实在这一结果的反面。其次，顺着p项原因产生的本应是已然事实，词面上q项却逆着说出了一个相反的结果。再次，p项指值得庆幸的事情，q项是逆着这一原因说出来的不值得庆幸的结果，所以，在词面上，q项又是不如意的结果。这一句式中的“否则”，作用在于表示因果逆转。它强调说明正是由于某种原因才得以避免某种不如意的结果，也就是，之所以能避免某种不如意的结果，得归功于某种原因。所以，不如意的结果是用来反证突出原因，说明原因对已然事实具有决定性影响的。请比较：

（7）幸亏他及时地抓住了床沿，才没掉到地板上。（叶辛《追回的青春》，《十月》1982 年第 4 期 69 页）

（8）幸亏他及时抓住了床沿，不然就掉到地板上了。

前一例用“幸亏……才……”，表示因果相承；后一例用“幸亏……不然……”，表示因果逆转。这两例意思基本相同，但后一例多了反证性。

三、“幸亏 p，否则 q”句式可以变换为“要不是 p，就 q”的句式

比如：“幸亏脂肪极其丰满，否则就伤及血管、骨头或神经了。”→“要不是脂肪极其丰满，就伤及血管、骨头或神经了。”

运用中常见“要不是 p，就 q”的复句，好些可以变换为“幸亏 p，否则 q”。例如：

（9）要不是预先听你讲了，我会以为他是个劳改犯。（莫应丰《心囚》，《百花洲》1982 年第 6 期 69 页）

这一例也可以说成：“幸亏预先听你讲了，否则我会以为他是个劳改犯。”

第二节　可惜 p，否则 q

这一句式也表示原因和逆原因的结果。重在说明由于某种原因才导致没有出现某种符合心意的结果。

一、前项 p 也解释原因，指出已然的事实，可以用肯定句式，也可以用否定句式；“可惜”对事实加以强调，表示值得惋惜的语气

例如：

（10）可惜师伯那时不在，否则令狐大哥也不会身受重伤了。（金庸《笑傲江湖》98 页）

（11）可惜他们不懂得绘画，否则要给免费画一副素描肖像赠送。（张武《瓜王轶事》，《小说月报》1982 年第 2 期 41 页）（原文用“副”）

“可惜”说成“只可惜”，强调意味更重：

（12）只可惜天上没有神灵，若不，我得哀求神灵保佑你……（谢璞《寻找》，《芙蓉》1982年第3期168页）

二、后项q也表示反事实、逆原因的结果，也用来反证p具有决定性的影响，但词面上所指的是符合心意的事情

试分析：

（13）可惜我手上无权，我自己的帽子也还没有摘掉，要不然，我一定要做了这件好事。（莫应丰《心囚》，《百花洲》1982年第6期48页）

这种句式先用“可惜”引出原因，再用“否则”之类表示逆转，为的是表明由于某种原因而影响某种心意的实现，从反面来说明p项具有决定性的作用。

“幸亏p，否则q”是庆幸有所得，“可惜p，否则q”是惋惜有所失。二者的q项，词面所指和实际情况是否如意，恰好相反。比较：

（14）幸亏他没当教练，不然我肯定不能参加甲级队。

（15）可惜他没当教练，不然我肯定能够参加甲级队。

所谓“如意与不如意”，反映说话人的立场、态度和感情，有时跟p项或q项的主语没有必然的关系。比较：

（16）幸亏小张力气小，不然吴华跑不了。

（17）可惜小张力气小，不然吴华跑不了。

三、“可惜p，否则q”的句式也可以变换为“要不是p，就q”的句式

比如：“可惜我手上无权，我自己的帽子也还没有摘掉，要不然，我一定要做了这件好事。”→“要不是我手上无权，我自己的帽子也还没有摘掉，我一定要做了这件好事。”

“要不是p，就q”句式，凡是隐含感到惋惜、感到遗憾之类意思的，都可以变换为“可惜p，否则q”的句式。例如：

(18) 要不是下班时间到了，他还想跟我再杀几盘。（龙仁青《锅庄》，《小说选刊》1996 年第 11 期 116 页）

(19) ……若不是眼下有急事，他真想坐下来休息一下。（字心《雾中鼓声》，《昆仑》1983 年第 1 期 100 页）

上例可以分别变换为："可惜下班时间到了，否则他还想跟我再杀几盘。" | "可惜眼下有急事，否则他真想坐下来休息一下。"

第三节　因为 p，否则 q

这一句式也表示原因和逆原因的结果。跟前两种句式相比，偏重于客观地述说事实。

一、前项 p 用"因为""由于"之类的连词，从形式上直接显示已成为事实的原因

例如：

(20) 她和沙马耳虎因为化了装，不然，进城难出城也难。（字心《雾中鼓声》，《昆仑》1983 年第 1 期 122 页）

(21) 只是因为他们早已把我许配给查家，要不他们也会……（郑理《傲骨》，《当代》1985 年第 5 期 98 页）

(22) "加拿大只答允贷一千五百万美元与我们；而美国人原来露出口风愿贷五千万元与我们，只是由于孔祥熙在其中作怪，否则……"他摇了摇头，显示深有感触的样子。（鄢国培《巴山月》，《长江》1983 年第 1 期 213 页）

"因为""由于"之类有时不出现，例如：

(23) 都是海棠那死丫头插一杠子，要不俺妹子和长锁是多好的一对呀！（赵新世《鸡为媒》，《长江》1983 年第 2 期 205 页）

(24) 我真冻坏了，要不我去砸您的窗户吗？（关汝松《多恼河》，《中篇小说选刊》1994 年第 6 期 169 页）

上例等于说："都是因为海棠那死丫头插一杠子，要不……" |

"因为我真冻坏了，要不我去砸您的窗户吗?"

二、后项q也表示反事实、逆原因的结果，对p项原因也有反证作用；整个句式跟"幸亏p，否则q"和"可惜p，否则q"都可相通

如例(20)，可以把"因为"换成"幸亏"；例(22)，可以把"由于"换成"可惜"。

如果说"幸亏p，否则q"和"可惜p，否则q"是分别表示庆幸有所得和惋惜有所失，那么，"因为p，否则q"则是中性的，在得失之间并不特别显露主观的情绪，只是客观地反映甲事与乙事之间因果逆转的联系。例如：

(25) 只因(几个年轻人)还不了解昨晚发生在松毛林子中的事，不然他会挨一顿好打……(字心《冷子司棋》,《清明》1983年第1期41页)

这里并不明确表示对所说的事是"庆幸"还是"惋惜"。可以认为是"幸亏……不然……"，也可以认为是"可惜……不然……"，这要取决于说话人是不是站在"他"的对立面。

三、"因为p，否则q"也可以变换为"要不是p，就q"

值得注意的是，"幸亏p，否则q"和"可惜p，否则q"在变换为"要不是p，就q"以后，"幸亏""可惜"不再保留，而"因为p，否则q"在变换为"要不是p，就q"以后却可以保留"因为"之类。如："她和沙马耳虎因为化了装，不然，进城难出城也难。"→"她和沙马耳虎要不是因为化了装，进城难出城也难。"又如："由于孔祥熙在其中作怪，否则……"→"要不是由于孔祥熙在其中作怪，就……"

运用中也有"要不是因为p，就q"的说法。它们可以直接变换为"因为p，否则q"。例如：

(26) ……要不是因为出了这场斗殴事件，人们也许早把他忘个一干二净了。(伊始《斗殴》,《百花洲》1983年第1期61页)

上例也可以说成："因为出了这场斗殴事件，否则人们也许早把他忘个一干二净了。"

第四节 想来p，否则q

这一句式也表示原因和逆原因的结果。但不是用来反证已然的原因，而是用来反证推测的原因。如果把前三种句式叫作释因式，这一句式就可以叫作推因式。

一、前项p表示原因，指尚未证实的事情；句首用“想来”“看来”“x猜想”“x怀疑”之类的按注性词语，表明p是推测

例如：

(27) 看来，姑娘的外貌给了憨嫂非常非常深刻的印象，要不她怎么会叨唠个没完。（黄乾孟《她进“老虎口”》，《百花洲》1983年第3期169页）

(28) 她猜想一定发生了什么意外，否则黄成宾不会不来。（鄢国培《巴山月》，《长江》1983年第1期202页）

(29) ……我怀疑自己莫非也披了件“温柔”的外衣，要不然，为什么不告诉他，自己每天直着嗓门唱歌……（叶永刚等《别有蹊径》，《小说月报》1982年第3期88页）

按注性词语有时不出现。这时，p项往往包含“肯定”“一定”“说不定”“兴许”之类的词语，或者p项本身是一个表示猜疑的问句。例如：

(30) ……他们肯定把那天的事讲给同学们听了，不然为什么同学们喊她玩时没以前热情呢？（沈虹光《妮娜和她的朋友们》，《人民文学》1982年第12期93页）

(31) ……兴许哪句话叫人抓住辫子，不然决不会处分他。（理由《九死一生》，《十月》1983年第2期13页）

(32) 难道那个卞秃头把他们的私下交易都说出来了？要不然，姓周的怎么会如此强硬呢？（林正让、康延平《故乡月》，《长江》1983年第1期127页）

二、后项q表示逆原因、反事实的结果，词面上可以指如意的事，也可以指不如意的事

这一点跟“因为p，否则q”相同，而跟“幸亏p，否则q”“可惜p，否则q”不同。比较：

(33) 想来风向有变化，不然，张胖子会重用他的。

(34) 想来风向有变化，不然，张胖子不会重用他的。

这两例p项词面相同。对“他”说来，前一例q项词面所指是如意的（事实不如意，他未被重用），后一例q项词面所指是不如意的（事实如意，他受到重用）。

三、“想来p，否则q”句式实际上是根据某种事实来推断某种原因，它可以变换为一般的推断句式“既然非p，就一定是q”

比如：“一定发生了什么意外，否则黄成宾不会不来。”→“既然黄成宾没来，就一定是发生了什么意外。”

用“既然……就……”的句子，如果是据果推因的，就可以变换为“想来p，否则q”的句子。例如：

(35) 但是他又想，既然党组织叫他联系，（就）一定没有问题。（罗文斌等《挺进报》，初中《语文》第一册64页）

这一句也可以说成：“想来一定没有问题，否则，党组织不会叫他联系。”

“想来p，否则q”句式也可以变换为“要不是p，就q”的句式。如：“一定发生了什么意外，否则黄成宾不会不来。”→“要不是发生了什么意外，黄成宾就不会不来。”不过，变换以后如果没有“我想”之类的词语，或者没有特定的上下文，有时可能使人把“猜想”当成事实。看这个例子：

(36) 她一定还不晓得她的心上人走失，否则不会那么愉快。（刘同兴《威风乡人》，《当代》1983年第1期76页）

把这一例变换为“她要不是还不晓得她的心上人走失，就不会那么愉快”，如果加“我想”，或者有特定的上下文，仍然可以表明“还不晓得”是推测；如果孤零零地说出来，就像是事实。

第五节 除非p，否则q

这是一种条件式，表示条件和逆条件的结果。

一、前项通过“除非”提出条件，并强调其绝对必要，不可缺少

条件有两种：一是需求性的，二是析因性的，都指未然的或尚未证实的事。

第一，关于需求性条件。

提出需求性条件的，前项有“非这样不可”的意思，“除非p，否则q”可以变换为“非p不可，否则q”。例如：

(37) 于书记还说，除非你到克山病区去，否则不会放你。(张抗抗《在丘陵和湖畔，有一个人……》，《十月》1982年第1期87页)

(38) 除非这一剑先将他刺死，否则自己下盘必被击中。(金庸《笑傲江湖》279页)

(39) 当今之世，除非是师父下山，否则不知还有谁能胜得过他。(金庸《倚天屠龙记》207页)

这三例可以分别说成：“你非到克山病区去不可，否则不会放你。”|“这一剑非先将他刺死不可，否则自己下盘必被击中。”|“当今之世，非师父下山不可，否则不知还有谁能胜得过他。”

运用中也常见“非p不可，否则q”的句式。例如：

(40) 你非给我指出人来不可，要不跟你没完！(蒋子龙《锅碗瓢盆交响曲》，《小说月报》1983年第3期16页)

这一例也可以改说成：“除非你给我指出人来，要不跟你没完！”

运用中，还偶尔见到“只有p，否则q”的说法，相当于“除非p，否则q”。例如：

(41) 只有快快逃离了这个地方，不然会发疯的。(徐蕙照《折桂》，《小说月报》1996年第12期76页)

这一例也可以说成：“除非快快逃离了这个地方，不然会发疯的。”|

“非快快逃离这个地方不可，不然会发疯的。”

第二，关于析因性条件。

提出析因性条件的，前项有“除了由于某种原因”的意思，“除非p，否则q”可以说成“除非因为p，否则q”。例如：

(42) 报告会上除非被逼得没有办法，否则，还是隐讳一点为好吧。(曾德厚、木杉《有意无意之间》，《当代》1983年第1期10页)

(43) 你干完自己的活儿，除非有人请你帮忙，否则情愿呆在一旁游手好闲。(宋海年《文人》，《中篇小说选刊》1995年第2期35页)

(44) 除非是发暗器之人的本门解药，否则毒性难除。(金庸《倚天屠龙记》174页)

这三例，等于说：“除非因为被逼得没有办法，否则，还是隐讳一点为好。”｜“你干完自己的活儿，除非因为有人请你帮忙，否则情愿呆在一旁游手好闲。”｜“除非因为是（发暗器之人的）本门解药，否则毒性难除。”

二、后项q表示逆条件的结果，即违反条件要求所导致的某种情况，也是未然的或尚待证实的事

前项p如果指需求性条件，那么，后项q是从反面说明条件的决定性作用，同时强调出满足所说条件的绝对必要。常用否定句式或跟否定句式相当的反问句式，有时也用“只能……”“一定(准)……”之类的肯定句式。例如：

除非你离开这儿，否则他不会放过你。

除非你离开这儿，否则他怎么会放过你？

除非你离开这儿，否则你只能整天躲着！

除非你离开这儿，否则你一定要挨打！

前项p如果指析因性条件，那么，后项q虽然也从反面说明条件的决定性作用，但真正用意不是强调必须满足p项条件，而是强调q项结果不受其他任何条件的影响。常用否定句式或跟否定句式相当的反问句式，也用“一定（准）……”的肯定句式，但不能用“只能……”的肯定句式。例如：

除非没赶上班车，不然他不会迟到。

除非没赶上班车，不然他怎么会迟到？

除非没赶上班车，不然他两点钟准到。

三、“除非 p”和“否则 q”之间可以插入“才 q”

“（才）q”是顺条件的，可写为“＋q”，“（否则）q”是逆条件的，可写成“－q”，那么，“除非 p，否则 q”句式都可以扩展为“除非 p，才＋q，否则－q”。比如：

除非你到克山病区去，否则不会放你。

→除非你到克山病区去，才会放你，否则不会放你。

除非是师父下山，否则不知还有谁能胜得过他。

→除非是师父下山，才能取胜，否则不知还有谁能胜得过他。

四、“除非 p，否则 q”里的“否则”有时不用，但可以添加上去

不用“否则”时，后项一般采取否定形式。例如：

（45）……除非我召集你们，或者有人认为十分必要，你们不要这样成群打伙地来找我。（陈冲《厂长今年二十六》，《当代》1982 年第 6 期 16 页）

第六节　要么 p，否则 q

这是一种选言式，表示情况的选择或情况的交替。

一、这一句式可以变换为“要么 p，要么 q”，但表意重点有所不同

例如：

（46）要么是十六结婚，不然就——拉倒！（王钢《野花瓣儿》，《小说月报》1982 年第 2 期 51 页）

这一例表示从 p 和 q 中选择其一，也可以说成：“要么十六结婚，要么拉倒!”不过，“要么 p，要么 q”是并举两个选择项，而“要么 p，否则 q”则是通过具有逆转作用的“否则”之类表明 q 项具有补说性质，基本意思在 p 项。

从隐含的关系看，有的 p 和 q 之间存在条件和结果的对立，有的 p 和 q 只是并立的两种情况。由于形式上用了“要么……否则……”，都转化并强调了选择性，都可以改说成“要么……要么……”。比较：

(47) 要么照我的意思办，否则，我饶不了你!

(48) 要么照我的意思办，不然，就照你三哥的意思办!

前一例是隐含条件结果对立关系的选言式，后一例是隐含一般并立关系的选言式。

二、“要么 p，否则 q”可以扩展成“要么 p_1，要么 p_2，否则 q”

这时，p 项本身包含两个用“要么……要么……”表示出来的选择项，q 项的补说性质更加明显。比如，例 (46) 可以扩展成：“要么本月十六结婚，要么下月十六结婚，不然就——拉倒!”这是隐含条件结果对立关系的选言式的扩展。又如：

(49) (既然不少人在叫喊，其中就定有原因：) 要么就是李春山讲的统购任务过大了；要么就是昨天柳永凤说的，有娃娃鱼在暗里兴妖作怪。再不然，就是粮食本来是够吃的，但一部分人不会计划，胡乱浪费了，现在出现了窟窿。(克非《春潮急》，上海人民出版社 1974 年版 129 页)

这是隐含一般并立关系的选言式的扩展。

“要么 p_1，要么 p_2，否则 q”也可以说成“或者 p_1，或者 p_2，否则 q”或“不是 p_1，就是 p_2，否则 q”。例如：

(50) 或者把他的节目全部都挪到十一点之前；或者给他增加工资，使他每天能吃像样的晚餐。否则，我就要到别的饭馆去给他找一个早一点收工的工作。(德兰《求》，《收获》1982 年第 1 期 84 页)

(51) (这些日子来，他常常夜里出去。) 不是借口开会，就是借口去同志家坐坐，要不就干脆什么也不说，吃罢晚饭就匆匆走

了。(郭从远《年轻的心》,《当代》1982年第3期181页)

前一例是隐含条件结果对立关系的选言式的扩展，后一例是隐含一般对立关系的选言式的扩展。

三、隐含一般并立关系的选言式，p项前边可以不用“要么”，只在pq之间用“否则”之类；pq之间的“否则”之类都可以说成“再不然”或“再不”

例如：

(52) 你说呀，爸爸！……要不，你就点点头吧，爸爸！(蒋金彦《梦》,《人民文学》1982年第12期87页)

(53) 准是鬼点灯，要不，就是你的眼花了。(申文钟《山翠菊香》,《长江》1983年第2期236页)

不用“要么”, pq之间仍然具有明显的选择关系。“要不”可以说成“再不然”或“再不”。又如：

(54) 有空，到街上遛遛，散散心，再不，花上两毛钱，看上场电影。(薛勇《红灯和绿灯》,《长城》1982年第1期5页)

(55) 我看那个情景，不是个老倌子，就是个病人子，再不，就是跛子、瘫子。(彭铁森《“凤凰孵蛋”的传说》,《清明》1983年第1期103页)

前一例p项不带“要么”, pq之间用“再不”；后一例p项用“不是……就是……”, pq之间用“再不”。

第七节　还是p吧，否则q

这是一种祈使式，表示祈求和逆祈求的结果。

一、前项p提出某种祈求，用“还是……吧”或者能直接添加“还是……吧”的祈使句

有的“还是”和“吧”同时出现。例如：

(56) 你还是来吧，要不我想你。(浩然《老人和树》,《当代》1982年第6期111页)

有的只在前面出现“还是”，或者只在后面出现“吧”，或者“还是”和“吧”都不出现。例如：

(57) 你还是早点杀了它，要不客人一来就忙不赢了。(苏群《两个黄鹂鸣翠柳》，《长江》1982 年第 4 期 85 页)

(58) 快卖了吧，要不人家可走啦！（郑效农《花鸟鱼市》，《当代》1982 年第 3 期 217 页)

(59) 请别这样激动，否则我就证实了他是对的。(马佳《林声》，《收获》1982 年第 6 期 113 页)

前一例用“还是……”，可以补上“吧”；中间一例用“……吧”，可以补上“还是”；后一例“还是”和“吧”都不用，但可以自然地补加“请还是别这样激动吧”。

前项所用的祈使句，可以是肯定的，也可以是否定的。有时，连用肯定、否定两种祈使句式。例如：

(60) ……要走马上就走，别耽搁，要不，我会忍不住让他给我留起来的。(郑效农《花鸟鱼市》，《当代》1982 年第 3 期 227 页)

这一句的前项，等于“要走还是马上走吧＋要走还是别耽搁吧”。

二、后项 q 表示逆结果，指违反祈求将导致的后果；同时，又表明另一种选择，是不选择 p 项祈求将面临的另一种不利的选择

例如：

(61) 春生，你把种鸡舍那个洞补补吧！要不，鸡都丢光。(赵新世《鸡为媒》，《长江》1983 年第 2 期 183 页)

“鸡都丢光”是不听从“把种鸡舍那个洞补补”的劝告而导致的不利结果；如果不选择“把种鸡舍那个洞补补”的做法，就要面临“鸡都丢光”的不利选择。

后项 q 有时用疑问句，但实际上也表明了不利的结果、不利的选择。例如：

(62) 走吧，阿雪，要不，我们怎么办？(范小青《屋檐下》，《小说月报》1982 年第 3 期 92 页)

三、“还是 p 吧，否则 q”可以变换为“要么 p，要么 q，q 不好，所以还是 p 为好”

比如：“你把种鸡舍那个洞补补吧！要不，鸡都丢光。”→“要么你把种鸡舍那个洞补补，要么鸡都丢光；鸡都丢光不好，所以，还是把种鸡舍那个洞补补为好。”

“要么 p，否则 q”是单纯的选言判断，“还是 p 吧，否则 q”则包含着一个选言推理。比较：

(63) 要么杀了它，不然，就卖掉它！

(64) 还是杀了它吧，不然，大家都不得安宁！

前一例是隐含一般并立关系的选言式，只能说成：“要么杀了它，要么卖掉它！”后一例是祈使式，可以说成：“要么杀了它，要么大家都不得安宁；大家都不得安宁不好，所以，还是杀了它为好！”

第八节 不能 p，否则 q｜不能不 p，否则 q

这两种句式都表示需求和逆需求的结果。构造上最突出的特点是前项带有表示能愿的助动词，可以叫作能愿式。

一、“不能 p，否则 q”，前项带有“不能”，从否定的角度分析事物的必要性，指明某种需求

例如：

(65) 不能在错误面前退却，不然这种无组织无纪律的行为，会像病菌那样继续蔓延传染的。（陆俊超《啊，船长》，《昆仑》1983 年第 1 期 64 页）

“不能”有时说成意思基本相同的“不应”“不可”之类。例如：

(66) 这种女人绝不应是对现代伦理有清醒知觉，对现代文明有热烈向往的那种女性，否则的话，格格不入的追求，就会使情感发生危机，使先天的悲剧愈演愈惨。（海波《彩色的鸟，在哪里飞徊?》，《小说月报》1982 年第 7 期 35 页）

二、“不能不 p，否则 q”前项带有“不能不”，从双重否定表肯定的角度分析事物的必要性，指明某种需求

例如：

(67) 细妹她娘，我不能不走，要不，我对不住你，也对不住春牛！（李俊彬、刘永骥《米水弯弯》，《长江》1983 年第 1 期 162 页）

(68) 作为一个人，又不能不看，不能不想。否则，她的头脑里就会一片空白，她的神经就无法忍受，她会疯的！（关鸿《三十九册邮集》，《花城》1983 年第 2 期 152 页）

如果用直接肯定的说法，“不能不”可以说成意思相当的“得”“要”“必须”“应该”等。“得（要/必须/应该）……否则……”相当于“不能不……否则……”。例如：

(69) 就像种子一样，到了一定时候就得更新换代，不然就退化了，老化了。（郑万隆《红灯黄灯绿灯》，《当代》1982 年第 3 期 68 页）

(70) 这话该说了，否则会让莹莹太难堪。（马未都《生命》，《长江》1983 年第 2 期 21 页）

三、“不能（不）p，否则 q”，后项表示逆需求的结果，同时也揭示跟需求不相容的另一方面的选择，可以变换为“要么不能（不）p，要么 q；q 不好，所以，不能（不）p”

比如：“我不能不走，要不，我对不住你，也对不住春牛！”→“要么我不能不走，要么我对不住你和春牛；对不住你和春牛不好，所以，我不能不走。”

“不能（不）p，否则 q”同“还是 p 吧，否则 q”有相似之处，但也有不同。主要表现在：第一，“不能（不）p，否则 q”的前项大都是陈述句，“还是 p 吧，否则 q”的前项一定是祈使句。第二，“不能（不）p，否则 q”的前项有时也用祈使句，但分析主客观需要的说理意味比较重，并且不能直接变换为“还是不能（不）p 为好”。比较：

(71) 割草可不能碰了坏天气呀，不然要泡汤的。（楚良《新

演诸葛》，《作品与争鸣》1982 年第 7 期 22 页）

（72）割草还是注意一下天气吧，不然要泡汤的。

前一例若说成“割草还是不能碰了坏天气为好”，不顺当；后一例说成“割草还是注意一下天气为好”，很自然。

“得 p，否则 q”，前项如果用祈使句，跟“还是 p 吧，否则 q”特别接近，但不能在保持原句性质的前提下直接添加“还是……吧”。

例如：

（73）这年头，脑瓜得活点，要不，得处处碰壁呢！（薛勇《红灯和绿灯》，《长城》1982 年第 1 期 11 页）

如果保留能愿动词“得”，将前项说成“脑瓜还是得活点吧”，就会带上疑问语气，改变了祈使句的性质。

本章小结

第一，上面讨论了“p，否则 q”的几种具体句式。它们在语义关系上有区别，在可以变换的句式上也有不同。列成一表，以便对照：

	典型句式	主要变换式
释因式	幸亏 p，否则 q。 可惜 p，否则 q。 因为 p，否则 q。	要不是 p，就 q。 （之所以非 q，就因为是 p。）
推因式	想来 p，否则 q。	要不是 p，就 q。 （既然非 q，就肯定是 p。）
条件式	除非 p，否则 q。	除非 p，才＋q，否则－q。 （非 p 不可，否则 q。） （除了因为 p，否则 q。）
选言式	要么 p，否则 q。	要么 p，要么 q。
祈使式	还是 p 吧，否则 q。	要么 p，要么 q，q 不好，所以，还是 p 为好。
能愿式	不能 p，否则 q。 不能不 p，否则 q。	要么不能（不）p，要么 q，q 不好，所以，不能（不）p。

第二，“p，否则q”句式，p和q之间的语义关系多种多样，但异中有同，这就是：从p项到q项都是逆转的。一般是逆转以后引出逆结果，选言式则是逆转以后引出不相容的另一种情况。

第三，在“p，否则q”里，表意重心一般在p。释因式和推因式，重在表明p项原因具有决定性影响；条件式，提出需求性条件的，重在强调条件的必不可少；选言式，基本的选择项是p；祈使式和能愿式，重在表明必须听从p项使令劝告或满足p项需求。只有条件式中提出析因性条件的一类，强调q项结果的出现不受其他条件的影响，重心在q。

第四，“否则”之类关系词语是p与q前后逆转的纽带。“否则”之类一般不能不用，只有在条件式中有时才可以隐去。

第五，同是表示逆转，“否则”之类和“但是”之类并不相同。“否则”之类，本身含有先假设否定前面所说的事，然后转到肯定后面所说的事的意思，表示的是一种假言否定性的逆转；“但是”之类，本身不包含那么复杂的意思，说转就转，表示的是一种直截了当的硬性的逆转。“否则”之类和“但是”之类是两路不同的逆转词。正因如此，尽管用“否则”之类关联的假转句也是转折类复句，但通常提到转折句时，往往只指用“但”类词关联的转折句。

第三章 “但”类词和“既p，又q”等句式

“但”类词，指“但”“但是”“可”“可是”“却”等表示转折关系的连词或关联副词。

本章讨论“但”类词进入“既p，又q”“一方面p，另一方面q”“即使p，也q”和“宁可p，也q”等句式的情况。

第一节 “但”＋“既p，又q”→“既p，但又q”

“既……又……”表示属性的并列，就复句说，它构成并列关系的复句。“但”类词有时可以进入这一句式。例如：

(1) 陈毅说的既是微妙的外交辞令，但又是率真的大实话……（宗道《冀朝铸一生哭过三次……》，《小说家》1998年第4期121页）

(2) 他既希望周奉宛能办成此事，却又怕她弄不好捅出麻烦来……（张笑天《没有画句号的故事》，《收获》1983年第1期236页）

这两例既用了“既……又……”，又用了“但/却”。前一例是“既……但又……”，也可以说成“既……却又……”；后一例是“既……却又……”，也可以说成“既……但又……”。不用“但/却”完全可以，那是平列两种属性；用了“但/却”，就把并列复句转化成了转折复句。再看几个例子：

(3) ……既不肯结网，却又要注意地打听，有谁在转这个

"结网"的念头。(竹林《阿大和他的秃尾巴狗》,《百花洲》1983年第1期77页)

(4) 我既感到摆脱了一种负担的轻松,却又有一种相形见绌的沉重。(陆星儿《呵,青鸟》,《收获》1982年第2期131页)

(5) 对于林冲,我们既寄以满腔的同情,却又深惜其认识不够……(高中《语文》第五册)

这三例既用了"既……又……",又用了"却"。"却"换成"但"也行。

"既……也"和"既……又"相近。"但"类词也可以进入"既……也……"的句式。例如:

(6) 她既没有踊跃赞同,但也没有露出一丝不愿的样子。(於梨华《又见棕榈 又见棕榈》,福建人民出版社1980年版77页)

(7) 爱情既是一首优美的歌曲,但也是难谱的乐章,难弹的琴……(从维熙《北国草》,《收获》1983年第3期244页)

(8) 这么些年,既听不到他们一点点自我批评,可也听不到他们一句互相埋怨的话……(白峰溪《风雨故人来》,《十月》1983年第5期39页)

这里,既用了"既……也……",又用了"但/可"。用"却"也行:"她既没有踊跃赞同,却也没有露出一丝不愿的样子。" | "爱情既是一首优美的歌曲,却也是难谱的乐章,难弹的琴……" | "这么些年,既听不到他们一点点自我批评,却也听不到他们一句互相埋怨的话……"

对于"既p,又q"复句,如果减去"既"和"又",可以看到两种情况:其一,p和q之间是地地道道的并列关系;其二,p和q之间隐含有转折关系。先看第一种情况:

(9) 你爸回来了,既有实权,又有威望,求他给秀芳办办不可以吗?(浩然《姑娘大了要出嫁》,《春风》1982年第1期49页)

(10) 他们三三两两在村头上转游,既卖这里缺少的土产,又讲他们近两年来的变化。(高晓声《陈奂生包产》,《人民文学》

1982 年第 3 期 37 页)

上例减去“既”和“又”，剩下“有实权”和“有威望”，“卖这里缺少的土产”和“讲他们近两年来的变化”，都是一般的并列关系。这样的“既 p，又 q”复句，不能添加“但”类词。如不能说“既有实权，但又有威望”，“既卖这里缺少的土产，但又讲他们近两年来的变化”。再看第二种情况：

(11) 我想着你，既想马上见到你，又怕马上见到你。(王中才《龙凤砚》，《春风》1982 年第 1 期 140 页)

(12) 哪个单位出个先进人物，既是哪个单位领导的光荣，又是哪个单位领导的包袱。(郑万隆《红灯黄灯绿灯》，《当代》1982 年第 3 期 67 页)

上例减去“既”和“又”，剩下“想……”和“怕……”，“是……光荣”和“是……包袱”，彼此间显然存在着矛盾对立的意思。这样的“既 p，又 q”复句，可以很自然地把“但”类词添加上去。如可以说成“既想马上见到你，却又怕马上见到你”，“既是哪个单位领导的光荣，但又是哪个单位领导的包袱”。下面是同类的例子，也可以在用了“既……又……”的同时添加上“但/却”：

(13) 我荣升“大姐级”的同时，既为自己是公司的元老而自豪，又暗暗感慨时光不饶人。(燕子《太阳雨》，《中篇小说选刊》1997 年第 4 期 23 页)

(14) 这使我既感到欣慰，又体会到某种凄凉。(余纯顺《走出阿里》，《小说月报》1996 年第 12 期 17 页)

(15) 你真的疯狂就好了，红娣也会这样想的。可惜，你既疯狂，又不疯狂！(矫健《红印花》，《中篇小说选刊》1997 年第 3 期 41 页)

第一种情况的“既 p，又 q”，构成基础是并列关系，“既……又……”的作用在于显示这种并列关系。第二种情况的“既 p，又 q”，构成基础既有并列关系的一面，又有转折关系的一面。“既……又……”的作用，是显示并列关系的一面，从而形成并列复句；若加上“但”

类词，便同时复现并列关系和转折关系，既强调了属性同时存在的一面，又突出了属性间的逆转关系。“但/却”的添加，促成了并列复句向转折复句的转化。

第二节　“但”＋“一方面 p，另一方面 q”→“一方面 p，但另一方面 q”

“一方面……另一方面……”表示两个方面的情况的并列，也是并列复句的句式。“但”类词有时也可以进入这种句式。例如：

（16）一方面，他们不能禁止自己不犯已经知道的错误，他们明知故犯；但另一方面，他们又要禁止别的党员向党向上级报告及在会议上批评他们。（《刘少奇选集》上卷 191 页）

（17）在目前，我们一方面应当动员群众向国民党政府提出要求，允许救国会的公开，允许各种非法团体的登记，允许言论、集会、罢工的自由；但是另一方面，我们还应当利用各种灰色的团体去组织群众，加入各种已有的合法团体去进行工作。（《刘少奇选集》上卷 63～64 页）

（18）……蒋介石又发表了一个谈话，一方面是承认我们，可是另一方面，还是说要取消红军，取消苏区。（《周恩来选集》上卷 196 页）

（19）许多人都有一种好奇的心理，他一方面说你是“无巧不成书”，另一方面却又“无巧不看书”。（陆文夫《误会与巧合》，《钟山》1982 年第 3 期 237 页）

这几例，既用了“一方面……另一方面……”，又用了“但”类词。连词“但”“但是”“可是”用在“另一方面”的前边，关联副词“却”用在“另一方面”的后边。只用“一方面……另一方面……”，这是标志明显的并列复句；添加上“但”类词，这种并列复句便转化成转折复句。

“一面……一面……”和“一方面……另一方面……”相近。“但”

类词也可以进入“一面……一面……”的句式。例如：

(20) 朱洪武建造了世界上围墙最大的城市，这一面是他的丰功伟绩，另一面却是他穷奢极欲的心理裸现。(丁帆《金陵古意寻踪》，《百花洲》1998 年第 3 期 165 页)

(21) 老孟一面用了十分敬畏的神情朝老太太看，一面却悄悄地跑到派出所去找户籍警老刘同志作了秘密报告。(张廷竹《五十四号墙门》，《芙蓉》1983 年第 2 期 7 页)

(22) 军阀对红军曾三次“会剿”，每次都含着两方面的意义：一面固然是在共同进攻革命势力，一面却又是军阀为了准备自己战争，必须先求解决红军以固后防……(《周恩来选集》上卷 32 页)

上例分别加上了“却”和“固然……却……”。这样，“一面……(另)一面……”的并列复句便转化成了转折复句。

跟“既 p，又 q”的情况相似，“一方面 p，另一方面 q”的构成基础有时是一般的并列关系。在这种情况下，“一方面 p，另一方面 q”不能说成“一方面 p，但另一方面 q”。例如：

(23) 一方面，我们已用事实证明给老百姓看，我们有力量打倒蒋介石；另一方面，老百姓也不要蒋介石……(《周恩来选集》上卷 276 页)

(24) 自从父亲病故后，看透了世态炎凉。一方面自己一心想学点本事有个出路，另一方面有些愤世嫉俗同情弱者。(王火《夜的悲歌》，《十月》1982 年第 4 期 129 页)

这里，“一方面……另一方面……”是从形式上显示本来存在的并列关系。因为不存在转折的逻辑基础，所以不能添加“但”类词。

有时，“一方面 p，另一方面 q”的构成基础是互相矛盾的两方面的情况。在这种情况下，可以说成“一方面 p，但另一方面 q”。例如：

(25) 他一方面侈谈工业化的计划经济，另一方面又憧憬于《礼运》大同之篇……(《周恩来选集》上卷 149～150 页)

(26) 一方面他觉得苏青很爱他，另一方面他又觉得苏青说不爱他就可能不爱他了。(王石《雁过无痕》，《中篇小说选刊》1997

年第3期139页）

（27）一方面作为一个有事业心的厂长，他要把东风厂办成一流的企业，（另）一方面，对大阳厂的感情又牵扯着他，他时刻关心着大阳厂的利益。（刘雁《城市守望》，《小说家》1997年第3期11～12页）

这里，可以很自然地添加“但/却”之类。“一方面……另一方面……”是显示两方面情况的并存，形成了并列复句。如果加上“但”类词，则是把并列复句转化成转折复句。这样的转化，既能明确揭示事情的两面性，又能突出两面之间的逆转关系。

第三节 “但”＋“即使p，也q”→“即使p，但也q”

“即使p，也q”复句通常被认为是表示让步关系的假设复句。一般认为“即使”和“也/还”之类呼应使用，不能和“但/却”之类呼应使用。如《现代汉语八百词》说：“‘尽管、虽然’的后面可以用连词‘可是、但是、然而’等呼应，‘即使’不能。”（254页）其实，“即使……但也……”之类的例子并不很少。比如：

（28）如果她承袭了这笔财产，即使是合法的，但也不光彩。（姜滇《清水湾，淡水湾》，《十月》1982年第3期85页）

（29）即使自己有很多对的意见，但是还要听人家的意见，把人家的好意见吸取过来……（《周恩来选集》上卷329页）

（30）即使人山人海，男人们的目光却总是一眼就能看到灵秀。（肖克凡《远山的沉没》，《小说月报》1996年第11期56页）

前一例是“即使……但也……”，第二例是“即使……但是还……”，第三例是“即使……却……”。跟“即使”作用相当的“哪怕”“就算”等，有时也同“但”类词呼应使用。例如：

（31）我甚至觉得男人都是骗子，哪怕恋爱的时候说得再动听，但只要结了婚，孩子一生，爱情也就褪色了。（曹玉林《祠堂

里的学校》，《当代》1982 年第 3 期 164 页）

（32）就算这话不假，可南边是南边，翰林府是翰林府，天南地北的，哪能拉到一根弦上？（王笠耘《春儿姑娘》，《当代》1982 年第 3 期 160 页）

（33）就算他酒量当真无底，肚量却总有底……（金庸《射雕英雄传》第二回）

（34）记得韩非子曾经教人以竞马的要妙，其一是“不耻最后”。即使慢，驰而不息，纵令落后，纵令失败，但一定可以达到他所向的目标。（鲁迅《华盖集·补白》，《鲁迅全集》第 3 卷，同心出版社 2014 年版 59 页）

前一例是“哪怕……但……”，第二例是“就算……可……”，第三例是“就算……却……”，后一例是“纵令……纵令……但……”。

“即使……也……”本来存在先让步后转折的关系。“但”类词进入“即使……也……”句式的用法，恐怕很难说是不合规范的句子。

有时，前后分句结构上比较复杂，用“但”类词既有强调转折关系的作用，还有划清转折界限的作用：

（35）我猜想：即使在这风雪迷茫的黑夜，工人、工人的妻子和工人的孩子，谁也看不清谁，可是他们一定能感觉到相互深切的鼓舞和期待。（杜鹏程《夜走灵官峡》，初中《语文》第二册 93 页）

（36）即使无人豢养，饿的精瘦，变成野狗了，但还是遇见所有的阔人都驯良，遇见所有的穷人都狂吠的，（不过这时它就愈不明白谁是主子了。）（鲁迅《“丧家的”“资本家的乏走狗”》）

（37）尽管他精通生产，有敏锐的智力，即使在他的坏脾气中也时常显现出智慧的异彩，但是他的坏脾气毁了他的智慧，人们只知道他脾气坏，不承认他有智慧。（蒋子龙《拜年》，《人民文学》1982 年第 3 期 11 页）

（38）他们，尤其是妈，即使对我的不回去觉得失望，但是因为我是他们的儿子，他们慢慢会原谅我的。（於梨华《又见棕

榈　又见棕榈》，福建人民出版社 1980 年版 99 页）

前一例，“即使”引出的分句较长，结构比较复杂。第二例，“即使”后边不只一个分句，“但”后边也不只一个分句。第三例，“但是”前边出现了“尽管……即使……”，后边不只一个分句。后一例，尽管“即使”引出的分句不复杂，“但是”后边的分句却又是一个因果复句。这里的“但”类词，不但强调了转折关系，而且划出了转折的界限。

第四节　“但”＋“宁可 p，也 q”→“宁可 p，但 q”

“宁可 p，也 q”通常被归入选择复句或者取舍复句。前边分句里用“宁可”或“宁”“宁肯”“宁愿”，后边分句里往往通过“也”引出否定形式或肯定形式。例如：

（39）我宁可受穷，也不跟他们学！（浩然《能人楚世杰》，《长城》1982 年第 3 期 56 页）

（40）她宁可坐在马路边，也决不肯一个人耽在里面。（茹志鹃《她从那条路上来》，《收获》1982 年第 4 期 183 页）

（41）为了滋补他，我宁愿自己平时吃饭再节省一些，也要尽量把星期日全天的野餐准备得丰富可口。（德兰《求》，《收获》1982 年第 1 期 5 页）

（42）她宁肯自己挨饿，也要把公有的几升米匀给贫苦的农友。（毛岸青、邵华《我们爱韶山的红杜鹃》，初中《语文》第五册 11 页）

前两例，后面分句“也”引出否定形式“不……”；后两例，后面分句“也”引出相当于双重否定的肯定形式“要……”，“要”相当于“不能不”“不愿不”之类。

“宁可……也……”的格式里，也可以添加“但”类词。不过，用了“但”类词之后，“也”字不再出现。例如：

（43）宁可慢些，但要好些！（李国文《花园街 5 号》，《十月》1983 年第 4 期 44 页）

(44)(芬酷爱花)她宁可几年不添一件新衣服,可房里决不能断了花卉……(程乃珊《蓝屋》,《钟山》1983年第4期32页)

(45)我宁看《红楼梦》,却不愿看新出的《林黛玉日记》,它一页能够使我不舒服小半天。(鲁迅《三闲集·怎么写》,《鲁迅全集》第4卷,同心出版社2014年版14页)

前一例是"宁可……但……",中间一例是"宁可……可……",后一例是"宁……却……"。这些如果认为是选择复句或取舍复句,何以解释"但"类词出现的事实?

首先,得承认"宁可p,也q"这种复句确实具有选择性。它表示经过比较有所抉择,有所取舍。选择的结果,在前面的小分句用"宁可"肯定了下来;而在后面的分句,则通过否定形式直接排斥相对立的另一种情况,或者通过肯定形式说出所要努力达到的目的,间接排斥相对立的另一种情况。

其次,应该看到"宁可p,也q"复句在分句间的关系上具有转折性。"宁可"总是表示"忍让"。所作的选择,不是乐意为之,而是出于不得已,不得不有所忍让。"受穷""挨饿""承担舆论和道德的谴责"之类需要忍让,这是不言而喻的。"看《红楼梦》"本是好事,但因为已看过许多遍,所以例(45)里加"宁"表明有所忍让。忍让也是一种让步。先忍让,也就意味着后面将有转折。

再次,还应看到"宁可p,也q"和"即使p,也q"有时可以相通。例如:

(46)我宁愿打一辈子光棍,也决不办这桩事!(刘文忠《姐姐》,《当代》1982年第3期59页)

(47)……宁肯不吃饭,也得满满小酒壶。(浩然《能人楚世杰》,《长城》1982年第3期51页)

这里的"宁愿""宁肯"都可以说成"即使"而基本意思不变。虽然换成"即使"以后忍让的意味有所减弱,但它们毕竟有相通之处。由于"宁可p,也q"属于转折的关系范畴,因而跟"但"类词不相排斥。一般情况下,只用"宁可……也……";如果需要特别强调分句间的转折性，“也”的位置就可以换用“但”类词。

本章小结

本章讨论了四种情况：

①“但”＋“既 p，又 q”→“既 p，但又 q”；

②“但”＋“一方面 p，另一方面 q”→“一方面 p，但另一方面 q”；

③“但”＋“即使 p，也 q”→“即使 p，但也 q”；

④“但”＋“宁可 p，也 q”→“宁可 p，但 q”。

前两种情况，是“但”类词进入非转折复句，把非转折复句转化为转折复句；后两种情况，是“但”类词进入含有转折关系的复句，把含有转折关系的复句强化成明显的转折复句。

第四章 “但”类词和“无论p，都q”句式

“无论p，都q”句式，指通常叫作无条件句的复句句式。作为句式的标志，前分句用“无论”“不论”“不管”等；后分句常用“都”“也”“全”“总”等，有时也可以不用。

这一句式包含程度不同或情况不同的转折性，并不总是排斥“但”类词。本章试图对这个问题作些探讨。

第一节 句式小类

“无论p，都q”句式，可以分为三个小类：①多面列举式；②多面总括式；③单面总括式。

一、多面列举式，前分句用列举的形式表示两个或几个方面的情况

列举项之间，可以加上“还是”“或者”之类的选择性词语。所谓“列举的形式”，包括：“a＋b＋c”并举式，“a＋不a”然否式，“a＋z”对立式。各举一例：

(1) 不论整顿领导班子，整顿作风，整顿政治机关，没有一股子劲头不行。（邓小平《在全军政治工作会议上的讲话》，《邓小平文选（一九七五——一九八二年）》，人民出版社1983年版119页）

(2) 不管你信不信，他做到了！（叶文玲《小溪九道弯》，《小说月报》1982年第2期18页）

(3) 认识的，不管事急事缓，都要坐下喝口水才去。(丁震东、屠海滨《青石街头的小屋》，《钟山》1983年第3期44页)

前一例是“a+b+c”并举式，中间一例是“a+不a”然否式，后一例是“a+z”对立式。

二、多面总括式，前分句用总括的形式表示两个或几个方面的情况

所谓“总括的形式”，指表示任指的疑问代词“谁”“什么”“哪里”等等。例如：

(4) 不管是谁搞错的，我们都得向院里写个检查。(宋家玲《危险的脑疝》，《当代》1983年第3期176页)

(5) 大婶，你无论说什么，我都不会生你的气。(顾笑言《洪峰通过峡谷》，《花城》1983年第3期75页)

多面列举式所提的是两个或几个确定的条件，而多面总括式所提的则是“一个无限变异的条件”①。但从说法的可变性上说，二式是相通的。如例(4)，若采取下面的说法，便成为多面列举式：

(6) 不管是老张搞错的，还是小李搞错的，我们都得向院里写个检查。

上例成了“a+b”并举式。

三、单面总括式，前分句用总括的形式表示一个方面的情况本身存在的种种度量差异

前分句里包含“怎么(怎样/如何)+中心语”“多么(多)+中心语”“多少+中心语”的结构。中心语表示某种情况或划定某种情况的范围，“怎么”“多么”“多少”之类总括这种情况本身可能有的种种度量。例如：

(7) 不管姐姐怎么数落、怨恨，小伙子只是低着头，不敢还腔。(常庚西《深山新喜》，《长城》1982年第1期137页)

(8) (这是她在学校时养成的习惯，)无论晚上睡得多迟，早晨总是六点钟起床。(黄蓓佳《秋色宜人》，《收获》1983年第4期17页)

(9) ……这项工作，无论有多少困难，我们都敢于承担。(杨志杰《选拔》,《当代》1983 年第 3 期 135 页)

单面总括式所提的也是一个无限变异的条件，前分句也用疑问代词表示任指，跟多面总括式有相似之处。但是，单面总括式里的疑问代词总是充当修饰成分，而不充当主语、宾语或述语。一般是作状语，只有“多少”用作定语。这是一。第二，单面总括式里可以用“多么”，这个词已经不表示疑问，可以看作程度副词。第三，单面总括式很难像多面总括式那样，把前分句 p 的意思分解开来，改说成多面列举式。

第二节 “但”类词和单面总括式

单面总括式包含全面性的转折关系，只要有必要，一般可以加上“但”类词。

一、这类“无论 p，都 q”句式，p 的度量不管如何变异，跟 q 之间都存在转折关系

“无论（怎么）p，都 q”之类可以改说成“虽然 p，但是 q”或者“即使 p，也 q”。如例（7）可以改说成：“虽然姐姐那样数落、怨恨，但小伙子只是低着头，不敢还腔。”例（8）可以改说成：“即使晚上睡得再迟，早晨也总是六点钟起床。”再看这几个例子：

(10) ……不管春哥说的话多么难听，他（培南）还是笑眯眯的。(叶辛《发生在霍家的事》,《十月》1983 年第 6 期 10 页)

(11) 他虽然笨，也晓得共产党历来主张集体化。(高晓声《陈奂生包产》,《人民文学》1982 年第 2 期 32 页)

(12) 即使她有多高超的音乐素养，也决不会给观众留下太多美感的东西。(李国文《花园街 5 号》,《十月》1983 年第 4 期 45 页)

前一例用“不管”引出 p，重在强调无条件。如果重在对事实的容认，可以说成：“虽然春哥说的话十分难听，他还是笑眯眯的。”如果重在对条件的纵予，可以说成：“即使春哥说的话十分难听，他也是笑眯眯的。”中间一例用“虽然”引出 p，重在对事实的容认。如果需要强调无条件，可以说成：“不管他怎么笨，也晓得共产党历来主张集体化。”后一例用“即使”引出 p，重在对条件的纵予。如果需要强调无条件，可以说成：“不管她有多高超的音乐素养，也决不会给观众留下太多美感的东西。”

二、这类包含全面性转折关系的“无论 p，都 q”句式，跟“即使 p，也 q”句式一样，具有加上“但”类词的逻辑基础

例（7）等于说“不管姐姐怎么数落、怨恨，小伙子（却）只是……”,例（8）等于说“无论晚上睡得多迟，早晨（却）总是……”，例（9）等于说“无论有多少困难，（但）我们都……”，例（10）等于说“不管春哥说的话多么难听，他（却）还是……”。再比较：

（13）不管他此时心情如何沉重、压抑、失望、悲哀，但他不能不去看看那块人工雕成的石柱……（晓剑、严亭亭《世界》，《收获》1983 年第 2 期 19 页）

（14）不管她如何地勤俭、刻苦、自励，日子总是过得十分艰难。（姜滇《清水湾，淡水湾》，《十月》1982 年第 3 期 76 页）

两例相似，前分句都是“不管＋如何＋联合结构”。例（13）用“但”，可以去掉；例（14）没用“但”，可以添上。

三、这类无条件句式里加上“但”类词，一般是为了强调 pq 间的逆转，有时还有为 pq 划界的作用

先看这两个例子：

（15）实际情况是，不管我们的现实生活多么平庸而沉闷，但是它所缺少的从来也不是戏剧性。（陈铁军《设计死亡》，《作品》1999 年第 4 期 21 页）

（16）“阳历年”——那算什么年？不管你给它起了多好听的名儿叫什么“元旦”，可中国人从来不把它当“年”看待。（蒋子龙《拜年》，《人民文学》1982 年第 3 期 3 页）

这两个例子的前后分句比较简短，加上“但”类词，突出地强调了条件与结果之间的转折性。

再看下面的例子：

(17) 无论我怎么发问，怎么催促她指出我可能存在的错误，可是她还是闭口不谈。(李功达《对一个失踪者的调查》，《十月》1983年第6期54页)

(18) 笑话我吧，珊姐！……不管我在社会上看到过多少阴郁的、可憎的事情，但只要想到你，心地便纯真了。(鲍昌《槐荫庭院》，《十月》1983年第6期95页)

(19) 一个人不管职务多高，权势多重，身分多么显赫，但只要他做了亏心事，做了见不得人的事，那他所摆出来的任何样子，都只能是虚的，假的，都只能是外强中干、色厉内荏！(张平《抉择》，《小说选刊》增刊1997年第1期122页)

前一例，前分句并列两个“怎么”，互有解证。用“但”类词，既强调了前后分句之间的转折关系，又清楚地标明了并列的两项都属于前面的分句。中间一例，后分句是“只要……便……”条件句。用“但”类词，既强调了转折关系，又清楚地把前面的分句和后面的条件句划分成两个部分。后一例，前分句包含三个并列项，比较复杂；后分句是一个“只要……（就）……”条件句，更加复杂。用“但”类词，既强调了转折关系，又在二者之间划出了转折的界限。

第三节　“但”类词和多面列举式与多面总括式

跟单面总括式相对立，多面列举式与多面总括式都是“多面”的，它们的pq之间的“顺”“逆”关系比较复杂，加上“但”类词的可能性，需要作具体的分析。

一、有时，这两式的pq之间具有局部性的转折关系

所谓局部性，是说：p表示情况甲和情况乙，q跟甲乙不会都有转折关系。如果跟甲有转折关系，跟乙就没有；反之，如果跟乙有转折

关系，跟甲就没有。看这两组例子：

［A组］

（20）不管天冷不冷，他总穿着大棉袄。（不管 a 不 a）

（＝别说天冷，即使天不冷，他也穿着大棉袄。）

（21）不管天冷不冷，他从来不穿棉袄。（不管 a 不 a）

（＝别说天不冷，即使天冷，他也不穿棉袄。）

（22）不管天热天冷，他总穿着大棉袄。（不管 az）

（＝别说天冷，即使天热，他也穿着大棉袄。）

（23）不管天热天冷，他从来不穿棉袄。（不管 az）

（＝别说天热，即使天冷，他也不穿棉袄。）

（24）不管在冬天，还是在春天和秋天，还是在夏天，他总穿着大棉袄。（不管 abc）

（＝别说在冬天，也别说在春天和秋天，即使在夏天，他也穿着大棉袄。）

（25）不管在冬天，还是在春天和秋天，还是在夏天，他从来不穿棉袄。（不管 abc）

（＝别说在夏天，也别说在春天和秋天，即使在冬天，他也不穿棉袄。）

［B组］

（26）不管在哪个季节，他总穿着大棉袄。

（＝不管在冬天，还是在春天和秋天，还是在夏天，他总穿着大棉袄。

＝别说在冬天，也别说在春天和秋天，即使在夏天，他也穿着大棉袄。）

（27）不管在哪个季节，他从来不穿棉袄。

（＝不管在冬天，还是在春天和秋天，还是在夏天，他从来不穿棉袄。

＝别说在夏天，也别说在春天和秋天，即使在冬天，他也不穿棉袄。）

A 组六例都是多面列举式，它们都只有局部性的转折关系，都可以说成“别说……即使……也……”[②]，其中“即使……”部分同 q 有转折关系。B 组两例都是多面总括式，它们可以变换为多面列举式，p q 之间也只有局部性的转折关系。

因为只有局部性转折，pq 之间一般不能直接加上“但”类词。但也有特殊的情况。在当面说话的场合，在采用“不管是不是……”说法的时候，如果需要特别强调 q 对 p 的各个方面都一概否定或一概肯定，借以突出表明全盘否定或全盘肯定的态度，可以特意加“但”。例如：

（28）不管你是不是指我，但不许你这样说！（绍六《镶金边的云彩》，《花城》1983 年第 4 期 29 页）

（29）不管第一次恋爱是不是成功，但必须都得讲真的……（晓白《学校轶事》，《小说家》1997 年第 3 期 119 页）

前一例，面对面地斥责对方的言行，表明了对“是不是”一概否定的态度，口气很冲；后一例，面对面地限定对方的行为规范，表明了对“是不是”一概肯定的态度，口气显得不可商量。两例分别加“但”，都使强调的意味更足。

二、有时，这两式的 pq 之间可能完全没有转折关系，也可能具有全面性的转折关系，p 所说的种种情况是“一边倒”的

比较：

（30）（小张和小李都很不错。）无论选小张还是选小李，他都同意。（无论 ab）

（31）（小张和小李都很不错。可是，）无论选小张还是选小李，他都不同意。（无论 ab）

（32）（几位候选人都不错。）无论选哪一位，他都同意。

（33）（几位候选人都不错。可是，）无论选哪一位，他都不同意。

前两例是多面列举式，完全没有转折关系，p 的“一边倒”跟 q 顺承；后两例是多面总括式，有转折关系，p 的“一边倒”跟 q 逆承。

如果说，单面总括式里的全面转折关系是隐含的，那么，多面列举式和多面总括式里的全面转折关系则更加隐蔽。要判定这两式里 p 的“一边倒”跟 q 之间是顺承还是逆承，往往得靠上下文或说话环境去揣摩。间或可以从句子本身看出来，但那是因为人们对句子本身所说的情况已有既定的看法。例如：

(34) 无论留校当助教还是分到报社当编辑，他都没意见。

(35) 无论留校当助教还是分到报社当编辑，他都有意见。

前一例，pq 之间关系顺承；后一例，pq 之间关系逆承。能知道这一点，是因为人们一般认为，“留校当助教”和“分到报社当编辑”都是比较好的结果。然而，无论如何，多面列举式和多面总括式毕竟有时有全面转折关系，跟单面总括式意思相通，也可以说成“即使 p，也 q”。如例 (35) 含有“无论给他分配多么好的工作，他都有意见”的意思，可以说成“即使留校当助教或分到报社当编辑，他也有意见”。在这样的情况下，为了达到强调的目的，同样可以加上“但”类词：“无论留校当助教还是分到报社当编辑，他却都有意见。真不像话!”

有时候，前面的分句连说两个“无论……”，一个是多面总括，一个是单面总括，它们互有解证。在这样的情况下，pq 之间用“但”类词，就像在单纯的单面总括式里用“但”类词一样，自然是可以的。例如：

(36) 贾大哥呀，无论你说了我什么，无论因为你的话，我遭了多少难堪的境遇，但我一点不怨恨你。(杨沫《风雨十年家国事》,《花城》1983 年第 6 期 83 页)

“说了我什么”等于“说了我什么不好的话”，向跟 q 逆承的方面“一边倒”。在“说了我什么”和“我遭了多少难堪的境遇”并用之后加个“但”字，既强调了前后分句的逆转，又划出了前后分句的界限。

第四节　情况申说

还有几点意思需要略加申说。

一、无条件句，更准确地说，应该叫作无条件让步句

前分句提出各种可供选择的条件，又用“无论”之类表示无例外地对它们全部排除，这表明说话人只是姑且承认有这么些条件，只是故意对这么些条件有所让步。有让步就有转折。p与q之间，如上所说，有的有全面性转折，有的有局部性转折。有时p与q之间，虽然完全没有转折关系，但从整个复句所包含的意思看，仍然存在着一定的转折性。如例（30）“无论选小张还是选小李，他都同意”。这里的转折性表现在“选小张他同意，但选小李他也同意”。这就是说，尽管“情况甲＋情况乙”跟q之间没有转折关系，但“情况甲＋q”同“情况乙＋q”之间却存在对立，不能相容。这样的转折性，是由存在于两件事情之间的差异性造成的。总而言之，如果既从pq之间的关系来观察，又从整个复句所包含的意思来观察，可以看到，凡是“无条件句”都具有程度不同或情况不同的转折性。

二、“不管……但/却……”的说法有时可能成为病句

然而，这不是由于在“无论p，都q”句式里加上了“但”类词的结果，而是由于前分句在构造上不合乎要求。有的学者认为“不管”之类不能跟“但”连用[③]，这是一种错觉。吕叔湘、朱德熙的《语法修辞讲话》在谈“不管”和“尽管”时曾经举出这么两个例子：

（37）不管艾奇逊喜欢重弹戈培尔博士的老调，在华盛顿的参议院绅士们却在招供。

（38）五四时代的白话文是一个革命的运动，不管其中有部分的人是软弱妥协，但它却是要革文言文的命。

吕、朱二位先生指出：“（一四）——即（37）——如果是‘怎样喜欢’，（一五）——即（38）——如果是‘有多少人’，前面就可以用‘不管’，否则只能用‘尽管’。”[④]二位先生并没有说前面用了“不管”，后面就一定不能再用“但/却”。因为，改为“怎样喜欢……”“有多少人……”之后，就成为单面总括式，后分句里的“但/却”之类是可以不动的。

三、有的无条件让步句，前分句只是说“无论如何”“不管怎样”“不管怎么说”，不用主语，意思空泛。尽管有所让步，但 p 与 q 之间绝对不能加上“但”类词

例如：

(39)（如果再受刑，那就还要咬牙忍住……）无论如何，我们不能向敌人屈服……（杨沫《坚强的战士》，初中《语文》第五册 63 页）

(40)（人做事要凭良心……你忍心让大家饿得红天黑日头?）不管怎样，你起码要放两个月限期……（熊尚志《斑竹园》，《百花洲》1984 年第 1 期 24～25 页）

(41) 不管怎么说，打，总是要打的吧？（徐孝鱼《山风》，《收获》1983 年第 6 期 12～13 页）

“无论如何”是习用语[⑤]。“不管怎样”是口语里的类似说法[⑥]。“不管怎么说”等于“无论如何”“不管怎样”，也是习用语；虽然采取“怎么＋中心语”的形式，但其中的“说”并非实指动作行为。仅仅以“不管怎么说”为前分句的无条件让步句，跟一般的单面总括式有明显的区别。

如果“不管怎么说”的前面出现施事主语，“说”实指动作行为，那当然属于一般的单面总括式：

(42) 不管人们怎么说，她都没有明显的反应。（徐孝鱼《山风》，《收获》1983 年第 6 期 30 页）

上例是一般的单面总括式，“说”指“议论”，主语是“人们”。可以加上“但”类词：“不管人们怎么说，她却都没有明显的反应。”

本章讨论的是复句。“无论……都……”有时是单句，不存在加不加“但”类词的问题。

本章小结

第一，“无论 p，都 q”句式包含程度不同或情况不同的转折性，

并不总是排斥“但”类词。

第二，这一句式可以分为三个小类：①多面列举式；②多面总括式；③单面总括式。

第三，这一句式的单面总括式，包含全面性的转折关系，只要有必要，一般可以加上“但”类词。

第四，这一句式的多面列举式与多面总括式，它们都是“多面”的，pq之间的“顺”“逆”关系比较复杂，有时不能加上“但”类词，有时能加上“但”类词，这需要作具体的分析。

附注

①吕叔湘：《中国文法要略》，商务印书馆1956年版修订本，第450页。

②吕叔湘：《中国文法要略》，商务印书馆1956年版修订本，第448页。

③中国语文杂志社：《语文短评选辑》，中华书局1959年版，第105页。

④吕叔湘、朱德熙：《语法修辞讲话》，开明书店1952年版，第162页。

⑤吕叔湘：《现代汉语八百词》，商务印书馆1980年版，第490页。

⑥北京大学中文系1955、1957级语言班：《现代汉语虚词例释》，商务印书馆1982年版，第435页。

第五章　“却”字和“既然 p，就 q”句式

“既然 p，就 q”句式，简称“既然”句式，是一种推断式因果复句。在语表形式上，以“既然……那么（就）……”为代表性形式标志。“既然”有时简作“既”。在语里关系上，以事实作为理由或根据，推断事物间的因果联系。

“既然”句式中一般不能出现转折词“却”。比如：

既然他有能力，那么应该重用他！（＋）

既然他有能力，那么却应该重用他！（－）

既然他没能力，那么不应重用他！（＋）

既然他没能力，那么却不应重用他！（－）

但是，“却”字有时进入了“既然”句式。pq 构成复句，“既然”用于前分句 p，“却”用于后分句 q。比如：

既然他有能力，那么为什么却不重用他呢？

既然他没能力，那么为什么却重用了他呢？

在实际语言运用中，有时可以见到“既然……却……”的说法。例如：

（1）（十二岁的马夫，甚至不明白，）妈妈既然有过一个开着桂花的美丽的家，却为什么要搬到这破烂拥挤的小杂院来居住。（范小天《桂花掩映的女人》，《收获》1994 年第 3 期 57 页）

（2）美容院既（然）能将她旧日粗糙的皮肤改换得如同纸张般细腻，却为什么没能除去她隔着厚厚的貂皮短大衣和羊毛围巾仍然张牙舞爪地向我袭来的那股酸腥味？（张抗抗《永不忏悔》，

《中篇小说选刊》1988 年第 1 期 76 页）

“却”字什么时候可以进入“既然”句式？规律性何在？语用价值如何？本章一层一层地分析现象，探求规律。讨论中，也涉及转折词“可”。

第一节 “既然”断因句

“却”字的使用，首先要排除“既然”断因句。

一般以为，理由总是跟原因相联系，结论总是跟结果相联系。其实不然。有时，理由不一定就是原因，结论不一定就是结果。比较：

既然奖金这么多，报名的人一定不少。

既然报名的人这么多，奖金一定不少。

奖金多是原因，报名的人不少是结果。前一例，理由即原因，结论即结果；后一例，理由却是结果，结论却是原因。

凡是“既然”句式，前分句都表示理由或根据，后分句都表示结论或断语。从前后分句跟原因、结果的关系看，又可以分为两类：一类是“既然”断果句。以已然原因为根据，推断结果，理由和原因、结论和结果相一致。另一类是“既然”断因句。以已然结果为根据，推断原因。理由是指结果，而不是指原因；结论是指原因，而不是指结果。这一点，第二编第一章“‘因为 p，所以 q’及相关句式”里已作过描述。再看几个实际用例：

（3）市委既然点名要我们注意祁时飞，就一定掌握了情况。（邢凤藻《阳台居士》，《芙蓉》1983 年第 6 期 89 页）

（4）市委既然指示我们注意，那肯定是有问题。（邢凤藻《阳台居士》，《芙蓉》1983 年第 6 期 83 页）

（5）你既然来找我，就是相信我。（金速《新月》，《当代》1983 年第 4 期 185 页）

（6）她既然能使你爱，总还有她好的地方。（李国文《花园街 5 号》，《十月》1983 年第 4 期 53 页）

上例都是由果断因。由于后分句跟原因相联系，往往可以添加上“一定是因为”之类的关系标志。例如：

市委既然点名要我们注意祁时飞，就一定是因为掌握了情况。

市委既然指示我们注意，那一定是因为有问题。

你既然来找我，就一定是因为相信我。

她既然能使你爱，一定是因为还有她好的地方。

实际语言运用中，确实存在“既然……是因为……”的说法。比如，下面这个例子里，后分句用了“是因为”：

(7) 我既然请你看，就是因为不怕你看。（顾笑言《漂在湖面的倒影》，《花城》1984年第4期65页）

用了“是因为”，从语表上强调出后分句所探求的是原因性结论。如果不出现“因为”，结论的原因性便是隐含的：“我既然请你看，就是不怕你看。”

“既然”断因句，后分句有时用“可见”，借以强调由某种结果可以推知某种原因。例如：

(8) 既然他那么小心翼翼地翻身，可见他不愿她知道他睡不着，不愿她知道他在想心事。（张洁《祖母绿》，《花城》1984年第3期11页）

用了“可见”，仍然可以添加“是因为”之类：

既然他那么小心翼翼地翻身，可见是因为他不愿她知道他睡不着……

“既然”断因句不存在容纳“却”字的语义条件，绝对排斥“却”字。

第二节 “既然”断果句

“却”字的使用，还要排除“既然”断果句的固有形式。

“既然”断果句，其固有形式包括AB两个语义段，B是A的顺承结果。AB之间，不可能出现“却”。例如：

(9) 既然放权，就不要管他们的那些权限以内的事情。(王泽群《一天二十四小时》,《中篇小说选刊》1995年第6期72页)

(10) 姐夫既然做主，这事就算成了。(孙健忠《城角》,《十月》1989年第6期180页)

上例都是正常情况下使用的“既然”断果句。前后分句之间的顺承语义关系，排斥“却”字。

在“既然”断果句的固有形式的基础上，句子可以有所延展，构成逆转性延展形式。即AB后边，续上第三个语义段“非B”。如果把固有形式表示为“既然A，那么B”，那么，延展形式就可以表示为“既然A，那么B，可是却非B”。在延展形式中，非B是A的逆接结果，表意同B恰相对立。有了延展形式，才会有“却”字的使用。比如：

a. 既然他有能力^1，那么应该重用他^2！

既然他有能力^1，那么应该重用他^2，可是你却不重用他^3！

→既然他有能力^1，那么你为什么却不重用他呢^3？

b. 既然他没能力^1，那么不应重用他^2！

既然他没能力^1，那么不应重用他^2，可是你却重用他^3！

→既然他没能力^1，那么你为什么却重用他呢^3？

c. 既然奖金这么多^1，那么报名的人一定不少^2。

既然奖金这么多^1，那么报名的人一定不少^2，可是实际上却很少^3。

→既然奖金这么多^1，那么报名的人为什么却很少呢^3？

观察上面的现象，可以知道：

第一，“既然……却……”由延展形式压合而成。延展形式本来包含三个语义段，压合之后只剩下第一个和第三个（A＋非B），第二个（B）被压缩掉了。比方：

(11) 既然是军人，就应该死在战场上。(孙健忠《城角》,

《十月》1989 年第 6 期 189 页）

这里出现“A＋B”，是固有形式。后边可以续上“非 B”：

既然是军人，就应该死在战场上，可是他却枪声一响就逃跑了！

这里出现“A＋B＋非 B”，是逆转性延展形式。其中的 B 可以被压缩掉：

既然是军人，为什么却枪声一响就逃跑了呢？

这里只出现“A＋非 B”，是压合形式。

第二，如果用 pq 分别代表“既然”句的前后分句，那么，就断果句而言，pq 之间便存在两种关系：一是通常情况下的顺承关系，二是压合之后的逆接关系。即：

既然 p＋那么 q。

→［1］既然 A＋那么 B。

→［2］既然 A＋那么非 B。

试比较：

（12）既然李秋打来电话，（那么）我们就不能置之不理！（陈冲《不自然的黑色》，《十月》1989 年第 6 期 33 页）

（13）既然李秋打来电话，（那么）你为什么却置之不理呢？

乍一看，这两例都是“既然 p，那么 q”。然而，前者是“既然 A，那么 B”，不存在逆接关系；后者是“既然 A，那么非 B”，包含逆接关系。

压合形式所包含的逆接关系，正是转折词“却”进入“既然”句的逻辑基础和语义条件。换句话讲，只有具备这样的逻辑基础和语义条件，才能形成“既然……却……”的句式。

第三节　“为什么”

“既然”句压合形式不是 A－非 B 的简单相加。从语表上看，后分句要求出现“为什么”，形成问句，末尾往往还出现“呢”字。比较：

既然他有能力，那么应该重用他，可是你却不重用他！

→既然他有能力，那么你却不重用他！（一）

→既然他有能力，那么你为什么却不重用他呢？（十）

上例表明，直接把A和非B压合在一起，站不住；加上“为什么”，在语表形式上把非B段略加改造，就站得住了。看个实际用例：

（14）既然这故事这样有魅力，那他应该多说、多多地说才是，可他偏偏只说两个。（沈善增《正常人》，《收获》1987年第6期157页）

上例A段、B段、非B段都出现。简单地减除B段还不行；减除了B段，还得在非B段添加“为什么（呢）”：

既然这故事这样有魅力，那么他却偏偏只说两个。（一）

既然这故事这样有魅力，那么他为什么却偏偏只说两个呢？（十）

值得进一步注意的是：

第一，“为什么”往往可以用到整个复句的前头。这时，“既然”一词隐去，“那么”一词也不出现。例如：

既然这故事这样有魅力，那么他为什么却偏偏只说两个呢？

→为什么这故事这样有魅力，他却偏偏只说两个呢？

实际语言运用中，有时可以看到“为什么”居于前头的用法：

（15）为什么事实已大白于天下，事情却得不到妥善、有效和及时的处理呢？（卢跃刚《讨个“说法”》，《当代》1993年第6期96页）

（16）我为什么会嫁给你父亲？为什么不情愿，却没有拒绝？（裘山山《结婚》，《小说月报》1999年第9期31页）

前一例可以变换为：“既然事实已大白于天下，事情却为什么得不到妥善、有效和及时的处理呢？”后一例可以变换为：“既然不情愿，为什么却没有拒绝？”

第二，在“既然……，为什么……呢”的复句中，“为什么……呢”可以是逆接的非 B 段，也可以是顺承的 B 段。换句话说，“为什么……呢”不一定就是非 B 段，因而不一定可以用转折词“却”。这取决于“为什么”所造成的问句，是议论可能性的“反问”，还是针对现实性的“诘问”。

在“既然 A，那么 B，可是却非 B”的语义结构中，顺承结果 B 指尚未实现的理应如此的结果，逆接结果非 B 指已成事实的不应如此的结果。“为什么”如果用于反问，在表意上属于 B 段；如果用于诘问，在表意上才属于非 B 段。比较：

既然你想考大学，明年为什么不试试呢？

既然你想考大学，为什么这么不用功呢？

前一例，“明年为什么不试试呢”是反问，议论可能性，“试试”尚未成为事实，等于说“明年应该试试”，意思跟 A 顺承，不加上“却”字，不好说：“既然你想考大学，明年为什么却不试试呢？”后一例，“为什么这么不用功呢”是诘问，“这么不用功”已成为事实，意思跟 A 逆接。这种针对事实的诘问里，才可以自然地添加上“却”字：“既然你想考大学，为什么却这么不用功呢？”

“为什么……呢”到底是表示反问还是表示诘问，往往受到具体语境的制约，因而往往需要在具体语境中辨别。比方，同是“既然他身体不好，为什么又打搅他呢”：

别去找他！既然他身体不好，为什么又打搅他呢？

是你不对！既然他身体不好，为什么又打搅他呢？

前一例是反问，针对未然结果，“打搅”尚未成为事实。这一例，以他身体不好为理由，强调不要再去打搅他。后一例是诘问，针对已然结果，“打搅”已成事实。这一例，以他身体不好为理由，责怪“你”做了又一次打搅他的事。后一例可以自然地添加“却”字。

实际语言运用中，常见“既然”句后分句用“为什么”来表示反问的现象：

(17) 既然人类的智慧可以制造机器，制造政策，那么他们为什么不能造就更多回城的正大光明的理由呢？（邓贤《中国知青梦》，《当代》1992 年第 5 期 50 页）

(18)（我琢磨既然有第一条大鱼来咬钩，就必定有第二条，）既然有第二条，我为什么不把这第二条钓上来呢？（程鹰《神钓》，《中篇小说选刊》1990 年第 2 期 127 页）

这两例的后分句都是针对未然结果的反问，都表示跟 A 顺承的 B。前一例等于说："……他们就能够造就更多回城的正大光明的理由"；后一例等于说："……我就可以把这第二条也钓上来"。这种表示可能性的反问语境，不用"却"字。

实际语言运用中，也常见"既然"句后分句用"为什么"来表示诘问的现象：

(19) 你既然来这里寻我唱歌，我已唱了四首，你为什么连一首也不回？（孙健忠《醉乡》，《长篇小说专辑》1988 年第 1 期 93 页）

(20) 顾城既然很爱谢烨，为什么又要杀死她？（顾城杀妻后为什么又要自杀?）（王书灵《激流岛血案之谜》，《啄木鸟》1994 年第 2 期 24 页）

这两例的后分句都是诘问，都表示跟 A 逆接的非 B，所说的事（"连一首也不回"和"杀死她"）都已成为事实。前一例，实际上压缩掉了 B 段"你就应该回我的歌"；后一例，实际上压缩掉了 B 段"他就应该保护她"。这两例都没用"却"，但全都可以说成"为什么却"。

第四节 "却"字

在"既然……却……"句式中，"却"字有两个位置：或者在"为什么"前边，或者在"为什么"后边。比如例 (1)、例 (2) 都是"却为什么"，但都能说成"为什么却"。又如：

(21) 既然一点也不好吃，为什么却不断地吃？(《卧龙记》，奥林匹克出版社 1375 页)

(22) 既然一点也不好吃，却为什么不断地吃？

前一例“为什么却”，可以转变为后一例“却为什么”。

语句中，安放“为什么”的位置有时使用“为何”“何以”“怎么”等。它们是“为什么”的类同形式。用“为何”“何以”，文言色彩较重，只见于模仿近代白话语体的小说里。“却”字的出现，仍然是两个位置。看实际用例：

(23) 你既（然）要报仇，这也是好汉的本分，却为何使这下贱诡计？(宫白羽《十二金钱镖》，华夏出版社 1987 年版 395 页)

(24) 你既（然）知我这脑神丹的灵效，却何以大胆吞服？(金庸《笑傲江湖》，山东文艺出版社 754 页)

(25) 你自己既（然）不愿意死，却怎么去杀人呢？(金庸《天龙八部》，安徽文艺出版社 383 页)

前一例是“既（然）……却为何……”，中间一例是“既（然）……却何以……”，后一例是“既（然）……却怎么……”。它们可以分别说成“既（然）……为何却……”“既（然）……何以却……”“既（然）……怎么却……”。又如：

(26) 既然师父没事，何以却有烦恼？(《卧龙记》，奥林匹克出版社 207 页)

上例是“既然……何以却……”，也可以说成“既然……却何以……”。

显然，作为转折词，只要符合条件，“却”在“既然”句中的使用是不受排斥的。那么，其他转折词的使用情况如何？据笔者的考察，能进入“既然”句而作用跟“却”相似的只有“可”。“然而”“但是”不行，“可是”也不用。例如：

(27) 既然寻你的姑娘这么多，可你为什么偏偏跟我过不去？(申跃中《清水河畔一盏灯》，《十月》1983 年第 1 期 158 页)

(28) 既然都知道汉奸不光彩，像臭狗屎，可为什么还有那么多人就当这臭狗屎呢？（龙凤伟《生命通道》，《中篇小说选刊》1994 年第 6 期 22 页）

(29) 既然李剑辉不构成犯罪，可怎么立案抓人了？（池莉《一冬无雪》，《池莉精品文集》625 页）

前两例是“既然……可为什么……”，后一例是“既然……可怎么……”。“可”见于后分句句首，只能出现在“为什么”“怎么”之类前边；如果后分句有主语，“可”用在主语前边，“为什么”之类用在主语后边。

第五节 语值辨察

在以上讨论的基础上，还有必要知道“既然 p，却为什么 q”这类句式的语用价值。

考察可知：

第一，“为什么”之类，为这类句式造成了对已然事实无疑而诘问的说法，并为“却”字的插入准备了必要的结构条件；再加“却”，可以特别突出事实之间的逆反性，从而特别强调结果怪异，不合常理。比较：

既然吃饭都成问题，还买衣服？

既然吃饭都成问题，为什么还买衣服？

既然吃饭都成问题，却为什么还买衣服？

在特定场合，为了满足表述的需要，突出对反常事实的诘问，可以加上强化转折语势的“却”。比如：

(30) 但是，我既然做了错事，为什么还要错上加错，去欺骗组织，欺骗人们呢？（石国仕《战俘》，《中篇小说选刊》1991 年第 1 期 205 页）

“错上加错”已成事实，“我”是在进行反省和自责。只要有强调的必要，就可以说成“却为什么”或“为什么却”。

第二，“却为什么”之类强调结果怪异，不合常理，是为了强烈地表示出某种主观情绪：或者有所责怪，或者感到惊奇。例如：

既然人家没惹你，你为什么却总是惹人家？（有所责怪）

既然不是海南人，你为什么却会讲海南话？（感到惊奇）

责怪有心理偏向的不同。例如：

既然说谎不对，为什么却老是说谎？（偏向鄙弃）

既然还在咳嗽，为什么却又来加班？（偏向爱护）

责怪还有口气轻重的不同。例如：

既然没有道理，却为什么还要无赖？（口气较重）

既然写不出来，却为什么还要硬写？（口气较轻）

到底是责怪还是惊奇，责怪的心理偏向如何，责怪的口气怎么样，这些取决于不同内容和不同语境。

第三，“却为什么”之类强调结果怪异，不合常理，有时还有“反证疑据”的作用，即导致对作为根据的 p 产生怀疑。这样，在论辩中就容易形成二难推理，使对方处于二难困境。比如：

既然读过大学，为什么却认不得几个字？

要么确实读过大学。作为一个读过大学的人，认不得几个字岂不是莫大讽刺？要么读过大学并非事实。那么，岂不是欺世盗名说假话？

既然那么穷，为什么却天天有肉吃？

要么确实是穷。那么，天天有肉吃是不是有小偷小摸或其他不正当的行为？要么穷不是事实。那么，起码是装穷不老实！

本章小结

第一，“既然……却……”是一种标志复现现象。标志复现现象，既说明复句句式在语表形式上具有多样性，也反映复句句式在语义关系上具有多样性。

第二，“既然……却……”的前后分句 p 与 q，不是顺承的 A－B 关系，而是逆接的 A－非 B 关系。这种句式由“既然 A，那么 B，实际上却非 B”压合而成，逆接关系是“却”字进入“既然”句语义上的必要条件。

第三，“既然……却……”的后分句采用“为什么……（呢）”的形式。“却”字在“为什么”前后活动。“为什么”可以说成“为何”“何以”“怎么”等，都用于针对事实的诘问。“为什么”之类是“却”字进入“既然”句结构上的必要条件，但不是充足条件。如果“为什么”之类用于反问，构成的是一般的“既然”句。

第四，“既然……却……”有特定的语用价值。要言之，主要强调结果怪异，不合常理；有时还用来反证，使根据发生动摇。

第六章　“却”字和“如果说 p，那么 q”句式

“如果说 p，那么 q”是假设句式的一种。“那么”有时不出现，但可以补上。

本章考察转折词“却”进入“如果说 p，那么 q”这种假设句式的事实，讨论中也涉及转折词“可”。

第一节　“如果说 p，那么却 q”

一般的语法教科书上说，用“如果”引出的假设复句之中不能用转折词，否则就是病句。从一般情况看，确是如此。然而，“如果说 p，那么 q”这种假设句式有时却是可以加上转折词“却”的。即：

如果说 p，那么 q。

→如果说 p，那么却 q。

看例子：

（1）如果说，职位尚可补偿的话，那么青春却是逝水难复了。（杨东明《孤独的马克辛》，《花城》1985 年第 3 期 5 页）

（2）如果说，大秀的心绪是可以谅解的，那么，……“我”和大秀停留于同一思想水平上，却是我们所不能满意的。（陈惠芬《相识在广袤的大地上》，《花城》1983 年第 2 期 235 页）

（3）如果说，一向讲究“哥儿们义气”的庞喜在那次审判事件中并没有表现出“为朋友两肋插刀”的勇气的话，那么，在他当了“官”之后，却表现出了一种“苟富贵，毋相忘”的大度。

（杨东明《人生的不等式》，《收获》1983 年第 2 期 149 页）

上例都是“如果说 p，那么却 q”。又如：

（4）如果说，袁野的冤案是有形的，那她的却是无形的；……（遇罗锦《天使》，《百花洲》1983 年第 2 期 149 页）

（5）如果说月牙营镇秋天的繁盛占了一季山葡萄市的地利，那夏嫂的豆腐坊的真正兴隆却不是借山葡萄的光，它真正兴隆的原因是占了天时，占了一个漫长的寒冷而又缺乏蔬菜的天时。（朱春雨《沧桑小户》，《百花洲》1983 年第 2 期 63 页）

上例都是“如果说 p，那却 q”。“那”相当于“那么”。又如：

（6）如果说，全村人对王刚的胡来还仅仅是指责，现在对于李崮却是深恶痛绝了！（赵本夫《村鬼》，《十月》1985 年第 1 期 151 页）

（7）如果说香妹对银庄的指使和专断一直使我不悦的话，她这次的言行举止却令我大为满意了。（陶正《女子们》，《当代》1983 年第 4 期 19 页）

上例都是“如果说 p，却 q”。未用“那么”，但可以补加上去。

第二节　“却”字使用的逻辑基础

“如果说 p，那么 q”这种句式表示说法上的假设和结论，它总是以某种说法为假定的前提，引出有关联的某个结论，分句与分句之间具有比较性或解注性。运用这一句式，可以加深人们对事情的印象。

这种句式，并不是任何时候都可以加上“却”字。这要分为比较性的和解注性的两类来观察。例如：

[A 组]

（8）如果说在内战时期左倾机会主义路线统治苏区和红军党的时间并不算很长，在遵义会议以后已经基本上纠正过来了的话，那末，左倾机会主义路线统治白区党组织的时间是很长的。（《刘少奇选集》上卷 246 页）

(9) 如果说她是反毛泽东思想，你也同样是。(刘炜《弱者》，《芙蓉》1982 年第 3 期 189 页)

[B组]

(10) 如果说做学问有什么诀窍，那么最大的诀窍就是勤奋。

(11) 对于我，如果说也有幸福的时代，那就是在农村度过的童年岁月。(孙犁《澹定集·答吴泰昌同志》，《花城》1982 年第 3 期 102 页)

A 组的两例是比较性的。p 和 q 是用来比较印证的两个说法、两种情况。B 组的两例是解注性的。p 提出一个说法、一种情况，q 用来对 p 作进一步的解释说明。

解注性的"如果说 p，那么 q"，不具备转折的逻辑基础，因此不能加上转折词"却"。如例 (10) 不能说成"……那么最大的诀窍却是勤奋"，例 (11) 不能说成"……那却是农村度过的童年岁月"。

比较性的"如果说 p，那么 q"，又有两种：一种表示相对性的比较，如例 (8)；一种表示类同性的比较，如例 (9)。表示相对性比较的，可以加"却"，如例 (8) 可以说成"……那末，左倾机会主义路线统治白区党组织的时间却是很长的"。表示类同性比较的，不能加"却"，如例 (9) 不能说成"……你却同样是"。比较：

(12) 如果说他是一条龙，那么，你只是一条虫。

(13) 如果说他是一条龙，那么，你自然也是一条龙。

前一例是相对性比较，可以说成"那么，你却只是一条虫"。后一例是类同性比较，不能说成"那么，你却也是一条龙"。

第三节　逻辑基础再考察

表示相对性比较的"如果说 p，那么 q"，相对的内容又有不同的情况。有的，相对的事情分处两端，彼此对立；有的，相对的事情处于不同等级，彼此有差距。不过，有对立、有差距都能形成矛盾，因而都具备转折的逻辑基础。从表达上看，只要有强调的必要，都可以加转折词“却”。如例（1）“尚可补偿”和“逝水难复”，两件事情完全对立，加了“却”；例（6）“指责”和“深恶痛绝”，两件事情在程度上形成差距，也加了“却”。又如：

（14）如果说，樊福林身上集中了小镇的一面，那么，他身上却恰恰集中了小镇的另一面……（周梅森《小镇》，《花城》1983年第2期13页）

（15）如果说入学之初，她与都市同学的相形之下的寒伧，使她为自己的家乡而不平，那么，今天，她的寒伧却使她为自己的民族而哀痛了。（张曼菱《北国之春》，《当代》1985年第3期110页）

前一例，“小镇的一面”和“小镇的另一面”，两个方面的情况形成对立，“却”起了强调的作用。后一例，“为自己的家乡而不平”和“为自己的民族而哀痛”，激愤的情绪在程度上差距很大，“却”也起了强调的作用。

情况的对立有时可以不在词面上直接反映出来。比如：

（16）如果说，在这批镀金的学生中，于少雄谁也不放在眼里的话，那么杨子丰却是一个例外。（谌容《散淡的人》，《收获》1985年第3期21页）

上例不说“放在眼里”而说“是一个例外”，这是为了变换词面，避免用语的重复。

第四节 “说”字

“如果说p，那么q”里的“说”有时不出现，但可以添上。因此，看起来是“如果p，那么q”，实际上还是“如果说p，那么q”。例如：

（17）对于一个知识分子来说，如果字如其人，那么，书房也如其人。（德兰《求》，《收获》1982年第1期105页）

这一例等于说“如果说字如其人，那么……”。这里不能加“却”，这是因为所作的比较是类同性的。

同样，“如果说 p，那么却 q”里的“说”有时不出现，但可以添上。因此，看起来是“如果 p，那么却 q”，实际上还是“如果说 p，那么却 q”。例如：

（18）假如这张脸上曾有过一些美的东西的话，今天却已经荡然无存了。（周梅森《小镇》，《花城》1983 年第 2 期 6 页）

“假如”就是“如果”。这一例等于说“假如说……那么今天却……”（“如果说……那么今天却……”）。由于两种情况存在对立，并且需要强调，所以这里用了“却”。

第五节　转折词“可”

“如果说 p，那么 q”句式里出现的转折词，常见的是“却”，但有时也可以用“可”。例如：

（19）如果说我们过去有点糊涂，可现在已经阵线分明，我们还能糊涂下去吗？（申文钟《山翠菊香》，《长江》1983 年第 2 期 219 页）

（20）如果说是工作作风问题，可我又觉得不尽然。（张晓明《春山遮不住》，《清明》1983 年第 4 期 145 页）

（21）如果说当初我在彩画车间时，与罗家驹有一点潜在的紧张，可我去了罗长贵那组，我俩的关系没有丝毫冲突。（冯骥才《感谢生活》，《小说月报》1985 年第 6 期 20 页）

应该注意的是：“可”用在后分句句首；用了“可”，“那么”不能再出现。

本章小结

一般的假设句式“如果 p，那么（就）q”，表示由假设推导出结果或结论，分句与分句之间有假设性的顺承因果联系，因而前后项之间不能加“却”。

跟一般的假设句式"如果 p，那么 q"相比较，"如果说 p，那么 q"显然是一种特殊的假设句式。这种句式有时可以加"却"，是因为具有接纳"却"字的逻辑基础。

还有一种特殊的假设句式，也可以进入"却"字，但很罕见。可参看第四编第十二章"转折句式总览"第四节第二部分。

第七章　“越 p，越 q”句式
及其与转折句的牵连

本章讨论下列问题：“越 p，越 q”句式表示的关系；“越”和“越”后边的词语；转折词和“越 p，越 q”句式。

本章讨论的“越 p，越 q”句式，一般是前后项之间有明显停顿，书面上用了逗号的。但为了说明问题，有时也用紧缩句的例子。

第一节　“越 p”和“越 q”

“越 p，越 q”句式是以“越……越……”作为形式标志的条件倚变句式。前项是倚变的条件或依据，后项是倚变的结果[1]。

一、在大多数情况下，“越 p”是“越 q”的充足条件

只要满足“越 p”这个条件，就会出现“越 q”的结果。说“越 p，(就) 越 q”，大体相当于“只要越 p，就越 q”[2]。从逻辑上说，这是一种充足条件假言判断。例如：

(1) 时间越长，成功的可能性越大。

(＝只要时间越长，成功的可能性就越大。)

(2) 时间越短，成功的可能性越小。

(＝只要时间越短，成功的可能性就越小。)

如果“越 p，(就) 越 q”说成“越 p，才越 q”，这种假言判断所说的条件既是充足的，又是必要的。等于说：“只要越 x，就越 y；(而且) 只有越 p，才越 q。”[3]例如：

(3) ……心想，走廊里的病人为什么不再多些？越多才越有

说服力。(铁凝《远城不陌生》,《小说家》1984 年第 1 期 82 页)

(4) 不,不,越等下去,丁叔的鳜鱼才越有滋味呢!(李国文《花园街 5 号》,《十月》1983 年第 4 期 36 页)

二、有时,"越 p"是"越 q"的已然原因,推断依据

"越 p"和"越 q"都是直言判断,指的都是事实。例如:

(5)"相思树女子客家"的生意越兴旺,就越招地方上的人们议论。(古华《相思树女子客家》,《长江》1984 年第 1 期 23 页)

(6) 谁叫他们上面要瞎报产量,"放卫星"?他们上报越多,我们也就瞒产越多——不能把大人小孩子一个个活活地饿死啊!(德兰《求》第二部,《收获》1983 年第 6 期 206 页)

直言"越 p,越 q",对上下文有很大的依赖性。如果脱离上下文,可能会被理解为假言。如孤立地说"他们上报越多,我们也就瞒产越多",也可能是"只要……就……"的意思。

直言"越 p,越 q",有的指正在持续的事实,如例(5);有的指已经过去的事实,如例(6)。如果指正在持续的事实,"越 p,越 q"相当于"越来越 p,因此,越来越 q"。如例(5)等于说:"生意越来越兴旺,因此,越来越招地方上的人们议论。"又如:

(7) 但毕竟"四人帮"都已经倒台三四年了,群众意见越来越大,政治影响也越来越差……(古华《相思树女子客家》,《长江》1984 年第 1 期 8 页)(=群众意见越大,政治影响也越差。)

(8) ……家庭越来越不和,他的脾气越来越不好。(贾平凹《腊月·正月》,《十月》1984 年第 4 期 6 页)(=家庭越不和,他的脾气越不好。)

三、假言"越 p,越 q"和直言"越 p,越 q"如果同形,那么,"越 p,越 q+越 p,越 q"=假言直言三段论

(只要)越 p,(就)越 q。(大前提——假言)

(因为)越 p,(小前提——直言)

(所以)越 q。(结论——直言)

这是一种相当特别的推理语言形式。假言"越 p,越 q"是大前提，同形的直言“越p，越q”是小前提和结论。后者是前者的演绎。如：“（只要）群众的意见越大，政治影响就越差。”→“（事实上）群众的意见越大，（所以）政治影响也就越差。”说话中，如果单说后者，它肯定有一个“假言”大前提；反过来，如果单说前者，它肯定是以许多具体的“直言”为根据，并能随时推出新的“直言”。

四、不管假言、直言，在“越p，越q”句式中，“越p”表示的是一个无限变异的条件或依据，“越q”表示的是相应产生的一个无限变异的结果

二者之间的倚变关系是成比例的[4]。

这种成比例的倚变关系，可以是共增共减，正比倚变，也可以是一增一减，反比倚变。比较：

时间越长，成功的可能性越大。

时间越长，成功的可能性越小。

时间越短，成功的可能性越小。

时间越短，成功的可能性越大。

“长一大”“短一小”是正比倚变，“长一小”“短一大”是反比倚变。又如：

(9) 鸟不但没赶跑，反倒蚕越大，鸟越多。（贾平凹《鸡窝洼的人家》，《十月》1984年第2期133页）

(10) 俗话说：情越多，礼越小。（祖慰《进入螺旋的比翼鸟》，《收获》1984年第3期184页）

前一例是正比倚变：越大一越多；后一例是反比倚变：越多一越小。

可见，前项度量的增加，并不决定后项度量的增加；反之，前项度量的减少，并不决定后项度量的减少。“越p，越q”这一句式所揭示的，是事物与事物之间在实际关系上的复杂的函数关系[5]。

当然语言不是数学，每句话不会都是数量的演算。正比倚变和反比倚变，有时是并不明显的，有时则须要在对照的情况下才可以显示出来。例如：

(11) 你现在调回来了，这是第一步，以后的路只会越走越宽，不会越走越窄……（周翼南《夏雨》，《红岩》1984 年第 1 期 103 页）

孤立地看“越走越窄”，很难断定是不是反比倚变。上例由于把“越走越宽”和“越走越窄”对比着说，才显出了前者是正比倚变，后者是反比倚变。

五、不管假言、直言，“越 q”总是伴随“越 p”而产生的倚变结果，它同时又可以成为“越 r”的倚变条件

即：“越 p，越 q；越 q，越 r。”例如：

(12) 三姐妹满的欲望是难以满足的，年纪越大，受的闲气便越多；受的气越多，便越羡慕别个的命好……（吴雪恼《姊妹仨》，《长江》1984 年第 1 期 90 页）

(13) 愈是酗酒，愈是误村事、家事，愈是误事，愈使二贝、白银不满。（贾平凹《腊月・正月》，《十月》1984 年第 4 期 6 页）

这种连环的条件倚变句式，可以把两个“越 q”重合起来，说成“越 p，越 q，(也)(就) 越 r”。例如：

(14) 她越不抬起头转过脸，男人们越不甘心，越急于想看到她模样儿。（梁晓声《山里的花儿》，《小说月报》1997 年第 5 期 17 页）

(15)（阿猫这孩子，从一学会说话起就口吃。）越高兴，越着急，也越结巴。（边震遐《秋鸿》，《收获》1983 年第 3 期 152 页）

(16) ……向红的事拖的时间越长，舆论对赵大川和向红越有利，麦金万等人就越焦急。（顾笑言《洪峰通过峡谷》，《花城》1983 年第 3 期 76 页）

(17) 顶撞越多，广州人对黎子流的了解就越多，对市长的误解和闲话就越少。（蒋子龙《畅叙黎子流》，《中篇小说选刊》1997 年第 4 期 80 页）

(18) 他越跟陶慧贞接触，就越觉得她是一块无价之宝，也就越怕这无价之宝失落他人之手。（黄继树《女贞》，《清明》1983 年第 3 期 27 页）

在“越 p，越 q，越 r”的连环句式里，第三项前边可以自然地添加“因而”，借以强调作为结果的“越 q”又成了推出另一结果的依据(条件)。如例（14），可以说成“……因而也就越急于想看到她模样儿”；例（15），可以说成“越高兴，就越着急，因而也就越结巴”。

六、连环的倚变句式，有时是一种“反环”，即：“越 p，越 q；越 q，越 p”

这时，“越 q”是“越 p”的倚变结果，又反转来成为“越 p”的倚变条件或倚变依据。比如：“心里越烦，越做不好；越做不好，心里越烦。”看实际用例：

（19）越有越吝，越吝越有；我又不向你借，何必恐慌。（贾平凹《腊月·正月》，《十月》1984 年第 4 期 17 页）

（20）越穷越折腾，越折腾越穷。（蒋子龙《畅叙黎子流》，《中篇小说选刊》1997 年第 4 期 85 页）

（21）越够不着心里越急，越急越够不着。（梁晓声《山里的花儿》，《小说月报》1997 年第 5 期 18 页）

（22）圣上护着，谁攻田文镜，立地就疑人是冲着新政，冲着自己。越攻越护，越护越攻。（二月河《雍正皇帝·恨水东逝》，长江文艺出版社 1994 年版 373 页）

“反环”式的“越 q”不能重合。如不能说“心里越烦，越做不好，心里越烦”，“越穷，越折腾，也就越穷”。

“反环”式的“越 q，越 p”如果单独地说出来，就成为“越 p，越 q”。换句话说，有的“越 p，越 q”实际上相当于“反环”式里的“越 q，越 p”。比较：

（23）越伤心越哭，越哭越伤心。

（24）詹姆哭了，越哭越伤心。（沙叶新《宋庆龄》，《十月》1984 年第 4 期 174 页）

同是“越哭越伤心”，在后一例里是“越 p，越 q”，在前一例里则是“越 q，越 p”。

第二节 “越”

“越”既是语法成分，也是语义成分；“越”后边的词语性质不同，功能也有所不同。

一、“越”是副词[6]，“越”有时说成“越是”，“越是”可以配对使用，也可以跟“越”呼应使用

例如：

(25) ……战争越是接近结束，越是残酷。（郑电波《悬崖》，《花城》1984 年第 2 期 78 页）

(26) 经验已经证明了，你越是老实，就越有人来欺负你。（顾笑言《洪峰通过峡谷》，《花城》1983 年第 3 期 45 页）

(27) 越近春节，匪徒越是猖獗。（燕子《悬浮的世界》，《中篇小说选刊》1995 年第 2 期 65 页）

用“越”或“越是”，一般比较自由。在“越是”和“越”呼应使用时，可以是“越是……越……”，也可以是“越……越是……”。这是一。第二，如果后边的词是单音节的，要用“越”，不用“越是”。如：“时间越长，问题越大。”第三，如果后边的词是主谓结构、次动词结构，一般用“越是”，不大用“越”[7]。例如：

(28) 越是家境败下去，越要翻上来……（贾平凹《鸡窝洼的人家》，《十月》1984 年第 2 期 116 页）

(29) 越是在情况紧急的时候，越（是）需要冷静。（《现代汉语八百词》用例）

“越（是）”有时说成“越发、越加”，但必须出现于后项，即“越（是）……越发/越加……”。例如：

(30) 可是日子越是红火，他心里就越发觉得不安。（龚笃清《蟠龙镇》，《芙蓉》1983 年第 5 期 76 页）

(31) 越对他亲切，他就越加痛苦。（岳恒寿《明月何时有》，《长江》1983 年第 4 期 207 页）

“越（是）”也可以说成“愈（是）”。例如：

（32）愈往高处攀，山风愈大。（冯育楠《我们为无名人立碑》，《小说家》1984 年第 1 期 32 页）

（33）……他愈是害怕禾禾，愈是待禾禾友好。（贾平凹《鸡窝洼的人家》，《十月》1984 年第 2 期 138 页）

二、在句法上，副词“越（是）”一般前后呼应，成对出现，是作为形式标志的语法成分，有时，也可以只用一个“越”

这有以下三种情况：

第一，“越……更……”。前项用“越”，后项用“更”，“更”可以改为“越”。例如：

（34）……会议沉默的时间越长，有勇气打破僵局的发言者就更少。（李国文《花园街 5 号》，《十月》1983 年第 4 期 83 页）

第二，“越……偏……”。前项用“越”，后项用“偏（偏偏）”，“偏（偏偏）”可以改为“越”。例如：

（35）可是，我这个姑娘就有这么个鬼毛病：越禁止我做的事，我就偏要做……（德兰《求》第二部，《收获》1983 年第 6 期 217 页）

第三，“……越……”。这是比较罕见的用法。前后项用同一个形容词。例如：

（36）（河两岸的人都懂得，这时是沾不得大树冠的光儿的，）树大，招雷的可能性也越大。（朱春雨《翅膀》，《十月》1984 年第 4 期 218 页）

三、在内容上，副词“越（是）”和后边的词语一起表示具有倚变关系的条件（依据）和结果

从这一方面看，“越（是）”又是语义成分。这一点，以下的检验可以证明。

第一，没有“越（是）……越（是）……”，条件倚变的形式和内容都会消失。如：“时间长，成功的可能性大。”｜“时间短，成功的可能性小。”｜“时间长，成功的可能性小。”｜“时间短，成功的可能性大。”

第二，没有“越（是）……越（是）……”，p和q甚至可能根本不存在条件和结果的关系。例如：

（37）……一点风丝也没有。越走，越闷得慌。（奚青《天涯孤旅》，《长城》1984年第1期112页）

（38）其实她们越说，我就越不听她们那一套……（德兰《求》第二部，《收获》1983年第6期218页）

前一例，“走”不是“闷得慌”的条件（*“只要走，就闷得慌。”）；“越走”才是“越闷得慌”的条件（“只要越走，就越闷得慌。”）。后一例类推。

四、从“越”后边的词语看，有四种情况

这就是：①“越（是）＋V”——V代表动词、动词结构或次动词结构；②“越（是）＋A”——A代表形容词或形容词结构；③“越＋V/A的N”；④“越＋是N”。

“越（是）＋V”一般充当谓语，主语有时出现，有时不出现，两个“越（是）＋V”的主语有时相同，有时不相同。例如：

（39）我越往下读，越深切地感到马克思的书是浓缩了的人类智慧……（张贤亮《绿化树》，《十月》1984年第2期56页）

（40）他越这样说，我越感到非帮他复习不可。（王火《夜的悲歌》，《十月》1982年第4期127页）

“越（是）＋V”如果是“越是＋次动词结构”，只用于前项。其中的次动词结构是状语，前后项之间加上“越是……越（是）……”，是强调状语和谓语中心语之间的条件倚变关系。例如：

（41）如果具有自觉性，人越是在艰苦的环境，释放出来的能力也越大。（张贤亮《绿化树》，《十月》1983年第2期61页）

“越（是）＋A”有时充当谓语，情况跟“越（是）＋V”相同。如：“越高兴，越着急。”“蚕越大，鸟越多。”有时充当补语，这是“越（是）＋V”所没有的用法。如：

（42）我弹得越响，他吼得越凶。（李国文《花园街5号》，

《十月》1983 年第 4 期 96 页）

（43）陶世光越是想说服他，他就争辩得越上劲。（陈冲《无言的群山》，《长城》1984 年第 1 期 30 页）

前一例，“越响”“越凶”都作补语；后一例，“越上劲”也作补语。

“越＋V/A 的 N”是“（N）越 V/A”的变化形式，只用于前项。例如：

（44）越有胆略的干部，越受群众欢迎。

（45）生产第一线缺人。越艰苦的岗位越空虚……（傅志明《展开的翅膀》，《长城》1984 年第 1 期 72 页）

同类的例子是：“越能干的人，负担越重。”｜“越漂亮的房子，越没人敢住。”｜“越冗长的文章，读者越不爱读。”

这类现象，“越”引出的词语是“V/A 的 N”，但“越”的限制对象实际上只是其中的 V/A。“越 V/A 的 N”可以变换成“N 越 V/A”。如：“越有胆略的干部，越受群众欢迎。”→“干部越有胆略，越受群众欢迎。”

这类现象，若去掉其中的“越……越……”，前后项之间就会发生主谓关系。这说明，后项既以前项作为倚变的条件或依据，又以前项的名词结构（“V/A 的 N”）作为意念上的主语。如：“越有胆略的干部，越受群众欢迎。”→“有胆略的干部，受群众欢迎。”

“越＋是 N”是“越＋V”的特殊形式。因为，其中的“是”是判断动词，“是 N”可以看作动词结构。这种形式只用于前项。例如：

（46）那个时候，越是马屁精，越受到重用。

（47）在这种情况下，越是亲戚，越想避嫌。

同类的例子是：“越是群众，越要关心。”｜“越是领导，越为难。”｜“越是楼房，越不安全。”

这类现象，“是”非用不可。“越是”不同于“越是 V/A”里的“越是”，不能整个儿看作副词。

这类现象，若去掉其中的“越是……越……”，前后项之间也会发生主谓关系。从这一点看，后项同样既以前项作为倚变的条件或依据，又以前项的名词作为意念上的主语。如："越是马屁精，越受到重用。"→"马屁精受到重用。"

第三节 "却"字和"越p，越q"句式

"越p，越q"句式，有时可以加上转折词。能不能加上转折词，跟倚变的"常态"和"异态"有关。

一、条件与结果之间的倚变关系，有"常态倚变"和"异态倚变"两种情况

从某一条件出发，倚变的结果符合正常情况，这是常态倚变。这时，结果和条件顺承，没有转折性。例如：

（48）越是爱她，越是希望她得到幸福！（肖为《不能改正的错误》，《花城》1983年第3期99页）

（49）人们越是预感到还要持续高温，就越向往江岸的清凉和林荫路里的静谧。（李国文《花园街5号》，《十月》1983年第4期39页）

（50）我呢，越是了解刘世雄的为人，越是憎恶刘家的这个小少爷。（韩石山《魔子》，《花城》1984年第2期35页）

从某一条件出发，倚变的结果不符合正常情况，这是异态倚变。这时，结果和条件相悖，有转折性。例如：

（51）可不知怎么的，报上越是这样宣传，我心中那些莫名其妙的烦恼就越深重。（雁宁《回答》，《红岩》1983年第2期109页）

（52）他抽烟抽成了气管炎，时常咳得脸红脖子胀，好像一口气倒不上来就会憋死。可越咳越要抽，他竟然学成一种特殊的本事，能靠大口的烟把咳压下去。（吴可雨《野马》，《十月》1983年第5期198页）

（53）他不明白，为什么越是从小一起长大的女孩他越是爱不起来……（刘益令《仕途》，《小说月报》1996年第12期57页）

二、凡是异态倚变，只要有强调的必要，都可以加上转折词“却”

即可以说成：

越 p，却越 q。

不加“却”，异态是隐含的；加了“却”，异态就显现了。如例 (51) 若说成“报上越是这样宣传，我心中那些莫名其妙的烦恼却越深重”，例 (52) 若说成“越咳却越要抽”，这就可以充分强调出情况的异常，反映了说话人的特异的感觉。又如：

(54) 曲非烟愈是笑得欢畅，仪琳心头却愈酸楚。（金庸《笑傲江湖》151 页）

上例是“愈是……却愈是……”。这类加“却”的格式，前边往往出现“真奇怪”之类的词语。这是对特异情况所作的咏叹。例如：

(55) 真奇怪，时间愈长，你在想象中却离我越近。（关鸿《寄远方》，《长江》1984 年第 2 期 102 页）

(56) 他这人也怪！人家越冷淡他，他却越亲热。（徐绍武《孀居》，《芙蓉》1983 年第 4 期 182 页）

(57) 人的感情实在是个复杂的函数，我愈是躲避袁野，心里却愈是更多地想到他。（奚青《天涯孤旅》，《长城》1984 年第 1 期 109 页）

加“却”的格式，前边也常常用“但是”“可是”之类的连词，说成“但越 p，却越 q”。“却”表示 q 同 p 有转折，“但”类连词表示这一句同上一句有转折，二者互相配合，强调情况之特异。例如：

(58) ……真恨不得一步跨进南京城。但火车越近南京，我却越感到情怯。（陈白尘《云梦断忆》，《收获》1983 年第 3 期 142 页）

(59) 雯雯使劲儿点点头，心想以后再不敢忘记了。可越想着不忘，忘性却越大。（王安忆《69 届初中生》，《收获》1984 年第 3 期 211 页）

有时，“但”类连词离得比较远，但作用是一样的。例如：

(60) 我不敢回顾过去二十多天里我的行为举止，然而像是有意惩罚我似的，有一张银幕在我眼帘内部显示出我的种种劣迹，我眼睛闭得越紧，银幕上的影子却越清晰。(张贤亮《绿化树》，《十月》1984 年第 2 期 52 页)

在加“却”的格式里，一般不再用“就”。尚未发现“却”“就”并见的例子。比较：

(61) ……他越是想避嫌疑，这个嫌疑就越会洗不清。(黄继树等《第一个总统》，《小说家》1984 年第 1 期 214 页)

(62) ……他越是想避嫌疑，这个嫌疑却越会洗不清。

三、强调异态倚变，有时加“反而”或“偏偏”。但为了作进一步的强调，还是可以再加“却”

例如：

(63) ……和齐克接触了半年多时间，时间越长，对他反而越感到陌生了。(杨杰《我们这一茬》，《清明》1983 年第 3 期 62 页)

(64) 他越是这样，我偏偏主动接近他，一如既往。(奚青《天涯孤旅》，《长城》1984 年第 1 期 110 页)

前一例是“越 p，反而越 q”，“反而”强调结果走向反面，可以再加“却”：“时间越长，对他却反而越感到陌生了。”后一例是“越 p，偏偏 q”，“偏偏”强调结果有意忤逆，也可以再加“却”：“他越是这样，我却偏偏主动接近他……”[例 (35) 也可以说成“越禁止我做的事，我却偏要做”。]

为了变换词面，避免雷同，“却”和“反而”有时交错使用。例如：

(65) 人再忙，追求爱情的空儿还是腾得出来。越忙的时候可能身体里的要求却越为迫切，海绵挤水一样抽出的柔情欢宴的空儿反而越多。(徐坤《如烟如梦》，《小说月报》1997 年第 6 期 34 页)

上例既可以统一说成“越……却越……却越……”，也可以统一说成“越……反而越……反而越……”，然而，实际上却说成了“越……

却越……反而越……”。

值得注意的是：第一，后项用了“反而”，还得用“越”；后项用了“偏偏”，“越”可以不用。第二，“却”可以加在“反而”前边，也可以直接替换“反而”（“时间越长，对他却越感到陌生了。”）；“却”可以加在“偏偏”前边，但不能直接替换“偏偏”（＊“他越是这样，我却主动接近他……”）。

四、常态和异态，有时并不取决于条件和结果的联系本身，而是取决于说话人对条件和结果的联系的看法或感觉

看这两个例子：

（66）读书越多，脸皮愈薄。（周昌义《美女山风情》，《芙蓉》1983 年第 6 期 67 页）

（67）他越是说不知道，人们就越从守口如瓶的机密劲里判断出会议的重要性。（李国文《花园街 5 号》，《十月》1983 年第 4 期 75 页）

前一例，一般人可能认为是常态。但不排斥有人认为读了书就应该不怕出头露面、当众侃侃而谈，因此“脸皮厚”才是常态，“脸皮薄”反而是异态。后一例，有的人可能认为是常态，因为在他们看来，“说不知道”和会议“重要”之间有自然的因果联系；有的人可能认为是异态，因为人家说不知道就一定是不知道，神经过敏地进行猜测反而不正常。

可知，有的“越 p，越 q”复句，条件和结果的联系本身不能反映人们的一致的看法或感觉。因此，到底是常态还是异态，是不确定的，有两可性的。说话人如果认为结果不正常，可以加上“却（反而）”。如：

（68）读书越多，脸皮却越薄！（你这是怎么搞的？）

（69）他越是说不知道，人们却越从守口如瓶的机密劲里判断出会议的重要性。（真是神经过敏！）

这类例子，用“却”时一定是异态倚变的关系；不用“却”时，隐含的却不能肯定就是异态倚变的关系。

五、倚变的常态和异态，指的是p与q之间的顺逆关系；倚变的正比和反比，指的是p与q之间度量增减的比例关系

二者没有必然的联系。

正比倚变可以是常态倚变，也可以是异态倚变。例如：

(70) 贡献越大，得到的荣誉也越大。

(71) 贡献越大，受到的攻击（却）也越大。

这两例都是正比倚变。然而，前一例是常态倚变，不能加“却”；后一例是异态倚变，可以加“却”。

反比倚变可以是异态倚变，也可以是常态倚变。例如：

(72) 有的人，做的事情越少，受到的照顾（却）越多！

(73) 一个干部，做的事情越少，群众的意见自然会越多！

这两例都是反比倚变。然而，前一例是异态倚变，可以加“却”；后一例是常态倚变，不能加“却”。

本章小结

第一，“越p，越q”句式表示条件倚变关系。度量增减，q依p变。

第二，“越p，越q”通常是假言的，有时是直言的。同形的“假言”和“直言”相加，可以形成一个假言直言三段论，产生一种特别的推理语言形式。

第三，“越p，越q”句式可以多项连环。可以按“越p，越q；越q，越r”或“越p，越q，（也）（就）越r”的格式顺环，也可以按“越p，越q；越q，越p”的格式反环。

第四，“越”是副词。一般成对使用。在某种情况下，“越”也可以单独出现于前项或后项。

第五，“越”后边的词语性质不同，功能和用法也有所不同。“越是”有时是副词，有时是“越＋判断动词”。

第六，“越p，越q”有时表示常态倚变，有时表示异态倚变，表示异态倚变时，可以加上转折词“却”。

第七，正比倚变和反比倚变都可以是常态倚变或异态倚变。能不能加“却”，跟常态和异态有关，跟正比和反比无关。

第八，区别常态和异态，有时凭个人的主观感觉。同一现象，如果甲认为是常态，自然不会加“却”；如果乙认为是异态，而且需要强调，就会加“却”。

附注

①“越 p，越 q”句式表示“倚变”，是吕叔湘先生提出来的。参看《中国文法要略》，商务印书馆 1982 年版合订本，第 367～369 页。

②张志公主编《汉语知识》说“时间越长久，效果越显著”有“如果时间越长久，效果就越显著”的意思，也有“无论时间多长久，效果都显著”的意思。(见人民教育出版社 1979 年版，第 226 页)

③关于充要条件假言判断的语言形式，参看邢福义著《逻辑知识及其应用》，湖北人民出版社 1979 年第 2 版，第 87 页。

④比例关系、函数关系，都是吕叔湘先生说过的。参看《中国文法要略》，商务印书馆 1982 年版合订本，第 367 页。

⑤比例关系、函数关系，都是吕叔湘先生说过的。参看《中国文法要略》，商务印书馆 1982 年版合订本，第 367 页。

⑥参看吕叔湘主编《现代汉语八百词》，商务印书馆 1980 年版，第 567 页。

⑦主谓结构和次动词结构前边有时也用“越”。如：“天晴就好？武汉的七八月间，越天晴，人越难受。”“诸位诸位，越在这种时候越要冷静啊!”

第八章 “不但不p，反而q”句式及其与转折句的牵连

复句系统中，有一类反转性递进句式，简称“反递句式”。其前后分句之间，既有递进关系，又有反转关系。因为有反转关系，所以跟转折句有一些牵连。代表形式为：

不但不p，反而q。

本章以这一代表形式作为讨论的基点，先谈反递关系，再谈反递句式四要素，然后谈显反式和隐反式，最后对反递句式的特点作个简单的归结。

第一节 反递关系

一、p和q之间的关系

反递关系首先体现于pq之间。在“不但不……反而……”的语法框架中，把pq抽取出来，从关系上观察，可以知道：对p说来，q是反中有递。

先说“反”。pq是对立概念，从p到q关系相逆，具有反转性。充当pq的词语有时是明显的反义词语，有时则是凭借“不但不……反而……”的形式表示出来的临时对立现象。比较：

他不但不哭，反而笑了。

他不但不笑，反而哭了。

他不但不哭，反而演得更加认真了。

他不但不笑，反而演得更加认真了。

再说“递”。pq 不是矛盾概念，p 被否定并不就成为 q，从 p 到 q 包含一个推移过程，具有层递性。推移过程是：

p→非 p　非 q→q

“非 p 非 q”是存在于 p q 之间的中间状态，是由 p 到 q 的“递距”。

明确了递距的存在，我们就可以进一步明确以下三个问题：

第一，“不但不 p，反而 q”中的 pq 可以“求中”。即既排除 p，也排除 q，指明存在中间状态。“求中”的公式是：①既不（没）p，也不（没）q；②虽然不（没）p，但也不（没）q。例如：

他既没哭，也没笑。

他虽然没哭，但也没笑。

他既没笑，也没哭。

他虽然没笑，但也没哭。

第二，不能求中的 pq 不应进入“不但不……反而……”的句式。比较：

我不想死，我想活！

我不但不想死，反而想活！(?)

我不想活，我想死！

我不但不想活，反而想死！(?)

“想死”和“想活”之间不存在中间状态，用“不但不……反而……”来强调毫无意义。如果一定要采用“不但不……反而……”的形式，就应想法拉开 pq 之间的距离。比如：

我不但不想死，反而想活得比谁都好！

我不但不想活，反而想死得越早越好！

第三，递距有小有大。修饰成分、连带成分等等的运用都可以扩大递距。值得特别指出的是：q 里往往用修饰成分“更加”，这既可以使 q 的程度加深，进一步拉开同 p 之间的距离，又可以从形式上显示出 q 处于较高的递进级层之上。例如：

(1) 每当她来找孙如一，林素十回有九回在那里，他<u>不但不</u>尽快回避，让恋人们去温存亲热，<u>反而</u>谈兴更浓……（肖为《征

婚》，《花城》1985 年第 1 期 145 页）

（2）可是今天，陈炯明的心事也许是太沉重了，他一听侍妾提醒他该吃饭了，不但不像过去那样欣然领首，反而更加烦躁起来……（黄继树等《第一个总统》，《小说家》1984 年第 4 期 236 页）

二、不 p 和 q 之间的关系

如果说 p q 之间的关系是反中有递，那么，不 p 和 q 之间的关系就可以说是递中含反。

首先，不 p 和 q 没有对立，从不 p 到 q 具有顺性递进关系。这一点，只要把不 p 改为意义相等的肯定说法，就可以明显地看到。例如：

（3）老师反复交代一定要把标语贴正，可是，你看他贴的，不但不正，反而歪得特别厉害！

“不正”的等义肯定说法是“歪”。“歪”和“歪得特别厉害”之间在程度上显然进了一层。当然，跟不 p 等义的肯定说法不一定都能找到现成的形式——某个常用的词语。如“不笑”，等义肯定说法是什么，回答不出来。不过，从理论上说，任何一个不 p 都应该有一个跟它意义相等的肯定说法，而不 p 的肯定说法同 q 之间毫无疑问具有递进关系。

其次，也应看到，不 p 和 q 之间的递进关系里头，包含着明显的反转关系。一旦把不 p 改为等义的肯定说法，反转关系就会随着 p 的消失而消失。如例（3），若把“不正”改为“歪”，“正”就消失，前后分句之间的反转关系也消失。反转关系消失的证据，是不 p 和 q 之间本来可以用“反而”，把不 p 改为等义肯定说法以后却不能再用“反而”，一定要把“反而”改为“而且”。例如：

（4）……你看他贴的，不但歪，反而歪得特别厉害！（一）

（5）……你看他贴的，不但歪，而且歪得特别厉害！（十）

可见，即使从不 p 和 q 之间的关系来观察，也可以看到“不但不 p，反而 q”这种句式所包含的反递关系。

第二节　反递句式四要素

一、预递词“不但”之类

构成反递句式的第一个要素是预递词“不但”之类。“不但”是预递词的代表；除了“不但”，还有“不仅”“不光”“不单”“非但”等等。例如：

(6) 人们不仅不接受他的挑战，反而远远地避开。（赵本夫《村鬼》，《十月》1985年第1期143页）

(7) ……粮菜价钱不光不降，反而升高……（吴伸《三岔镇风波》，《十月》1985年第1期77页）

(8) 死崔不像往常，不单不怕他，反而比他还横……（冯骥才《神鞭》，《小说家》1984年第3期16页）

(9) 玻璃花非但不动心，反而把话凿死……（冯骥才《神鞭》，《小说家》1984年第3期8页）

预递词“不但”之类和承递词“而且”之类，是递进句的形式标志。预递词和承递词不管是出现一对还是出现一个，都可以保证递进句式的成立。要是句子里预递词和承递词都不出现，那么，即使甲乙两事在意义上可能存在递进关系，也不能认为是递进句。例如：

他不仅能作曲，而且能演唱。（递进句）

他不仅能作曲，也能演唱。（递进句）

他能作曲，而且能演唱。（递进句）

他能作曲，也能演唱。（并列句）

反递句式从属于递进句式。反递句式的递进关系是由预递词显示和标明的。如果缺少了预递词“不但”之类，剩下了“不p，反而q”的形式，递进关系就缺乏标记，因而就不能构成递进句式。那么，“反而”能不能看成承递词？不能。

二、反转词“反而”之类

构成反递句式的第二个要素是反转词“反而”之类。我们把“反而”当作反转词的代表，不过，反转词实际上可以分为三类，“反而”跟后两类在意义和语气上有区别。

第一类：反词。包括“反而”以及“反”“倒”“反倒”“倒反”“相反”“反过来”等。略举几例：

(10) 不但不进，反往外掏！(贾平凹《腊月·正月》，《十月》1984 年第 4 期 3 页)

(11) ……那妹子非但不像个站在街门口，搔首弄姿的风流女子，倒像是被哪家主人踢出屋的可怜的猫儿。(海波《铁床》，《小说家》1984 年第 3 期 181 页)

(12) 农民不但没有钱赚，反倒月月要从口袋里掏钱出来。(向本贵《花瓶镇》，《中篇小说选刊》1999 年第 1 期 81 页)

(13) 这样捱到第二天，不仅不见好转，相反病得更沉重了。(孙健忠《醉乡》，《小说界·长篇小说专辑》1984 年第 1 期 46 页)

第二类：转词。能在这一句式中出现的转词是“却”。例如：

(14) 回场后的哲学家非但没受到大家尊敬，却成了笑柄……(叶文玲《太阳的骄子》，《小说界·长篇小说专辑》1984 年第 1 期 214 页)

(15) 谁知道，三梆子非但不闹，却花钱买下这桌酒饭，反过来谢谢他。(冯骥才《神鞭》，《小说家》1984 年第 3 期 7 页)

(16) 可厂长换了几届，非但没有救活厂子，银行的贷款却直线上升，几年时间就突破了千万大关。(向本贵《洪荒作证》，《芙蓉》1988 年第 4 期 51 页)

第三类：悖语词。包括用来加强意外语气的副词“偏偏”“竟然”“居然”等。例如：

(17) 他瞅玻璃花这架式，非但没有赶紧缩回去，偏偏觍着脸笑嘻嘻地说……(冯骥才《神鞭》，《小说家》1984 年第 3 期 9 页)

(18) ……巡防士兵大声呼唤要他们靠岸，他们不但不听，竟然朝岸上开枪……(黄继树等《第一个总统》，《小说家》1983 年第 3 期 218 页)

(19) 可你老伴非但没有镇压这帮忤逆，居然用唱过歌的大嗓门说：“……趁热喝！……”（李国文《临街的窗》，《小说家》1985 年第 1 期 16 页）

这里，应该明确三个问题：

其一，在反递句式中，反转词的作用是显示和标明反转关系。

其二，三类反转词往往可以互换使用。反词重在表明情况相反，转词重在强调情况异变，悖语词重在加强悖逆语气。反词和转词常常结合使用，标示既有“反”又有“转”。例如：

(20) 朝鲜战场的战火……不但不使她感到恐惧，相反却有着使她马上投身战斗的巨大吸引力。（沈仁康《在小桥边》，《小说家》1984 年第 1 期 89 页）

(21) 好在他并没有逃走的迹象……不但没有逃走，相反，却直奔边防站而来。（刘克《康巴阿公》，《十月》1983 年第 4 期 132 页）

“相反”用在“却”前。如果用“反而”，便出现在“却”后：“朝鲜战场的战火……不但不使她感到恐惧，却反而有着使她马上投身战斗的巨大吸引力。”再比较：

(22) 它非但未落入人的圈套，相反，却用自己的超常行为嘲笑了高智商的人，使人在它的面前，陷入了惶惑不安和未知的可怕中。（刘晓滨《跛鼬》，《小说月报》1997 年第 6 期 94 页）

(23) 它非但未落入人的圈套，却反而用自己的超常行为嘲笑了高智商的人……

其三，“反而”不是承递词。如果认为“反而”是承递词，就得承认意思相同的“反”“倒”“相反”等都是，还得承认可以互换、可以同现的“却”“偏偏”等也是。事实上，“反而”跟递进关系没有必然的联系，而跟反转关系的联系却是必然的、绝对的。例如：

(24) 在台上不一定什么都看得清，在台下反而看得清。（柯云路《新星》，《当代》1984 年增刊第 3 期 180 页）

(25) 在台下看得清，在台上反而不一定什么都看得清。

这两例，至少是后一例，很难说有什么递进关系。又如：

(26) ……一个市委书记的千金小姐，怎么会看中一个下贱的罪犯，却反而看不上省委书记的儿子？（黄继树《女贞》，《清明》1983 年第 3 期 29 页）

这一例也说不上有什么递进关系。特别是，“却”和“反而”同现，只能认为它们都是表示反转关系的。

在“不但不 p，反而 q”句式里，pq 之间确实存在一定的递进性，但这种递进性只是构成这种反递句式的语义基础，在形式上并非依靠“反而”来显示和标明。在这一点上，“不但不 p，反而 q”和“不但 p，也 q”一样，都只用预递词，不用承递词。有的语法书，把不出现预递词的“不 p，反而 q”也当作递进句[①]，这是错觉。下面两例都应该认为是反转句：

(27) 他不因何伏兴的尖刻和发泄般的话语而生气，反而充满了对陈春梅夫妇的同情。（彭天翼《梅花坪》，《芙蓉》1984 年第 2 期 12 页）[比较：“他不因……，却（反而）充满了……”]

(28)（老乔保）并不说责备他的话，反而自责自疚……（孙健忠《醉乡》，《小说界·长篇小说专辑》1984 年第 1 期 156 页）[比较：“并不说责备他的话，却（反而）自责自疚……”]

三、否定词“不”“没”之类

构成反递句式的第三个要素是否定词“不”“没”之类。我们把“不”作为否定词的代表，是因为“不”字最常用，不过用“没”“没有”“未”等的也不罕见。例如：

(29) 他不仅没能让最先的念头消失，反而又拖出第二个念头。（祁智《纸婚》，《小说家》1997 年第 3 期 28 页）

(30) 他非但未能压倒这人，反而被这人来嘲笑。（成一《云中河》，《当代》1985 年第 2 期 157 页）

在“不但不 p，反而 q”结构中，“不”“没”之类是状语，p 是受“不”“没”之类修饰的谓词性肯定形式。“不”“没”之类的地位和作用相当微妙。一方面，预递词“不但”标示不 p 与 q 之间的递进关系，从这方面看，“不”“没”之类和 p 结合成了一个否定形式的语义单位。另一方面，“不”“没”之类又和“反而”相照应，标示 p 和 q 之间的反转关系。从这方面看，“不”“没”之类提引出 p，“反而”导引出 q，造成“不（没）……反而……”的反转格式。如下：

不但——→（递中含反）

[不 p]　　[q]

不——→反而　←（反中有递）

“不”“没”之类有时多次使用，分别提引出不同的 p，成为：

不但不 p1 不 p2 不 p3，反而 q。

不但没 p1 没 p2 没 p3，反而 q。

例如：

（31）她不但不哭，不吵，不砸东西，反而变得温顺起来了。

（32）她不但没哭，没吵，没砸东西，反而变得温顺起来了。

“不”“没”之类前边有时出现别的语言成分，成为：

不但……不 p，反而 q。

不但……没 p，反而 q。

例如：

（33）水位不但一点没降，反而老在上升。

（34）（香香）不但洗脚水不帮他倒，反叫他帮着去洗碗喂猪潲。（龚笃清《夜投苦竹寨》，《收获》1985 年第 2 期 208 页）

有时，包含“不”“没”的单位不能直接分析为“状语＋谓词性肯定形式”。或者，“不”只是补语中的修饰成分；或者，“没（有）”是动词，等于“无”，充当谓语。这种包含“不”“没”的单位已经不是典型代表形式中的不 p，只能记为 p。p 可以看作不 p 的变化形式。即：

不但 p，反而 q。

（＝不但不 p，反而 q。）

例如：

（35）他苦苦思索着，“留有异物”这念头不但压不下去，反而越来越强烈。（凯南《西风·流云·枯叶》，《中篇小说选刊》

1984年第5期21页）（=不但不能压下去……）

（36）家里积攒的那点血汗钱，都被媳妇手拿把掐攥着，他不仅一个子抠不出来，反倒会惹一肚子气。（关天仁《天壤》，《小说选刊》1998年第11期38页）（=不仅不能抠出一个子……）

（37）那张嘴，猝不及防，不但开不出玩笑，竟然冻住了。（江鱼《大山，绿色的大山》，《中篇小说选刊》1984年第5期207页）（=不但不能再开玩笑……）

（38）……他不但没有了听众，倒常常成了大家讥讽的对象……（叶文玲《太阳的骄子》，《小说界·长篇小说专辑》1984年第1期214页）（=不但不再吸引观众……；不但不再拥有听众……）

四、对立概念p和q

构成反递句式的第四个要素是表示对立概念的词语p和q。pq一般都采取肯定形式。两个肯定形式嵌进“不但不……反而……”的框架里，这是反递句的典型模式。

有时，p可以是否定形式，但受到严格的限制。例如：

（39）这么敏感的问题，他不但没有避开不谈，反而一有机会就大讲特讲。

（40）这种坏人，他不但没开除不用，反而让他当了伙食班班长。

（41）碰了钉子，他不但没躺倒不干，反而信心越来越足。

观察这些例子，可以知道：第一，p用了否定形式，q绝对不能再用否定形式。第二，p用的否定形式是“V不V”，不V实际上是V的重复辞，从属于V。去掉不V，剩下肯定形式的V站得住；但去掉V，剩下否定形式的不V站不住。（如：“这么敏感的问题，他不但没有避开，反而……” | “*这么敏感的问题，他不但没有不谈，反而……”）第三，用了“V不V”，p前的否定词用“没（有）”，不用“不”。

有时，q也可以是否定形式，但有明显的特点。例如：

（42）现在，不但没挣到新衣裳，反而连回家的车票钱也不够了。

(43) 结果呢，不但不能当上什么“司令”，反而连自己的老婆也不肯听从“命令”了。

这类例子表明：第一，q 用了否定形式，p 要求用肯定形式，而不能用“V 不 V”的否定形式。第二，q 里的否定形式由“连一也”引出。“连一也”把情况推向极端，从而强调出 q 与 p 在说话人心理上感觉上的极度对立。第三，没用“连一也”的，可以添加“连一也”，或改造成“连一也……”。例如：

(44) 大家东奔西走全是为了她。可是，她不但不感激，反而不以为然。(→……反而连大家为她东奔西走也不以为然。)

(45) 吃了药，不但不见好转，反而下不了床了。(→……反而连床也下不了了。)

凡是“不但不 p”后边用“连一也”引出了否定形式的，如果需要强调心理上感觉上的极度对立，不用“反而”时可以添上“反而”，用了“而且”时可以改为“反而”。例如：

(46) 结果喜凤妈不仅没拍屁股骂街，连大门都没开，实在没一丝儿风雨。(郑义《老井》，《当代》1985 年第 2 期 56 页)

(47) 时间一天一天过去了，他不但未按期回贵阳，而且连一封信也没有写给我。(廖静文《往事依依》，《收获》1982 年第 4 期 69 页)

前一例，“连大门……”前头可以加上“反而”；后一例，“而且”可以改为“反而”。

第三节　显反式和隐反式

一、显反式和隐反式的区别

从形式上看，显反式是用“反而”之类词语显示了反转关系的反递句式，隐反式是隐含反转关系但缺乏反转标志的反递句式。比较：

(48) 前些时，把吴越列为“揭、批、查”的对象，他不但没有说清楚，最近却反而更加趾高气扬了。

(49) 前些时，把吴越列为“揭、批、查”的对象，他不但没有说清楚，最近更加趾高气扬了……（王昌定《招魂》，《小说家》1983年第3期98页）

前一例是显反式，后一例是隐反式。

严格地说，显反式才成其为“式”，因为它具有明显的形式标示。隐反式本身不具有不同于一般递进句式的形式标志，不过，可以添加“反而”或者把“而且”改为“反而”，毕竟在变换上不同于一般的递进句式，所以可以算作一种“隐式”。

二、隐反式的类型

根据是否使用承递连词，隐反式可以分为两类：

(一) 使用承递连词的

常见的是使用承递连词“而且”。例如：

(50) 洗药瓶、倒痰盂、奔忙不停做“她”下手的杨兴中，不但不坏，而且好像是受了某种冤枉的好人。（叶文玲《太阳的骄子》，《小说界·长篇小说专辑》1984年第1期189页）

(51) 从此，两个孩子不仅没有再得到一个父亲，而且又失去了自己的母亲，并且，永远地失去了。（乔雪竹《弟弟，妹妹，哥哥啊！》，《花城》1985年第1期90页）

有时使用承递连词“甚至”，但也可以改用“而且”：

(52) ……光凭过去的本事和经验，在今天建设时期，不但未必能成为英雄，甚至还有可能成为罪人。（边震遐《峡谷回声》，《小说界·长篇小说专辑》1984年第1期344页）

凡是用“不但不……而且……”的隐式反递句，“而且”都可以改为“反而”。如果不能把“而且”改为“反而”，就说明并不隐含反转关系，因此同反递句式无关。例如：

(53) 不但没有热情，而且显不出真诚。（海波《铁床》，《小说家》1984年第3期189页）

所谓“而且”可以改为“反而”，并不是说它们可以同位替换。

“而且”是连词，“反而”是副词，如果出现主语，“而且”用在主语前边，若改为“反而”，“反而”就得放在主语后边[②]。例如：

(54) 这么做，不仅防风林不会长，而且橡胶树很可能都要死去。

(55) 这么做，不仅防风林不会长，橡胶树反而很可能都要死去。

所谓“而且”可以改为“反而”，并不等于它们的作用完全等同。“不但……而且……”表递进，“不……反而……”表反转，它们互相交织套合，构成了反递句式。从理论上说，由于“而且”和“反而”各有用途，它们并不互相排斥：用“而且”时意味着后边有个可以补出“反而”的空位，用“反而”时意味着前边有个可以补出“而且”的空位。即：

不但不p，而且øq。

不但不p，ø反而q。

然而，在实际运用中，很难见到“而且”和“反而”同现的例子[③]。可能是为了语言的简练，用“而且”时“反而”隐去，用“反而”时“而且”隐去，它们是交替出现的。“可以改为”的说法，是就可以交替出现这一意义而言的。比较：

(56) 他不仅不后悔起用郎平，而且（反而）下大力锤炼她。（鲁光《敬你一杯酒》，《人民文学》1982年第1期6页）

(57) 林吟不但没吓唬住，（而且）脸上的表情反而更认真、更执拗了。（凯风《西风·流云·枯叶》，《中篇小说选刊》1984年第5期27页）

（二）不用承递连词的

主要有三种情况：①q项用“还……”；②q项用“连一也……”；③q项什么关系词语都不用。各举一例：

(58) 他不仅不生气，还为它欢呼。（刘恒《天知地知》，《小说选刊》1996年第11期47页）

(59) 不但他没有“上去”，连已经升上去的陈淳安也“落”

下来了。（叶文玲《太阳的骄子》，《小说界·长篇小说专辑》1984年第1期185页）

（60）这样，不仅不能成为建设“红色根据地”的力量，很可能成为贫下中农身上的负担。（刘鹏越《安魂曲》，《春风》1982年第1期177页）

这类反递句，可以添加承递连词，使之成为使用承递连词的反递句：“他不仅不生气，而且还……”｜“不但他没有‘上去’，而且连……”｜“不仅不能成为建设‘红色根据地’的力量，而且很可能……”

这类反递句，由于未用“而且”，因此可以直接添加“反而”，使之成为显反式反递句：“他不仅不生气，反而还……”｜“不但他没有‘上去’，反而连……”｜“不仅不能成为建设‘红色根据地’的力量，反而很可能……”

既然这类反递句里既可以补上“而且”，又可以补上“反而”，而“而且”和“反而”又不能同位互换，那么，就意味着留有两个可以分别填上承递连词和反转词的空位，即：

不但不p，øøq。

若补上“而且”，意味着后边还有个可以补出“反而”的空位；反之，若补上“反而”，意味着前边还有个可以补出“而且”的空位。例如：

（61）……不仅不见钱，反还得了“营养”。（黄尧《荒火》，《十月》1985年第2期47页）

上例的“还”前已用了“反”，这意味着前边还留有一个可以补上“而且”的空位。

三、显反式和隐反式的使用

一个反递句，在同上句意义逆承的时候，多用显反式。上句和本句之间用“但”类词，或者可以添加“但”类词。例如：

（62）艾蒿在我和柴禾走后，孤掌难鸣……然而，他不但不肯揭发我的罪行，反倒为我鸣冤叫屈，留党察看仍不改口。（刘绍棠

《野丫头谷玉桃》，《小说家》1984年第4期123页）

(63) 矮子贵二又叹一口气，莫奈何，说出了大狗送香草电子手表的事。（但是）香草非但不怕丑，反以此为荣耀，故意拿话来激他。（孙健忠《醉乡》，《小说界·长篇小说专辑》1984年第1期150页）

有时，上句和下句之间也用“不料”“谁料”“没想到”之类，既表转折，又强调意外：

(64) 这一天，按照工程指挥部党委的决定，本来是全面停工休息。不料，围堰工区有一个民工中队在年终评比的红榜发布时，不但没能乘上火箭和飞机，偏偏骑上了小毛驴——当了下游……（边震遐《峡谷回声》，《小说界·长篇小说专辑》1984年第1期328页）

(65) ……没想玩过十天，蝎子不但未死，其中一个母的，竟在背部裂开，爬出六只小蝎。（贾平凹《天狗》，《十月》1985年第2期47页）

一个反递句，在同上句意义顺承的时候，多用隐反式。常见的情况有两种：

第一，同上句连环相接。不仅重复上句意思，又通过“不但……(而且)……”引出进一层的意思。例如：

(66) 只有一个人不笑。不但不笑，而且流露出不满的神色……（李国文《花园街5号》，《十月》1983年第4期18页）

(67) ……他稳坐摊前不去劝解。不仅不劝解，还捂着嘴偷偷地笑。（吴伸《三岔镇风波》，《十月》1985年第1期93页）

第二，同上句因果相承。上句为因，本句为果，可以添上“因此”之类。例如：

(68) 她要在各方面造成顾堃的坚定情绪。（因此）不仅不能让任何悲观的阴影侵袭他，而且要在他周围造成一个乐观的环境影响！（柯云路《一个系统工程学家的遭遇》，《花城》1985年第1期49页）

(69) ……化工厂生产的溴素，因违反操作规程出废品赔了本，（因此）非但不能给奖，还扣了分……（叶文玲《太阳的骄子》，《小说界·长篇小说专辑》1984 年第 1 期 214 页）

不过，上下文意义的顺逆固然对显反式和隐反式的使用有一定的影响，但并不是决定性的。说到底，如果说话人要强调 pq 之间的反转关系，即使同上文意义顺承，也会用显反式；反之，如果说话人要强调不 p 和 q 之间的递进关系，即使同上文意义逆承，也会用隐反式。例如：

(70) 果然，马守山这一步棋走对了，孙之翔成了市革委会副主任。（因此）马守山不仅没有被打倒，反而成了解放干部，进了三结合的班子。（纯民《报上没有消息》，《小说家》1985 年第 1 期 81 页）

(71) 应保诚虽然对这一点恼火得要命，但他现在非但一点也不能发火，而且还应处处表现轻松愉快才是。（叶文玲《太阳的骄子》，《小说界·长篇小说专辑》1984 年第 1 期 230 页）

本章小结

反递句式是一种有用而能产的特殊的递进句式。跟一般递进句式相比较，反递句式的特点可以归结为以下几点：

第一，从外部形式看，以“不但不 p，反而 q”作为代表格式。尽管“不但”还有“不仅”“不光”等等说法，“不”还有“没”“未”等等说法，“反而”还有“反”“倒”等等说法，并且可以替换为“却”“偏”“竟”等等说法，但是，说法不管怎么变化，都可以演化归统到“不但不 p，反而 q”这一形式上来；尽管“不但不 p，反而 q”只是有反转标记的显反式，有时还有不用反转标记的隐反式，但是，不管是什么样的隐反式，也都可以演化归统到“不但不 p，反而 q”这一形式上来。

第二，从内部关系看，混合了递进关系和反转关系。p 与 q 之间，有明显的反转关系，但又存在“递距”，是反中有递；不 p 与 q 之间，有明显的递进关系，但又包含反转义素，是递中含反。这种内部关系的二元性，构成了反递句式的特殊的逻辑基础，从而制约着反递句式可以采取的种种形式。

第三，从外部形式和内部关系的联系看，套合了各有用途的两个框架：连词框架“不但……（而且）……”和副词框架“不……反而……”。“不但……（而且）……”重在显示和标明不 p 与 q 之间的递进关系，“不……反而……”重在显示和标明 p 与 q 之间的反转关系。“而且”和“反而”一般不同现，但在理论上可以认为存在“不但不 p，而且反而 q”的格式，这一格式在实际语言运用中可以表现为“不但不 p，反而 q”的显反式，也可以表现为“不但不 p，而且 q”的隐反式，还可以表现为其他各种形式。

应该指出：反递句前后分句的主语一般是相同的，而且多在前一分句出现。也有前后分句主语不同的，但很少。如果把主语记为 S，让它也在格式中展示出来，就成为：

S 不但不 p，反而 q。

S_1 不但不 p，S_2 反而 q。

不但 S_1 不 p，S_2 反而 q。

后两个格式，代表前后分句主语不同的两种反递句：

一种是 S_1 和 S_2 之间具有从属关系。例如：

（72）他不但没有当上书记，他的科长职务反而被撸掉了。

（73）她不仅不生气，脸上还挂着一种小姑娘似的顽皮。（韦光《新上任的考勤员》，《人民文学》1982 年第 4 期 98 页）

另一种是 S_1 和 S_2 代表处于对立两端却有着同样结果的人或事物。例如：

（74）不但台下的不能挤上去，台上的反而全部被赶了下来。

（75）不但落水的没有救起来，救人的反而也跟着送了命。

还应该指出：反递句式从属于递进句式，但又有程度不同的特殊性。分析复句类别时，三种情况应该分别对待：第一，隐反式未在形式上出现反转词。对于这种关系隐含的反递句式，可以直接说是“递进”。第二，有的显反式不出现转折词。这样的反递句式，为了显示其特殊性，可以说是“递进（反递）”。第三，有的显反式出现了转折词。这样的反递句式实际上已经复现了递进标志和转折标志。为了如实反映情况，似乎应该说是“递转”。

附注

①初级中学课本《汉语》第五册，人民教育出版社 1957 年版，第 51 页。

②“相反”出现的位置，跟“而且”相同，跟“反而”不同。“相反”是形容词。用在分句与分句之间的“相反”有点像连词，但实际上还是形容词，顶多只能算形容词的弱化用法。可参看邢福义《词类辨难》，甘肃人民出版社 1981 年版，第 22、121 页。

③不是完全没有。例如：家丑不可外扬，而且说出去反而让人家笑他是傻瓜。（郑万隆《红灯黄灯绿灯》，《当代》1982 年第 3 期 63 页）

第九章　“更”字句式及其与转折句的牵连

“更”字句式，指用“更”字标示递进关系的复句句式。为了方便，讨论中也称为“更”字复句。

“更”是程度副词。但在“更”字复句中，它的作用具有二重性：既表示程度，修饰 VP/AP；又标示关系，表明前后分句 p 与 q 之间具有递进关系。

学者们没有专门讨论过“更”字复句。有关现代汉语复句的论著，有的只在举例中出现个别“更”字复句[1]，有的只在讲关系词语时点到“更”字，但举例中没出现“更”字复句[2]，有的完全不涉及“更”字复句[3]。

一部分“更”字复句，跟转折句有一些牵连。

第一节　“p，更 q”

单纯的“更”字复句，采取“p，更 q”的形式。即句式中只在前后分句之间出现标示递进关系的“更”字，前分句不出现别的关系词语。“更”字总是紧靠后分句的 VP/AP。如果后分句出现主语，那么，它用在主语后边。例如：

（1）我爱北京，我更爱今天的北京。（老舍《我爱新北京》）

（2）他的手术……动作轻快准确，缝合的技术更是全院少见的。（苏叔阳《故土》，《当代》1984 年第 1 期 40 页）

（3）一路上，他不说不笑，更不吵不闹，真让人别扭！（浩然

《晚霞在燃烧》，《长篇小说专辑》1984 年第 2 期 334 页）

(4) ……没有困难，更谈不上痛苦。（高放《爱情与陷阱》，北岳文艺出版社 1985 年版 144 页）

(5) 发现一篇好作品不容易，培养一个作者更不容易。（牛雅杰《编辑日记》，《长江》1989 年第 3 期 121 页）

以上五例，实际上代表“更”字复句在语义关系上的五种情况。语义关系不同，可能有的非单纯形式也不一样。关于非单纯形式，从下一节起将分别描述。

不管内部情况如何，“更”字复句呈现出如下的特点：

第一，“更”字联结前后关系项，前关系项和后关系项在一个复句里同现。如例（1）“更”字联结前关系项“我爱北京”和后关系项“我爱今天的北京”；例（2）“更”字联结前关系项“动作轻快准确”和后关系项“缝合的技术是全院少见的”。

需要明确的是：

①句子里，要是不同时出现“更”字的前后关系项，不可能构成“更”字复句。例如：

(6) 在太阳难得照耀的地方，也有花有草，更需要温暖。（胡丹《啊！摇钱树》，《长江》1988 年第 1 期 19 页）

上例“更”字后边出现“需要温暖”，但前边没出现可以成为关系项的语句，因而不构成“更”字复句。如果这么说：

(7) 在太阳难得照耀的地方，也有花有草，需要水分，更需要温暖。

上例“更”字有了前后关系项“需要水分”和“需要温暖”，这才构成“更”字复句。

②联结前项与后项的“更”字只能有一个。如果每项都带有“更”字，也不构成“更”字复句。例如：

(8) 在太阳难得照耀的地方，也有花有草，更需要温暖，更需要细心照料。

这不是“更”字复句。只有这么说：

(9) 在太阳难得照耀的地方，也有花有草，需要温暖，更需要细心照料。

这才是“更”字复句。“更”字用在“需要温暖”和“需要细心照料”这两个关系项之间强调递进关系。

第二，用“更”字联结的前后关系项，在语义上具有类同性，在形式上具有一定的对称性。如例（3）的“不说不笑”和“不吵不闹”，例（4）的“没有困难”和“谈不上痛苦”。

一般地说，前后项要么都用肯定形式，要么都用否定形式。如例（2）用肯定形式，例（3）、例（4）、例（5）都用否定形式。有时，一项用肯定形式，一项用否定形式，但在语义上它们还是类同的。例如：

(10) 要尽量少激动，更不要过于疲劳。（苏叔阳《故土》，《当代》1984年第1期133页）

(11) 我不想听他唠叨，更担心这雨没完没了。（浩然《晚霞在燃烧》，《长篇小说专辑》1984年第2期347页）

前一例，前项肯定，后项否定。但按基本意思，既相当于“不要太激动，更不要过于疲劳”，也相当于“要尽量少激动，更要尽量避免过于疲劳”。后一例，前项否定，后项肯定。但前项中的“不想”和后项中的“担心”都可以换成“怕”：“我怕听他唠叨，更怕这雨没完没了。”

如果“更”字前后找不到两个具有类同性和对称性的语言形式，不可能是“更”字复句。例如：

(12) 她这么一说，我更不能入梦了。（魏雅华《本案不公开审判》，《长江》1988年第1期83页）

这不是“更”字复句。

第三，“更”字关联的两个语言形式，必须在句法上都成为分句。如前面所举的“更”字复句，前后项都具有分句的资格。

如果“更”字关联的两个语言形式并非都成为分句，即使它们具有类同性和对称性，也不是“更”字复句。例如：

(13) 本来是多眼白的眼睛，现在更白得怕人。（陈伯坚《香

港姑娘》，《长江》1988年第1期72页）

上例“更”字关联“本来是多眼白”和“现在白得怕人”，但前者只是“眼睛”的定语，不是分句。只有这么说，才成为“更”字复句：

（14）眼睛本来多眼白，现在更白得怕人。

需要进一步指出的是：

①有时“更”字复句可以通过成分共用的办法凝缩成单句。例如：

（15）《辞海》中没有对“正常”更没有对“正常人”的诠解。（沈善增《正常人》，《收获》1987年第6期165页）

上例没有两个分句，因而不是“更”字复句。当然，它可以恢复成“更”字复句：

（16）《辞海》中没有对“正常”的诠解，更没有对“正常人”的诠解。

有时，“更”字关联的两个语言形式分别出现在句群里的上句和下句：

（17）闯王听了，也很感动。周围的将士更是感动，有人知道此人活不成了，不禁感动得流出了眼泪。（姚雪垠《李自成》第三卷中册，中国青年出版社1981年版628～629页）

上例是句群，“闯王感动”和“周围的将士感动”不是一个复句里的前后分句。当然如果这么说，便可以形成“更”字复句：

（18）闯王听了很感动，周围的将士更是感动。

②有的“更”字复句是多重复句。例如：

（19）洪承畴第一次看见蒙古的男子舞蹈，感到很有刚健猛锐之气，但他并不喜爱；满洲的舞蹈有的类似跳神，有的模拟狩猎，他认为未脱游牧之风，更不喜欢。（姚雪垠《李自成》第三卷中册，中国青年出版社1981年版754页）

上例是多重复句，“更”字标示了第一层次的递进关系：“……不喜爱；｜……更不喜欢。”

本文所说的单纯“更”字复句，指只用“更”字标示递进关系的复句，是在形式标志上跟非单纯形式相对而言的。作为多重复句的单纯“更”字复句，在分句的组合上并不单纯。

③一个多重的“更”字复句，其组成部分可以又是“更”字复句。例如：

(20) 有人同情慧梅，更担心慧梅嫁给袁时中可能苦恼终身，都不免落泪，红娘子和姑娘们更是忍不住泣不成声。(姚雪垠《李自成》第三卷中册，中国青年出版社 1981 年版 863 页)

上例两个“更”字处在不同的层次之上。“有人……不免落泪”和“红娘子和姑娘们更是忍不住泣不成声”构成“更”字复句；“(有人)同情慧梅”和“更担心慧梅嫁给袁时中可能苦恼终身”也构成作为多重复句里一个组成部分的“更”字复句。

④在“更”字复句里，除了用“更”或“更是”，有时也用“更加”。例如：

(21) 他不能再忍受六十了，六十五或七十他更加无法面对！(依达《给你温柔》，《珠海》1988 年总第 10 期 11 页)

第二节　“不但 p，更 q”

前分句出现“不但”或它的同义形式，构成“不但 p，更 q”的格式。这是“更”字复句的一种非单纯形式。

“不但”之类是预递词，“更”是承递词，它们结合使用，递进的级层由低到高，由轻到重，由小到大，或者由浅到深，全都一清二楚。这是一种传承型递进句式，也是一种典型的递进句式。例如：

(22) 那时，不但亏了自己，更亏了自己的先母。(马金萍《同时出现的三个妻子》，《东北文学》1988 年总第 57 期 27 页)

(23) 施正月不但刀快，暗器更快，(连我们唐门最精于使用暗器的唐千裘也不敢轻视他。)(《卧龙记》，奥林匹克出版社 1989 年版 1446 页)

上例都是“不但……更……”。又如：

(24) 她……不仅抚摸到他的形体，更能触摸到他的灵魂。

（绍六《女性的陷落》，《长江》1988 年第 1 期 32 页）

（25）一种象棋学派不仅首先要有科学的思想和理论，更需要实践运用的巨大成就。（谢军的胜利……是中国国际象棋学派在实践上的辉煌胜利。）（刘文哲《中国学派的胜利》，《深圳商报》1999 年 8 月 25 日）

（26）自己愿意用一些干部子弟，不光是为了用他们的“才”，更是用他们的“能”。他们能疏通上层联系，打通四面八方的关节。（柯云路《衰与荣》，《当代》1988 年第 1 期 97 页）

前两例是“不仅……更……”，后一例是“不光……更……”。

有了“不但”之类，若把后分句的“更”改为“也”，仍然成为递进复句。这是因为预递词“不但”之类已经造成递进语势，决定了前后分句之间一定形成递进关系。但是，“更”字能特别强调出程度更高的意思，因而在语义上具有不能取代的作用。比较：

不但刀快，暗器也快。

不但刀快，暗器更快。

同是递进复句，前者只强调出事物范围的扩大，后者则既强调出事物范围的扩大，又强调出动作速度的差异。

值得注意：

第一，“不但……更……”之类后边，还可以续上“甚至……”，形成“不但 p，更 q，甚至 r”的三级递进句式。例如：

（27）人在生活中，不仅仅需要优裕和安适以及种种的物质上的满足，更需要精神上的一些冲击、一些警策、一些温暖、一些感染、一些慰藉和一些鼓舞，甚至还需要一点眼泪和一点战栗。（郑万隆《明天，再见!》，《当代》1984 年第 1 期 149 页）

在这种说法中，“甚至……”一项有进一步补足语意的作用。

第二，单纯的“更”字复句，有的可以向“不但 p，更 q”的格式转化。转化的条件是 p 与 q 之间具有由低到高的级层关系。如例（2），可以说成：

（28）他的手术不仅轻快准确，缝合的技术更是全院少见的。

再看下面的例子：

(29) 庄韬回到自己家了，西院二号，两间靠厕所的西房。阴，潮，臭。刚才硬着头皮钻进院，现在更硬着头皮钻进家。(柯云路《衰与荣》，《当代》1988 年第 1 期 107 页)

(30) 你用不着懊丧，更没必要失去对美好前程追求的信心和勇气。(浩然《晚霞在燃烧》，《长篇小说专辑》1984 年第 2 期 360 页)

(31) (更难得的，就是) 慕容青烟毫不保留地把改良了的本门招式重新撰写记下，更将之归还给本门。(《卧龙记》，奥林匹克出版社 1989 年版 133 页)

上例可以分别说成“不仅刚才硬着头皮……现在更硬着头皮……”“你不仅用不着……更没必要……”“慕容青烟不仅毫不保留地……更将之……”。

把“p，更 q”说成“不但 p，更 q”，有时需要去掉个别词语。例如：

(32) 你当着老队长的面，可不能流露这样的情绪，更不能用这种词儿。(浩然《晚霞在燃烧》，《长篇小说专辑》1984 年第 2 期 330 页)

上例若要加上“不但/不仅”，需去掉“可”，使之成为：

(33) 你当着老队长的面，不仅不能流露这样的情绪，更不能用这种词儿。

第三，递进级层的高低，往往反映客观存在的实际情况，反映事物间客观存在的逻辑联系，不能随便颠倒。如例 (29)，由于家里又阴又潮又臭，“家”不如“院”，因此不能说成“(不仅) 现在硬着头皮钻进家，刚才更硬着头皮钻进院”。例 (30)，特别是例 (31)，前后项也不能对调。但是，有的时候，递进级层的高低只反映表述者的主观视点，取决于表述者的心态或看法，在这种情况下，前后项不一定不能颠倒。比较：

不仅有必要学法语，更有必要学德语！

不仅有必要学德语，更有必要学法语！

前一例反映表述者特别强调学德语，后一例反映表述者特别强调学法语。再看这个例子：

(34) 白天明那时还小，闹不清“方登”和“方达”是不是一个外国字，更不知道“亨利·方达”是谁。(苏叔阳《故土》,《当代》1984 年第 1 期 24 页)

这一例固然可以说成“不仅闹不清……，更不知道……”，也不一定不能说成：

(35) 白天明那时还小，(不仅) 不知道“亨利·方达”是谁，更闹不清“方登”和“方达”是不是一个外国字。

第三节 “既 p，更 q”

前分句出现“既”，构成“既 p，更 q”的格式。这是“更”字复句的另一种非单纯形式。

“既”和“又/也”结合使用，标示并列关系。“既”和“更”结合使用，便标示出并列中有递进，表明在列举的两个方面的情况中着意强调突出第二个方面。这是一种突举型递进句式。例如：

(36) 它既不是上海数量最多的民房，更不是水准最高的住宅。(沈善增《正常人》,《收获》1987 年第 6 期 150 页)

(37) 咱们要找的既不是牛，更不是猪，(而是两匹好马。)(《卧龙记》，奥林匹克出版社 1989 年版 1385 页)

上例的“更”可以改成“也”：“既不是……民房，也不是……住宅”，“既不是牛，也不是猪”。但一旦改掉“更”字，分句间的递进关系便随之消失。

值得注意：

第一，“既 p，更 q”有时可以说成“不但 p，更 q”。但前分句用“既”，更能表明 p 是一个方面，而 q 是另一个方面。例如：

(38) 对偏正式的合成词，既要了解两个字的意义，以帮助我们掌握词义，更要了解整个词的意义，不能只从字面上去了解。（初中《语文》第一册“双音的合成词”）

这个例子也可以说成“不仅要了解两个字的意义……更要了解整个词的意义……”。不过，前分句用“不仅”跟前分句用“既”相比较，后者更强调了“了解两个字的意义”代表一个方面的要求。可以说，既强调多面，又突出一面，这是“既 p，更 q”这种特殊递进句式的特殊作用。

第二，单纯的“更”字复句，有的可以向“既 p，更 q”的格式转化。转化的条件是 p 与 q 之间具有两面并存的关系。如例（3），可以说成：

（39）一路上，他既不说不笑，更不吵不闹，真让人别扭！

再看几例：

（40）是爱，还是恨？

是爱，更是恨！（胡丹《啊，摇钱树》，《长江》1988 年第 1 期 3 页）

（41）她的声调很怪，不是密云口音，更不是北京的口音。（浩然《晚霞在燃烧》，《长篇小说专辑》1984 年第 2 期 333 页）

（42）安适之毕竟是安适之，不是白天明，更不是你毛手毛脚的秦国祥。（苏叔阳《故土》，《当代》1984 年第 1 期 112 页）

例（40）→“既是爱，更是恨。”例（41）→“既不是密云口音，更不是北京的口音。”例（42）→“既不是白天明，更不是你毛手毛脚的秦国祥。”

第三，“既……又……”和“更……”可以结合使用，形成“既……又……更……”。例如：

（43）刘邦在垓下大战取得全胜之后，率领亲随巡视战场，既有天下初定的得意，又有一生征战的回忆，更有满目疮痍的感慨。（公衡《水巷琵琶声》，《清明》1983 年第 3 期 5 页）

（44）突然杀出一个程咬金，以致功败垂成，既杀不了人，又夺不了玉山羊，更要狼狈逃回平阳城去。（《卧龙记》，奥林匹克出

版社 1989 年版 43 页）

第四，“既……也……”和“更……”也可以结合使用，形成“既……也……更……”。例如：

（45）说她是工农兵大学生，她的出身，既不是工人，也不是农民，更不是当兵的。（顾笑言《洪峰穿过峡谷》，《花城》1983 年第 3 期 58 页）

（46）这小子当年在批斗会上既不打人，也不骂人，更不让你坐“喷气式”，（但他……往往问得你满头冒汗。）（熙高《假如生活能倒流》，《十月》1983 年第 4 期 202 页）

（47）年轻女强人佩如既没有熬成一名老处女，也没有故意当单身贵族拖延婚配时间，更没有说熬到最后绷不住劲了才屈尊下嫁给一个老头子或丑八怪什么的。（徐坤《如烟如梦》，《小说月报》1997 年第 6 期 31 页）

“既……又……更……”和“既……也……更……”都表明在列举的三个方面的情况中着意强调突出第三个方面。其中，“既……又……”和“既……也……”都是并列关系，“既……又……”或“既……也……”同“更”之间是递进关系。采用“既……又/也……更……”的说法，复句的“列中有递”的突举性特别清楚。

第五，单纯的“更”字复句中，“更”字前边如果出现并列的两个分句，一般都可以自然地添补为“既……又/也……更……”。比如：

（48）没有一个人劝解他，没有一个人开导他，更没有一个人用什么办法把他那愤愤不满的情绪改变分毫。（浩然《晚霞在燃烧》，《长篇小说专辑》1984 年第 2 期 351 页）

（49）她绝不愿向任何人陈述痛苦，不需要别人的同情，更不愿让人把自己看成受害的弱者。（苏叔阳《故土》，《当代》1984 年第 1 期 29 页）

例（48）→“既没有……，又/也没有……，更没有……。”例（49）→“既（绝）不愿……，又/也不需要……，更不愿……。”

“更”字前边并列的两个分句之间有时已出现“也”字。在这种情况下，第一分句更可以自然地添加“既”字。例如：

(50) ……有人用梯子爬上了大相国寺的大雄宝殿屋脊，也有人登上了钟楼和鼓楼，更有几个力气大一些的年轻人爬上了铁塔的第二层。(姚雪垠《李自成》第三卷下册，中国青年出版社 1981 年版 1510 页)

(51) 我不代表上帝，也不代表神明，更不代表什么奇迹。(苏叔阳《故土》，《当代》1984 年第 1 期 139 页)

例 (50) → “既有人……，也有人……，更有几个力气大的年轻人……” 例 (51) → “既不代表……，也不代表……，更不代表……”

第六，“既……也……更……” 和 “既……又……更……” 也有区别，主要表现在 “也……” 是并列的弱项，有补说的作用；“又……” 是并列的强项，有强调的作用[④]。从 “既……也……” 到 “更……”，是补说之后作突举性的强调；从 “既……又……” 到 “更……”，是强调之后再作突举性的强调。比较：

(52) 苏阿姨既是出色的医生，也是出色的护士，更是不可挑剔的出色的妻子！

(53) 苏阿姨既是出色的医生，又是出色的护士，更是不可挑剔的出色的妻子！

“也是出色的护士” 是补说的一层意思，语意弱些；“又是出色的护士” 是另起的一层意思，语意强些。再比较：

(54) 这些年，既有喜悦，也有辛酸，更有说不清道不明的惆怅。

(55) 这些年，既有喜悦，又有辛酸，更有说不清道不明的惆怅。

“又有辛酸” 显然比 “也有辛酸” 在语意上重一些。

第四节 “尚且 p，更 q”

前分句出现 “尚且”，构成 “尚且 p，更 q” 的格式。这是 “更”

字复句的第三种非单纯形式。

跟顺向推进的“不但p，更q”相比较，“尚且p，更q”是逆向逼进。这一句式，以p反逼q，强调p的成立决定了q更能成立。这是一种反逼型递进句式。在这一句式里，“更”字标示出反逼关系中q比p更进了一层。例如：

(56) 我阅读唐诗宋词尚且有困难，诗经、楚辞就更看不懂了。（吕叔湘主编《现代汉语八百词》用例）

(57) 阿Q尚且能不师自通叫“二十年后又是一个”，我江锋更不能蔫头蔫脑掉架丢脑！（安文江《雾迷复旦园》，《十月》1987年第5期139页）

(58)（政策和策略是党的生命，这可是马虎不得的呀！……）常言道：人命关天。人的命尚且关天，党的生命那可更要关的大罗！（喻清新《张驴儿和他的驴》，《当代》1984年第1期200页）

值得注意：

第一，“尚且……更……”可以说成“连X也……更……”。例如：

(59) 我站在茫茫的雨中，连一个马蹄子印也找不到，更说不准她具体是什么时候走的，是我临睡之前，还是我睡了以后？（郑万隆《明天，再见！》，《当代》1984年第1期177页）

(60) 我连爹爹是谁也不知道，奶奶是谁更加不知道……（金庸《鹿鼎记》，四川文艺出版社1988年版1891页）

例(59)→“一个马蹄子印尚且找不到，更说不准……”例(60)→“爹爹是谁尚且不知道，奶奶是谁更……”

下面的说法里，“纵是（=即使是）X也”相当于“连X也”，用让步语气对X加以强调：

(61) 顺治在五台山出家，康熙瞒得极紧，纵是至亲的建宁公主也不让知道，群臣自然更加不知。（金庸《鹿鼎记》，四川文艺出版社1988年版982页）

例(61)→“连至亲的建宁公主也不让知道……”→“至亲的建宁公主尚且不让知道……”

第二，“尚且……更……”又可以说成“连X都……更……”。例如：

(62) 阿珂连父母都不认，我这老公自然更加不认了。(金庸《鹿鼎记》，四川文艺出版社1988年版1316页)

(63) 连我都没想到，你更没想到，我们的老队长竟然让你这一篇话说得抿不住嘴地乐！(浩然《晚霞在燃烧》，《长篇小说专辑》1984年第2期348页)

例(62)→“父母尚且不认，我这老公自然更……”例(63)→“我尚且没想到，你更……”

省去“连”，“X都……更……”仍然相当于“尚且……更……”。例如：

(64) 我都不怕，你们更加不用怕。(金庸《鹿鼎记》，四川文艺出版社1988年版769页)

例(64)→“连我都不怕……”→“我尚且不怕……”

第三，采用“尚且……更……”形式的复句，后分句可以不出现“更”所修饰的VP/AP。在这种情况下，如果要保留“更”字，有两个办法：

①整个复句采取“尚且……更何况……”的形式。如例(56)→“我阅读唐诗宋词尚且有困难，更何况诗经、楚辞?”又如：

(65) 据我所知，就连北大那几位死去的名教授的书画古玩尚且在劫难逃，更何况苏伯伯那区区几柜书呢?(达理《卖书》，《十月》1983年第4期147页)

“何况”前边可以不用“更”，但用了“更”更有强调进了一层的作用。有时可以看到“(尚且)……何况……更何况……”的说法，这是三级逼进的说法，其中“更”字的强调作用十分明显：

(66) 结婚?谈何容易。现在黄花闺女还嫁不出去，何况她这离婚的四十岁的女人，更何况她还有一个儿子。(张洁《方舟》，《收获》1982年第2期23页)

②整个复句采取“尚且……更别说……”的形式。如例(56)→“我阅读唐诗宋词尚且有困难，更别说诗经、楚辞了!”又如：

(67)……他连科室那几个坐办公室的姑娘都分不清楚，更别说别的姑娘。(程乃珊《蓝屋》，《钟山》1983年第4期6页)

"更不必说/更不要说/更不用说"跟"更别说"相当：

(68)见面尚且怕，更不必说敢有托付了。(鲁迅《为了忘却的纪念》)

(69)丁山河连一个在外边搞工作的亲戚都没有，更不用说有职有权人的关系，(所以他绝无脱离农村的后门可走!)(浩然《晚霞在燃烧》，《长篇小说专辑》1984年第2期354页)

只要后分句出现了"更别说"之类的词语，即使前分句不出现"尚且"之类，也一定构成反逼型递进句：

(70)这个余春生，从来就反对她到漠县来，更不要说到回水岗这样的山区了。(陈伯坚《香港姑娘》，《长江》1988年第1期69页)

上例等于说"连她到漠县都(从来就)反对……"。

第四，一部分单纯的"更"字复句，可以转化为反逼型递进句。转化的条件是p对q具有反逼性，pq之间存在"由于p，自然更q"的蕴含关系。如例(4)，可以说成"困难尚且没有，痛苦(自然)更谈不上"，或"连困难都没有，(自然)更谈不上痛苦"。又如：

(71)友谊不是爱情，同情更不等于爱情。(苏叔阳《故土》，《当代》1984年第1期79页)

(72)咱们(是光知道改革的好处，)不理解改革的难处，更体会不到阻力有多大。(郑万隆《明天，再见!》，《当代》1984年第1期174页)

例(71)→"友谊尚且不是爱情，同情自然更不等于爱情!"例(72)→"咱们连改革的难处都不理解，自然更体会不到阻力有多大。"

第五，"由于p，自然更q"的蕴含关系，决定了反逼型递进句和因果推断句相通。以p反逼q，实际上也就是由p断q，即根据p的真，推断出q的真。正因如此，凡是"尚且……更……"递进句都能变化为"既然……(那么)就……"推断句。如例(57)，可以变化为：

(73) 阿Q既然能不师自通叫“二十年后又是一个”，那么，我江锋就更不能蔫头蔫脑掉架丢脑！

上例由于复句里出现了“既然……（那么）就……”的句式标志，这个复句就成了推断复句，而不再是递进复句。再比较：

(74) 刘毛妹都还没有能入党，小陶她自然更不能马上入党。

(75) 既然刘毛妹都还没有能入党，那（小陶）她就更……（徐怀中《西线轶事》，《1980年全国优秀短篇小说获奖作品集》，上海文艺出版社1981年版50页）

前一例用“都……更……”标明关系，是反逼型递进句；后一例加上“既然……那就……”，使递进关系相对隐退，成了一般的因果推断句。再看一例：

(76) 师叔既然不知，我们更加不知了。（金庸《鹿鼎记》，四川文艺出版社1988年版958页）

这里用“既然”，这个复句被标示为因果推断句。如果把“既然”换为“尚且”，就变成反逼型递进句：

(77) 师叔尚且不知，我们更加不知了。

第五节 “固然p，更q”

前分句出现“固然”，形成“固然p，更q”的格式。这是“更”字复句的第四种非单纯形式。

在这一句式中，“固然”用于前分句，表示确认，衬托后分句；后分句通过“更”把意思推进一层，强调出程度更高的另一情况。这是一种确认型递进句式⑤。例如：

(78) 下头儿固然不可过于冒犯，上头儿更不能得罪。（苏叔阳《故土》，《当代》1984年第1期111页）

(79) 虫子固然可怕，两条腿的虫子更可怕。（刘恒《天知地知》，《小说选刊》1996年第11期43页）

(80) 灰衣人的轻功姿势固然美妙，他用伞子杀人的招式更是

好看。(《卧龙记》，奥林匹克出版社 1988 年版 851 页)

值得注意：

第一，“自然”也是确认之辞，“固然”往往可以说成“自然”。如例（78）→“上头儿自然不可过于冒犯……”又如：

（81）爱情自然令人销魂，权力更令人向往。（宋安莉《绿梦》，《花城》1990 年第 2 期 164 页）

这里的“自然”可以换成“固然”。

第二，先确认后递进，这是这一句式在语义关系上的共性。从前项与后项之间隐含的关系看，这一句式内部一般隐含有程度不同的转折性。

有的，可以说成“虽然……但/却……”，如例（78）→“下头儿虽然不可过于冒犯，上头儿却更不能得罪。”

有的，“固然”不能改为“虽然”，但后分句可以加“但/却”，如例（79）→“虫子固然可怕，两条腿的虫子却更可怕。”例（80）→“灰衣人的轻功姿势固然美妙，他用伞子杀人的招式却更是好看。”又如：

（82）此言一出，白衣尼固然一愕，躲在床后的韦小宝更是大吃一惊。（金庸《鹿鼎记》，四川文艺出版社 1988 年版 1012 页）

（83）韦小宝固然愁眉苦脸，际先生更加惴惴不安。（金庸《鹿鼎记》，四川文艺出版社 1988 年版 768 页）

上例的“固然”都不能改为“虽然”，但“更/更加”前边仍然可以加“却”。

第三，说“固然 p，更 q”，分句间不用转折词，“更”起承递作用，整个复句在语势上是递进的。然而，如果分句间出现转折词“但/却”之类，那么，转折关系就显现了出来，递进关系就相对隐退了。

出现了转折词的复句，不管是“虽然……但/却更……”还是“固然……但/却更……”，都应分析为让步句，属转折类复句。看下面的例子：

（84）这周围八百里的梁山泊，这被压迫者的“圣地”的梁山

泊，固然需要一双铁臂膊，却更需要一颗伟大的头脑。（《茅盾文集》第 7 卷 132 页）

（85）说雍正是累死的固然有溢美之嫌，但说他自杀身亡就未免更离谱了。（木耳《学术界评说〈雍正皇帝〉》，《深圳商报》1999 年 8 月 26 日）

这两例都是让步句。只有删除“但/却”，才能成为确认型递进句，才能算是“更”字复句：例（84）→“这被压迫者的‘圣地’梁山泊，固然需要一双铁臂膊，更需要一颗伟大的头脑。”例（85）→“说雍正是累死的固然有溢美之嫌，说他自杀身亡就未免更离谱了。”再看两例：

（86）唐二十四少爷虽然不喜欢杀人，但更不喜欢看见自己欣赏的人被杀。（《卧龙记》，奥林匹克出版社 1988 年版 1487 页）

（87）西门慕名轻功虽然不弱，但公孙我剑这一下急攻更是锋利无匹。（《卧龙记》，奥林匹克出版社 1988 年版 1127 页）

上例采用“虽然……但……”的框架，更是典型的让步句式。只有去掉“虽然……但……”，使转折关系隐退，才可以成为单纯的“更”字复句：例（86）→“唐二十四少爷不喜欢杀人，更不喜欢看见自己欣赏的人被杀。”例（87）→“西门慕名轻功不弱，公孙我剑这一下急攻更是锋利无匹。”

第四，确认型递进句，pq 之间也有不隐含转折性的。这有两种情况：

①pq 之间是一般性的顺向递进关系，即由低到高的递进关系。“固然……更……”可以改说成“不仅……更……”。例如：

（88）此去山西五台山，这条路固然从未走过，前途更是一人不识。（金庸《鹿鼎记》，四川文艺出版社 1988 年版 598 页）

上例也可以说成“这条路不仅从未走过，前途更是一人不识”。之所以不用“不仅”而用“固然”，是为了加强确认的语气。

②pq 之间是反逼性递进关系，即以 p 反逼 q，由 p 断定 q。“固然……更……”可以改说成“尚且……更……”。例如：

(89)（茅兄身上有伤，显不出真功夫。）老杇打赢了固然没什么光彩，打输了更是没脸见人。（金庸《鹿鼎记》，四川文艺出版社 1988 年版 58 页）

上例也可以说成“老杇打赢了尚且没什么光彩，打输了更是没脸见人”。之所以不用“尚且”而用“固然”，也是为了加强确认的语气。

顺带指出：一般以为，由“固然”引出的复句，前后分句之间总是含有转折性[⑥]。从上面的两种情况可知，事实并非完全如此。下面的例子可以作为补证：

(90) 两位施主年纪轻轻，武功如此了得，老衲固然见所未见，而且是闻所未闻，少年英雄，真了不起，了不起！（金庸《鹿鼎记》，四川文艺出版社 1988 年版 705 页）

(91) 韦小宝平时说话，出口便是粗话，“他妈的”三字片刻不离口，但讲到沐英平云南的故事，学的是说书先生的口吻，粗话固然一句没有，偶然还来几句或通或不通的成语。（金庸《鹿鼎记》，四川文艺出版社 1988 年版 84 页）

(92) 这一来，庄家全家固然逮入京中，连杭州将军松魁、浙江巡抚朱昌祚以下所有大小官员，也都革职查办。（金庸《鹿鼎记》，四川文艺出版社 1988 年版 19 页）

这三例，从“固然……”分句到后面的分句，或者程度更深，或者级别更高，或者范围更大，显然都是递进关系，而不是转折关系。

第五，单纯的“更”字复句，有的可以向确认型递进句转化，并且往往可以进一步向让步句转化。转化的条件，是 pq 两项在相互比较中存在程度差异的级层性和对立性。如例 (5) → “发现一篇好作品固然不容易，培养一个作者更不容易。” → “发现一篇好作品固然不容易，但培养一个作者却更不容易。”又如：

(93) 看来我不了解吴尘，吴尘更不了解我。（刘建农《妻很美》，《长江》1989 年第 3 期 63 页）

(94)（这一年我在香港的个人遭际，三哥那一封封热情中夹着冷嘲的信，都使我感到，）祖国需要我，我更需要祖国啊！（陈

伯坚《香港小姐》，《长江》1988年第1期54页）

例（93）→“我固然不了解吴尘，吴尘更不了解我。”→“我固然不了解吴尘，吴尘却更不了解我。”例（94）→“祖国固然需要我，我更需要祖国！”→“祖国固然需要我，我却更需要祖国！”

比较地说，这类单纯的“更”字复句只显示递进关系，分句间的转折性是完全隐蔽的；一旦加上“固然”，成为确认型递进句，尽管总的语势是递进的，但转折性已略有显现；如果再加上“但/却”，明确标示转折关系，那么整个复句便成了让步转折句了。

本章小结

第一，现代汉语的“更”字复句，呈现为多种形式。如下表：

“更”字复句	
单纯“更”字复句	非单纯“更”字复句
p，更q。	不但p，更q。 既p，更q。 尚且p，更q。 固然p，更q。

第二，单纯“更”字复句和非单纯“更”字复句在语义关系上有相通之处，但是，单纯“更”字复句语义关系比较复杂，非单纯“更”字复句语义关系的总和小于单纯“更”字复句语义关系的总和。本章第一节开头列举五个例句，代表“p，更q”的语义关系的五种情况。后四种，可以分别转化为“不但p，更q”“既p，更q”“尚且p，更q”“固然p，更q”，唯独第一种，套不上任何合用的非单纯形式：

我爱北京，我更爱今天的北京。

→＊我不但爱北京。我更爱今天的北京。

→＊我既爱北京，我更爱今天的北京。

→＊北京我尚且爱，今天的北京我更爱。

→＊我固然爱北京，我更爱今天的北京。

这类单纯“更”字复句，语义关系上的特点是p包容q，p中有q。用“更”表示递进，是为了从中强调突出q。这是一类包容性递进句，前分句加不上跟递进有关的关系词。同类的例子：

(95) 我害怕回忆“十年动乱”的岁月，更害怕回忆1967年夏季的那段时间。

(96) 我无法忘怀家乡的一切，更无法忘怀家乡的那条小河。

第三，“更”是副词，跟“而且”“但是”“所以”之类的连词不一样，并非在任何情况下都起到表示复句关系（或句群关系）的作用。其他副词，如“都”“还”“也”“就”等等，在不同程度上也有类似的情况。研究“更”字在什么情况下兼作关系词语，明确“更”字兼作关系词语时一定出现前后关系项，并且前后关系项具有一定的特点，这对于研究其他兼作关系词语的副词，具有一定的启示性。

附注

①黎锦熙、刘世儒：《联合词组和联合复句》，新知识出版社1958年版；刘月华等：《实用现代汉语语法》，外语教学与研究出版社1983年版。

②胡裕树：《现代汉语》，上海教育出版社1981年版。

③张志公：《汉语知识》，人民教育出版社1979年版。又，黄伯荣、廖序东《现代汉语》（甘肃人民出版社1983年版）只提到“更不用说、更不必说”，不涉及单独用“更”字的复句。

④“既……也……”和“既……又……”的比较，可参看拙著《复句与关系词语》，黑龙江人民出版社1985年版，第74～75页。

⑤“固然”表示确认，参看吕叔湘：《现代汉语八百词》，商务印书馆1980年版，第206～207页。

⑥参看吕叔湘：《现代汉语八百词》，商务印书馆1980年版，第206～207页；北京大学中文系1955、1957级语言班：《现代汉语虚词例释》，商务印书馆1982年版，第216页。

第十章　实言“即使 p，也 q”句式

一般以为“即使 p，也 q”中的 p 是假设，其实，有时也指事实。本章专题讨论实言的“即使 p，也 q”句式。为了称说的方便，行文中管 p 表假设的叫“即使”假言句，管 p 表事实的叫“即使”实言句[1]。

本章按四种基本格式分四个部分进行讨论。在使用条件上，“即使”实言句的成立依赖于特定的语境。本章所说的基本格式，是联系特定语境建立的含“即使 p，也 q”的格式。讨论中，不仅用了典型复句的例子，也用了非典型复句的例子，有的地方还用了紧缩句的例子。

“即使”有时说成“即便”“即令”“纵使”等等，本章把它们看作同义的形式，不加区别。

第一节　那时……即使 p，也 q

这一格式，先提出时间确指项（a）和事实确指项（b），再用“即使”引出一个订补性事实（p）。“那时……”代表 a+b。可称为订补式。例如：

(1) 那时，他们很少交谈。即使交谈，也只是工作上的联系，干干巴巴，三言两语。（张洁《祖母绿》，《花城》1984 年第 3 期 7 页）

上例，“交谈”是“那时”工作联系中发生过的事实。“即使交谈……”是对“很少交谈”的订补，等于说“虽然偶尔交谈……”。

一、时间确指项用“那时”或近似的词语

也用“平日”“向来”之类，但从上下文可以知道指的是事实出现的那些日子或年头。例如：

（2）大革命失败后，这些工人组织都被摧垮了，即使有留下来的工会，会员数目与党员差不多，已经很少。（《周恩来选集》上卷181页）

（3）平日，他少言寡语，只把心操在编辑工作上，即使有点小小的不顺心，也常常就在肚子里消化了。（可这一回，他实在无法冷静了。）（毕力格太《周编辑外传》，《小说月报》1985年第6期90页）

大革命失败后＝大革命失败后的那个时候；平日＝“这一回”之前的那些日子。

如果事实出现的时间性是明显的，不必特别交待的，时间确指项可以隐去。不过，根据上下文，可以明确地补出。例如：

（4）皇帝倒是每天一早必到永和宫请安，但见到太后的时候甚少，即使见到了，太后也脸无笑容，沉默寡言。（高阳《乾隆韵事》，中国友谊出版公司1985年版231页）

（5）工棚里，没有了往日的欢笑。即使歪诗杜和苟玉田能设法引出一点笑声，听来也是干巴巴的让人难受。（郑柯、子华《为君唱支风流歌》，《芙蓉》1985年第2期28页）

这两例的前边，都可以补加上“在那些日子里”。

二、事实确指项用述说性语句

有时比较简短，有时却很长。例如：

（6）那时……“勇士们”大打出手，不由分说地乒乒乓乓砸烂了许多人家送给表叔公油漆的家具，痛心如煎的表叔公，面对这场横祸的解决办法是用一根宽宽的毛蓝布腰带结束了自己的生命，即使是无力的反抗，表叔公也使用了他的独特的表示愤怒的方式！（叶文玲《紫石砚》，《花城》1985年第3期86页）

（7）我记得那时北方的许多临铁路的小城，都是汽车站紧挨着火车站，这无疑是为了使旅客搭乘换车较为方便，可是其脏乱程度就加倍了，两个车站以及相连接的地带也成了简易“旅社”，特别是夏末秋初之交，气候尚能容人露宿时，很多无钱或舍不得花钱住店的旅客，都横七竖八地倚坐或躺卧在候车室的地上休息……即使有人带了被卷，那被卷也通常用一块自织的土布包着，那包布虽有点暗红土绿的条纹，也脏污得辨不出颜色。（叶文玲《紫石砚》，《花城》1985 年第 3 期 86～87 页）

这两例，“那时”和“即使 p，也 q”之间是事实确指项。省略号代表省去一些语句，剩下的语句仍然相当长。对于这类现象，为了看清其构造，可以化繁为简。比如：

（8）那时，痛心如煎的表叔公用一根腰带结束了自己的生命，即使是无力的反抗，他也使用了自己表示愤怒的方式！

（9）那时，很多无钱或舍不得花钱住店的旅客都在候车室的地上休息，即使有人带了被卷，那被卷也通常用一块自织的土布包着，脏污得辨不出颜色。

三、“即使 p，也 q”受时间确指项的限定，同时，跟事实确指项在内容上有对立性联系

如果说事实确指项说的是某种一般情况，那么，“即使 p，也 q”里的 p 就是跟这种情况有所抵触的特异情况，它对事实确指项起订补作用。如例（1）的“很少交谈”和“交谈”，例（2）的“这些工人组织都被摧垮了”和“有留下来的工会”。又如：

（10）……（向来）小镇的男女青年百分之九十九点九，都是一到婚龄都自然而然地“树上的鸟儿成双对”，即使不能说对对都是美满姻缘，却也大多如意。（叶文玲《紫石砚》，《花城》1985 年第 3 期 82 页）

任何人的婚配都希望幸福美满。上例的“成双对”和“不能说对对都是美满姻缘”显然有抵触。这种抵触现象有的明显地反映于词面，有的比较隐晦，但不管怎样，p 与 q 都受时间确指项的限定，能用“那时”之类确定其已然性。要不然，“即使 p，也 q”就只是假言的。

例如：

(11) 他说，“文革”前……不敢打听，即使问了也没用……(叶文玲《紫石砚》，《花城》1985年第3期105页)

(12) 面子撕不开啊！即使撕开了，杨喜堂拍屁股一跑，又得花多少钱去铺这条路啊。(殷德杰《歪歪井有个李窑主》，《芙蓉》1985年第3期19页)

前一例，虽然用了时间词“‘文革’前”，但“问了”“没用”都是未然的，不是“那时”已然的；后一例，未用时间词，“撕开了”和“杨喜堂一跑……”也是不受“那时”限定的未然的事情。这两例里的“即使p，也q”都是假言句。

四、为了特别强调p，实言句的“即使p”可以倒置在q的后边

比较：

(13) 那些日子，你对大哥太冷漠。即使他从来没有埋怨一句，但你确实伤了他的心。

(14) 不过，碧桐说你对大哥冷漠，这是事实。你确实伤了大哥的心——即使他从来没有埋怨一句。(母国政《少女头像》，《芙蓉》1985年第3期88页)

前一例先p后q，后一例先q后p。由于地位突出，后一例的p特别引人注意。

五、“即使”一般可以直接替换为“虽然”，有的可以改成“虽然偶尔”

如例(2)可以说成“虽然有留下来的工会”，例(1)可以说成“虽然偶尔交谈”。

在订补式中，“即使”可以使订补性事实(p)虚化或弱化，显得轻描淡写，不值得重视。如果改用“虽然”，便是重在对事实的容让，显得更正视事实的存在。比较：

(15) ……(那时)(船员们)进国货商店就没有那种窝囊气。虽然有的店员不客气，他们心里也坦然。

(16) ……(那时)(船员们)进国货商店就没有那种窝囊气。

即使有的店员不客气，他们心里也坦然。（陈草《船跑香港》，《芙蓉》1985 年第 2 期 192 页）

前一例用“虽然”，丁是丁，卯是卯，是对事实的让步；后一例用“即使”，尽管说的是事实，尽管不能说不是对事实的让步，但又使人感到说话人着意于弱化这一事实，极力减轻它的分量。

第二节　即使 p（在……时候/地方/中/里），也 q

这一格式，p 用“在……时候 / 地方 / 中 / 里”之类的“在”字结构，或者指确定的时点，或者指确定的地点，可称为定点式。例如：

（17）中国的民族资产阶级，即使在革命时，也不愿意同帝国主义完全分裂……（《毛泽东选集》634 页）

（18）否则，（让吊脚弓）吊死了一个不应该吊死的人，即使在这一片蛮荒之地，也没有你的立足之地了。（詹幼鹏《山魂》，《芙蓉》1985 年第 3 期 195 页）

前一例用“即使在革命时”，指确定时点；后一例用“即使在这蛮荒之地”，指确定地点。

一、充当 p 的“在”字结构必须是定指的

它表明跟已然事实相联系的具体时间或具体地点。它的定指性，除非是尽人皆知的（如“［即使］在三年困难时期”“［即使］在‘文化大革命’期间”），一定在上文有所交待。例如：

（19）看到的，总是那单调而往复不息的推拉刨锯的动作；听到的，总是木头和金属撞击啃咬的错杂而刺耳的嘈音。若不是有了千曲，他早都厌烦了这单调无味的劳动，而现在，一切都由于她的存在，她的身影而百物生辉了……因此，即使在劳作漫长的白日中，他也从内心感应到一种和谐韵律……（叶文玲《紫石砚》，《花城》1985 年第 3 期 98 页）

（20）广州东峰湖新溪浦

十一月二十日二十点

南国的夜晚，即使在冬天吧，也仍是旖旎和浪漫的。（乔雪竹《落日的庄严》，《花城》1985 年第 2 期 9 页）

这两例，从其上文可知，“在劳作漫长的白日中”“在冬天”都是定指的。

如果“在”字结构不具有定指性，那么，用在“即使”后边时不可能构成“即使”实言句。例如：

（21）我感到有几分悲凉，这几棵称为“响杨”的树，二十年前还是我和张茹亲手栽的呐，树苗是行政处长从新疆运来的，“响杨”名符其实，即使在微风中也威武地抖动着……（张笑天《前市委书记的白昼和夜晚》，《花城》1985 年第 3 期 34 页）

这不是“即使”实言句。“在微风中”跟已然事实的联系不是完全确定的。

二、指示代词“这”“那”之类有帮助“在”字结构定指的作用

如果“在”字结构里包含“这”“那”之类，往往可以显示时点或地点的定指性。如例（18）“即使在这一片蛮荒之地”，“这”确定地指示出具体的地点。又如，例（21）如果改说成：

（22）“响杨”名符其实，即使在这样的微风中，也威武地抖动！

这是“即使”实言句。“这样”确定地指示出具体的场合。

有时“在”字结构里时间词、处所词前边只出现指示代词，而不出现描述性词语。这样的“在”字结构定指性特别强。例如：

（23）（徐彦文：）“……那些年，什么正直，什么良心，什么道德，早都被践踏了……”（刘迟：）“即使在那个年代，大多数人也并没有泯灭自己的良知！”（达理《姑娘，看着我！》，《啄木鸟》1985 年第 1 期 106 页）

三、“在”字结构后边，可以补说某种事实

例如：

（24）其实，牛福对儿子管教极为严格，即使在三年经济困难时期，市场上买不到煤油，牛福也不惜高价弄几斤，不让儿子

闲着。（程贤章、廖红球《彩色的大地》，《花城》1985年第2期160页）

(25) 所以，即使在今天，面对这血淋淋的现实，有谁敢去怀疑它的合理性呢？（詹幼鹏《山魂》，《芙蓉》1985年第3期197页）

前一例，"在三年经济困难时期"后边补说了"市场上买不到煤油"的事实；后一例，"在今天"后边补说了"面对这血淋淋的现实"的事实。

这类说法中，表示某种事实的语句可以移到"在"字结构里头，充当定语：

(26) 即使在市场上买不到煤油的三年经济困难时期，牛福也不惜高价弄几斤，不让儿子闲着。

(27) 即使在面对这血淋淋的现实的今天，有谁敢去怀疑它的合理性呢？

前一例，"市场上买不到煤油"带上"的"作了"三年经济困难时期"的定语；后一例，"面对这血淋淋的现实"带上"的"作了"今天"的定语。

这类说法中，"在"字结构可以移到"即使"前边，让表示某种事实的语句直接充当分句：

(28) 在三年经济困难时期，即使市场上买不到煤油，牛福也不惜高价弄几斤，不让儿子闲着。

(29) 在今天，即使面对这血淋淋的现实，有谁敢去怀疑它的合理性呢？

前一例，"市场上买不到煤油"成了直接由"即使"引出的一个分句；后一例，"面对这血淋淋的现实"成了直接由"即使"引出的一个分句。

四、q往往是某一时间某一地点存在或出现的事实，然而，有时只是一种推断

这就是说，这种"即使"实言句中的q不一定都是事实。比较：

(30)(又是四十度高温了!可是)即使在这么个大热天,他也一天工作十小时。

(31)(又是四十度高温了!可是)即使在这么个大热天,他也不会放下笔的。

这两例,指明时间的实言 p 没有变化,但前一例的 q 是事实,后一例的 q 却是推断。再比较:

(32)(他来得不是时候。因此,)即使在这里,他也总是愁眉苦脸的。

(33)(他来得不是时候。因此,)即使在这里,他的病也不可能很快治好的。

这两例,指明地点的实言 p 没有变化,但前一例的 q 是事实,后一例的 q 却是推断。

五、"即使"可以不用

如例(17),可以只说"在革命时"。"在"字动作性较强时,"即使"可以改成"虽然"。如例(33),可以只说"在这里",也可以改说成"虽然在这里"。

在这种定点式中,"即使"可以使时点、地点受到特别的强调,从而带上夸张口气,显得特别突出,不同一般。说"(虽然)在这个时候/这种地方",等于说"别提在别的时候/别的地方";说"即使在这个时候/这种地方",则等于说"更别提在别的时候/别的地方"。如果加上"吧"[如例(20)"即使在冬天吧"],夸张语气更足。看这个例子:

(34)即使在病中,她的信仍然是八天一封……(郑柯、子华《为君唱支风流歌》,《芙蓉》1985 年第 2 期 9 页)

如果说成"在病中……"或者"虽然在病中……",意味着不害病的时候自然也会是这样;现在说成"即使在病中……"(或者加个"吧":"即使在病中吧……")就意味着不害病的时候更不在话下,能够使人产生事情特别异乎寻常的感觉。

第三节　确实 y，因此即使 p，也 q

这一格式，先提出原因确指项（y），再用“即使”引出一个衬托性的事实（p）。可称为衬因式。例如：

（35）杨老是奋斗发家的，因此即使他后来家财万贯，也还始终保留着节俭的本色，有时未免给人有些过分的感觉。（陈祖德《超越自我》，《当代》1985 年第 3 期 169 页）

“杨老是奋斗发家的”是原因确指项 y，等于说“由于杨老是奋斗发家的，因此……”。“他后来家财万贯”是用“即使”引出的衬托性事实 p，并非假设。

一、原因确指项表示某种作为原因的事实

记为“确实 y”，但形式上不一定出现“确实”一词。

对“即使 p，也 q”说，原因确指项是原因；对上文说，原因确指项可能只是结果。例如：

（36）他原以为要颇费周折，没想到竟然这样轻易地如愿以偿，一到这省城，一打听便着。他简直不相信自己的好运气了，因此，即使现在到了她的家门口，那种恍如梦中的感觉，依然未曾消失。（叶文玲《紫石砚》，《花城》1985 年第 3 期 104 页）

“他简直不相信自己的好运气了”是原因确指项，“因此”表明它是后边“即使”句的原因，但是，它实际上又是上文“……一打听便着”的结果。

为了加强语气，原因确指项有时用反问句：

（37）谁不是打姑娘时过来的？即使命运不济，让当年的窈窕少女田映薇变成个不争气的、整日介围着饭单在厨房转的沈家姆妈，可她，还是有意无意地期待着、盼望着，在她那可能不再会发出光彩的“灰太太”生活中，出现一点奇迹！（程乃珊《女儿经》，《小说月报》1985 年第 6 期 43 页）

这一例用了反问句“谁不是打姑娘时过来的?”等于说“谁都是打

姑娘时过来的”。作为原因确指项，这个反问句同后边的“即使……”之间，可以添加“因此”。

二、“即使”引出的 p 跟“现在/眼下”的观念相联系

如例（36），p 前用“现在”；又如例（35），尽管 p 里带“后来”，但可以改为“现在”：“即使他现在家财万贯。”再如：

（38）工作上有崔惠平，即使贡存义差些，也不会出大差错。（《小说选刊》1999 年第 9 期 9 页）

这里未用“现在/眼下”，但可加上：“眼下即使贡存义差些……”

三、原因确指项和“即使 p，也 q”之间可以用“因此/所以”

如例（35）、例（36）都用了“因此”。又如：

（39）而我们党采取了毛泽东同志的建党路线，即使工人成分还不占多数，也能够建设并已经建成一个工人阶级的马克思列宁主义政党。（《刘少奇选集》上卷 330 页）

这里未用“因此/所以”，但“……路线”和“即使……”之间可以加上“因此/所以”。

然而，真正的因果关系只存在于 y 与 q 之间。q 或者是由 y 而产生的实际结果，或者是由 y 推导出来的结果，或者是同时包括以 y 为因的事实和推断。如例（35）“还始终保留着节俭的本色”，是实际结果；例（38）“不会出大差错”，是一种推断；例（39）“能够建设并已经建成……”，推断和事实兼而有之。又如：

（40）他是很有才干的，眼下即使技术还不够熟练，大家还是乐意选举他。

这里的 q 指事实。如果把 q 改为“将来肯定能干出一番事业来”，便是一种推断。如果把 q 说成“大家还是乐意选举他，并将在他的领导下努力工作”，则既有事实，也有推断。

表示推断的 q，可以采用反问句式。如：

（41）一个（是）待嫁女，一个（是）未婚男，即使过了格，既不犯重婚罪，又没有破坏家庭罪的嫌疑，有什么关系呢？（张笑天《告别了，昨天的记忆》，《芙蓉》1985 年第 3 期 125 页）

这一例，根据上文可知，“过了格”已成事实。q 用反问句式：“有什么关系呢?”

q 用了反问句式，y 仍然可用。yq 同时反问，因果相应，更有强调作用。例如：

(42) 谁不知道他是个小人? 即使眼下当了什么“革委会主任”，难道群众会打心眼里拥护他吗?

这一例，y 为“谁不知道他是个小人?”是反问；q 为“难道群众会打心眼里拥护他吗?”也是反问。

四、“即使”可以自然地替换为“虽然”

在这种衬因式中，p 只是衬托性的事实，“即使”可以使这个事实轻化或弱化，显得无足轻重，毫无影响。因此，用“即使”，让步意味要比用“虽然”重。

由于“即使”有贬低事实影响的作用，在劝导别人又需指出别人缺点或不足的场合，用这一句式显得口气委婉，听来不刺耳，不会引起反感。比较：

(43) 你的能力是不错的，虽然只有中专文凭，也不能自己小看自己!

(44) 你的能力是不错的，即使只有中专文凭，也不能自己小看自己!

两例都能说，但从修辞上看，后一说法比前一说法好。用“虽然”，认定了是这样，别人听了会感到不舒服；用“即使”，不否认是这样，但又贬低它的举足轻重的作用，听起来顺耳得多。显然，为了表示对对方的尊重、爱护和理解，不用“虽然”句是合适的。

第四节　确实 p，但是即使 p（如此/这样），也 q

这一格式，“即使”句前边出现了事实确指项，“即使”句里面用一个代词复指它，可称为复指式。例如：

(45) 她变得比过去丰腴，因而也显得更加白净，比他想象中要年轻得多。但是，即使如此，也无法掩盖岁月留下的痕迹——还是这双眼睛！(叶文玲《紫石砚》,《花城》1985 年第 3 期 103 页)

“她变得比过去丰腴……比他想象中要年轻得多”是事实确指项，“即使”引出的“如此”复指了这一事实确指项。

一、事实确指项和“即使”后边的 p 具有同一关系

先说事实确指项，是先立个基点，作为进一步发表议论的根据。记为“确实 p”，并不是一定得出现“确实”一词，而是必须确指事实。如果说的是假设，那么后边的“即使 p，也 q”不是实言句。比较：

(46) 她狠狠地打他，狠狠地咬他……然而，即使这样，也未能消除她心头深深的怨恨。

(47) 假如让她见到他，她一定狠狠地打他，狠狠地咬他！……然而，即使这样，也不能消除她心头深深的怨恨。(陈浩泉《选美前后》,《花城》1985 年第 3 期 230 页)

前一例“即使”句是实言的，它的前边是事实确指项；后一例“即使”句是假言的，它的前边只是情况的假设。

二、“即使”后边的 p 一般只用代词“如此”或“这样”

有时，也可以用包含“如此/这样”的一个短语，整个儿对事实确指项起复指作用。不过，如果删除其他部分，只留下“如此/这样”，句式就能成立。例如：

(48) 她教三个班的课，又当班主任，还要参加各种各样的社会活动，忙得没有年节假，没有星期天，可是，即使如此辛苦，她也没有一句怨言。

(49) 他发了，又是盖房子，又是打家具，彩电、冰箱样样有。但是，即使日子如此红火，他还是不感到满足。

这两例用了“即使如此辛苦”和“即使日子如此红火”，都可以只说“即使如此”。

三、事实确指项和“即使 p，也 q”之间可以用“但”类连词

如例（45）用了“但是”。未用“但”类连词的，也可以添上。例如：

（50）她不是不知道，李珊现在绝不会构成对她的任何实际威胁，即使如此，她也不能善罢甘休。（柯云路《一个系统工程学家的遭遇》，《花城》1985 年第 1 期 30 页）

上例“即使”前边可以加上“但是”“可是”或“然而”。

真正的转折关系，是存在于事实确指项和 q 之间的。如果有“但”类词，可以减去“即使如此/这样”，使事实确指项和 q 直接构成一般的转折句：

（51）她不是不知道，李珊现在绝不会构成对她的任何实际威胁，然而，她也不能善罢甘休。

如果复指事实确指项的代词是“这样”，去掉“即使这样”固然可以成为一般的转折句，只去掉“即使”，也可以成为一般的转折句。例如：

（52）二年前……他这项收入一年不过三千多元。即使这样，也引起四邻乡亲的惊羡。（程贤章、廖红球《彩色的大地》，《花城》1985 年第 2 期 151 页）

加“但”类词：“他这项收入一年不过三千多元，但是，即使这样，也引起四邻乡亲的惊羡。”再减去“即使”：“他这项收入一年不过三千多元，但是，这样也引起四邻乡亲的惊羡。”

四、“即使”可以自然地替换为“虽然”

在这种复指式中，“即使”可以使已知的事实受到带夸张口气的强调，显得特别富于情绪。如果改用“虽然”，便只是实事求是地叙说情况，分析事物之间的联系。比较下面两个说法：

（53）……在表叔公的熏陶下，我从小学会了一点油漆和木匠的手艺，虽然如此，我却无力继承更无力开张……（叶文玲《紫石砚》，《花城》1985 年第 3 期 86 页）

（54）和许多“黑五类”子弟一样，我身上也有一个“黑烙

印”……母亲去世前把我托给了在镇上当油漆匠的表叔公，即使这样，也未能擦掉我的“印记”……（叶文玲《紫石砚》，《花城》1985 年第 3 期 86 页）

这两例见于同一篇作品同一页，却一处用“虽然”，一处用“即使”。它们不是不能互换，但互换以后不如原来好。以后一例来说，用“即使”比用“虽然”更能充分反映一种无可奈何的绝望心情；以前一例来说，用“虽然”又比用“即使”更能如实反映能力不足的实际情况。

五、有一种情况，跟格式四相似

甲：确实 p。

乙：即使 p（如此/这样），也 q。

这种情况见于对话。例如：

(55) 小羊吃了一惊，温和地说：“我怎么会把您的水弄脏呢？您站在上游，水是从您那儿流到我这儿来的，不是从我这儿流到您那儿去的。”狼气冲冲地说：“就算这样吧，你总是坏家伙！……”（《狼和小羊》，小学《语文》第三册）

上例“这样”复指小羊所说的事实，“就算这样”相当于“即使这样”。也有不用代词复指，而把对方所说的事实加以重复的。例如：

(56)（朱泉山：）“顾书记，我没那样想过……”（顾荣：）“即使没想过，现在也可以想想嘛。”（柯云路《新星》，《当代》1984 年第 3 期 181 页）

上例的“即使没想过”也可以说成“即使这样”。

这也是一种复指式，但复指的是对方提供的事实，“即使”的虚化事实的作用更为明显。说话者对对方所说的事无法否认，又不愿直截了当地承认，于是用“即使”造成灵活的口气，表明只是姑且认可，不想认真计较，不想给予重视，不想纠缠到底是否真实。

这种“即使”实言句，以对方提出的事实为前提。如果对方提出的是假设，说话者所用的“即使”句就只能是假言的。例如：

甲：如果他再来，我就把他抓起来。

乙：即使这样，也不能解决问题呀！

本章小结

第一，“即使”句有时是实言的。这就是说，“即使p，也q”复句不一定都是“假设复句”，它所表示的关系不一定都是“假设关系”[②]。

第二，“即使”实言句中，p表示的是事实；至于q，只有格式一里的全都指事实，其他格式里的则有时指事实，有时只是一种推断。确定“即使”实言句，根据的是p。它可能是从事实到事实的让转，也可能是从事实到推断的让转。

第三，“即使”实言句必须在特定的语境中才具有明晰性。如果脱离特定语境，孤零零地说“即使p，也q”，往往会被认为是假言的，或者是真假不定的。应该承认，“即使p，也q”句式的基本作用是虚拟，实指是这种句式的有条件的用法。

第四，“即使”实言句跟“虽然”实言句相通，一般都可以改为“虽然”实言句。但是，它们有不同的表达效果。“虽然”实言句，实事实说，客观性较强；“即使”实言句，撇开其内部情况的不同，综合地看，是实事虚说，所说的事往往显得若有若无，似实似虚，并且带有某种主观情绪或夸张口气，因此让步意味特重。

第五，“即使”实言句可以联系其语境概括成一些格式。本章描写了四种：

Ⅰ订补式：那时……即使p，也q。

Ⅱ定点式：即使p（在……时候/地方/中/里），也q。

Ⅲ衬因式：确实y，因此即使p，也q。

Ⅳ复指式：确实p，但是即使p（如此/这样），也q。

这四种格式不一定囊括了所有的“即使”实言句。可能还有更复杂、更微妙的情况，需要作进一步的探讨。

第六，汉语里，彼此相通、可以互相替换的句式相当多。然而，它们既然是不同的句式，就必然有不同的作用，不同的表达效果。教学中，如果能适当地揭示一些规律性的东西，这对于帮助汉族学生更好地理解和运用母语，特别是帮助母语不是汉语的学生深入认识和理解汉语，将有很大的好处。

附注

①北京大学中文系 1955、1957 级语言班编《现代汉语虚词例释》曾注意到“即使”后边的 p 表示事实的现象，见商务印书馆 1982 年版，第 262 页。

②好些著作把“即使 p，也 q”复句归入假设复句，只说它表示假设关系。如黄伯荣、廖序东：《现代汉语》下册，甘肃人民出版社 1983 年版。

第十一章　让步句式审察

上面已有几处涉及了“虽然 p，但 q”“即使 p，也 q”“宁可 p，也 q”“无论 p，都 q”四种让步句式。本章对这四种让步句式进行审察，讨论让步句式的共性、范围和类别。此外，还讨论以“任凭”为标志的让步句。

第一节　让步句式的共性

让步句式是先让步后转折的复句句式，也叫让转句式。简省说法是“让步句”。例如：

（1）虽然他说确有其事，我还是不相信。

（2）即使他说确有其事，我还是不相信。

这两例都是让步句。前一例可以用“虽然 p，但 q”作为代表格式，简称“虽然”句；后一例可以用“即使 p，也 q”作为代表格式，简称“即使”句。

黎锦熙《新著国语文法》在“让步句”下面讲“虽然”和“即令”等，指出前者重在表事实上之容认，后者重在表心理上之推宕。吕叔湘的《中国文法要略》指出：“容认句和纵予句属于同类，通常合称为让步句；所谓让步，即姑且承认之意。”对于让步句的看法，二位先生是一致的，他们皆认为“虽然”句和“即使”句都是让步句的子类。（《新著国语文法》中出现“即令”“纵令”等词，未出现“即使”。不过，“即令”“纵令”和“即使”是相当的。）

让步句的共性，可以从它的子类“虽然”句和“即使”句中归纳出来。如表：

让步句		虽然 p，但 q	即使 p，也 q
让步性	意义：姑且承受	＋	＋
	形式：用让步词	＋（虽然）	＋（即使）
转折性	意义：p q 逆向	＋	＋
	形式：用“但”类词	＋	＋（强化式）

这就是说，让步句，不管是“虽然”句或“即使”句，都同时具有让步性和转折性，而不管是让步性还是转折性，都同时具有意义和形式两个方面的特征。20 世纪 50 年代中期以来，在中学语法教学系统中，在一部分大学的语法教材中，不提让步句，“虽然”句和“即使”句被分离开来，分别归到转折句和假设句这两个复句类里面。为什么让“虽然”句和“即使”句分属两类呢？根据是：“虽然”句 p 表示事实，而“即使”句 p 表示假设。为什么让“即使”句归入假设句，从而取得同“如果”句并列的地位呢？根据是：“即使”句和“如果”句的 p 一样都表示假设。总而言之，“即使”句与谁分、与谁合，都是以 p 表示假设为根据的。然而，这一根据经不起检验。

首先，从事实方面来检验。有的“即使”句，p 说的是事实，而不是假设。虽然实言“即使 p，也 q”句式依赖于特定语境，在使用上受到特定条件的规约，但毕竟 p 不是客观事实上的一种假设。这一点，上一章“实言‘即使 p，也 q’句式”已有详细描述。这里略举两例：

（3）他说得很随意……但对我来说，却永远无法忘记……即使如此，我们的交往依然是淡淡的，或者说形式大于内容。（裘山山《结婚》，《小说月报》1999 年第 9 期 37 页）

（4）我的 20 岁，是在昌都度过的……转眼到了 3 月。即使在昌都这样的地方，春天的气息也日渐浓了起来。（裘山山《结婚》，《小说月报》1999 年第 9 期 37 页）

前一例，“如此”即“他说得很随意……但对我来说，却永远无法忘记”。这是事实。后一例，“在昌都这样的地方”同样是事实，前边已经交代了昌都是说话人生活的地方。把这样的“即使……也……”叫作假设句，显然不合适。

其次，从分类标准方面来检验。退一步说，即使所有的“即使”句都表示假设，上述的分合在分类标准上也是没有遵守同一律的，因而是混乱的。比较：

		p q之间的关系	
		p q逆承	p q顺承
p同事实的联系	p指事实	因为下雨，不能施工。	虽然下雨，也能施工。
	p指假设	如果下雨，不能施工。	即使下雨，也能施工。

从 p q 之间的联系来看同异，这是一个角度，一种根据；从 p 同事实的联系来看同异，这又是一个角度，一种根据。作为分类标准，它们是互相冲突的。比较：

	根据 p q 之间的联系	根据 p 同事实的联系
“因为”句和“虽然”句	不同类	同类
“因为”句和“如果”句	同类	不同类
“如果”句和“即使”句	不同类	同类
“即使”句和“虽然”句	同类	不同类

应该严格按照 p q 之间的关系的异同来决定复句类的分合。因为这一标准可以贯彻到所有的复句，包括并列句、选择句、递进句等等。如果在同一个分类系统中忽而以 p q 之间的关系为标准，如把“因为 p，所以 q”叫作因果句，把“虽然 p，但 q”叫作转折句，忽而又抛开这一标准，根据 p 同事实的联系来分类，如把“如果 p，就 q”和“即使 p，也 q”都归为假设句，把“只有 p，才 q”和“无论 p，都 q”都归为条件句，这就不能坚持标准的同一性和一贯性，导致混乱。

从 p q 之间的关系来考察，“虽然”句和“即使”句有明显的共性。这一共性，决定了它们在复句系统中的地位：

- 复句
  - 因果类复句
  - 并列类复句
  - 转折类复句
    - 转折句（纯转句）
    - 让步句（让转句）
      - 容认性让步句（“虽然”句）
      - 虚拟性让步句（“即使”句）
    - 假转句（否则句）

第二节　让步句的范围

让步句的共性，是让步句的类特征，是让步句区别于非让步句的特性。作为类特征，这种共性既已从“虽然”句和“即使”句中归纳了出来，就可以成为演绎的依据，用来检验其他句式，看看是否具有让步句的特性，从而进一步从子类的审定上明确让步句的范围。

假设：R＝让步性＋转折性。那么，下面的演绎公式就可以用来审定“虽然”句和“即使”句以外的其他句式：

凡是具有 R 特性的都是让步句。

X 具有 R 特性，

因此，X 是让步句。

一、关于“无论 p，都 q”句式

第一，“无论 p，都 q”句式有让步性。“无论”“不论”“不管”之类是让步性的形式标志。“未转而姑然之，则掉转之势已成。”（《马氏文通校注》，中华书局 1956 年版 397 页）单说 p，别人不知道尚未说出来的话到底是顺承还是逆承；只要说成“无论 p”，就立即形成“掉转之势”，别人一听就知道只是故意让步，姑且承认，接下去将要说出来的话一定逆承，或者有所逆承。具体情况，本编第四章“‘但’类词和‘无论 p，都 q’句式”已有描述。比较：

天气多好！→[顺承] 让我带玲玲到公园去玩玩吧！

[逆承] 我和玲玲却只能整天整天地待在家里！

无论天气多好，→[顺承]（—）

[逆承] 我和玲玲都只能整天整天地待在家里！

在这一点上，“无论”之类和“虽然”之类、“即使”之类是相同

的。比较：

无论环境怎么险恶，
虽然环境特别险恶，　→　［顺承］（一）
即使环境再险恶，　　　［逆承］①我们都愿意去。
　　　　　　　　　　　　　　②我们都坚持写作。
　　　　　　　　　　　　　　③我们都能挺得住。
　　　　　　　　　　　　　　…………

第二，“无论 p，都 q”句式有转折性。前后分句之间往往可以加上“但”类词，这是最有说服力的证明。比方，可以只加一个连词“但/可”之类：“无论天气多好，但我和玲玲都只能整天整天地待在家里!”也可以只加一个副词“却”：“无论天气多好，我和玲玲却都只能整天整天地待在家里!”还可以同时并用连词和副词“但……却……”：“无论天气多好，但我和玲玲却都只能整天整天地待在家里!”有关情况，“‘但’类词和‘无论 p，都 q’句式”一章也已描述。下面再举几个实际用例。

①单用“但/可”之类的。例如：

（5）敌人无论怎样对党进行恶毒攻击，造谣中伤，但铁一般的事实是怎样诬蔑也改变不了的。（沈醉《我这三十年》，湖南人民出版社 1983 年版 282 页）

（6）不管身上有些什么毛病，可干起工作来那股玩命劲，就像着了魔似的。（古华《相思树女子客家》，《长江》1984 年第 1 期 15 页）

②单用“却”的。例如：

（7）不管蛇蚤在床上的遗迹究竟是什么，它在雯雯身上留下的却是非常明确：雯雯浑身都是疙瘩。（王安忆《69 届初中生》，《收获》1984 年第 4 期 184 页）

③“但”和“却”并用的。例如：

（8）不管她平时对大学生有多少抱怨，但在这“外人”面前，她却忍不住反唇相讥了……（王如意《我是一片绿叶》，《收获》1984 年第 4 期 98 页）

第三，作为旁证，已被确认的让步句往往可以转化为“无论”句，如果具有可转化的语义基础的话。转化时，除了变动让步词和增添跟让步词配合使用的某个成分，基本的造句材料完全保留。例如：

(9) 他虽然笨，也晓得共产党历来主张集体化。（高晓声《陈奂生包产》，《人民文学》1982年第3期32页）

(10) 即便别人对他说露骨的恭维话，他也毫无反应。（蒋子龙《拜年》，《人民文学》1982年第3期11页）

这两例，把“虽然”“即便”改为“无论”“不管”之类，并且添加“怎么”“多少”之类，就成为“无论”句：“他不管怎么笨，也晓得共产党历来主张集体化。”｜“无论别人对他说多少露骨的恭维话，他也毫无反应。”

二、关于“宁可p，也q”句式

第一，“宁可p，也q”句式有让步性。“宁可”“宁愿”“宁肯”“宁”等是让步性的形式标志。单说p，尚未说出的q顺承逆承都有可能；只要说成“宁可p”，别人一听就知道只是姑且忍让，具有“掉转之势”，尚未说出的q一定是逆承的。比较：

别人不义，→［顺承］我们不仁。
［逆承］我们不可不仁。
宁可别人不义，→［顺承］（一）
［逆承］我们不可不仁。

在这一点上，“宁可”之类和“虽然”“即使”等相同。比较：

当时，他宁可被捕入狱，	→	［顺承］（一）
当时，他虽然被捕入狱，	→	［逆承］①也不出卖朋友。
当时，他即使被捕入狱，	→	②也不违背良心说瞎话。
		③也要把这部小说写下去。
		…………

第二，“宁可p，也q”句式有转折性。最好的证明，还是前后分句之间往往可以加上“但”类词。既可以加上连词“但/可”之类：“宁可别人不义，但我们不可不仁。”也可以加上副词“却”：“宁可别人不义，我们却不可不仁。”有关情况，本编第三章“‘但’类词和‘既p，又q’等句式”里已有论述。再看两个实际用例：

（11）他宁愿承担舆论和道德的谴责，但不能眼睁睁地葬送自己和莲莲未来的幸福。（张弦《银杏树》，《小说月报》1982年第6期80页）

（12）宁肯让工期一拖再拖，经济效益受到损害，他的权威和尊严却不能有丝毫动摇。（刘宾雁《应是龙腾虎跃时》，《当代》1982年第5期120页）

前一例，加上了“但”；后一例，加上了“却”。

第三，作为旁证，已被确认的让步句往往可以转化为“宁可”句，如果具有可转化的语义基础的话。转化时，一般只需改动让步词。例如：

（13）虽然多花钱，他也不肯放过这个机会。

（14）即使少睡点儿觉，也要把这篇文章写完。

把上例的“虽然”“即使”改为“宁可”“宁肯”之类，便成为“宁可”句：“宁可多花钱，他也不肯放过这个机会。”｜“宁可少睡点儿觉，也要把这篇文章写完。”（《现代汉语八百词》用例）

三、归属小议

既然“无论”句、“宁可”句在让步性和转折性上都跟“虽然”句、“即使”句具有共性，那么，它们也应该归属让步句。这就是说，现代汉语让步句的子类，目前可以确定的有四个：一为“虽然”句；二为“即使”句；三为“无论”句；四为“宁可”句。这样，让步句的范围便在逻辑验证的基础上合理地扩大了。

第三节　实让、虚让、总让和忍让

让步句的四个子类，可以分别叫作容认性让步句、虚拟性让步句、无条件让步句和忍让性让步句。作为让步句，它们具有共性；然而，作为让步句的不同子类，它们又各有特性。特性表现在两个方面：形式上，它们所用的让步词有所不同；表达上，它们所起的作用有实让、虚让、总让、忍让的区别。看表：

让步句子类	代表格式	作用	举例
容认性让步句	虽然 p，但 q	实让	他们虽然自己挨饿，也要把口粮省下来。
虚拟性让步句	即使 p，也 q	虚让	他们即使自己挨饿，也要把口粮省下来。
无条件让步句	无论 p，都 q	总让	他们无论自己怎么挨饿，也要把口粮省下来。
忍让性让步句	宁可 p，也 q	忍让	他们宁可自己挨饿，也要把口粮省下来。

一、关于实让

实让是对事实的让步。这种让步句承认 p 事实的存在，却不承认 p 事对 q 事的影响。它故意借 p 事来从相反的方向托出 q 事，使 q 事特别突出，引人注意。比较：

（15）李晖是高干子女，干起活来有那种自视清高的娇气劲儿。

（16）李晖是高干子女，但是干起活来没有那种自视清高的娇气劲儿。

（17）李晖虽说是高干子女，干起活来却没有那种自视清高的娇气劲儿。（郑万隆《红灯黄灯绿灯》，《当代》1982 年第 3 期 74 页）

前一例是因果句，反映有些高干子女在人们的印象中造成的一般看法；中间一例是一般的转折句，即纯转句，表明李晖这位高干子女不同于一般的高干子女；后一例是容认性让步句，先让后转，借“虽说”明确认定李晖是高干子女的事实，造成欲擒先纵的气势，从而衬托出这位高干子女不同于一般高干子女的表现，产生积极的强调作用。

凡是实让都是从事实出发的。为了取得强调的效果，在语句的选用上可以有各种各样的变化。但是，不管怎样，都以尊重客观事实为基点。从这一点上说，实让是一种理性的让步。

二、关于虚让

虚让是对虚拟情况的让步，或者是带虚拟口气的让步。同实让一样，虚让也是故意从相反的方向借p事来托出q事，强调q事不受p事的影响。不同的是：实让的p一定指事实；虚让的p一般是假设，不是假设的也带上一定的虚拟口气。

虚让可以分为假言虚让和实言虚让。

假言虚让是纯粹假设的虚让，包括理性假言虚让和夸张假言虚让两种。理性假言虚让尽管不完全排除夸张的因素，但可以成为事实；夸张假言虚让完全是动了感情的夸张，不能成为事实。由于假言虚让是夸张的或包含夸张因素的，因此总的说来强调的意味特别重。例如：

(18) 即使你头发全白了，我照样可以认得出来。(理性假言虚让)(可以成为事实)

(19) 即使你烧成了灰，我照样可以认得出来。(夸张假言虚让)(无法成为事实)

(20) 你即使讨个哑巴，我也不拦你！(理性假言虚让)(可以成为事实)

(21) 你即使讨个猪婆，我也不拦你！(夸张假言虚让)(无法成为事实)

实言虚让是实事虚说的一种虚让。p指的是事实，但用“即使”使它带上了一定的虚拟口气。实言虚让里的“即使”一般都可以改为“虽然”，然而二者的表达效果有所不同。总的说来，用“虽然”时是实事实说，直截了当，明确认定；用“即使”时所说的事显得若有若无，似实似虚，隐隐约约，如果脱离具体的语境就有可能被认为是假言的。关于实言“即使p，也q”句式，前面已有专章讨论。再比较下面的例子：

(22) 康伟业这枚链坠，唯一的遗憾是有两道若隐若现的条纹，尽管是这样，至少也值人民币万元以上。(池莉《来来往往》，《池莉精品文集》268页)

(23) 康伟业这枚链坠，唯一的遗憾是有两道若隐若现的条纹，即使是这样，至少也值人民币万元以上。

这两例，“这样”皆指这枚链坠“有两道若隐若现的条纹”，这是事实。前一例用“尽管”，相当于“虽然”，重在实事实说，作容认性让步；后一例用“即使”，重在实事虚说，以虚拟口气述说事实，让步意味要重一些。

三、关于总让

总让是对各种条件的总体性让步。“无论 p”提出各种可供选择的条件，统统认可，“一揽子”包下，又统统排除，“一揽子”甩开，这样，就特别强调了结果 q 的出现不受 p 的任何影响。前分句在格式上要求具有任指性和选择性。任指性，用任指词“谁”“什么”“怎么”之类表示出来；选择性，用选择词“或者”“还是”之类表示出来。任指性和选择性互相蕴含：任指性含选择性，选择性含任指性。用任指形式时，一定蕴含选择性；反之，用选择形式时一定蕴含任指性。

对总让说来，所让步的情况是“虚”是“实”并不重要。p 可以是假言的，也可以是实言的。《现代汉语八百词》说：“‘不管……’表示一种假设……”（商务印书馆 1980 年版 272 页）这等于认为总让句式的 p 总是假言的。这跟事实有所忤逆。看例子：

(24) 不管别人再拿什么玩笑打岔，我也没兴致了。（张贤亮《肖尔布拉克》，《小说月报》1983 年第 4 期 8 页）

(25) 不管明天下不下雪，咱们起个大早，每人带上一件工具，到解放路集合——扫雪！（初中《语文》第二册）

上例“别人再拿什么玩笑打岔”“明天下不下雪”，都是情况的假设。

(26) 不管姐姐怎么数落、怨恨，小伙子只是低着头，不敢还腔。（常庚西《深山新喜》，《长城》1982 年第 1 期 137 页）

(27) （但又不是普通的平面镜，而是一面不寻常的“哈哈镜”，）不管镜子里怎样变形、夸张、失真，照在镜子里的总是你这个人。（初中《语文》第一册）

上例姐姐怎么怎么数落、怨恨，人的相貌在镜子里怎样怎样变形、夸张、失真，都不是假设，而是正在发生或已经发生的事实。

由于总让重在统统认可、统统排除，在要强调某种结果的出现不受所涉及的任何条件的规约时，采用这一句式效果最好。比较：

(28) 在白色恐怖弥漫的年代里，尽管环境十分险恶，鲁迅先生（也）一直把密信和文稿珍藏着。

(29) 在白色恐怖弥漫的年代里，无论环境怎样险恶，鲁迅先生（也）一直把密信和文稿珍藏着。(初中《语文》第二册)

前一例是实让，后一例是总让。为了强调“一直把密信和文稿珍藏着”不以“环境怎样险恶”的任何一种情况为条件，用总让比用实让更能加强语句的力量和气势。

四、关于忍让

忍让是心理上意志上的让步。“宁可”是表忍让之词，加“宁可”表明在别无选择的情况下对不乐意而为之的事情不得不有所忍让，以便实现某种决心。由“宁可 p”转出的“也 q”，如果采用肯定形式，是强调决心“要怎样”；如果采用否定形式，是强调决心“不怎么样”。例如：

(30) 宁可孤注一掷，也要弄个明白。(朱春雨《大地坐标上的赋格》，《十月》1983 年第 1 期 23 页)

(31) 我宁可死了，也要娶她。(金庸《神雕侠侣》)

(32) 宁可自己一个人担风险，也不能让王主任有个三长两短。(杨志杰《选拔》，《当代》1983 年第 3 期 137 页)

(33) 看你那副脸孔、那个神气，宁可饿死，也不吃你的饭。(初中《语文》第二册)

前两例都是“宁可……也要……”，q 用肯定形式；后两例都是“宁可……也不……”，q 用否定形式。

值得注意的是：

第一，在虚指实指问题上，忍让跟总让相同。p 所说的事可以是假设，也可以是事实。比较：

(34) 在必要的时候，我们宁可自己挨饿，也要让孩子们吃饱。

(35) 三年困难时期，他们宁可自己挨饿，把省下的口粮留给向红。(顾笑言《洪峰通过峡谷》,《花城》1983 年第 3 期 63 页)

前一例，“我们自己挨饿”是假设；后一例，“他们自己挨饿”已成为事实。再看这个例子：

(36) 可是一灯抱着舍身度人的大愿大勇，宁受铁掌撞击之祸，也决不还手，只盼他终于悔悟。(金庸《神雕侠侣》)

上例见于《神雕侠侣》第三十回。例子的前面已交代裘千仞用铁掌猛击一灯，一灯“这般只挨打而不还手”，可见“受铁掌撞击之祸”已成为事实。

第二，在理性与夸张的问题上，假言忍让跟假言虚让相似。所说的事可以是理性的，尽管往往带夸张口气，但不是不能成为事实——这是理性假言忍让；所说的事也可以是纯夸张的，尽管表达了十分真实的感情，但不能成为事实——这是夸张假言忍让。例如：

(37) 宁肯死，宁肯跳进山洪，也不让那俩坏蛋逮住。(王笠耘《春儿姑娘》,《当代》1982 年第 3 期 205 页)

(38) 宁可自己进地狱，也要成全她上天堂！(肖为《不能改正的错误》,《花城》1983 年第 3 期 99 页)

这两例的前分句都有不要活的意思。但前一例的“死”“跳进山洪”可以实现，只是语气上有所夸张；后一例的“进地狱”则是不能实现的纯夸张，只反映感情的真实。

第三，从表达上看，在不得不有所抉择的情况下采用忍让句式，最能突出强调抉择的决心；如果所说的情况不要求有所抉择，就不能采用这一句式。例如：

(39) 宁可少生产一些，也一定要把设备维修好。(邓小平《关于发展工业的几点意见》,《邓小平文选》第二卷，人民出版社 1994 年版 30 页)

* (40) 宁可少生产一些，他也不会有意见。

前一例，“宁可”强调对“少生产一些”的忍让，从而突出“一定要把设备维修好”的抉择决心。“宁可”可以改为“即使”，但改为“即使”以后忍让意味就消失了。后一例，不能成立。这是因为，不存在通过对“少生产一些”的忍让来实现“他不会有意见”的决心的关系。如果把“宁可”改为“即使”，说成“即使少生产一些，他也不会有意见”，这完全可以，但这便成了虚让句式，用来揭示事物之间的联系或关联，跟心理上意志上的让步无关。

第四节　让步句式“任凭 p，（都/也）q”

“任凭……（都/也）……”也是让步句式，但它并不固定地属于让步句的哪个子类。

第一，总让。“任凭……（都/也）……”有时表示无条件让步。“任凭”相当于“无论”“不管”，前分句里包含疑问代词“怎么”“哪里”之类。例如：

（41）任凭我们怎么说，她依然走了。（肖复兴、肖复华《一片小树林》，《青海湖》1983年第6期14页）

（42）任凭马俊友怎么喊她，她也不回头。（从维熙《北国草》，《收获》1983年第3期196页）

（43）任凭沈云娥怎样苦苦哀求，他丝毫不再动心。（田增翔、陶正《天女》，《钟山》1983年第4期220页）

“任凭”也可以说成“任”或“任随”。例如：

（44）任你怎样诬害，陈毅同志的光辉形象永远屹立在我们心中。（顾寄南《黄桥烧饼》，初中《语文》第三册）

（45）任随走到哪里，拿鼻子闻一闻，都有浓浓的红苕干烧酒和蒜苗炒回锅肉的香味。（克非《花蜘蛛》，《小说月报》1982年第3期80页）

第二，实让。“任凭……（都/也）……”有时表示容认性让步。“任凭”相当于“虽然”“尽管”，引出的分句指已然事实，不包含“怎么”之类的疑问代词。例如：

（46）任凭老赵满头大汗地使尽了他的本领，车子还是颠簸着。（《1958年短篇小说选》396页）

（47）（卢华……望着一片充满绿意的荒野。）荒原实在太辽阔了，任凭卢华极目眺望，仍然看不见它的边缘。（从维熙《北国草》，《收获》1983年第4期225页）

第三，虚让。“任凭……（都/也）……”有时表示虚拟性让步。“任凭”相当于“即使”，引出的分句指未然的事，不包含“怎么”之类的疑问代词。例如：

（48）那怕他是我爷，任凭丢了我这乌纱帽，我也不能违章背理，假公济私！（石云祥《在局长家里》，《青海湖》1983年第6期46页）

（49）任他黄河说成旱滩，还是县官不如现管哩……（郑义《远村》，《当代》1983年第4期109页）

值得注意：“任凭”有时是动词，表示“听任”的意思，接近于“让”，往往构成兼语句式，“任凭……”后边可以不出现分句。例如：

（50）百无聊赖地依在门框上，任凭黄昏的冷风扑打着，连晚饭也没有力气去做了。（张弦《回黄转绿》，《人民文学》1982年第3期19页）

上例“任凭黄昏的冷风扑打着”是兼语式，“黄昏的冷风”既是“任凭”的宾语，又是“扑打着”的主语。后边的分句“连晚饭也没有力气去做了”可以不出现，换句话讲，可以只说：“百无聊赖地依在门框上，任凭黄昏的冷风扑打着”。再看这个例子：

（51）他哑口无言，好像做错事的孩子，任凭姑娘抢白。（张锦江《将军离位之后》，《当代》1983年第4期51页）

上例“任凭姑娘抢白”是兼语式，后边不再出现别的分句。

本章小结

第一，凡是让步句，都同时具有让步性和转折性。不管是让步性还是转折性，都同时具有意义和形式两个方面的特征。让步性的形式特征，是特定的让步词；转折性的形式特征，是经常使用或在一定条件下使用的转折词。

第二，让步句包括四个子类：容认性让步句、虚拟性让步句、无条件让步句、忍让性让步句。它们的特性表现在两个方面：形式上，它们所用的让步词有所不同；表达上，它们所起的作用有实让、虚让、总让、忍让的区别。

第三，“任凭……（都/也）……”是跨让步句子类的让步句式。

第十二章 转折句式总览

本章从不同侧面，对以“但”类词为代表性标志的转折类复句句式，作全局性的综说。

所谓“转折类复句句式”，严格说来应该包括“（因为/除非/要么）……否则……”之类的复句句式。由于“否则”之类毕竟是跟“但/却”之类有所不同的另一路逆转词，因而本章所说的“转折句式”只限于以“但”类词为代表性标志的种种句式。至于“p，否则q”句式，前面已有专章进行探讨。

第一节 常规和异合

以“但”类词为代表性标志的转折类复句句式，既有常规形式，又有异合形式。要了解转折句式，不仅要了解其常规形式，也要了解其异合形式。

一、常规形式

所谓“常规形式”，指在常规情况下使用了转折关系标志的形式。首先是“……但/却……”之类形式；其次，由于“虽然”和“但/却”经常呼应使用，因而也包括“虽然……但/却……”的形式。它们都是教科书里经常提到的、为大多数人所认定的转折类复句句式。

“……但/却……”和“虽然……但/却……”，作为转折关系标志，实际上包含两个类：

第一，“但”类词。包括连词“但”“但是”“可是”“然而”“不过”“只是”和副词“却”。这是转折关系的直接显示标志，用于将转的乙分句，直接表明乙分句对甲分句有转折关系。

第二，“虽”类词。包括“虽”“虽然”和“尽管”。这是转折关系的间接提示标志，用于受转的甲分句，间接提示乙分句对甲分句有转折关系。

在这两类标志中，“但/却”等是典型转折词，活动能量大，对各种复句句式具有很强的嵌入转化力；“虽然/尽管”是让步词，它们的活动范围一般限于常规转折句。但是，不管怎样，这两类标记都足可构成转折句的常规形式。同时使用“虽然/尽管”和“但/却”，或者单独使用作为典型转折词的“但/却”，固然都足够标明转折关系，即使是单独使用“虽然/尽管”，也是足够标明转折关系的。例如：

我虽笨，但也晓得应该分清是非。

我很笨，但也晓得应该分清是非。

我虽然笨，也晓得应该分清是非。

我晓得应该分清是非，虽然我很笨。

这四个都是包含转折关系的复句。前两例分别用了“虽……但……”和“……但……”，标明了分句之间的转折关系；后两例尽管只出现“虽……（也）……”和“……虽然……”，没出现“但”类词，但分句间的转折关系也是明显的。

二、异合形式

所谓“异合形式”，指通常不用“但”类词，却特意嵌入“但”类词的形式。这是常规转折形式和其他复句形式的异合现象，属于形式上“标志复现”的特殊情貌。具体点说，又有两种状况。

第一，“但”类词嵌入非转折句式。

并列句式、递进句式、假设句式、条件倚变句式、推论因果句式等，它们都是非转折句式，但它们有时却可以嵌入“但/却”。上面一些章节里已经作过描述，这里再作简单的勾勒。

【例1】既p，又q。＋但（却）

＝既p，但（却）又q。

如：“既想照顾他，又怕别人风言风语。”→“既想照顾他，但又怕别人风言风语。”｜“既想照顾他，却又怕别人风言风语。”

【例2】既p，也q。+但（却）

=既p，但（却）也q。

如：“既有天伦之乐，也有纠纷烦恼。”→“既有天伦之乐，但也有纠纷烦恼。”｜“既有天伦之乐，却也有纠纷烦恼。”

【例3】一面p，一面q。+但（却）

=一面p，但一面却q。

如：“一面摆酒接待，一面派人报告警察局。”→“一面摆酒接待，一面却派人报告警察局。”｜“一面摆酒接待，但一面又派人报告警察局。”

【例4】一方面p，另一方面q。+但（却）

=一方面p，但另一方面却q。

如：“一方面承认我有才干，另一方面又说我不能重用。”→“一方面承认我有才干，但另一方面又说我不能重用。”｜“一方面承认我有才干，另一方面却又说我不能重用。”

【例5】一边p，一边q。+但（却）

=一边p，但（却）一边q。

如：“一边不停地说恭喜，一边随时准备拔出手枪。”→“一边不停地说恭喜，但一边随时准备拔出手枪。”｜“一边不停地说恭喜，却一边随时准备拔出手枪。”｜“一边不停地说恭喜，一边却随时准备拔出手枪。”

【例6】既p，更q。+却

=既p，却更q。

如：“既有爱，更有恨！”→“既有爱，却更有恨！”

【例7】不但不p，而且（反而）q。+却

=不但不p，却（反而）q。

如：“不但不害怕，而且（反而）显得更加执拗了。”→“不但不害怕，却（反而）显得更加执拗了。”

【例8】如果说p，那么q。+却

=如果说 p，那么却 q。

如：“如果说过去还有点糊涂，那么，今天已经是完全清醒了。”→“如果说过去还有点糊涂，那么，今天却已经是完全清醒了。”

【例 9】越 p，越 q。+却

=越 p，却越 q。

如：“声音越低，越有威慑力。”→“声音越低，却越有威慑力。”

【例 10】既然 p，（就）q。+却

=既然 p，却 q。

如：“既然解决不了问题，就不要累死累活地干了。”→“既然解决不了问题，为什么还要累死累活地干呢?”→“既然解决不了问题，为什么却还要累死累活地干呢?”

第二，“但”类词嵌入非一般转折句式。

非一般转折句式，是分句间具有让转关系但通常不用“但”类词的复句句式，包括虚拟性让步句式、忍让性让步句式和无条件让步句式。有的时候，为了特定的语用目的，比方为了特别强调转折性，或者为了在强调转折性的同时划出转折界限，这些让转句式也可以嵌入“但/却”。然而，无论如何，“但”类词和“虽然”的配合使用是经常性、一般性的用法，而“但”类词嵌入“即使”句、“宁可”句和“无论”句，则是带有特殊性的用法。有关现象，前面已有章节作过描述，这里再作简单的勾勒。

【例 11】即使 p，也 q。+但（却）

=即使 p，但（却）也 q。

如：“即使自己有很多好的意见，也应该听听大家的意见。”→“即使自己有很多好的意见，但是也应该听听大家的意见。”

【例 12】宁可 p，也 q。+但（却）

=宁可 p，但（却）也 q。

如：“宁可慢些，也要好些!”→“宁可慢些，但要好些!”｜“宁可慢些，却要好些!”

【例 13】无论 p，都 q。+但（却）

=无论 p，但（却）（都）q。

如："无论他们怎么造谣中伤，都影响不了我老爸的形象!"→"无论他们怎么造谣中伤，但都影响不了我老爸的形象!" | "无论他们怎么造谣中伤，却都影响不了我老爸的形象!"

第二节　语表和语里

语表指显露在外的可见的语言形式，语里指隐含在内的不可见的语义关系。为了加深对转折句式的认识，有必要观察其语表和语里。

一、从句式的成立看语表和语里

转折句式的成立，取决于事物间存在转折关系的逻辑基础。具体点说，取决于事物间具有违逆性、对立性或差异性，并且取决于所用句式和逻辑基础的对应性。

如果缺乏转折关系的逻辑基础，转折句式不能成立。例如：

*（1）这样极可珍贵的作品，虽只剩了很不完整的一段，但是很可惜的。(《光明日报》1956 年 9 月 16 日)

*（2）这种教育方式虽则是受"刘介梅的今昔对比展览会"的启发，但在上海却得到了推广。(《中国青年报》1957 年 10 月 24 日)

这两个例子都引自中国语文杂志社编《语文短评选辑》(中华书局 1959 年版 103～104 页)。前一例的"……只剩了很不完整的一段"和"是很可惜的"之间，后一例的"这种教育方式是受……启发"和"在上海得到了推广"之间，都不存在逆转的关系。因此，它们都是病句。应删去造成转折句式的"虽（虽则）……但/却……"。

如果缺乏相应的转折关系的逻辑基础，所用的转折句式也不能成立。比较：

（3）有三个同志坐下来抱在一起想暖和一下，但他们再也没有站起来。(江耀辉《红军鞋》，初中《语文》第二册)

*（4）有三个同志虽然坐下来抱在一起想暖和一下，但他们

再也没有站起来。

前一例用“……但……”，能成立。“坐下来……”和“再也没有站起来”之间有逆转关系。后一例用“虽然……但……”，不能成立。在构成基础上，“虽然……但……”句式受到很大的限制。这一句式的构成基础是因果违逆的关系。如：“因为黑夜笼罩着他，所以我看不到他脸上的忧伤。”（因果相承）“虽然黑夜笼罩着他，但我仍然看到了他脸上的忧伤。”（因果违逆）甲事与乙事之间如果根本不存在因果违逆的关系，就不能用“虽然……但……”。“坐下来……想暖和一下”和“再也没有站起来”之间显然不存在跟“虽然……但……”句式相应的因果违逆的逻辑基础。再比较：

（5）俗话说，左眼跳财；但俗话又说，右眼跳祸……（张执浩《没有糖吃的日子》，《小说家》1998年第4期129页）

*（6）虽然俗话说，左眼跳财；但俗话又说，右眼跳祸……

前一例用“……但……”能成立，是因为“左眼跳财”和“右眼跳祸”之间存在差异和对立。后一例用“虽然……但……”不能成立，是因为“左眼跳财”和“右眼跳祸”相互之间不存在影响和被影响的关系，缺乏因果违逆的逻辑基础。

异合形式，有时能成立，有时不能成立，这同样为逻辑基础所决定。以“无论p，但（都）q”之类的异合形式来说，从逻辑基础上考察其pq关系，可以知道：

第一，pq之间有时“因果违逆”。这时，可以采用“无论……（都）……”之类的形式加上“但/却”之类的转折词的异合形式。例如：

（7）不管是属于哪种情况，黎子流却绝对不会是脑袋一热、灵机一动或一时的意气用事而辞职的。（蒋子龙《畅叙黎子流》，《中篇小说选刊》1997年第4期73页）

（8）不管这些神话怎样荒唐可笑，但在日本人的心理上有着深固的根底，正足以满足其夸大的心理，助长其征服别国的强烈野心。（龙凤伟《生命通道》，《中篇小说选刊》1994年第6期17页）

(9) 他想给妻子谈一谈，不管有什么分歧，多大的分歧，但为了孩子，就把这一切暂时放下吧。(张平《抉择》，《小说选刊》增刊 1997 年第 1 期 109 页)

这三例用了“不管……但/却……”。在构成基础上，它们跟“虽然……但/却……”相通，只要改动“哪种”“怎样”“什么”“多”之类的特定词语，就可以向“虽然……但……”转变：“虽然是属于那种情况，黎子流却绝对不会是……意气用事而辞职的。”｜“虽然这些神话十分荒唐可笑，但在日本人的心理上有着深固的根底……”｜“虽然有分歧，很大的分歧，但为了孩子，就把这一切暂时放下吧。”

第二，pq 之间有时“部分因果违逆”。这时，如果需要特别强调 q 对 p 的各个方面都一概否定或一概肯定，借以突出表明全盘否定或全盘肯定的态度，可以在“无论……（都）……”之类形式的基础上特意加“但”，形成异合形式。比如，“‘但’类词和‘无论 p，都 q’句式”一章中举过这么个例子：

(10) 不管你是不是指我，但不许你这样说！(绍六《镶金边的云彩》，《花城》1983 年第 4 期 29 页)

“是指我”，当然不许你这样说；但是，即使不是指我，也不许你这样说！再看这个例子：

(11) 廉兴！甭管团支部是不是个有用的衙门，但它毕竟是个衙门！你怎么敢把它当成你家仓库！(毛志成《大门道的主人》，《红岩》1983 年第 2 期 71 页)

“是有用的衙门”，当然是个名副其实的衙门；但是，即使“不是有用的衙门”，它也还是个衙门！可见，例 (10)、例 (11) 两例 pq 之间存在局部性转折关系。这两例用“但”，仍然有相应的逻辑基础。

第三，pq 间有时完全不存在因果违逆的关系。这时，不能采用“无论……但/却（都）……”之类的异合形式。例如：

(12) 假使这佛手原种系遗传突变所造成，无论截枝引种，还是采籽育苗，都能使之繁衍新种。(袁和平《佛手》，《十月》1983 年第 5 期 169 页)

这里不能加上“但/却”之类。因为，“截枝引种”也好，“采籽育苗”也好，在“系遗传突变所造成”的前提下，引出“繁衍新种”的结果都具有必然性，而不具有逆转性。

二、从句式的选用看语表和语里

转折句式的选用，取决于句式选用者在主观视点上对转折关系的抉择。

复句语义关系具有二重性，既反映客观实际，又反映主观视点，而在对复句格式的选用中，起主导作用的是主观视点（参看第五编第一章“复句格式对复句语义关系的反制约”）。人们对转折句式的选用，也是如此。这一句式的成立固然决定于客观上存在的这样那样的转折关系，但人们在表述问题时是否选用转折句式，选用什么样的转折句式，却是为表述者的主观视点所决定的。

首先，语里隐含有转折关系，但表述者并不重视，语表上可以不标明为转折句式。例如：

（13）老人家不仅经常接济穷苦人家，而且从不希望得到些微的回报。

（14）军官们一面“哈依哈依”地接受训斥，一面不失时机地推卸自己的责任。（龙凤伟《生命通道》，《中篇小说选刊》1994年第6期6页）

（15）如果说年青的一代有着更多的勇敢，那么父亲一代则有着更多的成熟。（叶小帆《一九七八年〈花城〉中篇小说评述》）

前一例，标明为递进句式。如果表述者重视隐含的对立性转折关系，也可以标明为转折关系：“老人家经常接济穷苦人家，但是从不希望得到些微的回报。”中间一例，标明为并列句式。如果表述者重视隐含的违逆性转折关系，也可以标明为转折句式：“军官们‘哈依哈依’地接受训斥，却不失时机地推卸自己的责任。”后一例，标明为假设句式。如果表述者重视隐含的差异性转折关系，也可以标明为转折句式：“年青的一代有着更多的勇敢，父亲一代却有着更多的成熟。”

其次，表述者重视语里的转折关系，语表上可以特意标明为转折句式。例如：

(16) 但直到现在，总还是没有得到，但也没有遇见过赤练蛇和美女蛇。(初中《语文》第一册)

(17) 那时我的祖母虽然还康健，但母亲也已分担了些家务……(初中《语文》第二册)

上例完全可以采用平列的说法："但直到现在，总还是没有得到，也没有遇见过赤练蛇和美女蛇。"｜"那时我的祖母还康健，母亲也已分担了些家务……"表述者特别重视前后项之间相对待的一面，采用了转折句式，这显然是主观视点在起作用。又如：

(18) 肚子很饿，气力不够，但是必须鼓着勇气前进。(初中《语文》第一册)

(19) 荔枝林深处，隐隐露出一角白屋，那是温泉公社的养蜂场，却起了个有趣的名儿，叫"养蜂大厦"。(初中《语文》第二册)

前一例可以改用因果说法："肚子很饿，气力不够，因此必须鼓着勇气前进。"后一例可以改用解注说法："那是温泉公社的养蜂场，(这个养蜂场) 起了个有趣的名儿，叫'养蜂大厦'。"表述者不用因果句式、解注句式，而用转折句式，是特别重视前后项之间隐含的违逆性，这当然也是主观视点在起作用。再看这个例子：

(20) 桥脚上站着一个人，却是我的母亲，双喜便是对伊说着话。(初中《语文》第二册)

上例也可以改用解注说法："桥脚上站着一个人，(这个人) 是我的母亲。"之所以用上转折词"却"，是因为表述者心理上特别重视"母亲"和"别人"相对待的关系："桥脚上站着一个人，这个人不是别人，却是我的母亲。"

第三，表述者同时重视语里的两种 (或多种) 关系，语表上便显示为异合句式。比如"既 p，但 (却) 也 q""越 p，却越 q""既然 p，却 q""即使 p，但 (却) 也 q"等等句式的使用，都是由于表述者既重视了并列、条件、虚拟等关系的存在，也重视了转折关系的存在。再

比较：

既要讲数量，也要讲质量！

既要讲数量，更要讲质量！

既要讲数量，却更要讲质量！

前一例用“既……也……”，是并列关系。第二例用“既……更……”，既表示了并列关系，又表示了递进关系。这种“列中有递”的表示法，已经是一种“异合”。后一例，再加“却”，便形成更进一步的“异合”，表明了“列一转一递”的多种关系。

假如把语里包含的两种关系记为X和Y，那么，语表上有时隐X显Y，或者隐Y显X，有时则可以X和Y同显。异合句式，正是“XY同显”的现象，反映了表述者在句式选用上的“双视点”。如果语里包含三种关系XYZ，那么语表的显示便可以是：X、Y、Z、XY、XZ、YZ、XYZ。

第三节　语表和语值

语值指语言形式的语用价值。辨察转折句式的语用价值，是深入认识转折句式的又一个角度。

一、从常规形式看语表和语值

首先，构成基础相同，用转折句式跟不用转折句式有不同的语值。比较：

第一炮一定要打响，必须认真准备。

第一炮一定要打响，因此，必须认真准备。

第一炮一定要打响，但是，必须认真准备。

第一句不用句式标志，前后项之间是隐性因果关系。第二句用“因此”构成因果句式，前后项之间的因果关系成了显性的。第三句用“但是”构成转折句式，把前后项之间可能有的因果关系强制成了转折关系。前两句是顺势推导，揭示事物间的因果联系，强调了“认真准备”是“打响”的必要条件。第三句是逆势论证，语势上一有转折，话语便带上明显的提醒性和警告性，不仅表明了“认真准备”是“打响”的必要条件，而且特别强调了“否则就会受到挫折”之类的逆反性结果。再比较：

（21）她希望逢着一个可以把一切献给自己的男人，因此她不能轻易把自己交付给他。

（22）她希望逢着一个可以把一切献给自己的男人，但她却不能轻易把自己交付给他。（苏叔阳《故土》，《当代》1984 年第 1 期 74 页）

例（21）等于说：“她希望逢着一个可以把一切献给自己的男人，但是她还不能肯定他是不是这样的男人，因此，她不能轻易把自己交付给他。”用“因此”构成因果句式，表明表述者认为“她”还不信任“他”。例（22）等于说：“她希望逢着一个可以把一切献给自己的男人，但是，她虽然感到他可能是这样的男人，却还不能轻易地把自己交付给他。”用“但/却”构成转折句式，含意跟上一例相反，表明表述者认为“她”已经倾向于信任“他”，只是还没有达到“把自己交付给他”的程度罢了。

其次，构成基础相同，用甲转折句式和用乙转折句式有不同的语值。比较：

（23）你做得对，但是不应该吵架。

（24）你做得对，只是不应该吵架。（姜滇《清水湾，淡水湾》，《十月》1982 年第 3 期 95 页）

前一例用“……但是……”，口气偏严，是直通通地批评“吵架”；后一例用“……只是……”，口气偏宽，是宽容而委婉地批评“吵架”。可以说，“但是”强调事物间具有转折性，而“只是”则既表明事物间具有转折性又表明这种转折性是一种有限的转折。凡是用“只是”的转折句，都表明从某个方面某个角度或在某种程度上对前分句作有限的修补，后分句都可以带上表示有限语气的“罢了”或“就是了”。如：“你做得对，只是不应该吵架罢了。”｜“你做得对，只是不应该吵架就是了。”再比较：

（25）张为已经五十几，但是李正才有二十六。（他们之间可有“代沟”呀！）

（26）虽然张为已经五十几，但是李正才有二十六。（他们那个班子可是有后劲的呀！）

例（25）用“……但是……”，强调张为和李正年龄差距过大。这里不能加上“虽然”。例（26）用“虽然……但是……”，强调乙事的成立不以甲事的成立为原因，等于说：“虽然张为已经五十几，但不是致命的足以影响全局的问题，因为李正才有二十六，这决定了他们那个班子还是有后劲的。”可以说，“但是”是直截了当地强调事物间具有转折性，而“虽然……但是……”则是通过先让步后转折的语势强调出事物间因果逆转的关系。

“虽然……但是……”句式对于因果逆转关系是具有强制性的。再看这个例子：

（27）张为喜欢跳舞，但是李正喜欢看电影，所以星期六他们不会在一起。

假如张为和李正只是一般的同班同学，彼此间不存在谁影响谁、谁牵制谁、谁迁就谁的问题，那么，“但是”意在强调他们兴趣不同，不能加上“虽然”。然而，这样的说法也能成立：

（28）虽然张为喜欢跳舞，但是李正喜欢看电影，所以星期六他们不会在一起。

有意思的是，经过“虽然……但是……”的强制，张为和李正不是夫妻，便是有着不寻常的关系。这一句式指示出：尽管张为和李正有着足以互相影响的关系，但是在星期六参加文娱活动时实际上张为影响不了李正，李正也影响不了张为。

二、从异合形式看语表和语值

首先，构成基础相同，用异合句式跟用非转折句式有不同的语值。请比较“如果说 p，那么 q”和“如果说 p，那么却 q”：

（29）如果说张为是猛虎，那么，李正就是雄鹰！

（30）如果说张为是猛虎，那么，李正却是雄鹰！

例（29）用“如果说……那么……”的假设句式，在对照中比较张为和李正，二人同时肯定：各有优势，都强悍非凡。例（30）用“如果说……那么一却……”的“假设＋转折”的异合句式，其中的“却”字强烈地反映了表述者的主观意识：猛虎和雄鹰固然都极强悍，但猛虎只能在地上奔突，雄鹰却能搏击长空。可以说，例（29）只是或者基本上是“张李同赞”，例（30）则是重在“抑张扬李”了。再比较“越 p，越 q”和“越 p，却越 q”：

（31）日子越红火，他心里越感到不安。

（32）日子越红火，他心里却越感到不安。

例（31）用“越……越……”的条件倚变句式。“日子越红火”表示一个无限变异的条件或依据，“他心里越感到不安”表示一个无限变异的结果。例（32）用“越……却越……”的“条件倚变＋转折”的异合形式。其中的“却”字强调出条件与结果之间的转折性，从而明确地显示了条件与结果之间的倚变关系是一种“异态倚变”。在实际语言运用中，人们往往采用“越……却越……”来强调倚变的异态，这一点，第四编第七章“‘越 p，越 q’句式及其与转折句的牵连”已有描述。

其次，构成基础相同，用异合形式跟用非一般转折句式有不同的语值。请比较“宁可 p，也 q”和“宁可 p，却 q”：

（33）（我这把兄香火情重，）他宁可别人负他，自己也不肯负人。

（34）（我这把兄香火情重，）他宁可别人负他，自己却不肯负人。（金庸《天龙八部》第十八）

说“宁可……也……”，只是强调在有所忍让的前提下作出抉择。有时加上转折词，这是为了取得突现转折性的语用效果。比较上面两例可知，后一例里由于用了“却”，显得特别强调了后分句的逆反性，特别突出地表明了“不肯负人”根本不受“别人负他”的些微影响。再比较“即使 p，也 q”和“即使 p，但 q”：

（35）即使他心底恼怒得恨不得把我一口咬碎，脸上还是展露出一副友好的笑容。

(36) 即使他心底恼怒得恨不得把我一口咬碎，但脸上还是展露出一副友好的笑容。(燕子《太阳雨》，《中篇小说选刊》1997 年第 4 期 26 页)

说“即使……也……”，偏重强调对情况作虚拟性让步，有时加上转折词，可以取得两个方面的语用效果。一方面，突现后分句对前分句的转折性，特别强调了后分句提出的结论对前分句提出的虚拟情况的逆反甚至否定；另一方面，在句式的前后项结构复杂时，加上的转折词还有划清转折界限的作用。这一点，第四编第三章“‘但’类词和‘既 p，又 q’等句式”里已有描述。从上面的例子看，例 (36) 显然比例 (35) 多了一层转折关系的特别强调。假若把例 (36) 的 pq 略加扩展，便成为：

(37) 即使他心底恼怒得恨不得把我一口咬碎，希望有朝一日我从现在这个位置上跌落下去，掉到他的掌心里，听任他摆布作弄，但脸上还是展露出一副友好的笑容，一再举杯祝贺我鹏程万里。

上例的 pq 都复杂化了。其中的“但”，既强调了转折的关系，又划分出转折的界限。

第四节　研究和教学

以上的讨论，给转折句式的研究和转折句式的教学提供了一些新的线索。这一节，直接就研究和教学的问题简括地谈谈笔者的想法。

一、关于研究

研究转折句式，应该特别重视两个方面的问题。

第一，加强“表一里一值”的三角研究。

语表形式、语里意义和语用价值三者形成一个三角，它们可以分别叫 A 角、B 角和 C 角。

对于转折句式，往往有必要分三步进行考察。第一步考察 A 角：

抓住以“但/却”为代表的形式标记，弄清转折句式可能有的种种常规形式和这样那样的异合形式。第二步考察A—B角：由表察里，由里看表，在表里之间多线索多层次地反复验证其对应关系，弄清转折句式形成的逻辑根据、一般规律和特定条件。第三步考察（B—）A—C角：语里相同而语表互异，必有不同的语用价值。弄清同义形式的不同语值，从表达和理解的应用侧面深化对转折句式的认识。笔者以为，表里值三角研究可以把转折句式的研究推向纵深。

第二，努力做到三个“充分”。

三个“充分”，一是观察充分，二是描写充分，三是解释充分。首先，要对转折句式有充分的观察。应该尽可能地在广阔的视野中建立观察事物的视点。用“但”类词检验全部现代汉语复句句式，测试各种复句句式对“但/却”之类的正负反应，是观察充分的重要做法。其次，要对转折句式有充分的描写。应该在题目限定的范围之内通过描写尽可能地把各种规律特别是隐蔽的规律反映出来。小题大作，这是描写充分的重要做法。再次，要对转折句式有充分的解释。应该在微观观察和微观描写的基础之上，从宏观上对语法事实作出理论上的解释。解释的充分，不是表现为“多”和“细”，而是表现为“深”和“准”。比方，转折句式中的“但”类词，从静态上看，即从句式形成的结果看，它们的作用全是对于转折关系的“标明”，但从动态上看，即从句式形成的过程看，语表形式同逻辑基础之间的关系并非单一模式，而是多种多样的。显然，从理论上解释清楚“但”类词的静态作用和动态作用的联系和区别，可以加深对于转折句式的认识。至于文章怎么做，是先解释再求证，还是先描写再解释，这要由题目的性质和要求来决定。

三个“充分”是深入研究的要求，表一里一值三角研究是深入研究的思路，二者是互补互证互为条件的。

二、关于教学

教学转折句式，应该特别重视两个方面的问题。

第一，避免片面性。

从定义出发，画地为牢，把典型的转折句式孤立起来，以为只有在典型的转折句式中才能用“但”类词，这是教学中常见的片面性毛病。这种毛病不仅影响学生对转折句式的全面而深入的了解，甚至造成了教学中自相矛盾的状况。

举个典型的例子：

初中课本《语文》第六册（人民教育出版社 1980 年第 2 版）第 27～28 页有一篇讲语法知识的短文《多重复句》，文中说：“应该注意正确使用关联词，注意关联词的前后呼应不要出现配搭上的错误。”所举的病例中有这么一个：“我们在学习上即使取得了一定的成绩，但这仅仅是第一步，决不能自满。”文中解释道：“应把‘即使’改为‘虽然’，才能与‘但’呼应，表示转折关系。”

确实，这个例子中用“虽然”比用“即使”合适，因为所说的是已然事实，不是虚拟情况，也没有必要“化实为虚”加以强调。如果把意思稍加改动，说成：“即使我们在学习上取得了很大的成绩，但是，这仅仅是第一步，决不能自满！”这是完全可以的。可见，问题不出在“即使”和“但”不能同现这一点上。课本把“即使……也……”归入假设句，认为“即使……也……”和表示转折关系的“但”不能共容，这就有片面性了。

同是这一册课本，就在上述语法知识短文后边，第 69～72 页有一篇范文，是鲁迅的《“友邦惊诧”论》，其中有这么一句：

(38) <u>即使</u>所举的罪状是真的罢，<u>但</u>这些事情，是无论哪一个“友邦”也都有的，他们的维持他们的“秩序”的监狱，就撕掉了他们的“文明”的面具。

这里不就是“即使……但……”吗？难道这也是病句？

在高中《语文》第三册中，还有一篇范文，是鲁迅的《“丧家的”“资本家的乏走狗”》，其中也有这么一句：

(39) <u>即使</u>无人豢养，饿的精瘦，变成野狗了，<u>但</u>还是遇见所有的阔人都驯良，遇见所有的穷人都狂吠的，不过这时它就愈不明白谁是主子了。

这里也是用了“即使……但……”的。

第二，避免表面性。

完全停留在“一般”“有时”这样的解说上面，不能帮助学生弄清楚“一般”之外的“特殊”是什么样子，“有时”到底是什么时候，有什么条件，这是教学中常见的表面性毛病。

要避免表面性的毛病，就转折句式的教学说，最重要的是及时把有关的研究成果运用于教学，并且善于启发诱导学生去掌握规律性的东西。笔者主编的《现代汉语》（高等教育出版社 1991 年版）举过如下的例子：

如果你是牛郎，我就是织女！

如果你是老虎，我就是武松！

乍一看，这两例没有什么不同，然而，前一例不能说成“如果你是牛郎，我却是织女”，而后一例却可以说成“如果你是老虎，我却是武松”。可见，“如果”假设句有的不能进入转折词“却”，有的可以进入转折词“却”。那么，什么样的“如果”假设句可以进入转折词“却”呢？教学中，可以引导学生把语表形式和语里意义结合起来进行验证。验证的过程大体上是：

“如果”假设句

/ \

“如果说”假设句（+） 一般“如果”假设句（－） ………… 1

/ \

比较（+） 解注（－） ………………………………………………… 2

/ \

逆比（+） 顺比（－） ………………………………………………… 3

/ \

对立（+） 差异（+） ………………………………………………… 4

第 1 步观察到：“如果说……那么……”的假设句中可以进入“却”。（有的只用“如果”，但可以加上“说”。）第 2 步观察到：只有表示比较的“如果说”假设句才能进入“却”。第 3 步观察到：只有表示逆比的“如果说”假设句才能进入“却”。第 4 步观察到：在表示逆比的“如果说”假设句中，不管是对立性的还是差异性的，都可以进入“却”。总之，通过验证，找出了“却”进入假设句的一个方面的条件。

值得注意的是，除了“如果说 p，那么 q”，假设句式还有一种特殊的模态，这就是“如果 p，为什么 q”。后项一旦出现“为什么”之类，就有可能进入“却”，说成“如果 p，却为什么 q”或者“如果 p，为什么却 q”等。比如：

（40）如果他真是留苏学生，为什么却一句俄语也不会说？

（41）若想武林中知道他的厉害，却为什么又要装死呢？（金庸《天龙八部》第三十三）

（42）倘若真是我杀的，却何必不认？（金庸《笑傲江湖》854 页）

这样的说法，跟“既然 p，却为什么 q”或“既然 p，为什么却 q”有相似之处。“为什么 q”多用来反证，使作为假设根据的 p 令人怀疑。可参看第四编第五章“‘却’字和‘既然 p，就 q’句式”。

笔者以为，由于受到教学时间、研究水平、学生接受能力等方面的限制，教学中不可能每一个问题都讲得很深很透。但是，不管怎样，根据具体情况讲清一两个问题，以点带面，致力于提高学生的思辨能力，教学效果会更好一些。

本章小结

本章从常规和异合、语表和语里、语表和语值、研究和教学四个侧面，对转折句式作了综合性的论说。

转折句式和跟转折有关的种种问题，不是一两个章节的文字能够讲清楚的，也不是短期内所能全部回答的。到目前为止，笔者对许多问题仍然感到困惑。

比方，以常规形式来说，“……但……”和“……却……”在句式的构造和句意的表达上到底有什么不同？到底能归纳出多少有关的规律？

又比方，以异合形式来说，“无论……都……”在特定条件下可以进入“但/却”，然而，“但/却”和“都”的隐现情况有没有规律可循？各种“无论……都……”句式对“但”和“却”有没有不同的反应？

再比方，以语值来说，考察种种转折句式的语用价值有什么样的原则？规律性的东西何在？

诸如此类的问题还很多。所有这些问题，必须通过长期而深入细致的专题研究，并且必须通过众多学者的共同努力，才有可能得到解决。

第五编　复句问题面面观

第一章　复句格式对复句语义关系的反制约

复句格式，指凭借特定关系词语构成的有标复句句式；语义关系，指由复句格式所标明的语义关系。比如“因为……所以……”和“虽然……但是……”是复句格式，因果、逆转是它们所标明的语义关系。

复句语义关系具有二重性：既反映客观实际，又反映主观视点。客观实际和主观视点有时重合，有时则不完全等同，而不管二者是否等同，在对复句格式的选用中，起主导作用的是主观视点。

应该看到，复句格式为复句语义关系所制约，包括受到主观视点的直接制约和客观实际的间接制约；但是，还应该看到，复句格式一旦形成，就会对复句语义关系进行反制约，格式所标明的语义关系中就直接反映了格式选用者的主观视点。

本章主要列举主观视点和客观实际不完全等同的种种现象，说明格式对关系的反制约作用和一些突出表现，评说复句格式和复句语义关系二者之间的联系。

本章例句出处的注明，跟全书的体例略有不同。这是因为，本章的前身曾在《中国语文》上发表，当时为了节省篇幅，删去了具体出处，现在已无法一一补全。

第一节　虚和实

现代汉语的复句句式，有的是典型的虚拟句式，有的是典型的据实句式。虚拟或据实，主要看前分句。比如“即使 p，（但）也 q”和“虽然 p，但（也）q”，pq 之间都有逆转关系，但前者是虚拟性逆转，后者是据实性逆转。又如“如果 p，就 q”和“既然 p，就 q”，pq 之间都有推论关系，但前者是虚拟性推论，后者是据实性推论。如果联系客观实际来观察句式上标明的虚和实，我们可以发现，有的时候客观实际跟句式上所标明的虚和实并不完全一致。

一、在虚拟句式中，p 主观上虚拟为真，客观上不一定非真

例证一：“即使 p，也 q”句式。

第四编里专题讨论过“即使”实言句。这项专题研究表明：在大多数情况下，“即使”后边的 p 确实是假设，即主观上虚拟为真，客观上实际非真。比如：“即使把他碎尸万段，也解不了我心里的愤恨。”实际上并未把他碎尸万段。然而，有的时候，p 却是实际上已经发生的事实。比如：

(1) 那些日子即使常常挨批判，我也没有对生活失掉过信心。

去掉“即使”，意思未变：“那些日子常常挨批判，我也没有对生活失掉过信心。”相当于：“那些日子虽然常常挨批判，我也没有对生活失掉过信心。”再看几例：

(2) 聊到兴头，福生解了棉袄，只穿了一件高领毛衣……即使隔着毛衣，也可以看出，他的胸肌和臂肌都很发达。（南翔、丽霞《四个放飞的女人》）

(3) 这或许能证明，白娘娘和雷峰塔的较量，关系着中国精神文化的决裂和更新？为此，即使明智如鲁迅，也愿意在一个传说故事的象征意义上深深沉浸。（余秋雨《西湖梦》）

(4) 在国内时，即使她有那么几个好朋友，也常常是觉得孤独寂寞，觉得自己和别人格格不入，生活在不同的世界里。（百合《哭泣的色彩》）

(5) 直至如今，我仍然认为，即使我失去了这美好的一切；即使我只能在忐忑不安中跋涉草原，去找寻往昔的姑娘，而且明知她已不复属我；即使我知道自己无非是在倔强地决心找到她，

而找到她也只能重温那可怕的痛苦——我仍然认为，我是个幸福的人。(张承志《黑骏马》)

这些例子里，“即使”都可以换成“虽然”而意思不变，它后边的p都是事实。“即使”起着化实为虚的作用，反映了说话人以实当虚的主观视点。显然，这些例子里的虚拟性让步转折关系，是由“即使……也……”的格式所赋予的，或者说，是由这一特定格式所规定的。

“纵然”“就是”等跟“即使”相通，它们后边的p有时在实际上也是事实：

(6) 纵然他不是那么强壮有力，但就因为他是男人，他得独自去为她抵挡外面的一切。(百合《哭泣的色彩》)

(7) 这老爷子的脾气很古怪，就是到了这步田地，也依旧自说自话，绝对不愿意别人违拗了自己的意思。(苏叔阳《故土》)

例证二：“只要p，就q”句式。

“只要”也是标示虚拟的关系词。它虚拟p作为实现某种结果的特定条件。一般地说，“只要”后边的p是假设，但有时却是事实。比较：

只要你说出是谁，我就不再追究！

请坐请坐，只要你来了，我就不着急了！

前一例“你说出是谁”是假设，后一例“你来了”是已然事实。

“只要”后边的p是假设还是事实，往往需要根据特定的语境来确定。比如，同是“只要他表示同意，事情就好办了”：

[A组]

甲：他同意吗？

乙：他还没表态。

甲：唉，只要他表示同意，事情就好办了！

[B组]

甲：他同意吗？

乙：他同意。

甲：好，只要他表示同意，事情就好办了！

A组里“他表示同意”是假设，B组里“他表示同意”是事实。可见，作为条件推断句，“只要他表示同意，事情就好办了”的共性是“只要……就……”格式所赋予的。特别是B组里的虚拟性条件推断关系，完全取决于“只要……就……”格式的规约。如果不用“只要”，或者把“只要”改为“既然”，关系中的虚拟性就会消失，就会改变成别的关系。下边是几个实际用例：

(8) 他想，这索尼年纪虽老，只要有他在，鳌拜便张狂不起来。(二月河《康熙大帝》第6回)

(9) 她知道只要她活着，就得面对这一切，无处可逃，也无处告别。(陈染《无处告别》)

(10) 虎妞说得出来，就行得出来；不依着她的道儿走，她真会老跟着他闹哄；只要他在北平，她就会找得着！(老舍《骆驼祥子》)

(11) 他……是不懂姑娘的心，还是巧妙的拒绝？拒绝吧，一千次，一万次，只要你活着，只要你还没结婚，我就要用爱心拥抱你，用爱情的火焰熔化你。(苏叔阳《故土》)

从语境可知，说话人明知p是事实。加上“只要”，是借用虚拟句式以实当虚，达到突出强调所说条件的目的[①]。

例证三：“如果p，就q”句式。

这是最典型的虚拟句式。然而，即使是这种虚拟句式，句式上所标明的虚跟客观实际的虚也没有绝对的必然的联系。从以下三点可以得到证明。

第一，承实推断。

甲：他去吗？

乙：他不去。

甲：哎呀，如果他不去，事情就不好办了！

单看“如果他不去，事情就不好办了”，会以为是虚拟，这是因为关系的虚拟性已为“如果……就……”格式所规定。然而，从上例的语境可知，“他不去”却是事实，前边也可以用“既然”。

第二，假言对照。

在“如果……就……”中对照两种事实，以p证q。句式规定pq之间的假设与结论的关系，事实上它们之间并不存在这种关系。“如果”后边常带“说”字。例如：

(12) 如果说进到天山这里还像是秋天，那么再往里走就像是春天了。(高中《语文》第二册)

(13) 如果说瞿塘峡像一道闸门，那么巫峡简直像江上一条迂回曲折的画廊。(刘白羽《长江三峡》)

偶尔也有只出现“如果”，实际上等于说“如果说”的。比如第四编第六章“‘却’字和‘如果说p，那么q’句式”中提到的这个例子：

(14) 对于一个知识分子来说，如果字如其人，那么书房也如其人。(德兰《求》)

第三，假言铺垫。

有的“如果p，就q”句式是借假设分句来诱发结果分句，以便落实说话人的某种结论。假设分句是铺垫的东西，或者有提醒作用，或者有诱导作用。例如：

(15) 如果我没有认错的话，您就是著名记者陆琴方同志。(张笑天《公开的“内参”》)

(16) 书记假如不健忘，应当记得两年前他上电大引起的一场风波。(张抗抗《在丘陵和湖畔，有一个人……》)

这两例用“如果”，重在给对方提个醒。前一例等于说“我想我没认错，您就是……”，后一例等于说“我想书记不会健忘，他应当记得……”。原句的假设与结论的关系，为“如果……就……”之类格式所决定。又如：

(17) 如果单从头三句及“青旗沽酒”句看，这首词的情调好像是很愉快的。(高中《语文》第五册)

这一例用“如果”，重在诱导学生思考问题。“如果”可以不用：“单从头三句及‘青旗沽酒’句看，这首词的情调好像是很愉快的。”原句的假设与结论的关系，同样为“如果……（就）……”之类格式所决定。

二、在据实句式中，p主观上实言为真，客观上不一定确真

例证一："既然p，就q"句式。

"既然"具有对事实的规定性。有的p，孤立地看，不一定是实，但一旦进入"既然……"的框架，便被容认为实。试观察以下两种现象：

第一，估测性推断。

推断之所据，是带主观色彩的估测，跟客观事实不能画等号。比如：

[A组]

甲：你去做做他的工作，好不好？

乙：我猜想，他对这类事物可能兴趣不大。

甲：好吧，既然他未必肯去，我们就别邀请他了。

[B组]

甲：我看今天是不行了。

乙：要是明天有可能呢？

甲：既然明天有可能，我们就再等一天吧！

推断的根据仅仅来自主观的估测，实际上具有假设性。以B来说，乙用"要是"，甲也可以用"要是"。但甲选用"既然"，这是通过据实句式来表明在主观视点上已经以虚当实。再看一例：

(18) 保长肯定受了许长生的贿……既然这样，他决不会肯卸面子。(陆涛声《庆生伢的财运》)

"这样"指"保长肯定受了许长生的贿"，这只是一种估测。不用"如果"，而用"既然"，这就化虚为实了。

第二，质疑性推断。

姑且容认某个说法、某种情况为事实，通过推论对其真实性表示怀疑甚至否定。例如：

(19) 我常常自问：既然爸爸是"坏蛋"，那么，什么样的人才是好人呢？

(20) 我惊愕地望着她：既然这几年她真的有了属于她的新星座，她为什么不拒绝调来这个农场呢？

这两例的据实性也是句式所规定的。如果改用假设句式，据实性就会消失：

（21）我常常自问：如果爸爸是“坏蛋”，那么，什么样的人才是好人呢？

（22）我惊愕地望着她：如果这几年她真的有了属于她的新星座，她为什么不拒绝调来这个农场呢？

例证二：“虽然 p，但 q”句式。

这是典型的据实句式。它“先承认甲之为事实，接下去说乙事不因甲事而不成立”[2]。但是，实际上，p 有时带有或然性。一种带有或然性的情况，是表述为“虚”还是表述为“实”，特定句式的规约性起着关键的作用。比较：

［A 组］

甲：我的建议会怎么样？

乙：有可能遭到否决。

甲：即使有可能遭到否决，我还是要提出来。

［B 组］

甲：我的建议会怎么样？

乙：有可能遭到否决。

甲：虽然有可能遭到否决，我还是要提出来。

带或然性的“有可能遭到否决”，若进入“即使……”的格式框架，是被作为虚拟的情况来强调；但一进入“虽然……”的格式框架，便被规约为事实，表明说话人的视点已把“有可能”本身当成事实，这样，“或然”便被转化成了“实然”。

第二节　顺和逆

现代汉语的复句句式，从前后分句之间的关系看，有的表示逆转关系，有的不表示逆转关系。本章管前一类叫逆转句式，管后一类叫顺列句式。比如“虽然 p，但 q”“即使 p，也 q”等是逆转句式，“既然

p，就 q”“既 p，又 q”等是顺列句式。如果联系客观实际的顺和逆来观察，也可以发现，有的时候客观实际跟句式上所标明的顺和逆并不完全一致。

一、在顺列句式中，pq 间主观上表述为顺，客观上未必全顺

例证一：并列句式中隐含逆转。

一面挥着手巾，一面高声呼喊。

一面笑脸相迎，一面暗暗诅咒。

“一面 p，一面 q”是典型的并列句式。前一例，句式上标示为并列关系，实际上也是典型的并列关系。后一例，句式上标示为并列关系，实际上却还隐含着逆转关系。后一例可改用逆转句式，可以加上“但/却”之类的关系词。

上面已有好些个章节从不同角度表明：差不多各类并列句式都有类似的情况。说话人采用并列句式，是由于表述时特别看重两种情况的并存，而不想强调出两种情况之间的逆转关系。例如“又 p，又 q”：

(23) 又想买首饰，又声明没有钱，这是什么意思？（蒋子龙《子午流注》）

(24) 崔贤对张希亮是七分提防，三分敬重。又靠这座山，又躲着山上的荆棘。（王中才《龙凤砚》）

例如“既 p，又 q”：

(25) 我很矛盾，既想与她结婚，又怕与她结婚。（刘建农《妻很美》）

(26) 李平阶走后，刘彩芝的心里一直不踏实。她既盼望丈夫早点回来，又害怕丈夫回来。（田柯《宝云雕母》）

例如“既 p，也 q”：

(27) 我既不想赞美这种近乎荒唐的姻缘，也不愿在此时此刻用激烈的言词破坏她的心境。（王恒信《少女三岔路》）

(28) 美国既可以说好客，也可以说不好客，它既不欢迎人来，也不反对人来。（钟道新《超导》）

例证二：递进句式中隐含逆转。

他不但能够把你捧上去，而且能够让你任要职。

他不但能够把你捧上去，而且能够把你拉下来。

“不但p，而且q”是典型的递进句式。前一例，句式上标示为递进关系，实际上也是典型的递进关系。后一例，句式上标示为递进关系，实际上却还隐含着逆转关系。后一例的pq关系，若换个表述方法：“他能够把你捧上去，但又能够把你拉下来。”这就成为逆转句。再看下面这个例子：

(29) 小白同志，你看我这个团中央书记处书记，不但做促进工作，还做你的“促退”工作。(从维熙《黄金岁月》)

上例前后分句实际上隐含着逆转关系：“我的职责是做促进工作，现在却做你的‘促退’工作。”｜“我做大家的促进工作，却做你的‘促退’工作。”说话人选用“不但……还……”的格式，是想幽默地强调出工作范围的扩大，而不想强调出pq之间的逆转关系。

例证三：假设推断句式中隐含逆转。

如果你是关云长，我就是张翼德！

如果你是白骨精，我就是孙悟空！

“如果p，就q”用来标示假设与推断之间的关系。一般地说，其pq关系实际上是相承的，而不是相逆的。但是，如果利用“如果……就……”格式来造成假言对照，对照的pq之间实际上存在两种情况：有的是一般的并列关系，有的却具有逆转性。这两例，去掉“如果……就……”，“你是关云长，我是张翼德”是一般的并列关系；“你是白骨精，我是孙悟空”却隐含逆转关系，可以说成：“你是白骨精，我却是孙悟空！”再看这个例子：

(30) 如果说《新星》主要还是一部传统现实主义作品的话，那么《夜与昼》已经吸收了当代文学的最新成果，把“现实主义”现代化了。(徐明旭《〈新星〉〈夜与昼〉的政治、文化价值》)

上例的假设推断关系是由“如果说……的话，那么……”这一句式所赋予的。pq之间，实际上隐含着逆转关系，可以采用逆转句式来表达：

(31)《新星》主要还是一部传统现实主义作品,《夜与昼》却已经吸收了当代文学最新成果,把"现实主义"现代化了。

二、在逆转句式中,pq间主观上确认为逆,客观上未必全逆

例证一:逆转句式中隐含并列。

她比根林聪明,根林却比她成熟。

她比根林聪明,根林比她成熟。

前一例采用逆转句式,但如果抽掉逆转标志"却",成为后一例,pq之间的关系便可以理解为并列。

并列项之间具有一定的相互对待的差异性。由于说话人表述时特别看重这种差异性,于是才采用逆转句式来加以强调。下边是两个实际用例:

(32)两个年轻女子站在一起,执着手,一个如出水芙蓉,一个却艳如桃花,引得路人不时侧目而视。(殷慧芬、楼耀福《亚韵》)

(33)我虽是君,他可是师,师道尊严,你道朕连这个都不知么?(二月河《康熙大帝》第9回)

去掉例子中的逆转标志,剩下"一个如出水芙蓉,一个艳如桃花","我是君,他是师",前后项既是并存的,又是相对待的。说话人采用逆转句式,强调其相对待的一面,是主观视点在起作用。

例证二:逆转句式中隐含递进。

这孩子智力超人,但却谦虚谨慎。

这孩子不仅智力超人,而且谦虚谨慎。

前一例用逆转句式,但若去掉逆转标志"但却",添上递进标志"不仅……而且……",便成为后一例,即递进句式。

采用逆转句式,是表述者着眼于pq的对立性;采用递进句式,是表述者着眼于pq的并存性和级层性。这就是说,pq之间的关系,从客观实际看,并非同逆转句式存在着必然的联系,并非一定得用逆转句式来表述才行。再举两例:

(34)洪承畴……虽然立了极大功劳,却一向小心翼翼。(二月河《康熙大帝》第30回)

(35) 他摇了摇头，心中疑窦丛生，却又百思不得其解。(二月河《康熙大帝》第29回)

这两例都可以改用递进句式："立了极大功劳，而且一向小心翼翼"，"心中疑窦丛生，而且百思不得其解"。

例证三：逆转句式中隐含因果。

前面就是丁家桥，可是不能认为万事大吉了。

前面就是丁家桥，因此不能认为万事大吉了。

前一例用逆转句式，后一例用因果句式。这表明，p与q在句式上可以反映为逆转关系，也可以反映为因果关系。这也表明，从客观实际看，p与q的关系是顺逆不定的。究竟选用逆转句式还是选用因果句式，决定于说话人的认识、心态和受认识与心态所影响的视点。前一例用逆转句式，是因为说话人心理上偏向于对丁家桥具有安全感，因而强调还不能掉以轻心；后一例用因果句式，是因为说话人心理上偏向于对丁家桥具有危险感，因而强调还必须加倍警惕。再比较：

(36) 得屋虽是兄长，却远不如艳春凶蛮……(池莉《你是一条河》)

(37) 得屋是兄长，因此远不如艳春凶蛮……

这两例句式不同，反映的心态和视点也不同。用"虽……却……"，是在说话人看来，既然是兄长，本来就要比弟妹们凶蛮些；去掉"虽……却……"，换用"因此"，是在说话人看来，既然是兄长，本来就该比弟妹们识大体一些。再比较：

(38) 当晚在工厂旁的小镇上歇了。老板问他们来不来点"特别"节目。刘虎自然晓得特别节目是什么，但他回绝了。并不是他们道德高尚，而是有巨款在身，不敢有误。(彭见明《商海横流》)

(39) 当晚在工厂旁的小镇上歇了。老板问他们来不来点"特别"节目。刘虎自然晓得特别节目是什么，因此他回绝了。并不是他们道德高尚，而是有巨款在身，不敢有误。

这两例句式不同，反映的心态和视点也不同：

(40) 刘虎自然晓得特别节目是什么，对他来说这种特别节目具有吸引力，但他回绝了。

(41) 刘虎自然晓得特别节目是什么，对他来说这种特别节目实在太危险，因此他回绝了。

把例（40）中加着重号词语删除，就成为例（38）；把例（41）中加着重号词语删除，就成为例（39）。可见，例（38）用逆转句式，是在表述者看来，“他”内心倾向于为特别节目所吸引；例（39）用因果句式，是在表述者看来，“他”内心倾向于对特别节目有抵制。

第三节 概观

上面从虚实、顺逆两个角度所作的描写，反映了复句格式所规约的关系跟客观存在的关系之间的微妙联系。如果对这种微妙联系作进一步的概括，还可以得到以下几点认识。

第一，客观实际“是A非B”，句式上“化A为B”。

虚拟句式的化实为虚，据实句式的化虚为实，都可以作这样的概括。

第二，客观实际“可A可B”，句式上“显A隐B”。

顺列句式的显顺隐逆，逆转句式的显逆隐顺，都可以作这样的概括。

这里，必须指出：句式上所显示的A和可能有的实际关系上所隐含的B，不一定全是一“顺”一“逆”。例如：

(42) 大量的青年医务人员，既缺乏必要的业务知识，又常常没事可做，终日闲散……（苏叔阳《故土》）

去掉“既……又……”，剩下“大量的青年医务人员，缺乏必要的业务知识，常常没事可做……”，可以理解为因果关系，可以添加“由于……因而……”。这就是说，“缺乏必要的业务知识”和“常常没事可做”，从客观实际看，可以认为是并存的两种情况，也可以认为具有因果关系。表述者采用“既……又……”，这是显并列，隐因果。“并列”和“因果”都是非逆转的。

(43) 周老掌门胸襟豁达，而且对门户之见看得很开脱，他极力主张原谅慕容青烟。(《卧龙记》第6回)

去掉“而且”，剩下“周老掌门胸襟豁达，对门户之见看得很开脱……”，可以理解为因果关系，可以添加“因此”。这就是说，“胸襟豁达”和“对门户之见看得很开脱”，从客观实际看，可以认为具有级层性，也可以认为具有因果关系。表述者采用“……而且……”，这是显递进，隐因果。“递进”和“因果”也是非逆转的。

第三，客观实际“可A可B”，句式上“既A又B”。

这是在讨论虚实、顺逆问题的基础上需要进一步述说的一种情况。一般复句句式只标示一种关系，所反映的主观视点都是“单视点”。不管是句式上的“化A为B”还是“显A隐B”，都表明说话人在标示关系时有所抉择。但是，有的时候，句式上却可以“标志复现”，即AB并现，“关系共示”，同时标示出两种关系。这时，复句的语义关系为复句句式的异合形式所规约，反映了说话人的“双视点”。有关事实，前面好些个章节已有论及，这里再分两个方面作综合性说明。

一、跨大类标志复现

跨大类标志复现，指标志所标明的关系跨属并列类和转折类，因果类和转折类，或者因果类和并列类。比如：

[A组] 并列类+转折类

(44) 爸爸使用了否决权。既可以击溃嚣张的邪恶，但也时时扼杀了正义和真理。(王恒信《少女三岔路》)

(45) 人们一边有高声的牢骚，低声的叹息，却也一边埋头向前。(苏叔阳《故土》)

前一例，“既……也……”标示并列关系，“但”标示转折关系；后一例，“一边……一边……”标示并列关系，“却”标示转折关系。

[B组] 因果类+转折类

(46) 既然不是活他自己的命，为什么却叫活命费？(《卧龙记》第32回)

(47) 假如这张脸上曾有过一些美的东西的话，今天却已经荡

然无存了。(周梅林《小镇》)

前一例,“既然”标示推断性因果关系,“却”标示转折关系;“假使”标示假设性因果关系,“却”标示转折关系。

[C组] 因果类+并列类

(48) 只有自己首先不动摇,然后才能帮助动摇的人,克服人家的不动摇。(刘少奇《论党内斗争》)

(49) 我们首先要自己坚定信心,然后才能教育和团结群众提高信心。(邓小平《贯彻调整方针,保证安定团结》,《邓小平文选》第二卷,人民出版社1994年版369页)

这两例,“只有……才(能)……”和“要……才(能)……”标示条件性因果关系,“首先……然后……”标示属于并列类的连贯关系。

“p,否则q”是假转句式,属于转折类复句。这一句式里若出现“要么”“因为”“除非”之类,也便形成“标志复现”的现象:

①“要么p,否则q”——“要么”标示属于并列类的选择关系,“否则”标示逆转。

②“因为p,否则q”——“因为”标示因果关系,“否则”标示逆转。

③“除非p,否则q”——“除非”标示属于因果类的条件关系,“否则”标示逆转。

有关事实,参看第四编第二章“‘p,否则q’句式”。

二、跨小类标志复现

跨小类标志复现,指标志所标明的关系在因果类内部、并列类内部或者转折类内部的小类之间有所跨属。比如:

[A组] 假设+因果

(50) 如果不是因为王炮,如花似玉的刘玉婉绝对不会落入学军的虎狼之口的。(罗望子《早搏》)

(51) 也许要不是因为他当着这个市的市长,眼前的这些人说不定早离开这里了。(张平《抉择》)

这两例，“如果（不是）/要（不是）”标示假设，“因为”标示因果。说明性因果关系和假设性因果关系都是因果类关系。

[B组] 并列＋递进

(52) 这样，既能有些事作，而且可以表现出自己的厉害。(老舍《骆驼祥子》)

(53) 我们既不应当因为出了点错误便偃旗息鼓，悲观泄气，更不应当因为有了错误就否定改革。(初中《语文》第四册)

这两例，“既”标示并列，“而且/更”标示递进。并列关系和递进关系都是并列类关系。

[C组] 让步＋转折

(54) 无论历史的脚步走得多么迟缓艰难，可它终究还是前进着。(吴基民《爱的祭奠》)

(55) 国家关系即使不能够正常化，但是可以交往，(如做生意呀，搞技术合作呀，甚至于合资经营呀，技术改造呀，一百五十六个项目的技术改造，他们可以出力嘛。)(邓小平《军队要服从整个国家建设大局》，《邓小平文选》第三卷，人民出版社1993年版99页)

这两例，“无论”和“即使”分别标示无条件让步和虚拟性让步，“可”和“但是”标示转折。让步关系和转折关系都是转折类关系。

跨小类的标志复现形式，进一步使各种复句句式产生了相互套合、彼此渗透的错综现象。这样，就使汉语复句句法越发显得丰富而灵活。

本章小结

复句格式和复句语义关系二者之间的联系，可以从制约和反制约两个不同的走向来评说。

就制约的走向说：复句格式反映复句语义关系，制约于复句语义关系。

在具有二重性的复句语义关系里，客观实际是基础，提供构成语义关系的素材，主观视点是指针，决定对语义关系的抉择。对于复句格式的形成来说，主观视点是第一位的起主导作用的东西，而客观实际则是第二位的被主观视点所牵引的东西。不这么理解，无法解释这样的事实：当说话人决定采取“即使 p，也 q”虚拟句式的时候，他已不管 p 在实际上是否真虚，纵然并非真虚，他也可以凭主观视点化实为虚；相反，当说话人决定采取“既然 p，就 q”据实句式的时候，他已不管 p 在实际上是否已成事实，哪怕只有可能性，他也可以凭主观视点化虚为实。可以认为，主观视点直接决定复句格式，客观实际通过主观视点影响复句格式，反过来说，复句格式直接反映主观视点，间接反映客观实际。

就反制约的走向说：复句格式标明复句语义关系，反制约于复句语义关系。

作为复句格式反映的对象，复句语义关系具有多可性。从客观实际看，甲乙两种事物之间可以只有一种关系，也可能存在多种关系；从主观视点看，对甲乙两事物间关系的观察，可以有时视点在虚，有时视点在实，有时视点在顺，有时视点在逆，有时视点在此，有时视点在彼。然而，不管怎样，复句格式一旦形成，它就明确地限定了它所标明的关系。换句话说，说话人采取哪一个视点，通过视点反映出事物间的哪一种关系，都被特定格式确定了下来，标明了出来。如果说，复句格式形成之前，关系可以是游移不定的，那么，复句格式形成之后，关系便是被框定了的。面对某一复句格式，人们只注意到作为格式框架的标志，并由标志判断框架所框内容的关系。比如看到一个“即使 p，也 q”的句子，人们只凭“即使……也……”断定为虚拟句，至于 p 与 q 之间实际上的虚实联系，除非是语法学家和特殊的爱好者，是不会深入查究的。

附注

①换个语境，上述各例中的 p 便是虚拟的，即句式上标示为虚，实际上也是虚。如例（8）说成：“如果索尼还在，就好了。只要……”

②吕叔湘：《中国文法要略》，商务印书馆 1956 年版合订本，第 436 页。

第二章　跨复句大类的几个关系标志

某些关系标志，所表示的关系是跨复句大类的。本章分六个部分进行描述：①“一……就……”；②“万一……（就/也）……”；③“……于是……”；④“……从而……”；⑤“……就/又/才/也/还……”；⑥“……而……”（附“……那么……”）。

第一节　“一……就……”

“一……就……”也说“一……便……”。所表示的关系，跨并列类和因果类两个类别。

一、“一……就……”表示连贯

“一……就……”有时是连贯句式，属于并列类复句。有两种情况。

第一，前分句表示一个行为活动，后分句表示紧接着出现的另一个行为活动。例如：

（1）一进门，他就看见了陈天寿。（肖马《钢锉将军》，《当代》1983年第3期164页）

（2）今早，岩木戛一出寨子，岩龙就跟上他了。（张昆华《天鹅》，《萌芽》增刊1983年第3期147页）

这类连贯句有以下几个特点：

①分句与分句之间只有单纯的先后关系，同时，前后分句所表示的行为活动都是确指性的和一次性的。如前一例，“进门”和“看见了陈天寿”都确指在特定时间、特定场合发生的特定动作，反映只出现

了一次的事实，两个动作之间只有单纯的先后关系。后一例也一样。

②“一”字前边可以加个“刚”字，也可以干脆以“刚”换“一”。如前一例可以说成“刚一进门，他就……”，也可以说成“刚进门，他就……”。又如：

（3）刚一拐弯，便见到两座高山，好像要紧紧地偎依在一起似的，把小道夹在中间。（初中《语文》第一册）

（4）王起刚擦完脸，就感到鼻孔里一热，不好，又流鼻血了。（赵安平《我一定要活下去》，《健康时报》2000年2月3日）

③“一”字前边有时可以加上介词“从/自从”，“一……”的后边还可以加上跟介词“从”“自从”相呼应的“起”，成为“从一……（起）就……”的格式。这时，“一……”被包含在“从……（起）”之中，整个句子变成了单句，但语义上动作先后连贯的关系却还是明显的。例如：

（5）自从一到城里来，他就是“祥子”，仿佛根本没有个姓……（老舍《骆驼祥子》）

（6）自从一拉车，便相信车是一切，敢情……（老舍《骆驼祥子》）

第二，前分句表示行为活动，后分句表示跟行为活动相关的情况变化。例如：

（7）一晃，就过去了八年……（王蒙《哦，穆罕默德·阿麦德》，《小说选刊》1983年第8期14页）

（8）（这个方案）在陆沉浮抽屉一放，就是一两个月。（张晓明《青山遮不住》，《清明》1983年第3期134页）

（9）到酒馆一坐，就花掉了十多块！（像话吗？）

这类连贯句有以下特点：

①所说的事情也是确指性和一次性的，但前后分句分别表示行为活动和跟行为活动相连带的某种变化，后分句不一定包含表示行为活动的动词，如例（8）的后分句只说“就是一两个月”。

②“一”不能换成“刚”，也不能说成“刚一”。整个“一……

就……”强调变化急剧惊人，有夸张性。

二、“一……就……”表示条件

“一……就……”有时是条件句式，相当于“只要……就……”，属于因果类复句。例如：

(10) 当然，一谈到这方面，就会遇到许多困难。（邓小平《关于科学和教育工作的几点意见》，《邓小平文选（一九七五——一九八二年）》，人民出版社 1983 年版 53 页）

(11) 往年，在人民广场一开群众大会，公安局就要宣布断绝交通。（张贤亮《男人的风格》，《小说家》1983 年第 3 期 157 页）

(12) 国营工厂，从外面一看，就能看出它们那副冷漠自负的模样。（张贤亮《男人的风格》，《小说家》1983 年第 3 期 152 页）

这类复句有以下的特点：

①分句与分句之间除了有先后关系之外，还有假设性条件关系，各分句所表示的行为活动都是非确指性的和非一次性的。如例（11），“在人民广场开群众大会”是“公安局宣布断绝交通”的假设性条件，“在人民广场开群众大会”和“公安局宣布断绝交通”都不确指某一个时间发生的某一次行为活动。

②“就”后面常出现“会”“要”“能”等助动词。如上面的例子是“一……就会……”“一……就要……”“一……就能……”。有时不用“会”“要”“能”之类，但可以添加上去。例如：

(13) 这是他的特点，一不顺心，就觉得耳朵里痒痒。（宋家玲《危险的脑疝》，《当代》1983 年第 3 期 164 页）

(14) 我刚当兵的时候，一听说要打仗，就紧张得连觉也睡不着。（顾笑言《洪峰通过峡谷》，《花城》1983 年第 3 期 69 页）

前一例可以说成“一不顺心，就会觉得……”，后一例可以说成“一听说要打仗，就会紧张得……”。

③“一……就……”前边可添加“只要”。如例（10）可以说成“只要一谈到这方面，就会……”，例（11）可以说成“只要在人民广场一开群众大会，公安局就要……”。运用中这样的用例很常见。例如：

(15) 只要一抛弃大民族主义，就可以换得少数民族抛弃狭隘的民族主义。(邓小平《关于西南少数民族问题》，《邓小平文选》第一卷，人民出版社 1994 年版 163 页)

(16) 一些所谓民主斗士只要一拿到权力，他们之间就会打起来。(邓小平《中国永远不允许别国干涉内政》，《邓小平文选》第三卷，人民出版社 1993 年版 361 页)

(17) 只要一索回那笔款来，他就没有不放心的事了！(老舍《骆驼祥子》)

(18) 他的烟卷盒儿，只要一掏出来，便绕着圈儿递给大家。(老舍《骆驼祥子》)

假设性条件关系是同时着重假设和条件两个方面的一种条件。如果只需要强调假设关系，“一……就……”前边就可以不加“只要”，而用“如果”或“要是”。例如：

(19) 如果她这个在海南岛解放时出生的女儿一嫁人，老人的膝下就空虚了。(张贤亮《男人的风格》，《小说家》1983 年第 2 期 124 页)

三、“一……就……”表示因果

“一……就……”有时相当于“由于/因为……(所以)就……”，属于因果类复句。例如：

(20) 这么一研究，就发现天上可是热闹——到处有星的爆发，一颗星爆发像氢弹爆炸一样。(高中《语文》第二册)

(21) 这么一想，他(就)把车拉过去了。(老舍《骆驼祥子》)

这类复句有以下特点：

①在语义上，分句与分句之间除了有先后关系之外，还有明显的因果关系，前分句对后分句具有使成性。如前一例，“这么研究”是因，“发现……”是果，前者使后者成为事实；又如后一例，“这么想”是因，“把车拉过去了”是果。

②在形式上，“一……就……”前边用“这么”，“这么”前边可以

添加“由于”“因为”之类。如上面两例都是“这么一……就……”，可以说成“由于这么一研究，就……”，“因为这么一想，他就……”。“这么”指代上文所说的事，表示方式，代表成为原因的具体内容。

四、“一……就……”紧缩句

“一……就……”经常构成紧缩句，或者表示单纯的连贯关系，或者表示假设性条件关系。例如：

(22) 他们两个一见面就说到一块去了。(王蒙《哦，穆罕默德·阿麦德》，《小说选刊》1983年第8期10页)

(23) 我一工作就改了名，(叫张美华。)(陶正《女子们》，《当代》1983年第4期15页)

(24) (“铁统”练得一手好枪法，)一抬手就能打下扑扑楞楞飞着的斑鸠。(杨东明《当白雪遮盖山头的时候》，《小说家》1983年第2期5页)

(25) (自己的女儿有一股灵气，学什么，)一学就会。(宋家玲《危险的脑症》，《当代》1983年第3期148页)

前两例表示单纯的连贯关系，后两例表示假设性条件关系。

第二节　“万一……(就/也)……”

“万一……(就/也)……”所表示的关系，跨因果类和转折类两个类别。

一、“万一……(就)……”表示假设

“万一”有时相当于“如果”。“万一……(就)……”属于因果类复句。例如：

(26) 万一造成全厂断水，就要带来不敢想象的灾难！(蒋杏《写在雪地上的悼词》，《小说选刊》1983年第8期42页)

(27) 万一被他们察觉后传出去的话，那自己还有脸再进文化馆去登台演唱吗？(张英《她，怎么办?》，《长城》1982年第1期120页)

(28) 万一杜辉煌来了，是见还是不见?（张抗抗《在丘陵和湖畔，有一个人……》，《十月》1982年第1期67页）

为了强调分句间的假设性因果联系，“万一”和“如果”可以结合使用，或者说成“万一如果”，或者说成“如果万一”。例如：

(29) 万一如果考不好，那就麻烦了！（曹玉林《祠堂里的学校》，《当代》1982年第3期169页）

(30) 这个损失如果万一发生，电站的整个工程就将推迟三到四年。（顾笑言《洪峰通过峡谷》，《花城》1983年第3期48页）

“万一”和“要是”也常常结合使用，或者说成“万一要是”，或者说成“要是万一”。例如：

(31) 马俊友同志的母亲来了，万一要是问起我情况来，我该多尴尬呀！（从维熙《北国草》，《收获》1983年第4期184页）

(32) 要是万一你不幸，我跳江陪你一块去……（李国文《花园街5号》，《十月》1983年第4期102页）

二、“万一……（也）……”表示让步

“万一”有时相当于“即使”。“万一……（也）……”是让步句，属于转折类复句。例如：

(33) 再说万一变了天下，也一样干，和铁饭碗一样，破不了。（冯德英《迎春花》）

(34) 听从郭芙的主意，万一事发，师母须怪不到他。（金庸《神雕侠侣》）

为了强调分句间虚拟性的让步转折关系，“万一”和“即使”之类也可以结合使用。例如：

(35) 我还是那句话：骑马找马！即使万一出了问题，自己还能考一下。（王火《夜的悲歌》，《十月》1982年第4期132页）

(36) 我空手回去，即或万一有什么不幸，我一人承担。（梁信《赤壁之战》，《芙蓉》1983年第4期60页）

应该指出：“万一”的“即使”义往往不十分明显。如果不是跟“即使”配合使用的，或者不是在特定语境中可以明显地替换为“即使”的，都可以认为是相当于“如果”。

三、“万一……”和“万一”单用

在语流中，承接上文，“万一……”带上“呢”可以单独提问。“万一……呢”相当于“如果……呢”。例如：

(37)“……至于勇敢者，总会有的。”“万一没有呢？”（贺星寒《高空跳板》，《红岩》1983年第2期220页）

(38) 张大林一下子显得有些紧张：“不先打个电话吗？万一他去医院了呢？”（张晓明《青山遮不住》，《清明》1983年第3期147页）

“万一”还可以直接带上“呢”字单独提问。“万一呢”相当于“万一……呢”或“如果……呢”。例如：

(39)“所以我根本不担心这类问题。”“万一呢？”（赵丹涯《蓝天，也是属于你的》，《芙蓉》1983年第4期108页）

第三节　“……于是……”

“……于是……”所表示的关系，跨因果类和并列类两个类别。

一、“……于是……”表示因果

“……于是……”有时构成因果复句。“于是”表示分句与分句之间具有因果关系，既跟“所以”“因此”之类相通，同时又表明甲事与乙事先后相承，互相连贯。

这类因果句主要有两种情况：

第一，前分句表示感觉或心情，后分句表示由此而引发的结果。例如：

(40) 她觉得自己好像有必要去跟他说明一下情况，于是亲自去了一趟。（韦君宜《洗礼》，《小说月报》1982年第6期3页）

(41) 此时他的心被一种采取重大决策的冲动控制着，恨不得马上就找俞杰去，于是胡乱吞下早饭，把工具袋搭在肩上走了。（张凤洪《房管局长老焦头》，《长城》1982年第3期121页）

第二，前分句述说事实或者提出判断，后分句表示由此而引发的结果。例如：

（42）她已经吃过了，她的兄弟小元今晚宿在学校没有回来，于是，饭就省出来了……（叶文玲《心香》，《1980年全国优秀短篇小说评选获奖作品集》，上海文艺出版社1981年版554页）

（43）千猜不如亲眼看，于是他拔开脚匆忙挤进百货公司的大门。（谢璞《寻找》，《芙蓉》1982年第3期155页）

“于是”可以用在主语的后边。从这一点说，它更接近于“因此”。例如：

（44）这箭需要磨炼，我于是决心冲击那铁幕般笼罩着我的阴云，去觅寻我心目中依稀可见的一线光明。（向明《一曲遥寄》，《当代》1982年第4期107页）

有时，前分句可以出现“因为”或“既然”，构成“因为……于是……”因果句或“既然……于是……”推断句。在这种情况下，前后分句之间既明显地具有述说因果或推论因果的关系，又显得具有较强的连贯性。例如：

（45）他解除劳改以后，因为无家可归，于是被留在农场放马，成了一名放牧员。（张贤亮《灵与肉》，《1980年全国优秀短篇小说评选获奖作品集》，上海文艺出版社1981年版222页）

（46）近日，蒋顽因军事、经济、政治种种危机难以解脱，于是大造谣言，捏造所谓“中共地下斗争路线纲领”……（《周恩来选集》上卷270页）

（47）既然他们的事迹上了那满篇假话的报纸，于是，制造谎言的阴谋家们，就需要利用他们的真实来给新的谎言做幌子。（晓剑、严亭亭《世界》，《收获》1983年第2期69页）

二、“……于是……”表示连贯

“……于是……”有时构成连贯复句，属于并列类复句。“于是”只表示单纯的连贯关系，说明活动变化与活动变化的先后紧相衔接。例如：

(48) 她吃好饭，碗筷一推，就坐到摇袜机跟前去“喳喳”地摇起来，于是针筒下面就慢慢吐出红一截、蓝一截的袜统。(茹志鹃《她从那条路上来》，《收获》1982 年第 4 期 172 页)

(49) 后来，我妈妈在大部队的医院里碰到了我爸爸，于是他们结合了……(从维熙《北国草》，《收获》1983 年第 3 期 196 页)

(50) 过了那林，船便弯进了灵港，于是赵庄便真在眼前了。(鲁迅《社戏》)

表示单纯连贯关系的“于是”换成“接着”或“紧接着”十分自然。不过，同“接着”之类相比，“于是”又比较着重说明后一件事是紧紧接着前一件事而出现的结果。

第四节 “……从而……”

“……从而……”所表示的关系，跨因果类和并列类两个类别。

一、“……从而……”表示因果

“……从而……”有时是因果复句。“从而”表示某种结果在某种原因的基础上产生，可以说成“因而”。例如：

(51) 这往往使我们不能冷静地分析主客观方面的情况，从而违反客观世界发展的规律。(邓小平《改革是中国发展生产力的必由之路》，《邓小平文选》第三卷，人民出版社 1993 年版 140 页)

(52) 这些机械动作会把集中在某一点上的注意力和感情分散开去，从而对紧张的情绪起到一种缓冲的作用。(张洁《方舟》，《收获》1982 年第 2 期 20 页)

“……从而……”复句往往被包含在更大的复句里面，成为多重复句里的第二个部分。假设有 ABC 三个分句，就可能形成这样的格式：

(因为) A，(所以) B，从而 C。

(如果) A，(就) B，从而 C。

(只要) A，(就) B，从而 C。

从层次上说，A 和 BC 是第一层次，B 和 C 是第二层次；从关系上说，B是A的直接结果，C又是B的直接结果。例如：

（53）也许，这次她在迟大冰头上泼了一盆冷水，会使他头脑清醒一些，从而改弦易辙了呢！（从维熙《北国草》，《收获》1983年第3期203页）

（54）如果提升了张清林，必然要影响他们的情绪，从而影响工作……（曾德厚、木杉《有意无意之间》，《当代》1983年第1期27页）

（55）（这样笑过几回之后，在他的头脑中，便形成一种敏感，）一听到笑声，就以为别人在揶揄自己，从而更增加了他的自尊和孤独感。（吴雪恼《龙苟》，《芙蓉》1982年第3期30页）

前一例是“（因为）……（所以）……从而……”；中间一例是“如果……（就）……从而……”；后一例是“（只要）一……就……从而……”。

二、“……从而……”表示连贯

“……从而……”有时是连贯复句，属于并列类复句。“从而”所引出的分句，表示事物发展变化的终结，虽以前分句所说的事为基础，但不以前分句所说的事为原因，不能换成“因而”。例如：

（56）……从团结的愿望出发，经过批评或者斗争使矛盾得到解决，从而在新的基础上达到新的团结。（毛泽东《关于正确处理人民内部矛盾的问题》）

在实际语言运用中，单纯表示连贯关系的“……从而……”比较少见。

第五节 “……就/又/才/也/还……”

“……就……”“……又……”“……才……”“……也……”“……还……”所表示的关系，或者跨两个大类，或者跨三个大类。

“就”“又”“才”“也”“还”都能用于多种复句。它们起联结分句与分句的作用，但并不明显地跟特定关系发生固定的联系。有时，它们跟别的关系词语配合使用，特定的关系主要由别的关系词语来显示。如“如果……就……”和“既然……就……”，前者的假设关系和后者的推论关系主要分别由“如果”和“既然”来表示，“就”只是陪伴性的关系词。有时，它们在分句与分句之间单独使用。在这种情况下，要判定复句关系，必须具体分析前后分句之间的联系，并且看看能够添加或者替换成什么样的足以显示特定关系的词语。

一、“……就……”

这指的是分句间只用“就（便）”的复句。大体说，有下面几种关系：

第一，连贯。“就”可以换成“接着/然后”。例如：

（57）卢建坤胡乱地喝了，就进了堂屋。（金速《新月》，《当代》1983年第4期181页）

（58）雷磊第一个交了卷，就匆匆忙忙地走了。（范小青《毕业歌》，《小说月报》1983年第6期48页）

第二，因果。“就”可以换成“因此”。例如：

（59）妈妈手脚不便，无法照料儿子，就由父亲陪床。（赵安平《我一定要活下去》，《健康时报》2000年2月3日）

（60）也许是这种礼貌谦让、见义勇为的事太少了，太少见了，吴鸣就成了陶玉娜心目中的“英雄”，陶玉娜也就成了这位“英雄”可悲的崇拜者。（郑万隆《红叶，在山那边》，《小说月报》1983年第2期48页）

第三，推断。前分句可以添加“既然”。后分句不出现主语时，“就”可以换成“因此”；但如果出现主语，“就”不能换成“因此”。例如：

（61）事情已经过去了，就不要再提它了。（从维熙《北国草》，《收获》1983年第4期182页）

（62）好好好，侬有办法，侬就去变出钞票来！（高尔品《六层楼上人家》，《当代》1983年第4期135页）

第四，假设。前分句可以添加“如果”。例如：

(63) 从根本上说，没有党的领导，就没有现代中国的一切。(邓小平《目前的形势和任务》，《邓小平文选（一九七五——一九八二年）》，人民出版社 1983 年版 230 页）

(64) 我死了，就埋在八斗丘，行啵？（熊尚民《古老的紫铜锣》，《芙蓉》1983 年第 5 期 98 页）

第五，假设性条件。前分句可以添加“只要”。例如：

(65) 人活着，就有希望。（龙会吟《天边一钩弯弯月》，《芙蓉》1983 年第 5 期 177 页）

(66) 饿他三天，他就知道他姓什么了！（郑万隆《红叶，在山那边》，《小说月报》1983 年第 2 期 56 页）

二、“……又……”

这指的是分句间只用“又”的复句。大体说，有下面几种关系：

第一，连贯。“又”可以换成“接着/然后”。例如：

(67) 太太说完这个，又看了祥子一眼，不言语了，把四天的工钱给了他。(老舍《骆驼祥子》)

(68) 猫头跳上那个用几根木头钉起来的干木工活的台子，又从台子跳上荆华的后背。（张洁《方舟》，《收获》1982 年第 2 期 27 页）

“又”和“就（便）”配合使用，成为“……又……就……”“……就……又……” “……就又……”等格式，一般都表示连贯关系。例如：

[A 组]“……又……就……”

(69) 她喝完咖啡，又吃了块点心和一碟菠萝，就拿餐巾擦干净手指，跑出餐厅去了。(黄蓓佳《秋色宜人》，《收获》1983 年第 4 期 49 页）

(70) 驾驶员朝小老头挤挤眼，又摘下帽子挥了挥，便一溜烟地开走了。(陆星儿《达紫香悄悄地开了》，《收获》1983 年第 4 期 118 页）

[B组]“……就……又……”

(71) 他拉起兜风的背心，往脖子上擦了一把汗，就盖着肚皮，又往前走。(黄天明《爱的波涛》，《长江》1982 年第 3 期 27 页)

(72) 突然发现了他脸上有条被树枝划破的血印子，便连忙从怀中裹小孩的小被上撕下一条布来给他擦，又赶着给他拍打身上的土。(锦云、王毅《笨人王老大》，《1980 年全国优秀短篇小说评选获奖作品集》，上海文艺出版社 1981 年版 156 页)

[C组]“……就又……”

(73) 梁家夫妇站到房门边，对外看了一眼，就又要关上房门。(高尔品《六层楼上人家》，《当代》1983 年第 4 期 132 页)

(74) 刘玫看看樊清，见她没有制止的意思，便又摆出那副算命的架势，正儿八经地算起来。(范小青《毕业歌》，《小说月报》1983 年第 6 期 48 页)

第二，并列。前分句可以加“既”，说成“既……又……”。例如：

(75) 他是学哲学的，又是教哲学的。(宋学智《前面是太阳岛》，《萌芽》增刊 1983 年第 3 期 7 页)

(76) 他有技术，又有手腕，我们都是些扁石头，能滚过他的手心？(龙会吟《天边一钩弯弯月》，《芙蓉》1983 年第 5 期 172 页)

第三，转折。“又”的前边可以添加“但/却”之类。例如：

(77) 一九五八年大跃进时，高级社还不巩固，又普遍搞人民公社，结果六十年代初期不得不退回去……(邓小平《关于农村政策问题》，《邓小平文选(一九七五——一九八二年)》，人民出版社 1983 年版 276 页)

(78) 他早想除掉翁柯，又苦无借口。(王中才《龙凤砚》，《春风》1982 年第 1 期 133 页)

第四，因果。“又”的前边可以添加“因此”。例如：

(79) 他三天没出去买菜，可瞅同志们没盐没菜地咽炒面，心里难受得不行，又偷偷地跑开了。(郑义《远村》，《当代》1983 年

第 4 期 112 页）

（80）金銮山连着几年风调雨顺，家家又听到鸡鸭叫，吴椿小腿上的肉也变得紧绷绷的，再按不下窝窝了。（杨东明《当白雪遮盖山头的时候》，《小说家》1983 年第 2 期 15 页）

第五，推断。前面包含“既然如此”的意思，后分句常用反问。例如：

（81）蓉儿，你知道我的伤势不碍事，又何必担心？（金庸《神雕侠侣》）

（82）不错，咱俩原比祖师婆婆幸运，你又何必不快活？（金庸《神雕侠侣》）

三、“……才……”

这指的是分句间只用“才”的复句。大体说，有下面几种关系：

第一，连贯。大体相当于“这才”。例如：

（83）支好车子，谭谟才忽然记起这个功夫到朋友家串门，实在是来讨饭的。（薛勇《红灯和绿灯》，《长城》1982 年第 1 期 16 页）

（84）好容易熬到十六岁，解放军剿匪的队伍进了山，才把他收留下来，给土改队当通讯员……（龚笃清《蟠龙镇》，《芙蓉》1983 年第 5 期 75 页）

第二，条件。前分句可以调整成“只有……”或“除非……”。例如：

（85）多咱我拉上包月，才去住宅门！（老舍《骆驼祥子》）

（86）至少他得作到这个，才能像个男子汉。（老舍《骆驼祥子》）

第三，因果。前分句可以添加“因为”。例如：

（87）还不是我压住不办，才批判一通了事？（熊诚《“芙蓉”日记》，《小说选刊》1983 年第 8 期 34 页）

（88）病人幸被当地群众及时发现，才免遭冻死的厄运。（赵安平《这个狠心巡警是谁》，《健康时报》2000 年 2 月 3 日）

四、“……也……”

这指的是分句间只用“也”的复句。大体说，有下面几种关系：

第一，并列。例如：

(89) 松墙是绿的，梧桐树是绿的，雨是绿的，灯光也是绿的。(郑万隆《红灯黄灯绿灯》，《当代》1982年第3期73页)

(90) 听不见傣寨的狗咬，也看不见区委会的灯光。(张曼菱《有一个美丽的地方》，《当代》1982年第3期144页)

第二，转折。后分句前边可以添加“但是”“可是”之类。例如：

(91) 他听课，也不打招呼。(石云祥《在局长家里》，《青海湖》1983年第6期47页)

(92) (那年我爸爸专程从美国回来接我……) 说了几夜，我也不走。(张曼菱《有一个美丽的地方》，《当代》1982年第3期137页)

第三，虚拟性让步。前分句可以添加“即使”。例如：

(93) 再过二十年、三十年，我国生产力发展起来了，也不会两极分化。(邓小平《建设有中国特色的社会主义》，《邓小平文选》第三卷，人民出版社1993年版64页)

(94) (你父亲和后母身边无人，) 给他们带个好去，他们也高兴啊！(从维熙《北国草》，《收获》1983年第4期199页)

第四，无条件让步。前分句包含任指性疑问代词，可以添加“无论”或“不管”。例如：

(95) ……把我这算盘子扒到哪儿，我也没二话。(从维熙《北国草》，《收获》1983年第4期223页)

(96) (想试试车，) 怎么踩油门，也踩不着火儿…… (从维熙《北国草》，《收获》1983年第4期192页)

第五，因果。前分句可以添加“因为”，后分句可以添加“所以”。例如：

(97) (现在的经济工作，问题比五十年代又复杂得多。) 条件不同，面临的任务也不同。(邓小平《目前的形势和任务》，《邓小平文选（一九七五——一九八二年）》，人民出版社1983年版234页)

(98) 敌我之间和人民内部这两类矛盾的性质不同，解决的方法也不同。(毛泽东《关于正确处理人民内部矛盾的问题》)

第六，假设。前分句可以添加“如果”。例如：

(99) 咱们要不收，他连嘴都不敢张了……咱们收了东西，付了钱，他们也好张口了。(张贤亮《男人的风格》，《小说家》1983年第2期146页)

五、“……还……”

这指的是分句间只用“还”的复句。大体说，有下面几种关系：

第一，并列。例如：

(100) 临走前一天姐姐请全家人到外面吃饭，还请了张波。(万方《空镜子》，《小说月报》2000年第2期20页)

(101) 这里养了大量的鱼，有鲢鱼、青鱼、草鱼、麻牯莲子鱼，还有来自武昌的花鳞甲的金鲤……(谢璞《珍珠赋》，初中《语文》第五册38页)

用“还”关联的并列句，分句间往往有微弱的递进意味。在前后分句结构不同时，递进意味还要强些。例如：

(102) (她家底太薄，经不起没过门的媳妇天天要鱼肉招待。)这姑娘儿凡人家有的她都要，还常常拿别人的辉煌婚礼排场说给她(申妈)听。(高尔品《六层楼上人家》，《当代》1983年第4期135页)

第二，转折。后分句前边可以添加“但是”“可是”之类。例如：

(103) ……有的人想请我去坐上席，还怕我不肯赏脸哩！(龚笃清《蟠龙镇》，《芙蓉》1983年第5期64页)

(104) 这么大了，还不懂事！(熊诚《“芙蓉”日记》，《小说选刊》1983年第8期33页)

第三，因果。前分句可以添加“因为”。例如：

(105) (人员是我们指定的。)怕一边倒，还特意找了几位徐亚提到过的他的好朋友。(张天民《春泥》，《十月》1983年第5期27页)

(106) 说实在的，农民能给我送东西，我还觉着光荣哩！（张贤亮《男人的风格》，《小说家》1983 年第 2 期 146 页）

第四，推断。前分句可以添加“既然”。例如：

(107) 他，一个老实厚道的人，适应不了这种形势，打不开局面，还不如及早退下来好。（海笑《最后的冲刺》，《小说家》1983 年第 2 期 78 页）

(108) 水患当头，肚子饿得咕咕叫，还有闲心听故事？（北婴《塞灯夜话》，《收获》1983 年第 4 期 60 页）

第五，假设。前分句可以添加“如果”。例如：

(109) （……那些胡涂虫竟把我的档案转来转去搞丢了！）要改正，还得证明我是“右派”。（张贤亮《男人的风格》，《小说家》1983 年第 2 期 172 页）

(110) （……他放个屁咱们都不得不闻他的臭气。）他这一招不行，还有下一招哩！（张贤亮《男人的风格》，《小说家》1983 年第 2 期 167 页）

第六节　“……而……”（附“……那么……”）

“……而……”和“……那么……”所表示的关系也跨类别。特别是“而”，这个连词使用很灵活。

一、“……而……”

这指的是分句间只用“而”的复句。大体说，有下面几种关系：

第一，并列。常见的是表示肯定否定的并列。例如：

(111) 苏群，活在世界上，要当生活的主人，而不应该是别人的附属品啊！（郭从林《年轻的心》，《当代》1982 年第 3 期 199 页）

(112) 我们的目的不在于一城一地的得失，而在于消灭敌人的有生力量！（白桦《冬日梦中的大雷雨》，《十月》1982 年第 3 期 44 页）

第二，转折。相当于“然而”，但转折意味比“然而”要轻。

例如：

（113）统考统考，表面上是考学生，而实际上是考教师。（曹玉林《祠堂里的学校》，《当代》1982年第3期169页）

（114）他曾经认为，这都是吹牛皮；而现在，他也信这种吹牛皮了。（张锦江《将军离位之后》，《当代》1983年第4期52页）

第三，因果。相当于"因而"。例如：

（115）人们总是说，谈恋爱会分心，而影响了学习。（陈浩泉《香港狂人》，《花城》1983年第4期84页）

（116）一看见她，我就意识到自己完全是个已经度过了黄金岁月的成年人，而禁不住羡慕她的青春和活力。（陆北威《年轻人》，《人民文学》1982年第1期33页）

第四，连贯。相当于表示相关关系的"从而"。例如：

（117）惟独共产主义的思想体系和社会制度，正以排山倒海之势，雷霆万钧之力，磅礴于全世界，而葆其美妙之青春。（毛泽东《新民主主义论》）

（118）（星期日在体育场的群众大会和这天的考试，显示了T市党和政府的权力。）平时，这种权力泡在一片无济于事的空谈中，一团纷乱无绪的扯皮中，一摊疲塌胡涂的事务中，而被溶解了、被稀释了、被淡化了。（张贤亮《男人的风格》，《小说家》1983年第2期189页）

二、附"……那么……"

这指的是分句间只用"那么"的复句。"那么"也写作"那末"。

"那么"用来引出结果或结论，或者用来引出跟结果或结论有关的问话。凡是后分句表示结果或结论的复句，都是因果类复句。"那么"这个连词，只在因果类复句的范围之内活动，尽管也跟不同关系相联系，但并非跨复句大类。因此，附带介绍。

大体说，"……那么……"有下面几种关系：

第一，推断。相当于"既然……就……"。例如：

（119）哎呀，他大学毕业那一年才十六岁，那么他十二岁就上

大学罗！（张贤亮《男人的风格》，《小说家》1983年第2期130页）

（120）你说，小时候在乡下住过，那么，你所认识的植物一定比我多了。（陈浩泉《香港狂人》，《花城》1983年第4期97页）

第二，假设。相当于"如果……就……"。例如：

（121）去了之后有人请吃饭而不去吃，那末，又会把大家弄得很尴尬。（高晓声《糊涂》，《花城》1983年第4期14页）

第三，假设性条件。相当于"只要……就……"。例如：

（122）我们有了这两支军队，我们的军队有了这两套本领，再加上做群众工作这一套本领，那末，我们就可以克服困难，把日本帝国主义打垮。（毛泽东《组织起来》）

本章小结

第一，"一……就……"所表示的关系，跨并列类和因果类两个类别。有时表示连贯，有时表示条件。经常构成紧缩句。

第二，"万一……（就/也）……"所表示的关系，跨因果类和转折类两个类别。"万一……（就）……"表示假设，"万一……（也）……"表示让步。在语流中，承接上文，表示假设的"万一……呢""万一呢"可以单独提问。

第三，"……于是……"和"……从而……"所表示的关系，跨因果类和并列类两个类别。有时表示因果，有时表示连贯。

第四，"……就……"所表示的关系，跨并列类和因果类两个类别。有时表示连贯，有时表示因果、推断、假设或条件。

第五，"……又……"所表示的关系，跨并列类、转折类和因果类三个类别。有时表示连贯或并列，有时表示转折，有时表示因果或推断。

第六，"……才……"所表示的关系，跨并列类和因果类两个类别。有时表示连贯，有时表示条件或因果。

第七，"……也……"所表示的关系，跨并列类、转折类和因果类三个类别。有时表示并列，有时表示转折或让步，有时表示因果或假设。

第八，“……还……”所表示的关系，跨并列类、转折类和因果类三个类别。有时表示并列，有时表示转折，有时表示因果、推断或假设。用“还”关联的并列句，分句间往往有微弱的递进意味。

第九，“……而……”所表示的关系，跨并列类、转折类和因果类三个类别。有时表示并列或连贯，有时表示转折，有时表示因果。

第十，“……那么……”有时表示推断，有时表示假设，有时表示条件。“那么”只在因果类复句的范围之内活动，尽管也跟不同关系相联系，但并非跨复句大类。

第三章　复句与单句的对立和纠结

长期以来，人们为现代汉语的单复句界限问题所困扰，企图找到到把二者一刀两断的标准。写作本章，意在反映和解释复句与单句之间既有对立又有纠结的事实，表述笔者关于复句研究的一些思考。

笔者从全国通用的中学语文课本中选择课文 8 篇（记叙文 5 篇，论说文 3 篇），作了粗略的统计。下面是 8 篇课文的有关数据：

课文	句子数量	典型单句	典型复句	纠结现象
彭荆风 《驿路梨花》	97	43 （44＋%）	16 （16＋%）	38 （39＋%）
刘坚 《草地晚餐》	102	32 （31＋%）	26 （25＋%）	44 （43＋%）
老舍 《小麻雀》	59	9 （15＋%）	21 （35＋%）	29 （49＋%）
杨朔 《荔枝蜜》	72	26 （36＋%）	22 （30＋%）	24 （33＋%）
杨朔 《香山红叶》	79	25 （31＋%）	25 （31＋%）	29 （36＋%）
胡绳 《想和做》	50	10 （20%）	13 （26%）	27 （54%）
吴晗 《谈骨气》	36	11 （30＋%）	9 （25%）	16 （44＋%）
语文知识 《观察和记叙》	62	17 （27＋%）	20 （32＋%）	25 （40＋%）

第一节 “句”认定

一、“句”

本章对“句”的认定，遵从标句点号的从众性原则。标句的点号，最有代表性的是句号，其次是问号和感叹号。

凡是“句”，都具有表述性，都能够表达一个相对完整的意思，这一点是大家都会同意的。然而，在语流中，“句”的辖域到何处为止，应该在哪里点断，各人的处理有时有所不同。这就是说，各人对“句”的认定有时不完全一致。实际使用的标句点号，反映使用者对“句”的认定。假若某个认定是被赞同的或无异议的，这个认定便是可接受的。中学语文课文，其中的标句点号至少已为三个方面的人所认可：①课文的作者。如《小麻雀》的作者是老舍。②课本的编者。本章所用课文的编者是人民教育出版社中学语文编辑室。③课本的使用者。包括数以亿计的中学教师和中学生。因此，课文的标句点号已经在很大程度上反映了“句”认定的从众性原则，已经在实践中受过了检验。经常听到这样的说法：应该记录实际话语，然后确定句子。这一主张绝对正确。问题是，记录实际话语之后，确定句子之时，总得给个符号：要么是已经通用的符号，要么是另造符号。不管句如何断，断句之后给个什么形式的符号，都只代表话语记录者一个人的认识，可接受性比中学课文要差。

当然，不能任何时候都凭标句点号来认定句子。有的人不会用标点，一大段话后边才用一个句号；有的人写作有意不用标点，老长老长一段话后边才打一个句号。本章根据标句点号认定句子，是限定在语文课本的课文这一范围之内。就语文课本的课文说，我们只是尊重它在“句”认定上的选择，却并不认为它的选择是唯一的只能如此的选择。这是因为，人们对“句”认定的差异决定了句子和标句点号的联系存在一定的灵活性，不一定“必须这样”。比如：

（1）草地上野菜并不多，寻了个把钟头，每个人才弄到一小

把。(《草地晚餐》)

上例用一个句号标明一个句子。假如增加一个句号："草地上野菜并不多。寻了个把钟头，每个人才弄到一小把。"这没什么不可以。

(2) 病号中有个是党校二连连长，发高烧已经两天了，一点食物也没沾牙。可是他宁愿自己多忍受点艰苦，也不愿吃掉自己敬爱的首长的稀粥。(《草地晚餐》)

上例用两个句号标明两个句子。要是减少一个句号："病号中有个是党校二连连长，发高烧已经两天了，一点食物也没沾牙，可是他宁愿自己多忍受点艰苦，也不愿吃掉自己敬爱的首长的稀粥。"这也没什么不可以。

还应该指出：通常情况下一个问号或感叹号往往标明一个句子。比较：

[A组]	[B组]
他当局长了？	他？当局长了？
车票拿出来！	车票！拿出来！
(A组是一句)	(B组是两句)

不过，在两种情况下，尽管用了问号或感叹号，也不算为句：①"是……呢？还是……呢？"前一问号不标句。因为"是……呢"(不含疑问代词) 不能单独提问，不能表示一句终了的语气。如果换"呢"为"吗"，则算两句："是……吗？还是……呢？"②感叹语、呼应语、象声语，如果不是独用，而是在语流中伴随别的句子出现，那么，尽管用感叹号，也算独立成分，不算句。因为如果算句，许多事实解释不了。例如："就在这一刹那，砰！砰！又是两枪。"(任斌武《开顶风船的角色》) 不能说其中的"砰！砰！"是两句。

二、外套句和提引句

本章在统计句子数量时，认定两类特殊句子：外套句和提引句。

(一) 关于外套句

外套句是用于外层，套住转述性话语的句子。外套句尾部用"说"类动词。例如：

(3) 老人严肃地说："我感谢你们盖了这间小草房。"(《驿路梨花》)

(4) 吃完饭，他笑着燃起一袋旱烟，说："我是给主人家送粮食来的。"(《驿路梨花》)

上例"老人严肃地说"，"吃完饭，他笑着燃起一袋旱烟，说"，是外套句。

"说"类动词是外套句的外套词。语音上，它的后边有明显停顿；书面标示上，当它出现在套内句子前边时，通常用冒号，只有出现在套内句子后边时，才用句号。比如：

"我感谢你们盖了这间小草房。"老人严肃地说。

"说"类动词以套内句子为逻辑宾语。书面上，作为逻辑宾语的套内句子加上引号，标明是引述的内容。从总体上看，套内句子无法分析或不好分析为一个句子里的结构宾语。这主要表现在：

一方面，套内句子可以是两个或好几个句子。比如：

(5) 瑶族老人又说："过路人受到照料，都很感激，也都尽力把用了的柴、米补上，好让后来人方便。我这次是专门送粮食来的。"(《驿路梨花》)

上例套内句子有两个。再增加几个甚至十多二十个，完全可以。

另一方面，套内句子即使只是一个单句，也容易被外套句所插离。例如：

(6)"你……"叔公指着他的鼻子说，"到底想干什么？"

前套内和后套内合起来才成为一句。不好说一个宾语掰开来分置于前套内和后套内。简短的外套句似乎可以算作特殊成分"插说语"。问题在于外套句可以很长很复杂，绝对不能把所有外套句统统认为是句子的特殊成分。事实上，外套句和套内句代表两个不同层面的述说：外套句是直述，属 A 人称；套内句是转述，属 B 人称。最好的办法是分别算"句"，而用特殊眼光看待外套句。不然，碰到这样的现象无法处理：

(7) 岳灵珊探他鼻下，虽然呼吸微弱，仍有气息，叹了口气，向陆大有道："我赶着回去，要是天光时回不到庙里，爹爹妈妈可要急死了。你劝劝大师哥，要他无论如何得听我的话，修习这紫霞秘笈。别……别辜负了我……"说到这里，脸上一红，道："我这一夜奔波的辛苦。"（金庸《笑傲江湖》）

上例，显然不能把作为"外套"的语言形式全都算作插说语，但是另一方面，又不能把用于"套内"的语言形式全都算作宾语。

（二）关于提引句

提引句是用于前头，提引出转述性话语的句子。提引句里用"这样"之类指别词，或者用"一段话"之类称说语。它们同后边的转述性话语之间有复指关系。例如：

(8) 同学们读过的《一面》，这样写鲁迅的外貌特征：……

(9) 我们再看《从百草园到三味书屋》叙述雪地捕鸟的一段话：……

(10) 下面是一位同学写的一则题目叫作《笑》的"观察日记"：……

上例全见于《观察和记叙》。前一例用了指别词"这样"，后两例用了称说语"一段话""一则……观察日记"。

提引句是直述，所引话语是转述，它们也是人称不同的属于不同层面的述说。语音上，提引句和转述性话语之间有明显停顿。书面标示上，提引句也不同于一般句子，它的后边通常用冒号。

提引句的成立，是由于跟转述句相对待。由于转述性话语是一句、几句甚至很多句，而相对待的提引性话语又不能认为是插说成分，因而就不能不认为是一个提引句。

有一种形式很像提引句，其实不是。如："我只想要他的一样东西：那支黑钢笔！"尽管"一样东西"是称说语，但"那支黑钢笔"不是另一人称的述说，不成为一句，它只是为"一样东西"所称说的外位成分。后边的"那支黑钢笔"既然不成为转述句，前边的"我只想要他的一样东西"也就不成为提引句。

第二节 典型单句

典型单句是单核句。

句子往往都有结构核和结构层。对结构核来说，结构层就是包核层：前边的结构层是前包核层，后边的结构层是后包核层。参看邢福义《论现代汉语句型系统》(《语法研究和探索（一）》，北京大学出版社 1983 年版)。

一个句子，如果只有一个结构核，不管有无结构层，有多少结构层，都是单句。

就核的性质说，典型单句包括动核单句、形核单句、名核单句。此外，还有一种拟声句。拟声句是叹词或象声词单独使用而形成的句子，情况简单，不必讨论。

一、动核单句

动核单句是一种以动词为核的单句，使用频率最大。

(11)“同意!”(《草地晚餐》)

这是一个无结构层的动核单句。如果加上结构层，不管加多少，仍然是单句：

同意这个建议！(加后包核层)

完全同意这个建议！(再加前包核层)

我们完全同意这个建议！(再加前包核层)

经过交换意见，我们完全同意这个建议！(再加前包核层)

在动核单句里，作为结构核的动词是组织的核心，但是句子类型和句法模式的确立却取决于结构层的性质及其排列配置。

快要放假了！

大学放假了！

前一句，前加的结构层是副词，形成“状语＋述语”的句法格局，即通常所说的“无主句”或“非主谓句”；后一句，前加的结构层是名词，形成“主语＋述语”的句法格局，即通常所说的“主谓句”。

车来了！

来车了！

前一句，名词“车”是前包核层，形成“主谓句”；后一句，名词“车”是后包核层，形成“无主句”或“非主谓句”。

月光流进了屋里。

屋里流进了月光。

前一句，处所名词“屋里”居后，事物名词“月光”居前，形成施事性主动宾句；后一句，事物名词“月光”居后，处所名词“屋里”居前，形成通常所说的存现句。

支票给他！

给他支票！

前一句，事物名词“支票”居前，形成受事性主动宾句；后一句，“支票”居后，作为第二个后包核层，形成双宾语句。

判断句的结构核是判断动词“是”。包含一个判断动词“是”的句子，不管短与长，简单与复杂，都是单句。例如：

(12) 主人家是谁？(《驿路梨花》)

(13) 万寿山，佛香阁，不过是些点缀的盆景。(《香山红叶》)

(14) 荔枝蜜的特点是成色纯，养分多。(《荔枝蜜》)

动核单句里有时出现助动词“能够”“应该”“要”之类。助动词起辅助性作用，在助动词和动词同时出现时，动词是结构核，助动词是结构层。例如：

(15) 想和做怎样才能够联结起来呢？(《想和做》)

(16) 不要谢我们！(《驿路梨花》)

动核单句，包括判断句，句末有时出现语气词。语气词是语气层，不是一般的结构层，它们的出现一般不会造成单句同复句的纠葛。如例(15)的“呢”。又如：

(17) 这样好蜜，不怕什么东西来糟蹋么？(《荔枝蜜》)

(18) 老总，你就尝尝吧。(《草地晚餐》)

动核单句，包括判断句，句首、句末或句中有时出现插说语、呼语、感叹语等独立成分。独立成分位置游离，也不是一般的结构层，它们的出现也不会造成单句同复句的纠葛。如例（18）的“老总”。又如：

（19）快看，有人家了。（《驿路梨花》）

（20）不用说，我指的是那位老向导。（《香山红叶》）

（21）老人家，你真会开玩笑。（《驿路梨花》）

“快看”“不用说”“老人家”都是独立成分。

二、形核单句

形核单句是一种以形容词为核的单句，使用频率次于动核单句。

（22）“好！”（《草地晚餐》）

这是一个无结构层的形核单句。如果加上结构层，不管加多少，仍然是单句：

好极了！（加后包核层）

确实好极了！（再加前包核层）

天气确实好极了！（再加前包核层）

这一向天气确实好极了！（再加前包核层）

在形核单句里，形容词是组织的核心，是述语，整个句子的结构模式也往往取决于结构层的性质及其排列配置。一般说来，后包核层是补语，前包核层是状语或主语。例如：

（23）大家激动得不知说什么好。（《草地晚餐》）

（24）满树浅黄色的小花，并不出众。（《荔枝蜜》）

（25）今天我朱至诚非常激动！（廖时香《乐胆》）

前一例是“主＋（核＋补）”。中间一例是“主＋（状＋核）”。后一例是“状＋［主＋（状＋核）］”。

动词和形容词都是谓词。形核单句和动核单句同质，它们都是谓核单句。

三、名核单句

名核单句是一种以名词为核的单句。其性质较为特殊，使用频率又次于形核单句。

(26) 牦牛！(《草地晚餐》)

这是一个无结构层的名核单句。名词核前边可加上定语结构层，后边还可加上语气层。例如：

好壮的牦牛！

好壮的牦牛啊！

下面几个都是名核单句：

(27) 梨花呢？(《驿路梨花》)

(28) 多好的梨花呵！(《驿路梨花》)

(29) 好清静的去处啊！(《香山红叶》)

前一例，“核＋语气”；后两例，“(定＋核)＋语气”。

有的名核单句，名词核前边加定语层，再前边还加主语层。例如：

牧场一片水。

这本书多少钱？

语流中，名核单句和非名核单句可以交错出现。例如：

(30) 星光下黑影幢幢的城墙。

灰色箭楼的剪影。

勇士伏在白马上，白马像一支响箭射入黑暗。

清脆而节奏急促的马蹄声从银幕上划过，由近而远。

马蹄声响彻始终。

马蹄声保存在记忆里达半个世纪。

一位白衣少女像被大风吹落的花瓣儿。

像一片高空落叶，从城楼上飘然而下。

白雪的大地。

一片红光。

(张斌《蔷薇花瓣儿》)

上例里前两句和后两句都是名核单句。

名核单句有时是呼语。呼语在单独出现时才算“句”，在随着别的句子出现时只算“独立成分”。比较：

老先生！(名核单句)

老先生，车要开了！（独立成分）

一般名核单句，即非呼语名核单句，前头也可以出现独立成分。例如：

（31）看，梨花！（《驿路梨花》）（前现插说语）

哎呀，梨花！（前现感叹语）

先生，梨花！（前现呼语）

名核单句和动核、形核单句不同质。名核句的成立，以前后不出现可以形成某种结构关系的谓词为条件。如果一个名词的前边出现动词，形成动宾关系，那么，动词便成为结构核，名词便成为结构层；同样，如果一个名词的后边出现动词或形容词，形成主谓关系，那么，动词或形容词便成为结构核，名词便成为结构层。以“梨花”来说，比如：

看，有梨花！（动核单句）

看，梨花开了！（动核单句）

看，梨花多么美！（形核单句）

第三节 典型复句

典型复句是核同质、有核距、无共同包核层的多核句。

凡是复句都一定是多核句。它由两个或几个分句所组成，包含两个或几个结构核，每个分句都是“含核单位”。典型的复句，还要有三个附加条件：一是核同质；二是有核距；三是无共同包核层。

一、核同质

核同质，指两个或几个结构核具有相同的性质。常见的，是每个分句的结构核都是谓词性的。即：

［A组］“动核＋动核”

（32）一个哈尼小姑娘都能为群众着想，我们真应该向她学习。（《驿路梨花》）

（33）偏偏我来得不是时候，荔枝刚开花。（《荔枝蜜》）

(34) 蜜蜂是画家的爱物，我却总不大喜欢。(《荔枝蜜》)

[B组]“形核＋形核”

(35) 自然是伟大的，然而人类更伟大。(茅盾《风景谈》)

(36) 湖面明净如镜，水清见底。(碧野《天山景物记》)

(37) 今晚却很好，虽然月光也还是淡淡的。(朱自清《荷塘月色》)

[C组]“动核＋形核”或“形核＋动核”

(38) 路边的红树叶子还没红，所以我们都没注意。(《香山红叶》)

(39) 地势一高，气也清爽，人才爱来。(《香山红叶》)

(40) 要是红透了，太阳一照，那颜色该有多浓。(《香山红叶》)

有的时候，各个分句的结构核也可以都是名词，即“名核＋名核”。由于核的性质保持一致，各个分句的身分都不可怀疑，因而整个句子的复句身分也是比较清楚的。例如：

(41) 蓝天，远树，金黄色的麦浪。(《中国语文》1957年5月号用例)

(42) 好席子，白洋淀席！(孙犁《荷花淀》)

(43) 啊，多么使人心醉的绚丽灿烂的秋色，多么令人兴奋的欣欣向荣的景象啊！(峻青《秋色赋》)

二、有核距

有核距，是含核单位与含核单位之间有比较明显的音读距离，或者说，分句与分句之间有比较明显的语音停顿。书面上，一般用逗号表示，有时也用分号、冒号等表示。

“核距”从另一个角度保证典型复句的确立。看这个例子：

(44) 正说着，门被推开了。(《驿路梨花》)

这个复句，分句“(大家)正说着(关于屋子主人的事)”和分句“门被推开了”之间有表明核距的比较明显的语音停顿。如果说成：

正说着门被推开了。

两个含核单位之间的明显停顿一被取消，句子的“复句形象”就模糊了起来。再看一些例子：

是你当家，还是我当家？

→是你当家还是我当家？

一停电，他就往广场上跑。

→一停电他就往广场上跑。

他垮了，你又有什么好处？

→他垮了你又有什么好处？

无论如何，我们不能向敌人屈服！

→无论如何我们不能向敌人屈服！

天气再好，你也别想走！

→天气再好你也别想走！

只要“核距”不存在，复句的典型性就成了问题，人们在断定句子的单复句归属时就犹豫起来了。

三、无共同包核层

无共同包核层，是说每个结构核都有自己的包核层，不存在“共层”的现象。

“无共层”又从另一个侧面保证典型复句的确立。因为，不存在“共层”现象，就表明不存在共同充当一个什么成分的问题，也就表明各含核单位在结构上都是独立自足的。

有的复句，其分句都是一般主谓句。各主谓分句的“核”无“共层”。

(45)（于是）我的希望回来了，小鸟总还没有死。(《小麻雀》)

(46) 大丈夫的这种种行为，表现出了英雄气概，我们今天就叫做骨气。(《谈骨气》)

上例“回来”和“死”这两个结构核，“表现”和“叫做”这两个结构核，都各有自己的结构层。

有的复句，其分句都是存现句。各存现分句的“核”无“共层”。

(47) 这里有梨树，前边就有人家。(《驿路梨花》)

(48) 突然下起暴雨，不一会窑前挂起了瀑布。

两例各有两个分句，都是存现句。“有”和“有”，“下”和“挂”，都各有自己的结构层。

有的复句，其分句分别是一般主谓句和存现句。它们的核无“共层”。

(49) 我们正在劳动，突然梨树丛中闪出了一群哈尼小姑娘。(《驿路梨花》)

(50) 要下雨了，大家动作快点儿！

上例“劳动”和“闪出”，“下”和“快”，各有各的结构层。

有的复句，其分句都是名核句。各名核无“共层”。

(51) 小巷深处，钱莉莉家。(柯岩《仅次于上帝的人》)

(52) 多么熟悉的山路，多么难忘的生活！(谭谈《小路遥遥》)

上例“深处”和“家”，“山路”和“生活”，各有自己的结构层。

有的时候，构成复句的分句明显地简省了某些词语。补出简省词语，便可以看到不同的“核”各有自己的“层”。例如：

(53) 说，是谁的？

(54) 一翻身边带的报纸，原来是重阳的第二日。(《香山红叶》)

前一例等于说：“你说，这东西是谁的？”后一例等于说：“我一翻身边带的报纸，今天原来是重阳的第二日。”

有的时候，构成复句的分句之中相对应的层次采用词语复称的形式。有了词语复称的形式，就满足了不同的“核”各有自己的“层”的条件。比如：

(55) 李自成本不是刚愎自用的人，他对于明室的待遇也非常宽大。(郭沫若《甲申三百年祭》)

(56) 我看得呆了，我仿佛看见了民族的精神化石而为他们两个。(茅盾《风景谈》)

假若前一例不出现复称“李自成”的“他”，后一例不出现第二个“我”，“李自成”和第一个“我”就都成为后边两个结构单位共同的“层”，换句话说，就会产生“共层”现象。

第四节　纠结现象

纠结现象是单句和复句在界限上互有瓜葛的现象。

跟单核的典型单句相对而言，纠结现象是多核的；跟多核的典型复句相对而言，纠结现象的突出表现是核异质，无核距，有共同结构层，加特定关系标记。

一、核异质

核异质，指两个或几个结构核具有不同的性质：有的是谓词核，有的是名词核。

在通常情况下，名词结构和谓词结构同现，名词结构容易成为"层"。有时，名词结构和谓词结构同现，名词结构不是"层"：出现在前边时不是主语层或状语层，出现在后边时不是宾语层或补语层。它本身成了一个具有表述性的含核单位。这就形成了谓核分句和名核分句组成复句的特殊的"核异质"现象。（参看本编第四章"定名结构充当分句"和第五章"'NP了'句式充当分句"）基本情况是：

[A组]"名核分句＋谓核分句"

(57) 高高的梯田，山上有了绿意。（梁信《从奴隶到将军》）

(58) 半月春风，草绿了，桃花打苞了。（谢璞《二月兰》）

(59) 几盘野味，半杯麦酒，老人家的话来了……（《香山红叶》）

(60) 那么远的距离，又顶着风，一千多人三个小时就赶到了古镇。（克扬、戈基《连心锁》）

[B组]"谓核分句＋名核分句"

(61) 进入办公室，一片算盘声。（柯岩《仅次于上帝的人》）

(62) 有的主张谈，有的主张打，一片乱哄哄的喊叫声。（张行《武陵山下》）

(63) 白色梨花开满枝头，多么美丽的一片梨树林呵！（《驿路梨花》）

(64) 那江心有几只小船在浮动，一忽儿小船被推在浪尖上，

一忽儿又埋在浪头下，好大的风浪啊！（李心田《闪闪的红星》）

有的时候，名核分句用在中间，前后两头都是谓核分句。如：

（65）闪电划出一个惊叹号，一声闷雷，大雨来了。（钟道新《超导》）

上例有三个分句，中间的“一声闷雷”是名核分句。

有的时候，名核分句带“了”。“了”表明情况已有推移，事物已有变化。“了”有完成一个表述的作用，同时也有标注分句性质的作用。例如：

大学生了，弟妹的事要多关心一点！（因果）

大学生了，衣服还穿得这么邋遢！（转折）

弟妹的事要多关心一点，大学生了！（因果项换位）

衣服还穿得这么邋遢，大学生了！（转折项换位）

名核分句的确立，以它不可能是动核结构里的一个结构层为前提，同时，它本身具有表述性，跟动核分句之间存在因果、转折、连贯、并列、解证等复句关系。比较：

三天台风，毁坏了许多房屋。

三天台风，许多房屋倒塌了。

前一例，“三天台风”是“毁坏了许多房屋”的主语层，它不成为分句；后一例，“三天台风”不可能是“许多房屋倒塌了”的主语层或状语层，它表示“刮了三天台风”的意思，是因，“许多房屋倒塌了”是果。

二、无核距

无核距，指含核单位与含核单位之间没有明显的音读距离，书面上直接联结，不加逗号之类符号。

“无核距”的语言事实，大体说有三类：

（一）紧缩式联结

这类联结，把表述复句关系的语言形式紧缩在一起说出来。有的用关系词语，如“才”“就”“再……也……”“越……越……”等等；有的不用关系词语，是两个或几个含核单位直接联结。不管用不用关系词语，大部分都可以比较自然地拉开音读距离，转化为有核距的说法。例如：

(66) 无私才能无畏。(肖育轩《心声》)

(67) 不让你请罪就美了你！(陈建功《丹凤眼》)

(68) 怕看又不能不看。(叶圣陶《稻草人》)

(69) 你为难我更为难。(贺敬之《白毛女》歌词)

(70) 不受气你哭什么？(杨朔《春子姑娘》)

(71) 闺女大了咱管不了。(赵树理《小二黑结婚》)

例 (66) →“无私，才能无畏。”其他各例类推。

这类紧缩形式可以看作“准单句”。作为“准单句”，如果跟别的分句组成复句，它只算一个分句。比如：

(72) 要去你一个人去，你们是好朋友，我才不管他们怎么想呢。(王朔、魏人《青春无悔》)

上例算三个分句。紧缩形式“要去你一个人去”是一个分句，不算两个分句。

(二) 连动式兼语式联结

这类联结，核与核之间有连动关系或兼语关系，即通常所说的连动句或兼语句。例如：

(73) 我们推门进去。(《驿路梨花》)

(74) 伤员听了大笑起来。(罗旋《红线记》)

(75) 我没让她进门。(王朔、魏人《青春无悔》)

(76) 养蜂人老梁领我走进“大厦”。(《荔枝蜜》)

这类形式大家都会划归单句。不过，如果中间插入音距，就会产生纠结现象。如例 (74)，若说成“伤员听了，大笑起来”，这就靠向复句。

(三) 并列式联结

这类联结，核与核之间是并列关系。有的用“和”类表并列的连词，有的直接联结。例如：

(77) 对女儿，他似乎比我更疼惜和金贵。(黄虹宾《竹篱笆》)

(78) 赤裸的手白皙而柔软。(哲夫《长牙齿的土地》)

(79) 谁大吵大闹?

(80) 厨房宽敞明亮。(朱崇山《紫荆花》)

这类形式大家都会判定为单句。不过，不用“和”类连词的，如果中间插入音距，容易靠向复句。含核单位越复杂，加音距后越容易靠向复句。例如：

我们要吃要喝!

→我们要吃，要喝!

→我们要吃饭，要喝水!

三、有共同包核层

有共同包核层，是说结构核和结构核或含核单位和含核单位具有共同的包核层，即存在“共层”的现象。比如：

(81) 我们走累了，决定在这里过夜。(《驿路梨花》)

(82) 我们还要善于观察，养成良好的观察习惯。(《观察和记叙》)

(83) 这天夜里，我做了个奇怪的梦，梦见自己变成一只小蜜蜂。(《荔枝蜜》)

例(81)是“我们＜A，B＞”。AB有共同的主语层。例(82)是“我们还要＜A，B＞”。AB既有共同的状语层，又有共同的主语层。例(83)是“这天夜里，我＜A，B＞”。AB既有共同的主语层，又有共同的状语层。

核同质，有核距，但有共层，这是使得单复句难于划界的重要现象。这样的现象是划归单句还是划归复句，只能权衡利弊，有所抉择。比较地说，一律算作单句比一律算作复句会碰到更多的麻烦。

首先，AB后边可以接上CDE……：＜A，B，C，D，E……＞。假如有这么个表述：“这天夜里，我做了个梦，梦见……，梦见……，还梦见……，惊醒后……”这就很难说是一个单句。勉强说是单句，单句的结构就太复杂了。

其次，AB本身都可以复杂化：＜$A_1A_2A_3$，$B_1B_2B_3$＞。例如：

(84) 我们瞧不起前一种人，说他们是“空想家”，可是往往赞美后一种人，说他们能够“埋头苦干”。(《想和做》)

上例是“$A_1A_2+B_1B_2$”。从理论上说完全可以扩展到很复杂的程度。这就很难说整个儿构成一个单句。

再次，AB 可以分置于主语前后。例如：

(85) 想到这里，我觉得很难过。(《小麻雀》)

上例如果算是单句，“想到这里，觉得很难过”便是一个谓语。然而，一个谓语分为两半，分置主语前后，这样的说法会给对单句结构的解释带来新的问题。

全面地看，凡是多核的句子，如果核同质、有核距，即使有共同包核层，教学中可以一律划归复句。当然，这只是为了避免教学的混乱而采取的人为的规定，单复句相互纠结的客观事实是抹煞不了的。

四、加特定关系标志

加特定关系标志，指在句子中加上标明因果、假设、条件、转折等复句关系的“因为……所以……”“如果……就……”“只有……才……”“虽然……但是……”等词语。

复句关系标志和复句没有绝对的必然的联系。有的句子，用了某种标志，反映出某种复句关系，但在结构上只是单句。例如：

(86) 只有杨新，才对代销店与施工队的关系感兴趣。(贺星寒《高空跳板》)

(87) 无论文臣武将，都不得接近。(梁信《赤壁之战》)

(88) 他那瘦削的脸上，即使在心情不好时，也表现出一种深思熟虑的神态。(王宝成《海中金》)

上例分别用了“只有……才……”“无论……都……”“即使……也……”，但都不是复句，而是单句。

有的关系词语，如“虽然……但是……”“因为……所以……”“如果……就……”，不会出现在大家公认的单句之中，但它们所关联的两个含核单位可以有“共层”。例如：

(89) 作者虽说只见过鲁迅“一面”，但观察得非常细致。

(《观察和记叙》)

(90) 爹爹倘若挂念着我，便不该对恒山派下手。(金庸《笑傲江湖》)

上例的“作者”“爹爹”都是“共层”。因此，即使用了“虽说……但……”“倘若……便……”这样的关系词语，也不能保证句子在单复句的界限上不存在纠葛。

研究复句必须重视关系词语。研究关系词语，对于弄清复句内在联系、确立复句关系类别，至关重要。但是，关系词语只能表明某个句子“可能是”复句，却不能表明“一定是”复句。某些单句里也可以用复句关系词语，反映事物间潜在的复句关系，这更增加了单复句划界问题的纷乱。在辨别单复句的时候，应该明确关系词语的作用。

本章小结

第一，观察复句与单句的对立和纠结，统计有关的数据，首先在手续上碰到“句”认定的问题。本章的做法是：其一，在句子的长短辖域上，遵从标句点号的从众性原则，根据中学语文课文的“句”认定，统计句子的数量。其二，用特殊眼光看待特殊问题，在确认一般的句子的同时，还从述说中“直述”和“转述”的特殊关系上确认了两类特殊的句子，即外套句和提引句。

第二，单句和复句的对立表现为典型单句和典型复句的对立。典型单句一定是单核句。不管包核层有多少，各个包核层多么复杂，都是动核单句、形核单句或名核单句。典型复句一定是有条件的多核句。首先，必须是多核的；其次，必须符合核同质、有核距、无共同包核层这三个附加条件。

第三，复句同单句的具体的纠结现象复杂多样，很难不遗漏地一一罗列。但是，归总起来说，不外乎四种情况。一是多核而核异质；二是多核而无核距；三是多核而有共同的包核层；四是用了特定的关系词语。多核现象，不同于典型的单句，但不一定不是单句；核异质、无核距、有“共层”的现象，不同于典型的复句，但不一定不是复句。再加上使用特定关系词语的句子可单可复，就使复句同单句的纠结互缠达到相当严重的程度。

第四，单复句之间存在“剪不断理还乱”的纠结现象，这是客观事实。在八篇课文所提供的数据里，纠结现象最多的达百分之五十四强，最少的也达百分之三十三强，大多数都在百分之四十以上，都超过典型单句和典型复句的平均数。显然，要想在二者之间划出一条“泾渭分明”的界限，这是徒劳无功的努力。在笔者看来，教学中关于单复句的区分，可以作出硬性的“霸道”的规定，但从学术上研究复句问题，不应该沉溺到“划界”问题里头，而应该集中精力对复句自身的规律性从各个方面进行深入的挖掘，作出有利于深刻认识复句的描写和解释。打个比方：“老年”同“中年”是有区别的，但是，它们的明确界限在哪里？与其花精力讨论老年同中年的划界，不如多花精力讨论老年人的种种问题，包括生理、心理、生活、保健等方面的问题。

第四章 定名结构充当分句

定名结构，指“定语＋名词”的偏正结构，即以名词为中心的偏正短语。由定名结构充当的分句，属于名词句。观察定名结构充当分句的种种情况，可以深入了解复句组造中的名词句。

定名结构能够充当单句，早有定论。许多语法著作中所谈的“独词句”，就包括了定名结构充当的句子。比如郭中平《简略句、无主句、独词句》（新知识出版社 1957 年版）一书中谈“独词句”时举了好些这样的例子：“好香的干菜。”（鲁迅《风波》）“这样的婆婆!”（鲁迅《祝福》）

定名结构能不能充当分句呢?《语文学习》1960 年 2 月号《独词句能否充当分句》一文中说：“独词句一旦同别的句子发生了关联，它就失去了句子的性质；一句话，独词句不能充当分句。”这就是说，“独词句”，包括由定名结构充当的“独词句”，是不可能成为分句的。后来，有学者提出了不同的意见。如《中国语文》1961 年 5 月号《独词句能充当分句》一文中举出这样的例子：

蓝天，远树，金黄色的麦浪。

这个复句里的三个分句都是“独词句”，它们都是定名结构。但是，这毕竟只能说明，“独词句”和“独词句”，或者说定名结构和定名结构，可以组成复句，分句间是平列关系。

那么，一个复句里，定名结构同主谓结构、动宾结构等谓词性结构是否可以同时都充当分句呢？具有句子性质的定名结构，是不是一旦同由主谓、动宾等结构充当的句子发生了关联，一定“就失去了句子的性质”呢？由定名结构充当的分句，同别的分句之间，是否只能是平列关系呢？本章试图通过分析五类语言现象，探讨有关的一些问题。

第一节 第一类现象：“数量名”

先看例子：

（1）一阵汽笛，一队航船又沿着虎口滩的航标灯驶过来了。（文五睇《航标红灯》，《南疆木棉红》，人民文学出版社 1973 年版 24 页）

（2）一阵铃声，上课了。（新华社通讯员《毛主席送我上讲台》，《人民日报》1971 年 5 月 24 日）

（3）一声春雷，毛主席、共产党领导着西藏百万农奴，砸碎了套在脖子上的铁锁链。（罗良等《雪山下的“纳波罗布”》，《解放军文艺》1973 年第 4 期 78 页）

（4）一场寒流，天色变了。（熊林林《拜师》，《南疆木棉红》，人民文学出版社 1974 年版 173 页）

（5）半月春风，草绿了，桃花打苞了。（谢璞《二月兰》，湖南人民出版社 1963 年版 32 页）

（6）（半月前，老连长调走了；）一道命令，他的担子就交给了我。（王耀成《向导》，《红石山中》，人民文学出版社 1972 年版 95 页）

这里的定名结构，都是“数量名”。观察这些例子，可以知道：

第一，这里的“数量名”结构，作用相当于主谓结构。试比较：

（7）两声清脆的响鞭，在群山中回荡，大车跑得更快了。（于洪奎《飞雪扬鞭》，《红石山中》，人民文学出版社 1972 年版 126 页）

（8）两声响鞭，只见两辆大车一溜烟似的向山路飞奔而去。（于洪奎《飞雪扬鞭》，《红石山中》，人民文学出版社 1972 年版 131 页）

这两例出自一个作者的笔下，见于同一部作品之中。前一例，两个分句都是主谓结构。其中，前一分句的主语部分是“两声清脆的响鞭”，谓语部分是“在群山中回荡”。后一例，只说“两声响鞭”，读起来并不觉得缺少了什么，并不感到需要添加什么。这说明，它具有句的性质，起着分句的作用。

能不能把这样的“数量名”结构解释为后边分句的一个成分，比方解释为状语呢？很难。上面所举的例子，都很难作这样的解释。不仅如此，我们还会碰到更难作这种解释的例子：

(9) 一阵大风吹过，天空中闪过一个树枝形的电光，一声响雷，大雨就落下来了。（六四一厂工人写作组《女技术员》，《油田尖兵》，天津人民出版社 1972 年版 110 页）

这个例子里有四个分句。前三个分句，可以改成都用主谓结构或动宾结构，也可以改成都用定名结构：

(10) 一阵大风吹过，天空中闪过一个树枝形的电光，又响起一声炸雷，大雨就落下来了。

(11) 一阵大风，一个闪电，一声响雷，大雨就落下来了。

不管是例 (9) 还是例 (11)，前三个分句都是分别写“风”“电”“雷”，它们起着同样的表述作用。例 (9) 中的“一声响雷”，既然跟“一阵大风吹过”“天空中闪过一个树枝形的电光”一样具有表述一个方面的意思的作用，那么，就不能否认它也是分句。在例 (11) 里，三个“数量名”结构都充当了分句。这种句法，并非笔者所杜撰。略举几例：

(12) 一阵春风，一阵花雨，孩子的泪珠随着花雨落入水中……（王扶《桃花船》，《北京文艺》1978 年第 4 期 22 页）

(13) 她像那巷道角落里一棵泡桐苗，几阵春风，几场春雨，一下就冒得很高。（曹玉模《黑锅》，《中篇小说选刊》1995 年第 2 期 131 页）

两个“数量名”结构之间，还可以没有明显的音距，书面上不用逗号，有的用个“又”字联结。例如：

(14) 一道闪电一个响雷，陶老师奔到河边。（王扶《桃花船》，《北京文艺》1978 年第 4 期 28 页）

(15) 一场雨又一场雨，地上的落英一厚，一树树就结满了指顶肚般大的青杏。（葛均义《旗镇》，《小说月报》1997 年第 7 期 29 页）

第二，这些例子中，由“数量名”结构充当的分句，是叙述性的。它叙述现实中出现的某种（或几种）变化，跟后边的由主谓或动宾结构充当的分句之间，是连贯关系。有时，这种连贯关系是单纯的紧相承接的关系；有时，还包含有事物之间前因后果的联系。如例（1），“一阵汽笛”和“一队航船……驶过来了”，是单纯的先后承接；又如例（5），“半月春风”和“草绿了，桃花打苞了”之间，既是先后承接，也是前因后果。再如：

(16)（杏花巷最怕的是深秋，）几场秋雨，落叶纷纷，（霜一打，一巷子就都枯枝了。）（葛均义《旗镇》，《小说月报》1997 年第 7 期 29 页）

这样的连贯，既有先后关系，也有因果联系。

第三，这些例子里的“数量名”，从其构成成分看，“数量”部分常用“一阵”“两声”“三天”“半月”之类表示动量的数量结构；“名”的部分，有时用包含一定的动作性的名词。如“一场寒流”“两声响鞭”，“一场”“两声”是表动量的数量结构，“寒流”“响鞭”是包含动作性的名词。有的，虽然不是前后两部分都符合这样的条件，但至少有一部分是符合的。如“半月春风”，“春风”虽然不包含动作性，但它具有过程性，而且“半月”表动量；又如“一道命令”，“一道”虽然不表示动量，但“命令”本身包含着一定的动态。

看来，这里的“数量名”之所以具有叙述性，表现出一种动态，在很大程度上跟它本身的构成成分有关。

第四，这些例子里的“数量名”，如果有必要，可以插入形容描摹的成分。比如“一阵铃声”，可以扩展为“一阵叮叮当当的铃声”；“半月春风”，可以扩展为“半月和煦的春风”。再看几例：

(17) 一阵剧烈的马蹄声，骑兵大队疾风似的驰出了乱坟滩。(克扬、戈基《连心锁》，山西人民出版社 1972 年版 5 页)

(18) 一阵得得的马蹄声，团长许哲峰和政委兼县委书记方炜带着团部的骑兵警卫班赶上来了。(克扬、戈基《连心锁》，山西人民出版社 1972 年版 170 页)

前一例插入形容词，表示音量；后一例插入象声词，描摹音响。如果需要同时用形容词和象声词，为了避免肚子过大，象声词可用于前头。例如：

(19) 笃笃笃，一阵轻轻的敲门声，黄胜利急忙把材料拣起来。(逮斐《舞台上下》，《人民文学》1978 年第 6 期 55 页)

第二节　第二类现象："指代形（的）名"

先看例子：

(20) 这么大的雨，吴师傅恐怕来不了啦。(张光本《矿山的主人》，《解放军文艺》1973 年第 7 期 17 页)

(21) 这么黑的天，是你们看错了。(丁令武《风扫残云》，河南人民出版社 1977 年版 121 页)

(22) 我老头子住在山中间，这么严密的阵势，我还怕塌了天！(曲波《山呼海啸》，中国青年出版社 1977 年版 178 页)

(23) 这么贵的票，咱们别看了吧！(田柯《宝云雕母》，《中篇小说选刊》1999 年第 1 期 197 页)

这里的定名结构，都是"指代形（的）名"。观察这些例子，可以知道：

第一，这里的"指代形（的）名"的偏正结构，全部可以变换为"名指代形"的主谓结构。它们作用相同，都具有句的性质。比方，例(20) 可以变换为例 (24)，例 (23) 可以变换为例 (25)：

(24) 雨这么大，吴师傅恐怕来不了啦。

(25) 票这么贵，咱们别看了吧！

变换后，意思完全相同，读起来同样感到自然畅达。再比较下面两个例子：

（26）这么黑的天，又这么大的雨，到哪儿抓去呀？（克扬、戈基《连心锁》，山西人民出版社 1972 年版 128 页）

（27）天这么黑，雨这么大，行动不便呐！（克扬、戈基《连心锁》，山西人民出版社 1972 年版 128 页）

这两例见于同一本书，同一页，出自同一人物之口。“这么黑的天”和“天这么黑”，“这么大的雨”和“雨这么大”，句法有变化，表述功能则相同，它们应该都是分句。

如果要否认这里的“指代形（的）名”结构是分句，这是很困难的，碰到下面这两类现象，更无法否认。

一类是“指代形（的）名”结构先跟动宾结构平列使用，然后再跟它们后边的分句发生关联。例如：

（28）这么黑的天，又下着雨，也不带个电筒。（柳剑祥《星儿闪闪》，江西人民出版社 1973 年版 82 页）

（29）那么远的距离，又顶着风，一千多人三个小时就赶到了古镇。（克扬、戈基《连心锁》，山西人民出版社 1972 年版 274 页）

上例“这么黑的天”和“下着雨”，“那么远的距离”和“顶着风”，都是平列关系。关联副词“又”清楚地表明了这种关系。“下着雨”“顶着风”明显的是分句，跟它们平列的“这么黑的天”“那么远的距离”不是分句又是什么呢？

另一类是“指代形（的）名”结构带上“了”字。例如：

（30）这么长时间了，难道半路出了故障？（李万启《榛子河的战斗》，《解放军文艺》1973 年第 4 期 39 页）

用了“了”这个句末语气词，就明显地标示了“这么长时间”的句的性质。这种“定名结构＋了”，属于“NP 了”句式；对于“NP 了”句式，将在下一章“‘NP 了’句式充当分句”里专题讨论。

第二，这些例子中，由“指代形（的）名”结构充当的分句，是用来指明事实根据的。它指明某种事实，作为议论的根据，跟后边的由主谓或动宾结构充当的分句之间，是因果关系或转折关系。

有时是因果关系。如例（20），“这么大的雨”是因，“吴师傅恐怕来不了啦”是果。表示结果的分句，可以用各种不同的语气表达出来。例如：

（31）王家峪？这么远的路，进来喝口水吧。（迟子建《驼梁》，《小说月报》1997 年第 7 期 53 页）

（32）方伯伯，这么大的雪，您怎么出来了？（严瑾等《严峻时刻的音乐会》，《长江文艺》1978 年第 8 期 28 页）

前一例，结果分句用祈使语气。之所以要对方进来喝水，是因为知道对方走了远路。后一例，结果分句是带有惊讶语气的问句。之所以惊讶，原因就在“这么大的雪”。可见，前后分句之间都有因果关系。

有时是转折关系。如例（28），“这么黑的天”和“也不带个电筒”，有转折关系。又如例（29），“那么远的距离”和“三个小时就赶到了古镇”，有转折关系。再如：

（33）这么大的雪，火车不晚点，可不易呀。（阿成《小酒馆》，《小说选刊》1996 年第 11 期 52 页）

“这么大的雪”和“火车不晚点”之间有转折关系。又如：

（34）这么远的路，他从来不坐车。（不简单！）

（35）这么近的路，他也要坐车去。（真差劲！）

前一例是赞扬，表示不容易这样而这样；后一例是批评，表示不应该这样而这样。分句间的关系，都是转折。

从例（28）、例（29）我们还可以看到，“指代（形）的名”结构的分句也可以同动宾结构的分句并列。但是，后边还须有跟它们构成因果关系或转折关系的分句，否则是站不住的。

第三，这些例子里的“指代形（的）名”结构，从构成成分看，都由三部分组成。一为指示代词，二为形容词，三为名词。指示代词部分，常用“这么”，但有时也用“那么（样）”。比方例（29）用了

“那么远的距离”。又如：

(36) 那么大的响声，我还以为窗上花盆砸了呢！（二月河《雍正皇帝·九王夺嫡》45 页）

(37) 那么大的安培，还不给“底度”电费？（罗广斌、杨益言《红岩》，中国青年出版社 1977 年版 41 页）

(38) 那样大的雨，你一定要走，我留你也留不住。（《巴金短篇小说集》第 2 集，开明书店 1949 年版 124 页）

形容词部分，形后常带“的”，但也有不带“的”的。例如：

(39) 那么多敌人，如果你们打了败仗，陕北战争的胜利就要推迟了！（阎长林《胸中自有雄兵百万》）

第三节 第三类现象：“形名，形名”或“数量名，数量名”

先看例子：

(40) 青青竹色，淙淙水声，在您的记忆里，九节街是一首诗。（林斤澜《竹》，《人民文学》1978 年第 7 期 63 页）

(41) 一座扬水站，一座水电站，他在黄河岸送走了无数个战斗的日日夜夜。（许淇《啊！黄河》，《天津文艺》1977 年第 7 期 27 页）

这里的定名结构，大体上可以概括为：“形名，形名”或“数量名，数量名”。

观察这些例子，可以知道：

第一，连用两个定名结构，它们都充当了分句。这类例子里，定名结构的分句性质是无法怀疑的。首先，它们可以离开主谓句或动宾句而自成复句。如：“青青竹色，淙淙水声。”“一座扬水站，一座水电站。”这样的用法不少，例如：“轻轻的风，淡淡的香。”（林斤澜《竹》，《人民文学》1978 年第 7 期 79 页）它们具有“句”的性质。其次，它们跟主谓句或动宾句结合以后，表述作用未变，在结构上，也不可能分析为后边分句里的主语或者别的什么成分。

这类例子里的定名结构充当的分句，不只限于两个。根据实际需要，可以用更多或只用一个。例如：

(42) 五彩缤纷的田野，栉次鳞比的厂房、炼塔、球罐，蜿蜒西去的长堤，金波粼粼的大海……整个杭州湾都沐浴在金色的阳光下。(范建生《在沸腾的金山卫厂区》，《上海文艺》1978 年第 1 期 54 页)

(43) 高高的梯田，山上有了绿意。(梁信《从奴隶到将军》，上海文艺出版社 1978 年版 113 页)

第二，这类例子里，由定名结构充当的分句，是用来列举客观存在的事物的。每个定名结构都指点和描写了某种客观事物的存在。它们都是存在句，并且一般同时具有描写性质。

这种由定名结构充当的分句，同后边的由主谓或动宾结构充当的分句之间，是平列关系或分合关系。

平列关系的，由主谓或动宾结构充当的分句是表意的重点；由定名结构充当的分句，主要起烘托、帮衬之类的作用，借以突出由主谓或动宾结构充当的分句所表达的内容。以上各例都是这样。可见这种平列关系和一般的"平列"也不完全相同。再看一例：

(44) 黑沉沉的夜，黑沉沉的山、山……周围不断传来野兽的吼叫。(梁信《从奴隶到将军》，上海文艺出版社 1978 年版 9 页)

这里的"黑沉沉的夜"和"黑沉沉的山、山"，显然是用来涂抹背景，起着烘托的作用。

分合关系的，前边的由定名结构充当的分句一样一样地列举具体事物，后边的由主谓或动宾结构充当的分句总起来作概括性的描述。例如：

(45) 蔚蓝的晴空，火红的彩霞，雪白的大地，苍绿的山林，炊烟袅袅的小燕村，山坡上蠕动的牛羊群，江山秀丽多姿。(曲波《山呼海啸》，中国青年出版社 1977 年版 556 页)

上例先用六个定名结构分说“晴空”“彩霞”“大地”“山林”“小燕村”“牛羊群”，后用一个主谓结构加以归总：“江山秀丽多姿。”

第三，这类例子里的定名结构，就其构成成分说，主要有两种情况。

一种情况，每个定名结构都是各种修饰成分（主要为形容词）加名词；另一种情况，每个定名结构都是“数量名”。两种情况结合起来，就可以形成“数量形（的）名”的结构。例如：

（46）一根笔直的旗杆，庄严的五星红旗正徐徐升向高空。（少璞等《茶梅行》，《电影文学》1965年第1～2期54页）

第四，这类例子里，连用的定名结构之间，一般都有比较明显的停顿，书面上用逗号隔开。有时，两个定名结构都只有两个音节，更像是两个合成词，书面上它们之间不用表示停顿的逗号，造成了紧缩的形式。例如：

（47）蓝天白云，歌声嘹亮。（黄婴《紫曲河畔》，《解放军文艺》1973年第1期16页）

（48）正是桃花艳阳天。青山绿水，禾苗嫩又鲜。（陈立德《吉鸿昌》，《长江文艺》1978年第6期61页）

上例里，“蓝天白云”“青山绿水”都是“定名＋定名”（“形名＋形名”），它们都形成了“四字格”。这种“定名＋定名”的“四字格”，还可以跟其他定名分句并列使用。例如：

（49）何笛也许生来就是个枯坐书房的命，一杯浓茶，一包香烟，青灯黄卷，几分寂寞，沉浸在浩瀚典籍中，他会感到自己除了尚在呼吸，连心都不会跳动，血液也不会流淌了。（范稳《到处乱跑》，《小说月报》1997年第5期62页）

这个例子里，“一杯浓茶，一包香烟，青灯黄卷，几分寂寞”都表示存现的事物，都对作为描述中心的人物“他（何苗）”起着烘托、帮衬的作用。其中“一杯浓茶，一包香烟，几分寂寞”是“数量名”，“青灯黄卷”是两个“形名”合成的“四字格”。

第四节　第四类现象："程度形（的）名"

先看例子：

（50）我接过茶，喝了一口，多么香甜的罗汉茶啊！（田山雨《口盅的故事》，《南疆木棉红》183页）

（51）大娘不由得心头一热，鼻子一酸：多好的子弟兵啊！（恪牛《柿子红了》，《红石山中》，人民文学出版社1972年版86页）

（52）那江心有几只小船在浮动，一忽儿小船被推在浪尖上，一忽儿小船又被埋在浪头下，好大的风浪啊！（李心田《闪闪的红星》，人民文学出版社1972年版137页）

这里的定名结构，都是"程度形（的）名"。观察这些例子，可以知道：

第一，这里的"程度形（的）名"偏正结构，全都可以变换为"名程度形"主谓结构。它们作用相同，都可以独立成句，也都可以在复句中充当分句。如例（52）的"好大的风浪啊"，可以变换为"风浪好大啊"，整个复句关系不变，意思不变。若单独用，便是单句；用在别的分句后边，便成为分句。

第二，这类例子里，"程度形（的）名"结构是咏叹性的分句。它表示对事物的咏叹，特别突出地强调了人们对事物属性的感觉。它与前边的由主谓或动宾结构充当的分句之间，是申说关系。具体些说，又有两种情况。

一种情况是：前边的分句具体叙写足以引起惊叹的事实，后边用"程度形（的）名"结构作概括性的咏叹。如例（52），前边具体叙写小船的浮动，后边用"好大的风浪啊"加以咏叹。

另一种情况是：前边的分句叙述人物的具体行动，后边用"程度形（的）名"结构表示人物对所见、所闻、所接触的事物的心理感觉上的咏叹。如例（50），"我接过茶，喝了一口"写"我"的具体行动，没有写跟"香甜"的罗汉茶有关的任何事实，后边发出"多么香甜的罗汉茶啊”的咏叹。例（51）也属这一类型。再看一例：

（53）初涉案情大的女大学生啧啧乍舌，多漂亮多豪华的别墅啊！（周文《老马的驳壳枪》，《中篇小说选刊》1999年第1期179页）

“初涉案情大的女大学生啧啧乍舌”，这是人物的具体行动；“多漂亮多豪华的别墅啊”，这是人物发自内心的咏叹。

有趣的是，如果前边分句里用“抬头一看”“伸手一摸”“鼻子一闻”“侧耳一听”之类表示视觉、触觉、嗅觉、听觉等活动的词语，最容易形成这一类型的句式。例如：

（54）我伸手一摸，呵，好热的水！

（55）牛八一听，多熟悉的声音呀！（《湘江文艺》1973年第3期44页）

第三，为了加强这种“程度形（的）名”结构的咏叹性，可以在它的前头加个叹词，或者加个有惊叹作用的“好家伙”“乖乖”。如例（55）用了叹词。又如：

（56）爬到了吊桥下，往上一看，好家伙！好大的吊桥！（克扬、戈基《连心锁》，山西人民出版社1972年版296页）

第四，这类例子里的“程度形（的）名”结构，从构成成分看，“程度”部分用表示程度并且带有感叹语气的“多么”“多”或“好”；“形”的部分用单音或双音形容词，一般带“的”；“名”的部分一般也用单音或双音节的名词。整个“程度形（的）名”后边，还经常带个语气词“啊”，表示感叹语气。

这种“程度形（的）名”结构里，可以插入“数量”，形成“程度形（的）数量名”的结构。当然，“程度”“形（的）”“名”是三个基本的组成部分，“数量”则是可有可无的。例如：

（57）看这地方合格不？房子宽敞，前后左右都有空地做实验田，多好的一个地方啊！（陈大斌《“向阳楼”记》，《天津文艺》1977年第7期27页）

上例出现了“一个”，但可以删除。

第五节　第五类现象："（好）数量形（的）名"

先看例子：

（58）广播乐曲的劳动号子声、汽车马达声交织在一起，一派热气腾腾的劳动气氛。（沈阳部队创作组《雷锋》，《解放军文艺》1977年第5期36页）

（59）红日东升，金霞灿烂，绿茵茵的草原上，百花吐艳，蜜蜂嗡嗡，好一幅动人的图景。（颜明东《金霞灿烂》，《登高望远》，甘肃人民出版社1972年版82页）

（60）朝霞满山，泉流潺潺，好一个山区之晨！（柳剑祥《星儿闪闪》，江西人民出版社1973年版31页）

这里的定名结构，大体上可以概括为："（好）数量形（的）名。"观察这些例子，可以知道：

第一，这里的"（好）数量形（的）名"结构充当了复句的后一分句。一个"（好）数量形（的）名"结构，表示一个判断，在结构上不可能分析为前边分句里的任何一个成分。

这种表示判断的"（好）数量形（的）名"结构，重在强调事物所显示的特色或事物所具有的特点。比方，例（58）"一派热气腾腾的劳动气氛"，重在强调所说的"劳动气氛"，显示"热气腾腾"的特色；例（59）"好一幅动人的图景"，重在强调所说的图景，显示"动人"的特色；例（60）"好一个山区之晨"，重在强调所说的晨景，显示"山区"的特色。用这种定名结构对事物进行断定，显得干脆利落，突出重点。再看一例：

（61）此时已临秋季时节，轿外山染丹枫、水濯寒波，京师大雨之后清寒袭人，路旁一片片池塘寒波涟涌、芦荻摇曳，一派肃杀景象。（二月河《雍正皇帝·九王夺嫡》443页）

上例定名结构中用了形容词"肃杀"，简明而又突出地强调了"景象"的特色。

第二，这类例子里，“（好）数量形（的）名”结构是归总性分句。对前边的分句说，它有“一言以蔽之”的作用。它和前边的分句之间，也是一种申说关系，跟分合关系十分接近。它前边的分句愈多，它的归总作用就愈明显。例如：

（62）在通往矿山办公室的路上，以秧歌为前导，随着十几辆满载器材的手推车，后边有的一个人抱着，有的两个人抬着，接着又是秧歌队，又是人群，络绎不绝，队伍很长，红旗招展，锣鼓喧天，一片欢腾景象。（李云德《沸腾的群山》第1部，人民文学出版社1972年版150页）

上例仅用“一片欢腾景象”六个字，便把前边分句所叙写的那么多内容全都概括起来了。

第三，就构成成分说，这类例子里的定名结构有三个基本部分，即“数量”“形（的）”“名”。它们前头的“好”，有时也不是可有可无的成分。下面分别谈谈。

“数量”部分和“名”部分是相配合的。“数量”部分，常见的是“一派”“一片”“一幅”；“名”部分，常见的是“景象”“气象”“景色”“画图”之类。别的数量结构和名词有时也用，如例（60）的“一个”和“晨”，但比较少见。另外，不管用什么量词，数词都限于“一”。

“形（的）”部分，情况比较复杂。所谓“形”，实际上是各种修饰语的代称。

“数量形（的）名”前头的“好”字，有时用不用都站得住，有时则必须用。这取决于所用的量词及相应的名词。若量词是“派”“片”，名词是“景象”“景色”之类，用不用“好”都行。如例（58）、例（62），没用“好”，但可以加上。若量词是“幅”“个”“支”等，名词表示比较具体的事物，“好”就必须用。如例（59）、例（60）里的“好”不能去掉。

第四，“数量形（的）名”前头加了“好”，后边有时还带上一个表示感叹的语气词。这种加“好”的分句，既有归总作用，又有明显的咏叹意味。例如：

（63）积肥的社员们还没有收工，漫山遍野，呵嗬喧天，此起彼伏，好一派跃进山区的景象哪！（《山鹰展翅》，湖南人民出版社1972年版185页）

（64）从清早打到晌午歪，八路军几次冲锋，把日本鬼子打了个稀里哗啦，咳呀！好一场大战呀！（梁斌《翻身记事》，人民文学出版社1978年版76页）

“好”是赞叹之词，所以对不值得赞叹的事物就不能加“好”。比方，例（61）的“一派肃杀景象”，通常情况下不会说成“好一派肃杀景象”。又如：

（65）有的主张谈，有的主张打，一片乱哄哄的喊叫声。（张行《武陵山下》，湖南人民出版社1978年版322页）

这里的“一片乱哄哄的喊叫声”，不能说成“好一片乱哄哄的喊叫声（啊）”。

本章小结

第一，定名结构和主谓、动宾结构可以一起组成复句，分别充当分句。由定名结构充当的分句，在同主谓句、动宾句等“发生了关联”时，仍然不会失去“句子的性质”。

第二，定名结构和主谓、动宾结构一起组成复句，它们之间可以发生平列、分合、申说、连贯、因果、转折等多种关系。

第三，能够充当分句的定名结构，有特定的形式。本文讨论了以下五种：

A. 数量名——“表动量的数量结构＋名词”。

B. 指代形（的）名——“这么、那么＋形容词＋名词”。

C. 形名，形名——“形容性词语等＋名词，形容性词语等＋名词”。

数量名，数量名——“表物量的数量结构＋名词，表物量的数量结构＋名词”。

D. 程度形（的）名——“多么、多、好＋形容词＋名词”。

E.（好）数量形（的）名——“（好）＋一派、一片等＋形容性词语等＋名词”。

第四，各种形式的定名分句，在复句里有一定的位置。A 式、B 式、C 式，基本位置在别的分句前边；D 式、E 式，用在别的分句后边。

第五，各种形式的定名分句，在复句里各有作用。A 式，用来叙述现实中出现的某种变化情况；B 式，用来指明事实，提出议论的根据；C 式，用来列举客观存在的事物；D 式，用来咏叹事物的属性；E 式，用来归总景物之全貌。

最后，还有三点要说明的。

其一，不同形式的定名结构，可以在一个复句里配合使用，分别充当分句。例如：

（66）在有“天堂”之称的江南，一片片富饶的水乡，一片片美丽的田园，一片片吐艳的桃林，好一派风和日暖、春光明媚的景色。（碧野《山高水长》，《上海文艺》1978 年第 8 期 60 页）

上例里，“在有‘天堂’之称的江南”是介词结构，用于句首作状语。“一片片富饶的水乡，一片片美丽的田园，一片片吐艳的桃林”是C 式，“好一派风和日暖、春光明媚的景色”是 E 式，前分举，后归总。

其二，以上所说的五种形式的定名结构，固然可以成为分句，但也不一定就是分句。如果它们跟别的词语发生了成分组合的关系，当然只能是句子的一个成分。例如：

（67）一阵熟悉的脚步声，从门外传来，正在饭桌旁摆放凳子的桂香嫂，抬头见玉芳推门进来，急忙迎上去亲热地挽住她的手，拉到桌边来。（林井然《巍巍的青峦山》，上海人民出版社 1977 年版 129 页）

（68）整齐的队伍，鲜艳的红旗，红绿的标语……这一切都使他非常满意。（林井然《巍巍的青峦山》，上海人民出版社 1977 年

版 258 页）

前一例，“一阵熟悉的脚步声”和“从门外传来”是主谓关系，分别作一个分句里的主语部分和谓语部分。后一例，“整齐的队伍，鲜艳的红旗，红绿的标语”为“这一切”所复指，它们充当“这一切”的外位成分，实际上是“都使他非常满意”的逻辑主语。这两例中，都不存在定名结构充当分句的现象。如果改为：

（69）一阵熟悉的脚步声，玉芳推门进来了。

（70）整齐的队伍，鲜艳的红旗，红绿的标语，欢呼声响彻云霄。

这里便出现定名结构充当的分句了。

其三，本书论及的五类现象，并未包括定名结构充当分句的全部情况。

在对话的场合，还会有这样的现象：

（71）一斤绍酒。——菜？十个油豆腐，辣酱要多！（鲁迅《在酒楼上》）

（72）傍晚时军团部过来了，特务团，骑兵连，手枪营，挑夫队。（赵淇《苍茫组歌》，《小说选刊》1996 年第 11 期 7 页）

前一例，见于对话场合。定名结构“十个油豆腐”用作前分句，跟“辣酱要多”形成并列关系。后一例，见于总分性动态描述场合。主谓结构“傍晚时军团部过来了”用作前分句，是总说；四个定名结构“特务团，骑兵连，手枪营，挑夫队”用作后分句，相互间有连贯关系，是分说。可知，在实际语言运用中，定名结构充当分句的情况是复杂而多变的。

第五章 “NP了”句式充当分句

“NP了”，指“名词+了”或“名词短语+了”，包括“定名结构+了”。

一个名词或一个名词短语，带上“了”，可以成为一个分句，跟别的分句合成复句。本章从不同角度考察“NP了”充当分句的种种现象。

第一节 两个基本格式

用NP代表名词和名词短语，用S代表跟“NP了”连用的分句，可以列出两个基本格式：

Ⅰ NP了，S。

Ⅱ S，NP了。

格式Ⅰ，“NP了”充当前分句；格式Ⅱ，“NP了”充当后分句。例如：

（1）大姑娘了，要注意整洁！

（2）大姑娘了，一件像样的衣服也没有！

（3）要注意整洁，大姑娘了！

（4）一件像样的衣服也没有，大姑娘了！

（5）转眼春妞已有十八岁，大姑娘了！

前两例是“NP了，S”，后三例是“S，NP了”。

第二节　助词“了”

“NP了”成为分句的关键是助词“了”。如果不用“了”，NP和S就不构成复句，或者连起来说站不住。例如：

（6）大姑娘，要注意整洁！

（7）大姑娘，一件像样的衣服也没有！

（8）要注意整洁，大姑娘！

（9）一件像样的衣服也没有，大姑娘！

（10）转眼春妞已有十八岁，大姑娘！

这里的“大姑娘”都不能分析为分句。前两例，“大姑娘”可以分析为主语或呼语；后两例，“大姑娘”可以分析为呼语；最后一例，连着前边的分句说“大姑娘”，站不住。再比较：

（11）哼，二十几岁的姑娘，这么不要脸，以后还能嫁得出去？（竹林《水潺潺》，《十月》1983年第3期104页）

（12）哼，二十几岁的姑娘了，还这么不要脸，以后还能嫁得出去？

前一例，“二十几岁的姑娘”可以分析为主语；后一例加了个“了”，“二十几岁的姑娘了”便是一个分句。

第三节　“都……了”

作为分句，“NP了”叙述情况的变化。“了”是表示情况变化的语法成分；配合“了”，“NP了”前边常常用副词“都”，成为：

都NP了，S。

S，都NP了。

这里的“都”是时间副词，相当于“已经”。例如：

（13）都大姑娘了，要注意整洁！

（14）都大姑娘了，一件像样的衣服也没有！

(15) 要注意整洁,都大姑娘了!

(16) 一件像样的衣服也没有,都大姑娘了!

(17) 转眼春妞已有十八岁,都大姑娘了!

按说也可以用“已经NP了”,但口语中常说“都NP了”。看这几个例子:

(18) 都老大不小的人了,还跟个孩子一样。(申文钟《山翠菊香》,《长江》1983年第2期216页)

(19) 都什么年代了,还在搞什么边设计、边施工、边准备投产?(张锲《改革者》,《当代》1982年第5期19页)

(20) 都什么时候了,还在睡觉!

这三例是“都NP了,S”。“都NP了”也可以移到后边:

(21) 还跟个孩子一样,都老大不小的人了。

(22) 还在搞什么边设计、边施工、边准备投产,都什么年代了?

(23) 还在睡觉,都什么时候了!

这三例是“S,都NP了”。

第四节 分句间的关系

包含“NP了”分句的复句,分句与分句之间有因果、转折、倒置因果、倒置转折、归结按注等关系。“NP了,S”格式和“S,NP了”格式需要分开来讨论。

一、“NP了,S”格式,可以分为因果式和转折式两种

因果式,“NP了”和S之间可以用表示因果关系的标志性词语。如例(1)是因果式,可以说成:“大姑娘了,所以要注意整洁!”再比较:

(24) 高等动物了,黄牛、水牛都欺生……

(25) 但或者因为高等动物了的缘故罢,黄牛、水牛都欺生……(鲁迅《社戏》)

前一例“高等动物了”表示原因，后一例加上“因为……的缘故”，作为原因分句的身份就十分明显。

为了强调结果或结论，因果式里S常用反问句。例如：

(26)（快过来，）一个部队的老战友了，还用我介绍么！（字心《雾中鼓声》，《昆仑》1983年第1期83页）

上例“还用我介绍么”是反问句，等于说“不用我介绍了”。

转折式，“NP了”和S之间可以用表示转折关系的标志性词语。如例（2）是转折式，可以说成：“大姑娘了，可是一件像样的衣服也没有！”又如：

(27) 快六十岁的人了，看上去却只有五十岁左右……（张廷竹《五十四号墙门》，《芙蓉》1983年第2期5页）

(28) 别看二十几的人了，却爱脸红……（申跃中《清水河畔一盏灯》，《十月》1983年第1期135页）

前一例前后分句之间用“却”，后一例前后分句之间用“别看……却……”。

不管是因果式还是转折式，“NP了”后边都可以加“嘛”，借以表示情况明显。如“大姑娘了嘛，要注意整洁！”“大姑娘了嘛，一件像样的衣服也没有！”又如：

(29)（不准罗，你给我“啥也没看见”!）老兵了嘛，该……（朱苏进《引而不发》，《昆仑》1983年第1期5页）

这里用了“NP了嘛”，跟S“该……”之间有因果关系。

二、“S，NP了”格式，可以分为倒置因果式、倒置转折式、归结按注式三种

倒置因果式，S表果，“NP了”表因，是因果式“NP了，S”的变换式，“NP了”也可以带上“嘛”。如例（3）是倒置因果式，是例（1）因果式的倒置。又如：

(30) 补发了九百块钱工资，也该买块好表、换辆好车啦，老大不小的人了……（遇罗锦《天使》，《百花洲》1983年第3期103页）

(31) 搞政工的都板起面孔来说教，不变成孤家寡人才怪呢，八十年代了嘛！(曾果伟《生活的呼唤》，《芙蓉》1983年第2期105页)

这两例都是"S，NP了"，都是因果倒置。例(30)，"老大不小的人了"表原因，移到前边就成了"NP了，S"因果式；例(31)，"八十年代了"表原因，带"嘛"，移到前边也成为"NP了，S"因果式。

倒置转折式，S指明某种事实，跟"NP了"所说的事实有转折关系，是"NP了，S"转折式的变换式。如例(4)是倒置转折式，是例(2)两个转折项的倒置。又如：

(32) 还住这么小的房子，大干部了！

(33) 连家信也写不好，都中学生了！

这里转折项倒置。如果把"大干部了""都中学生了"移到前边，就成为"NP了，S"转折式。

一般的转折复句不容易把前项和后项直接倒置，但把"NP了，S"转折式倒置为"S，NP了"却是自由的，没有条件限制的。比较：

(34) 四十多岁的人了，说话跟穿开裆裤的孩子差不离！(赵新世《鸡为媒》，《长江》1983年第2期200页)

(35) 说话跟穿开裆裤的孩子差不离，四十多岁的人了！

例(34)是"NP了，S"转折式，例(35)是"S，NP了"倒置转折式。

归结按注式，S表明事实，"NP了"是对S所说的事实的归结，或者是对S有关内容的按注。S可以是一个分句，也可以是两个或几个并列的分句。如例(5)是归结按注式，S本身是一个分句。又如：

(36) 渐渐到了市中心，十字大路了。(葛均义《旗镇》，《小说月报》1997年第7期31页)

(37) 同学六年，同厂十一年，十七年的朋友了。

前一例，S是一个分句，"十字大路了"表示按注；后一例，S包含两个分句，"十七年的朋友了"既是归结也是按注。

有时，归结按注式中的"NP了"复用S中的某个词语。例如：

（38）往事越十年，十年了！（陈海萍《清清的矿泉水》，《百花洲》1982 年第 6 期 108 页）

“十年”前后复用。“十年了”仍然可以看作是一种归结，一种按注。

三、“NP 了”有时单独出现，但实际上隐去了 S。这有两种情况

第一，只说“NP 了”，S 没有说出但可以领会。“NP 了”和隐去的 S 之间有因果关系或转折关系。例如：

（39）苏南和李兴对马长风和曾淑贤的相遇感到惊奇。问：“你们认识？”马长风笑笑说：“老同学，老朋友了。”（杨燮仪《无名小卒》，《当代》1983 年第 2 期 26 页）

（40）宋廷焯……声音低沉，“拿我的枪上岗，会用不？”西丹石半晌才挤出一句：“老兵啦。”（朱苏进《引而不发》，《昆仑》1983 年第 1 期 6 页）

前一例，“老同学，老朋友了”后边显然隐去了“当然认识”，补说出来就成为“NP 了，S”因果式。后一例，“老兵啦”等于“老兵了啊”，后边隐去了“当然会用”。“老兵了啊”是因，“当然会用”是果，“NP 了”和隐去的 S 之间有因果关系。假如一位教师看学生作文，发现错别字连篇，摇头叹道：“咳，高中生了！”后边显然隐去了“还写这么多的错别字”，在这种情况下，“NP 了”和隐去的 S 之间便是转折关系了。

第二，“NP 了”是个问句，隐含着对某一事实的评价和赞叹，作用相当于因果式“NP 了，S”。例如：

（41）中学生了？
（＝中学生了，真不错！
中学生了，真了不起！）

（42）大干部了？
（＝大干部了，真有出息！
大干部了，提升得真快！）

第五节 NP的推移性

能进入“NP了”句式的NP具有推移性。它所表示的概念，是由相对的概念推移而来的，原来并非如此。就词语的性质说，NP有三种。

一、NP是表示人或事物的名词或名词短语

这类NP带上“了”，意味着人或事物发生由小到大、由新到老、由低级到高级、由存现到消失等等的变移。如“大姑娘了”（小姑娘→大姑娘），“老兵了”（新兵→老兵），“中学生了”（小学生→中学生），“高等动物了”（低等动物→高等动物）。又如：

(43) 我老了，废物了，忘性比记性好。（浩然《老人和树》，《当代》1982年第6期138页）

(44) 我真想命令他把帽子摘下来，可又想，要走的人了，算了，只当没看见。（龚绍东《他，就这样走了》，《小说选刊》1983年第2期44页）

前一例，“NP了”是“名词＋了”。“废物”是由“年轻力壮的人——年富力强的人”之类概念变移而来的概念。后一例，“NP了”是“名词短语＋了”。“要走的人”是由“或走或不走的人——批准走的人”之类概念变移而来的概念。

表示人或事物的NP，有的并列两个名词，表示一对关系概念。这一对关系概念是由另一对级别较低的关系概念变移而来的。例如：

(45) 夫妻了，还分那么清干什么？

(46) 老夫老妻了，我能想象他一旦知道真相的强烈反应。（燕子《太阳雨》，《中篇小说选刊》1997年第4期30页）

前一例，“夫妻”关系是由非夫妻关系变移而来的；后一例，“老夫老妻”的关系是由非老夫老妻的关系变移而来的。

二、NP是表示时点或地点的名词或名词短语

这类NP带上“了”，意味着由甲时点或地点推移到乙时点或地点。

如“八十年代了”是“名词短语＋了”，表示：……七十年代→八十年代；“十字路口了”是“名词短语＋了”，表示：非十字路口→十字路口。又如：

（47）暑假了，有的是时间……（鲍力、昌旭《黄果兰，更娇艳的黄果兰》，《小说月报》1982 年第 12 期 64 页）

（48）都十点钟了，他为什么还没到？

（49）郑州了，有没有人下车？

“暑假了”是“名词＋了”，表示：寒假后一学期→暑假。“都十点钟了”是“（都）名词短语＋了”，表示：九点钟→十点钟。“郑州了”是“名词＋了”，表示：武昌→郑州，或北京→郑州。

时点有大有小。“八十年代”是大的时点，“暑假”是较大的时点，“十点钟”是较小的时点，“十点一刻”是更小的时点。有时，NP 用“什么年代”“什么时候”这样的名词短语，分别表示大的时点和小的时点，但都是说话人当前所处的时点。如例（19）“都什么年代了”，例（20）“都什么时候了”。由于 NP 中用了“什么”，“（都）NP 了”带有比较重的反问和感叹的语气。

时点若直指当前的时间，“NP 了”可以说成“这时候了”。例如：

（50）这时候了，还不回来！（遇罗锦《天使》，《百花洲》1983 年第 3 期 101 页）

三、NP 是表示时段或地段的名词短语

这类 NP 带上“了”，意味着时段由短到长或由长到短的推移，或者表示地段由小到大或由大到小的推移。如：“三个时辰了，一点动静也没有！”（时间由短到长）“半个小时了，不走就赶不上飞机了！”（时间由长到短）“上百里的地盘了，谁也不敢轻视！”（地盘由小到大）“几十米的距离了，快开枪！”（距离由大到小）

表示具体的时段，NP 往往用“时段数量（的）＋名词‘时间’”的名词短语。例如：

（51）整整三年的时间了，他没来过一封信！

名词“时间”一般隐去。因此，常见的NP是用表示时段的数量词（量词是“准量”）。例如：

（52）三年了，临走时总算知道了指导员希望了解一个战士，真不容易啊！（龚绍东《他，就这样走了》，《小说选刊》1983年第2期46页）

（53）唉，谁知道，要块地盘这么多道手续，这么难呢？都三年了！（浩然《误会》，《小说选刊》1983年第2期54页）

如果不需说明时段的具体数量，NP可以用“这么长的时间”“这么多的年头”之类的名词短语。其中的形容词只能用“长”，不能用“短”；只能用“多”，不能用“少”。例如：

（54）这么长时间了，难道半路出了故障？（李万启《榛子河的战斗》，《解放军文艺》1973年第4期39页）

（55）这么多年了，谁知道他在不在？（映泉《白云深处》，《人民文学》1982年第11期5页）

四、关于没有推移性的NP

NP不管是指人物、指时点地点或指时段地段，如果没有推移性，就不能说成“NP了”；如果没有自彼到此的推移性，也不能说成“NP了”。例如：

（56）百把斤的猪了，哪能随便卖出去？

＊（57）猪了，哪能随便卖出去？

“百把斤的猪”是由“不到百把斤的猪”变来的，有推移性，因此能说成“百把斤的猪了”；“猪”不是由别的什么东西变成的，没有推移性，因此不能说成“猪了”。又如：

（58）大孩子了，对大人要有礼貌！

＊（59）小孩子了，对大人要有礼貌！

“大孩子”跟“小孩子”相对，并且是由“小孩子”变来的，因此能说成“大孩子了”；“小孩子”跟“大孩子”相对，但不是由“大孩子”变来的，因此不能说成“小孩子了”。

第六节 “NP了”句式的结构类型

所谓“NP了”句式，是非主谓句句式，在结构类型上属于通常所说的“无主句”。以下三点值得注意：

第一，“NP了”具有自足性，不需补上主语，也不能直接补上主语。要补主语，只能说成：

NP（主语）是NP了。

这是主谓句式，中间必须用“是”。例如：

（60）我们是老夫老妻了，还讲这个？

单说“老夫老妻了”，本身自足，意思明显，是非主谓句；改成主谓句，就得加“是”，说成“我们是老夫老妻了”。

第二，有个例外，就是有的“NP了”前边可以直接补上主语“天”，但这个主语并非实指，是可有可无的。例如：

（61）天啥时候了，还泡在车间里……（康云、杨长赢《滚球记》，《小说选刊》1983年第2期11页）

上例“天”可以不用。“啥时候了”和“天啥时候了”同“下雨了”和“天下雨了”情况相似。

第三，“NP了”不能直接采用否定形式。如果要用否定形式表达跟“NP了”同义的内容，就得将NP换成表示相对概念的NP，并且得说成：

（NP一主语）不是NP了。

这是主谓句式，“NP了”前边加“不是”。比较：

（62）大人了，还这么爱哭！

（63）不是小孩子了，还这么爱哭！

“大人了”是“NP了”充当分句；“不是小孩子了”是“（NP一你）不是NP了”充当分句。“（NP）不是NP了”实际上是“（NP）是NP了”的否定形式，因此，作为一种句式，“NP了”实际上没有否定形式。

本章小结

“NP 了”可以成为一个分句。用 S 代表跟“NP 了”连用的分句，可以列出两个基本格式：①NP 了，S；②S，NP 了。

包含“NP 了”分句的复句，分句与分句之间有因果、转折和倒置因果、倒置转折、归结按注等关系。“NP 了”有时单独出现，但实际上隐去了 S。

“NP 了”成为分句的关键是助词“了”；配合“了”，“NP 了”前边常常用副词“都”。能进入“NP 了”句式的 NP 具有推移性。它所表示的概念，是由相对的概念推移而来的，原来并非如此。

“NP 了”句式是非主谓句句式，具有自足性，不需补上主语，也不能直接补上主语。“NP 了”不能直接采用否定形式。

第六章　跟复句相关的双主语句式

本章讨论跟复句相关的一种双主语句式。双主语句式本身是单句，但它可以分解为复句，因此说它跟复句相关。了解这一句式，可以在某种程度上深化对单句与复句的相互联系的认识。

朱德熙的《“的”字结构和判断句》中曾提到过双主语的概念，他说：“‘这把刀我切肉’里的‘切’有一个宾语，两个主语。通常把‘我给你一本书’里的‘一本书’叫直接宾语，把‘你’叫间接宾语，相应地，我们可以把‘这把刀我切肉’里的‘我’叫直接主语，‘这把刀’叫间接主语。”所举的例子还有“这个杯子我喝酒”，“这间屋子咱们堆东西”，“这件事我不发生兴趣”，等等[①]。朱先生从动词的“向”的观念出发提出双主语的问题，无疑有开拓意义。不过，本章所说的双主语句式跟朱先生所提的现象并不相同。

联合结构作主语，不管联合项有多少，都只能整个儿算一个主语。有人把作主语的联合结构的两个联合项说成是两个主语，这跟本章所说的“双主语”也不相同。

第一节　结构关系

本章所说的双主语句式，指的是这类现象：

你这是干什么？

他这是晕过去了。

这一句式，包括“人·事·判·动”四个组成部分。即：

1	2	3	4
人	事	判	动
你	这	是	干什么
他	这	是	晕过去了

第一个组成部分是指人主语，可代为 S_1；第二个组成部分是指事主语，广义地说，也可以认为是指物主语，可代为 S_2。整个句子，可以概括为：S_1S_2 是 VP。

一、双主语句式往往可以分解为两个分句，指人主语和指事主语各做一个分句的主语

这时，四个组成部分分解为两半，两个分句各得一半。分解为复句之后，后分句对前分句起解注作用。即：

S_1S_2 是 VP。（单句）

→S_1VP，S_2 是。（复句）

例如："他这是怎么啦?"可以分解为：

（1）他怎么啦，这是?（周骥良《我们在地下作战》下，中国少年儿童出版社 1959 年版 46 页）

"S_1S_2 是 VP"能不能分解为"S_1VP，S_2 是"，跟句子是不是疑问句、陈述句、反问句等语气类型有很大的关系。

"S_1S_2 是 VP"如果是疑问句，一般都可以分解成"S_1VP，S_2 是"。例如：

他这是发什么疯呀?

→他发什么疯呀，这是?

你们这是要干什么?

→你们要干什么，这是?

你们这是把我弄到哪啦?

→你们把我弄到哪啦，这是?

有意思的是，"是"前若用修饰语，分解后修饰语便离开"是"，向 VP 靠拢。比较：

a. 你这到底是忙些什么呀?

你到底忙些什么呀，这是？

b. 他这已经是三到工地了吧？

他已经三到工地了吧，这是？

“S_1S_2是VP”如果是陈述句，VP必须包含有表明时间因素的词语，才能顺当地分解为“S_1VP，S_2是”。例如：

我这是在开沟！

→我在开沟，这是！

他这是第二次考大学了。

→他第二次考大学了，这是！

你们这是要害人呀！

→你们要害人呀，这是！

前一例VP包含“在”，表明行动还在持续；中间一例VP包含“第二次”和“了”，表明行动到现在才完成，可能还在持续；后一例VP包含“要”，表明行动即将发生。不包含表明时间因素的词语的，并非完全不存在分化的可能性，但分化起来总使人感到没那么顺当自然。

在陈述句里，“是”前若用修饰语，分解后修饰语也离开“是”，向VP靠拢。例如：

老马这已经是第二次被捕了。

→老马已经第二次被捕了，这是。

否定式陈述句，不能分解。比如：

她这不是在写文章，(是在糟蹋稿纸！)

→ * 她在写文章，这不是！

然而，“S_1S_2是VP”里，如果“是”前加“不”构成反问句，反而能够分解，让“这不是”起反问的作用。例如：

她这不是在写文章？

→她在写文章，这不是？

我这不是已经画好了？

→我已经画好了，这不是？

二、"双主"同谓项可以任意单连，或者说，指人主语和指事主语可以任意隐去其中一个而句子仍然站得住

即：

S_1S_2 是 VP。

→S_1 是 VP/S_2 是 VP。

例如：

你这是怎么搞的？

→你是怎么搞的？/这是怎么搞的？

"S_1 是 VP"，这是指人主语同谓项单独连用的句式。运用这种单主语句式，实际上是隐去了指事主语，换句话说，实际上包含着指事主语，因此，完全可以把指事主语添加上去。观察下面的例子，可以看到这种有趣的现象：

(2) 春儿说："你这是干什么，你不愿意叫我们抗日吗？""我是为你好。"客人嘻嘻的笑着说。(孙犁《风云初记》，作家出版社1964年版105页)

(3) 我这不是挑拨你们父子不和，我全是为你们好。(浩然《艳阳天》第一部，作家出版社1964年版206页)

前一例，前边的问句用"你这是干什么"，后边的答句自然也可以用"我这是为你好"；后一例，前边的否定句用"我这不是挑拨你们父子不和"，后边的肯定句自然也可以用"我这全是为你们好"。这说明，S_2 是否出现，是任意的，而且是不影响句子的含意的。说话人如果感到有强调一下的必要，完全可以将它补出，使句子成为双主语句。

"S_2 是 VP"，这是指事主语同谓项单独连用的句式。运用这种单主语句式，实际上是隐去了指人主语，其意思仍然包含着指人主语，完全可以将指人主语添加上去。分析下列例子，也挺有趣味：

(4) 她从兜里拿出一把票子，借灯光数出七十元，递给拗相公，拗相公道："这是做什么呀？"(周宜地《拗相公出山》，《浙江文艺》1980年第7期23页)

(5) 我用大口罩遮掩了大半个面庞，紧握着大扫把，使劲地

扫着。大扫把扬起了滚滚的烟尘，来往行人都掩面捂鼻跑过……“哪见过这样扫地的？”“这不是扫地，是在扬灰！”（贺景文《马路天使》，《广州文艺》1980年第8期10页）

前一例，也可以说成“你这是做什么呀”。“你”指递钱的“她”，“这”指递七十元钱的事实。这里单说“这是做什么呀”，显然隐含着“你”，只要说话人觉得有必要，就可以补说出来。后一例，也可以说成“她这不是扫地，是在扬灰”。“她”指扫地的“我”，“这”指用大扫把使劲扫地扬起滚滚烟尘的事实。这里单说“这不是扫地，是在扬灰”，显然隐含着“她”，只是没说出来罢了。

可见，对谓项说来，S_1S_2都是主语。显S_1隐S_2时，S_1无疑是主语；隐S_1现S_2时，S_2无疑是主语；那么，S_1和S_2同时出现时，双主语的现象就形成了。

三、“双主”同时出现时，指人主语后边可以有一定的停顿，并且还可以带上语气词“啊”

换句话说，指人主语和指事主语在语音上可以分裂开，不一定结合成一个音段。即：

S_1S_2是VP。

→S_1（啊），S_2VP。

首先，S_1后边可以有一定的停顿，书面上可以加逗号或省略号；S_1还可以在加逗号以后再反复一遍。例如：

(6) 你们，这是在干什么？（高尔品《律师之家》，《作品》1980年第6期11页）

(7) 我……这不是正要走吗？（杨佩瑾、刘仁德《雾江帆影》，《电影创作》1980年第7期55页）

(8) 你，你这是做什么？（杨佩瑾、刘仁德《雾江帆影》，《电影创作》1980年第7期75页）

其次，S_1还可以带上语气词“啊”，并略有停顿，书面上用逗号。例如：

(9) 他呀，那是做梦！（浩然《艳阳天》第一部，作家出版社

1964 年版 68 页）

只要是停顿和语气的需要，凡是“S_1S_2 是 VP”，都可以这么办。这表明，S_1S_2 在主语位置上的结合并非结构关系的组合，它们可以不组合成一个音段，不能认为是组合成了偏正结构，即不能认为 S_1 是 S_2 的定语[②]；这又表明，S_1 可以被强调突出，使其主语身份十分明显，而另一个主语 S_2 的身份也是不容置疑的。

四、指人主语有时可以融入谓语部分，出现于“是”和 VP 之间，使指事主语单独作为全句主语而显得突出

即：

S_1S_2 是 VP。

→S_2 是 S_1VP。

例如：

（10）在我们的记忆里，这是他第一次没有拒绝别人的搀扶。（马林梦《厨房交响曲》，《电影创作》1980 年第 3 期 30 页）

（11）方达从舷梯上跨了两步，紧盯着老刘自语：“这么快，这是他在作最后的冲刺。”（马林梦《厨房交响曲》，《电影创作》1980 年第 3 期 32 页）

前一例，“这是他第一次没有拒绝别人的搀扶”，等于说“他这是第一次没有拒绝别人的搀扶”；后一例，“这是他在作最后的冲刺”，等于说“他这是在作最后的冲刺”。

由名词充当的指人主语也可以融入谓语部分。例如：

（12）这不是平常的信，是一封封的遗书。她（范熊熊）在给几个同事的信上写着：“这是小范向你们四位长辈最后一次问好……”（任斌武《无声的浩歌》，《人民文学》1980 年第 8 期 3 页）

上例的“这是小范向你们四位长辈最后一次问好”，也可以说成“小范这是……最后一次问好”，或者是“我这是……最后一次问好”。

“S_1S_2 是 VP”并非都能转化为“S_2 是 S_1VP”。疑问句和否定式陈述句不能这么转化，肯定式陈述句也只是一部分能这么转化。能转化的，都符合两个条件：一是 S_1 和 VP 能配搭得拢；二是 S_2 之所指可以

是 S_1VP。例如：

我这只是随便说说。

→这只是我随便说说。

他这已经是格外开恩了。

→这已经是他格外开恩了。

如果不符合上述的条件，不能这么转化。例如：

我这全是为了你。

→＊这全是我为了你。

您这简直是搬家了。

→＊这简直是您搬家了。

前一例，S_1 和 VP 配搭不拢；后一例，S_2 之所指只是 VP，而不包括 S_1VP。

否定式反问句，相当于肯定式陈述句，因此也能转化，条件跟肯定式陈述句相同。例如：

他这不是来了？

→这不是他来了？

“S_2 是 S_1VP”的转化形式，使我们看到了 S_2 可以单独成为全句的主语。在“S_1（啊），S_2 是 VP”这样的形式里，S_1 是突出的；而在“S_2 是 S_1VP”这样的形式里，则轮到 S_2 突出。这表明，一方面固然不能把 S_1 看作定语，依附于 S_2，另一方面也不好把 S_1 看作全句的大主语，而把 S_2 看作隶属于谓语部分的小主语。

顺带指出，从主语和谓语相对待的关系看，也不好把 S_2 分析为小主语。因为，用“怎么样”之类的提问来划定谓语部分，S_1 划不进去。看这个例子：

(13) 他们这是要用火药枪害志伟啊！（赵国庆《救救她》，《新苑》1979 年第 3 期 32 页）

如果问：“他们怎么样？”针对“怎么样”只能回答“要……”或“是要……”，而不能回答“这是要……”。这就是说，把“他们”和“这”看作双主语，句子更好分析。

五、总起来说，双主语句式可能有四种变化

即：

S_1S_2 是 VP。

→S_1VP，S_2 是。

→a. S_1 是 VP | b. S_2 是 VP

→S_1（啊），S_2 是 VP。

→S_2 是 S_1VP。

这四种变化，可以帮助我们了解双主语句式的逻辑基础。对这种句式，不能采用简单的层次分析，应该图示为：

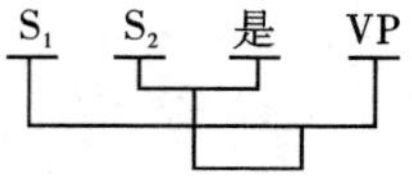

诚然，句子里词语的组合是有层次的。但是，层次的判明如果只是按照一种简单化的办法由大到小往里分割，而不考虑到各种复杂情况，恐怕对说明句子格局、确定汉语句型意义不大。吕叔湘先生在《汉语语法分析问题》中所作的一些图示，是很有启发性的③。

第二节 组成部分

作为一种特定句式，双主语句式为四个组成部分所共同规约。了解这一句式，需要进一步考察四个组成部分的构成状况。

一、第一个组成部分：指人主语 S_1

S_1 一般用人称代词表示。常见的是用第二人称代词，但其他人称代词也用。请看下面几组例子。

①用第二人称代词“你”“您”及其复数形式“你们”的，例如：

（14）你这是故意跟我开玩笑了。（《曹禺选集》乙种本，开明书店 1952 年版 359 页）

（15）您这是怎么嚓？（《老舍剧作选》，人民文学出版社 1959 年版 24 页）

（16）你们这是说什么哪？（浩然《艳阳天》第一部，作家出

版社 1964 年版 214 页）

②用第一人称代词“我”（或“咱”）及其复数形式“我们”（或“咱们”）的，例如：

（17）我这是恨我自己。（崔雁荡《郑师傅的遭遇》，中国少年儿童出版社 1964 年版 11 页）

（18）我们这是练习打游击战。（孙犁《风云初记》，作家出版社 1963 年版 58 页）

（19）咱们这是讨论事情，你何必动那么大的肝火？（丁仁堂《嘎拉胡镇黄昏之后》，《新苑》1979 年第 3 期 108 页）

③用第三人称代词“他”（或“她”）及其复数形式“他们”（或“她们”）的，例如：

（20）孙燕心里猛地一震：天哪，她这是怎么了？（万方《空镜子》，《小说月报》2000 年第 2 期 17 页）

（21）他们这是欺负人呀！（崔雁荡《郑师傅的遭遇》，中国少年儿童出版社 1964 年版 99 页）

④用旁称代词“人家”的，例如：

（22）人家这是在写大论文哪！

（23）人家这是要开饭馆哪！

S_1 也可以用表人名词表示。所用的名词包括专用名词和一般名词。例如：

（24）余新江这是第一次听到了许云峰的下落。（罗广斌、杨益言《红岩》，中国青年出版社 1962 年版 410 页）

（25）山脚下，一队持枪的敌兵叫喊着追来。大兴：“敌人这是追谁？”（杨佩瑾、刘仁德《雾江帆影》，《电影创作》1980 年第 7 期 67 页）

S_1 还可以用一个短语来表示。或者用由人称代词和数量词组成的同位短语，或者用以名词为中心的偏正短语。不过，所用短语，全都简短。例如：

（26）你们俩这是怎么啦？（浩然《艳阳天》第一部，作家出

版社 1964 年版 35 页)

(27) 你舅舅这是领着你表弟上你们纺织厂报到去了。(刘武《绵绵的雨丝》,《广州文艺》1980 年第 7 期 23 页)

二、第二个组成部分:指事主语 S_2

S_2 一定由指示代词充当。一般用近指代词“这”,直接指代客观事实。例如:

(28) 小杏冒火了……她眉头一竖,突然抓过鱼叉,抵到大兴胸口上。大兴吃了一惊:“你这是做什么?”(杨佩瑾、刘仁德《雾江帆影》,《电影创作》1980 年第 7 期 49 页)

(29) 章炳华走过来问:“小冯、小赵,你们这是要干什么?”冯卫东:“在这搭个小厨房。”(马林梦《厨房交响曲》,《电影创作》1980 年第 3 期 12 页)

前一例,“你”是指人主语,代小杏;“这”是指事主语,指代抓起鱼叉抵到大兴胸口的事实。后一例,“你们”是指人主语,代小冯、小赵;“这”是指事主语,指代在搭小厨房的事实。

S_2 有时也用远指代词“那”,指代不在眼前的事实。请比较下面这段叙述中的“你这……”和“他那……”:

(30) 有一天,四个孩子都睡下了,大翠从被窝垛下面掏出一个用毛巾包着的贴饼子,悄悄塞给丈夫。王老大接过一看,火了,冲着她大声嚷嚷:“你这是干啥?”气得大翠第二天跑去找队长媳妇诉说。队长媳妇打趣地说:“咳,他那是疼孩子,舍不得吃!他疼孩子,不就是疼你嫂子吗?”(锦云、王毅《笨人王老大》,《北京文艺》1980 年第 7 期 14 页)

上例出现了两个双主语句。前一句的指事主语用“这”,指眼前发生的事实,即塞贴饼子;后一句的指事主语用“那”,指已过去的夜里发生的事实,即发火大嚷。若把“他那……”改为“他这……”,就不贴切。

三、第三个组成部分:判断词语

一般用判断词“是”。“是”字前边有时加上表示时间、范围、语气等的修饰语，帮助对人和事作肯定性断定。例如：

(31) 马大娘这已经是第三次被提审了。（李晓明、韩安庆《平原枪声》，作家出版社 1959 年版 38 页）

(32) 杏妹子，我这都是为了你，为了我们以后的好日子呀。（杨佩瑾、刘仁德《雾江帆影》，《电影创作》1980 年第 7 期 72 页）

(33) 您这简直是搬家了。（《曹禺选集》乙种本，开明书店 1952 年版 377 页）

(34) 陈大人，我这实在是为你好！（凌力《曹州府捻军折僧妖》，《十月》1980 年第 3 期 167 页）

(35) 我这可是随便猜猜。（《老舍剧作选》，人民文学出版社 1959 年版 187 页）

"是"字前边有时加否定词"不"，形成否定句式。这有两种用法：

一种是表示对事情的否定，大都跟肯定句式对照使用，借以加强映衬的效果。例如：

(36) 看！你这不是挡日本，你这是挡自己人的进路。（孙犁《风云初记》，作家出版社 1963 年版 129 页）

(37) 我这不是写信，我这是做开会记录。（孙犁《风云初记》，作家出版社 1963 年版 139 页）

另一种是句末有反问语气，构成反问句式，借以加强肯定的意思。例如：

(38) 咳，你这不是瞎掰吗？（马林梦《厨房交响曲》，《电影创作》1980 年第 3 期 21 页）

(39) 吴科长，他们这不是欺侮老实人吗？（马林梦《厨房交响曲》，《电影创作》1980 年第 3 期 15 页）

有时，这一部分也可以不用"是"，而用"算"或"叫"。"算"或"叫"同样具有判断作用，一般带上修饰语。例如：

(40) 我们这就算换了礼啦。（杨佩瑾、刘仁德《雾江帆影》，《电影创作》1980 年第 7 期 71 页）

(41) 人家那才真叫请客哩，山珍海味摆了满满一桌。（乔典

运《雪夜奇事》，《北京文艺》1980年第7期29页）

有时，“是”和“算”结合，说成“算是”。这是一种复合判断形式。例如：

（42）咱们这算是干什么？（马林梦《厨房交响曲》，《电影创作》1980年第3期14页）

四、第四个组成部分：VP

这一部分表示动作行为，是句子的真正有所谓的部分。对指人主语说，它说明人物的具体行动；对指事主语说，它表明事情的具体内容。

VP一般是一个动词性结构。所用的动词性结构，形式多样。只要符合表达的需要，任何动词性结构都可以出现于这一部位。略举几例：

（43）谁不正经啦，我这是很严肃地跟你讨论问题。（马林梦《厨房交响曲》，《电影创作》1980年第3期21页）

（44）我这是星期天加班干工作。（马林梦《厨房交响曲》，《电影创作》1980年第3期9页）

（45）我这是一桌酒席招待一方客人。（马林梦《厨房交响曲》，《电影创作》1980年第3期13页）

这三例，前头同是“我这是”，VP却用了不同的动词性结构。前一例是动宾结构前加状语，中间一例是连动结构前加状语，后一例可以说是主谓结构。

VP也可以是一个动词，或一个动词性的代词。这时，句末要求用“了”“啦”之类的助词。例如：

（46）我这不是来了！（浩然《艳阳天》第一部，作家出版社1964年版52页）

（47）你们这是怎么啦？（浩然《艳阳天》第一部，作家出版社1964年版613页）

VP这一组成部分所包含的词语的性质，对这类句子的语气类型起决定作用。如果包含“怎么”“什么”“哪儿”之类的疑问代词，整个句子就成为疑问句。例如：

(48) 你这是忙些什么？（冯德英《女飞行员》，《人民日报》1965年3月8日）

(49) 你这是为什么呀？(《曹禺选集》乙种本，开明书店1952年版548页)

(50) 他们这是把我弄到哪啦？（李晓明、韩安庆《平原枪声》，作家出版社1959年版128页）

VP这一组成部分如果不用疑问代词，而用一般的动词或动词性结构，整个句子就会成为陈述句；“是”字前边加“不”时，也可能成为反问句。比较：

你这是搞什么鬼？

我这是开沟。

你这不是故意捣乱吗？

第一句是疑问句，第二句是陈述句，第三句是反问句。

五、有些句子，形式上跟双主语句式近似，甚至十分相似，常见的有两种

第一，句子前半段用“人称代词＋这”，但指示代词“这”表示时间，后边不用“是”，而用“才”“就”之类。例如：

(51) 她这才放下心来。(杨容方《沅水奇尸案》，《小说选刊》1981年第1期70页)

(52) 小洁，我们这就开始。(高尔品《律师之家》，《作品》1980年第6期11页)

前一例的“这”表示“这时”，后一例的“这”表示“马上”，都是句子里的状语，跟时间副词“才”“就”之类配合使用。这类句子不是双主语句。

第二，句子前半段用“人称代词＋这/那”，接着还用“是”字，但“是”字后边是名词或名词性结构（NP)，而不是动词或动词性词语（VP)。例如：

(53) 不对！你这是假话，不是心里话！（韩少功《西望茅草地》，《人民文学》1980年第10期15页）

(54) 这是给鱼送来的泔水。(韩映山《塘水清清》,《人民文学》1980 年第 10 期 78 页)

“假话”是名词,“给鱼送来的泔水”是以名词为中心的偏正结构。这类句子跟双主语句的区别,就决定于第四部分词语性质的不同。由于第四部分用了不同性质的词语,这类句子不具有双主语句的变化形式。比较:

双主语句	非双主语句
你这是在说假话。	你这是假话。
→你是在说假话。(+)	→你是假话。(-)
这是在说假话。(+)	这是假话。(+)
你在说假话,这是!(+)	你假话,这是!(-)
你呀,这是在说假话!(+)	你呀,这是假话!(?)
这是你在说假话!(+)	这是你假话!(-)

这类非双主语句里,“你这”之类是偏正结构,“这”是主语,“你”是定语。正因如此,从变化形式中可以看到,谓语“是 NP”跟作为主语的“这”能够组合,跟作为定语的“你”却不能发生组合关系。

本章小结

第一,本章讨论的双主语句式常见于文学作品,特别是常见于小说、戏剧里的对话。这显然是一种口语句式。在近代白话小说和“五四”时期的文学作品中,这种句式并不多见,但在 20 世纪 70 年代以来发表的小说、剧本中却越来越多了。这是近年来文学作品的语言更加口语化的缘故。

第二,跟双宾语句式相比,这种双主语句式能产力没有那么强。这是因为,“双主”所受的限制要比“双宾”大。在“双主”里,指人主语可以是一个词或一个简短的结构,指事主语则只限于“这”或“那”这两个单音词。“双主”的形式,要比“双宾”简短得多。

第三,本章所讨论的双主语句式,有几个不同于非双主语句式的变化形式。从复句研究的角度看，这种双主语句式可以分解为两个单主语分句，形成一个具有解注关系的复句。这种复句，既反映了分句与分句相互独立又相互依存的特点，又表明了复句句式实际上是丰富多彩的。

附注

①《中国语文》1978 年第 1 期 23 页。

②少数双主语句，“双主”之间可以插入状语性成分。例如：“你今天这是怎么啦?”（话剧《深夜静悄悄》）在这种情况下，S_1 更不可能是 S_2 的定语。

③例如该书第 56 页有如下的图示：

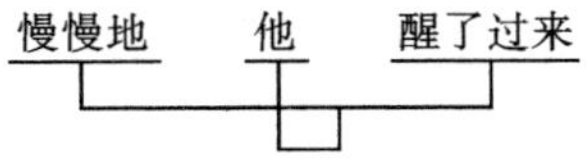

第七章　后分句主语的简省与意会

复句里，分句与分句互相依存。后分句主语的简省与意会，便是分句间相互依存的具体表现之一。本章分两个部分进行描述：①后分句主语的简省；②后分句主语的意会。

本章例句出处的注明，跟全书的体例略有不同。这是因为，本章的前身曾在《中学语文教学》上发表，当时为了节省篇幅，删去了具体出处，现在已无法一一补全。

第一节　后分句主语的简省

复句里，后分句的主语常常依赖前分句而简省，即“承前省”。简省的基本条件，是前后分句有全然同一的概念，有纯属重复的成分。

实际语言运用中，后分句主语的简省情况多样，并非全都由于前后分句的主语相同。下面是简省的几个主要类型。

第一，承主省。后分句的主语，承前分句的主语而简省。例如：

（1）赵满喜坐在喂牲口的大院里，ø咿咿呀呀地哼着小曲儿，ø正在筛草。（贾大山《取经》）

（2）林部长走下公共汽车，ø解下脖子上的毛巾，ø把脸上汗擦了擦，便急急地扛起行李往工地上走。（王愿坚《普通劳动者》）

前一例有三个分句，后一例有四个分句。因各分句主语相同，主语只在第一分句出现。

承主省，是后分句主语简省的最典型的情况。其简省条件，就是各分句主语相同。此外，没有任何附加的条件。

第二，承定省。后分句的主语，承前分句主语的定语而简省。例如：

(3) 林大娘的脸色立刻变成灰白，ø瞪出了眼睛望着她的丈夫……（茅盾《林家铺子》）

(4) ……道静的心突然被这种崇高而真挚的友谊激动了，以致ø不能自抑地流下了眼泪。（杨沫《坚强的战士》）

前一例，后分句简省的主语是“林大娘”，它在前分句里是主语中心语“脸色”的定语。后一例，后分句简省的主语是“道静”，它在前分句里是主语中心语“心”的定语。

承定省的基本条件，是后分句的主语跟前分句主语中心语的定语相同。此外，还有两个附加条件：一个是，前分句主语部分里的定语表示人物，它和中心语之间具有领属关系。另一个是，前分句的主语中心语表示无意识的事物，通常指人体的一部分，它跟后分句的谓语部分之间不可能发生主谓关系。如例（3），“林大娘”和“脸色”之间是领属关系，“脸色”和“瞪出了眼睛望着……”之间不可能被理解为主谓关系；又如例（4），“道静”和“心”之间是领属关系，“心”和“不能自抑地流下了眼泪”之间不可能被理解为主谓关系。

如果不符合上述两个附加条件，承定省就不能成立。看这个例子：

(5) 她的身份是贵族夫人，但ø和别的贵族夫人有所不同，ø生活在一个学术文艺气息非常浓厚的家庭里，而且ø十分认真地参加研究和创作的工作。（胡云翼《宋词选》182页）

上例三个后分句全都简省主语“她”。“她”在前分句作定语，和“身份”之间是领属关系，而“身份”跟“生活在……”“十分认真地参加……”之间不可能被理解为主谓关系。如果把“她的身份”改为“她的妹妹”，情况就会起变化：

(6) 她的妹妹是贵族夫人，但ø和别的贵族夫人有所不同，ø生活在一个学术文艺气息非常浓厚的家庭里，而且ø十分认真地参加研究和创作的工作。

这一例，“她”和“妹妹”之间虽然也是领属关系，但“妹妹”是有意识的人物，跟“和别的贵族夫人有所不同”“生活在……”“十分认真地参加……”之间可以形成主谓关系，因此只能认为后分句的主语是承主省，而不可能认为是承定省。

第三，承宾省。后分句的主语，承前分句的宾语而简省。例如：

(7) 前天早上我（上地去，才上到岭上）碰上个骑驴媳妇，ø穿了一身孝……（赵树理《小二黑结婚》）

(8) 为了叫井冈山变得更快，党派来了两千好儿女，ø同井冈山人一起来开发这座万宝山。（袁鹰《井冈翠竹》）

前一例，后分句简省的主语是“（骑驴）媳妇”，它在前分句里是宾语。后一例，后分句简省的主语是“（两千）（好）儿女”，它在前分句里是宾语。

承宾省的基本条件，是后分句的主语跟前分句的宾语相同。此外，还有两个附加条件：一个是，前分句里带宾语的动词，表示“逢遇”“使令”或“存现”的意义。另一个是，前分句的主语和后分句的谓语部分之间不会被理解为主谓关系。如例（7），“碰上”有“逢遇”意义，前分句的主语“我”不会被理解为“穿了一身孝”的人。又如例(8)，“派来了”有“指令”意义，前分句的主语“党”不会被当作是“同井冈山人一起来开发这座万宝山”的主语。

前分句里带宾语的动词有时表示“存现”的意义。这样的前分句一般是存现句，句首或者不出现主语，或者只出现表示处所或时间的成分，因此不存在后分句人物主语承主省的问题，不可能引起误解。例如：

(9) （就在他说话的当儿，）刮来一阵风，ø把灯吹灭了……（王宗仁《夜明星》）

这里，前分句是存现句。后分句的主语承宾省，这是明显的。

运用承宾省时，如果不符合上述两个附加条件，就会产生歧义，就会成为病句。例如：

* (10) 一天，小红放羊，大羊生小羊，ø走不动路。

按原意，“走不动路”的是“小羊”，可见是承宾省。但前分句的主语“大羊”可以跟“走不动路”发生主谓关系，因此读者也可以认为是承主省。这样，句子就产生歧义，不能清楚明白地表达思想。后分句应补上“小羊”。

除了承主省、承定省、承宾省三种情况之外，还有一些别的情况。不过，都跟这三种情况有关，可以说是由三种情况演变出来的。例如：

(11) 党把我送进矿上办的养老院，ø欢度幸福的晚年。(《毛主席把我救出火坑》)

这个复句里，后分句省略的主语是“我”，“我”在前分句里虽然跟“把”组成介词结构作状语，但在意念上它是“送”的逻辑宾语，因此可以认为是承宾省的异变情况。

第二节　后分句主语的意会

跟后分句主语省略现象相近似的，是后分句主语的意会用法。这是指：后分句没有出现主语，在意念上拿前分句作为自己的主语，可以意会。例如：

(12)（如果在出版前对它求全责备，辞书就很难编成；）如果在出版后碰到新的情况就封存禁锢，则ø是违反历史唯物主义的愚蠢做法，ø是不相信广大人民群众识别力的突出表现。(《中国语文》编辑部《铭记周总理教诲　做好语言文字工作》)

“如果……则……”清楚地表明“在出版后碰到新的情况就封存禁锢”是假设分句，后边的“是……愚蠢做法，是……突出表现”是结果分句。那么，“是……愚蠢做法，是……突出表现”的主语是什么呢？显然，在意念上是拿前分句“在出版后……就封存禁锢”作主语的。由于前后紧接，后分句的意念上的主语人们完全可以意会。若把“简省”的范围放宽，这种主语意会用法也可以叫作意会省。再看一例：

(13) 如果我们党有一百个至二百个系统地而不是零碎地、实际地而不是空洞地学会了马克思列宁主义的同志，ø就会大大地提

高我们党的战斗力量，并加速我们战胜日本帝国主义的工作。（毛泽东《中国共产党在民族战争中的地位》）

这个复句里，“我们党有一百个至二百个……学会了马克思列宁主义的同志”是假设分句，它同时又是后边结果分句“会大大提高……加速……”的意念上的主语。后边结果分句的主语可以依靠前分句而意会。

这种主语意会用法，有三点值得注意。

第一，在结构上，前分句具有明显的分句身份，不可能被分析为后分句的主语；但在意念上，前分句所表示的意思，却是后分句的潜在的逻辑主语。前分句的分句身份，有时由特定的关系词语如“如果”“因为”等表示出来，有时也可以不用关系词语。

第二，后分句有时有主语“这”或“那”，但“这”或“那”所指的还是前分句的内容。可见“这”“那”只是纯形式的主语，它们的使用，并不改变后分句拿前分句作为意念上的主语的性质。例如：

（14）如果一辈子都不同工人农民见面，这就很不好。（毛泽东《在中国共产党全国宣传工作会议上的话》）

上例后分句的主语是“这”，而“这”指的是前分句“一辈子都不同工人农民见面”。可见，实际上“就很不好”还是以前分句作为意念上的主语。

第三，充当后分句谓语中心语的词，常见的有：表示断定的“是”；表示评价的“好”“坏”“对”“错”；表示跟结果、目的有关的意义的“促使”“造成”“引起”“证明”“证实”“保证”等动词。

一个复句里，后分句如果是“使”字句，“使”的主语许多时候是只能意会的主语，它被包含在前分句之中，实际上就是前分句所表达的内容。例如：

（15）由于我党采取了彻底的土地政策，ø使我党获得了比抗日时期广大得多的农民群众的衷心拥护。（毛泽东《目前形势和我们的任务》）

这是因果关系的复句。“使……”是结果分句，它的主语见于原因分句，可以意会。

“使”的前边也可以用“这”“那”之类。例如：

(16) 由于遵义会议以后，全党确立了以毛泽东同志为首的党中央的正确领导，这才使得张国焘的错误没有能够发生更大的危害。（刘伯承《回顾长征》）

用了“这”，后分句便有了形式上的主语，但从意念上说，主语的内容还是隐含于前分句之中。

本章小结

一个复句里，后分句的主语不仅可以“承前省”，而且还可以“意会省”。

吕叔湘、朱德熙的《语法修辞讲话》第三讲第九段曾经指出：“‘使’字是个动词，一般是有主语的，或是一个词，或是一个短语；形式上没有主语的时候，我们的了解是它拿前面的分句做意念上的主语。”这段话，二位先生没有发挥，但说明了他们认为后分句可以“形式上没有主语”，可以“拿前面的分句做意念上的主语”。他们的见解是精当的。

第八章 意会主语“使”字句

上一章“后分句主语的简省与意会”里提到，“一个复句里，后分句如果是‘使’字句，‘使’的主语许多时候是只能意会的主语”。本章进一步对意会主语“使”字句作全面的探讨。尽管有的篇幅只涉及单句，但又有更多的篇幅涉及复句。

有的“使”字句，主语明晰，不属于本章讨论的范围。有的“使”字句，主语是潜在的，可以意会的，这才是本章所要讨论的意会主语“使”字句。

长期以来，一部分意会主语“使”字句被判为病句。其中，经常受到指摘的有两类：

A类：“使”字逻辑主语前头加上连词或介词，形成了“由于……使……”“通过……使……”之类句式。这类句式被判为“缺主语”。例如：

（1）由于去年丰收，使农民的生活大大改善了。

（2）通过这次……大会，使民族形式体育走向一个新的开端。

（3）在党和国家的教育、科学前辈的认真指导下，使我在教学科学研究上获得了一个良好的开端。

前一例，萧东《作文讲话》说，“‘由于去年丰收’是另一个句子”，“不是‘使’的主语”，应“删去‘使’”（上海教育出版社1954年版60～61页）。中间一例，《中国语文》杂志社编《语文短评选辑》说：“缺主语。应取消‘通过’，让‘这次……大会’做主语；或保留‘通过’，取消‘使’，让‘民族形式体育’做主语。”（中华书局1959年版101～102页）。后一例，《语文短评选辑》说：“原句缺主语。改法有两个：a. 去掉‘使’字。b. 不用‘在……下’，改为：‘党和……认真指导，使我……’。”（中华书局1959年版92～93页）

B类：前分句的主语和“使”的对象所指相同，形成了“我……，使我……”之类句式。这类句子被判为“不通”。例如：

（4）我认不出他是谁，呆望很久才使我认出他是和哥。

（5）今天能看见这条正路并踏上它，使我感到说不出的兴奋。

前一例，萧东《作文讲话》说：“第二句的主语就是第一句的主语‘我’，只是省略去了，如果把这个‘我’补出来成为：‘我呆望很久才使我认出他是和哥’，就是‘我使我认出他是和哥’，这句话是不通的。”（上海教育出版社1954年版60～61页）后一例，前分句的主语未出现，但明显是“我”。若把“我”补出来，就成为：“今天我能看见这条正路并踏上它，使我……”因此，也是属于“我……，使我……”的类型，同样被认为是“不通”的。

本章的直接目的，是说明：意会主语“使”字句是“合法”的句子。从事实上看，它已经取得合法地位；从作用上看，它应该取得合法地位；从理论上看，它也有理由取得合法地位。本章的间接目的，是说明：逻辑主语和语法主语并不总是结合的。句子可以只有潜在的主语，而没有形式上的主语。“使”有时说成“使得”“逼使”“迫使”“促使”等，本章的举例，对它们不加严格区别。

第一节　面对事实

语法学家只能从语言事实中归纳出语法规则，而不能让语言实践来迁就自己的“语法理论”。多年来，无论是上面提到的A类句式还是B类句式，尽管在语法书里，在语文教学中，经常受到责难，但它们照样经常地、广泛地为人们所使用。

一、先看A类句式

“使”字的逻辑主语，前头可以加上不同的连词或介词，形成许多不同的格式。若以X代表“使”字的逻辑主语，以Y代表“使”的对象，以“动”代表Y后边的动词或动词性结构，那么，比较常用的格式可以概括为下列十二种。

第一，由于X，使Y动。例如：

(6) 由于蒋介石政府长期施行反动的财政经济政策，由于蒋的官僚买办资本在著名的卖国条约——中美商约中同美国的帝国主义资本相结合，使恶性通货膨胀迅速发展，中国民族工商业日趋于破产……（毛泽东《迎接中国革命的新高潮》）

(7) 由于巴西会议和延安会议反对了张国焘的右倾机会主义，使得全部红军合在一起，全党更加团结起来，进行了英勇的抗日战争。（毛泽东《中国共产党在民族战争中的地位》）

这两例，“由于”后边的主谓结构是“使”的逻辑主语。

(8) 由于我们过去的以及这半年的工作，使这种情况逐渐地在改变，但不是说我们今天已经消除了隔阂。（邓小平《关于西南少数民族问题》，《邓小平文选》第一卷，人民出版社1994年版162页）

这一例，“由于”后边的偏正结构是“使”的逻辑主语。

第二，因为X，使Y动。例如：

(9) 因为这类短评，在报上登出来的时候往往围绕一圈花边以示重要，使我的战友看得头疼……（鲁迅《花边文学·序言》）

(10) 因为搞多了搞急了，使得我们今天甚至明天还会有些被动。（邓小平《今后的主要任务是搞建设》，《邓小平文选》第一卷，人民出版社1994年版262页）

这里，“因为”后边的主谓结构、动补并列结构是“使”的逻辑主语。

第三，如果X，使Y动。例如：

(11) 如果走资本主义道路，可以使中国百分之几的人富裕起来，但是绝对解决不了百分之九十几的人生活富裕的问题。（邓小平《建设有中国特色的社会主义》，《邓小平文选》第三卷，人民出版社1993年版64页）

（12）在这种情况下，如果我们把战略决战的方向，指向华北战场，则会使我军受到华北、东北敌人的两大战略集团的夹击而陷于被动；如果我们把战略决战的方向首先指向华东战场，则会使东北敌人迅速撤退，而实现他们的战略收缩企图。（叶剑英《伟大的战略决战》，《伟大的历程》230页）

这里，“如果”后边的动宾结构、主谓结构是“使”的逻辑主语。

第四，只有X，使Y动。例如：

（13）张国焘的机会主义，则是革命战争中的右倾机会主义，其内容是他的退却路线、军阀主义和反党行为的综合。只有克服了它，才使得本质很好而且作了长期英勇斗争的红军第四方面军的广大的干部和党员，从张国焘的机会主义统治下获得解放……（毛泽东《中国共产党在民族战争中的地位》）

（14）只有这样，才能使我们的队伍真正成为一个充满着阶级友爱，充满着阶级感情的革命大家庭，才会使我们团结得像一个人，成为不可摧毁的力量。（赖传珠《古田会议前后》，《伟大的历程》84页）

这里，“只有”后边的动宾结构和谓词性代词“这样”之所指，是“使”的逻辑主语。

第五，只要X，使Y动。例如：

（15）中国农民有很大的潜伏力，只要组织和指挥得当，能使日本军队一天忙碌二十四小时……（毛泽东《论持久战》）

这里，“只要”后边的“组织和指挥得当”是“（能）使”的逻辑主语。

第六，在X上（下/中/里/后），使Y动。例如：

（16）（本来我们是有共同认识的，但是在若干问题上，我们中间还是有不同意见的，经过这一次会议，统一了我们的认识。）在这个基础上，在这个思想的、政治的以及许多政策的共同认识的基础上，就可以使我们党更好地团结起来。（毛泽东《在中国共产党全国代表会议上的讲话》）

(17) 在毛主席的教导下，使我们认识到党的抗日统一战线政策的英明和伟大。(贺清华《随从毛主席在陕北》，《伟大的历程》156页)

前一例是"在X上，使Y动"。其中，"这个基础""这个思想的、政治的以及许多政策的共同认识的基础"，是"(可以)使"的逻辑主语。后一例是"在X下，使Y动"。其中，"毛主席的教导"是"使"的逻辑主语。又如：

(18) (许多人……不懂得)在不断地正确处理和解决矛盾的过程中，将会使社会主义社会内部的统一和团结日益巩固。(毛泽东《关于正确处理人民内部矛盾的问题》)

(19) (今年七月六日，是朱德同志逝世一周年纪念日，又值八一起义和秋收起义五十周年的前夕。)在这样的日子里，使我无限缅怀朱德同志在从八一起义到井冈山会师的艰苦创业的时期中坚持战斗的革命精神和动人事迹。(胡华《学习朱德委员长的革命精神》，《北京师范大学学报》1977年第3期57～62页)

(20) (平津战役中，在我大军包围下的北平、天津守敌，完全陷于绝境……)在天津解放之后，迫使北平守敌不得不接受和平解决的方法，并且迅速地彻底地按照人民解放军的制度改编为人民解放军。(叶剑英《伟大的战略决战》，《伟大的历程》223～224页)

前一例是"在X中，使Y动"。其中，"不断地正确处理和解决矛盾的过程"是"(会)使"的逻辑主语。中间一例是"在X里，使Y动"。其中，"这样的日子"是"使"的逻辑主语。后一例是"在X之后，使Y动"。其中，"天津解放"是"迫使"的逻辑主语。

第七，从X(中)，使Y动。例如：

(21) 从《望乡》所引起的讨论，使我们联想到了当前尚存在的一些问题。(《光明日报》1978年11月10日)

(22) 大哥呀，从你眼下的处境，倒使兄弟我想起一个人来……(俊然《长长的乌拉银河》，解放军文艺出版社1977年版

119页）

（23）从汪老师和孩子们的交往中，使我们欣喜地看到崭新的革命的师生关系。（《光明日报》1978年10月13日）

前两例是“从X，使Y动”。其中，“从”后边的偏正结构是“使”的逻辑主语。后一例是“从X中，使Y动”。其中，“汪老师和孩子们的交往”是“使”的逻辑主语。

第八，通过X，使Y动。例如：

（24）通过这件事情，使我进一步懂得了以平等态度对待同志的深远意义。（赖传珠《古田会议前后》，《伟大的历程》84页）

（25）通过会演，将促使我国当前声乐作品的创作进一步繁荣。（程云《让民歌唱得更加嘹亮》）

这里，“通过”后边的“这件事情”“会演”是“使（促使）”的逻辑主语。

第九，经过X，使Y动。例如：

（26）（从没有经验到有经验，要有一个过程。）去年六月到现在的短短时期内，经过反右和反“左”的斗争，使大家都知道了反右、反“左”是怎么一回事。（毛泽东《对晋绥日报编辑人员的谈话》）

（27）会不会因为国际国内的大势所趋和人心所向，经过我们的奋斗，使内战限制在局部的范围，或者使全面内战拖延时间爆发呢？（毛泽东《抗日战争胜利后的时局和我们的方针》）

这里，“经过”后边的“反右和反‘左’的斗争”“我们的奋斗”是“使”的逻辑主语。

第十，根据X，使Y动。例如：

（28）根据去年的经验，使我们懂得，对于犯有错误的人们改造其思想，是应该有步骤的，大体上应该是：第一步，揭露错误；第二步，反省错误；第三步，改正错误。（《关于军队政治工作问题》，《人民日报》1978年8月1日）

（29）根据上述陕甘宁边区部队一年工作的总结与全军历史上

的一些总结（不是全部总结），使我们感觉到我们政治工作中现存的组织形式与工作制度，应有某些修改，并加入许多新的东西去，才能适合目前军队的需要。（《关于军队政治工作问题》，《人民日报》1978 年 8 月 1 日）

这里，“根据”后边的“去年的经验”“……总结……总结”是“使”的逻辑主语。

第十一，依靠 X，使 Y 动。例如：

（30）依靠这三件，使我们取得了基本的胜利。（毛泽东《论人民民主专政》）

“依靠”后边的“这三件”，是“使”的逻辑主语。

第十二，伴随 X，使 Y 动。例如：

（31）伴随着帝国主义的商品侵略，中国商业资本的剥蚀，和政府的赋税加重等项情况，便使地主阶级和农民的矛盾更加深刻化，即地租和高利贷的剥削更加重了，农民则更加仇恨地主。（毛泽东《星星之火，可以燎原》）

这里，“伴随着”后边的“……等情况”是“使”的逻辑主语。

二、再看 B 类句式

前面分句的主语和“使”的对象所指相同。或者都是自称，或者都是对称，或者都是他称，或者都是泛称。据此，可以归纳为下面几种情况。

第一，都用自称。即：“我（们）……，使我（们）……”前面分句的“我（们）”，有时简省。例如：

（32）我能回到延安，亲自向你祝寿，使我万分高兴。（周恩来同志在朱德同志六十寿辰时的祝词）

（33）我自己在创作上，就仍然不能完全放开手脚，使我常常苦闷地感到，好像有一根无形的绳子捆绑在自己身上。（杨沫《深入生活提高技巧》，《光明日报》1978 年 10 月 3 日）

这两例，前后都出现表自称的代词。

（34）ø 接到你们的贺函，使我十分愉快和感谢。（毛泽东《永

远保持艰苦奋斗的作风》)

这一例，前面分句的自称代词“我”省去了。

第二，都用对称。即：“你（们）……，使你（们）……”前边分句的“你（们）”也可以省略。例如：

（35）你们这样做，将使你们有可能健全地完成对于党的组织的全部整理工作。（毛泽东《在晋绥干部会议上的讲话》）

这里，前后都用对称代词“你们”。前一个“你们”可以省去。

第三，都用他称。即：“他（们）……使他（们）……”既可以用代词，也可以用名词或名词短语。前一个不能省。例如：

（36）父亲在旧中国苦难的农村里，亲眼看到了许许多多黑暗不平的事情，使他从少年时期就产生了反抗压迫、追求光明的强烈愿望。（朱敏《怀念亲爱的父亲——朱德委员长》，《北京师范大学学报》1977年第3期62～70页）

这一例，前边用名词，后边用代词。

（37）军队须和民众打成一片，使军队在民众眼睛中看成是自己的军队……（毛泽东《论持久战》）

这一例，前后都用名词。

第四，都用泛称。即：“人（们）……使人（们）……”前面分句的泛称词“人”或“人们”一般不出现。例如：

（38）ø看了这篇文章，使人懂得维吾尔族的农民，对于走合作化道路，积极性是很高的。（毛泽东《〈中国农村的社会主义高潮〉的按语》）

（39）ø在过了几十年之后来看中国人民民主革命的胜利，就会使人们感觉那好像只是一出长剧的一个短小的序幕。（毛泽东《在中国共产党第七届中央委员会第二次全体会议上的报告》）

上例，从意念上看，前边分句的主语应是“人”“人们”，但都隐去不说。

B类句式，有时前分句句首可以加上连词。这样，就跟A类句式结合起来了。例如：

(40) 由于我党采取了彻底的土地政策，使我党获得了比抗日时期广大得多的农民群众的衷心拥护。(毛泽东《目前形势和我们的任务》)

(41) 在全国解放后的一段相当长的时间内，由于我们比较正确地处理了党内关系，并且执行了正确的纪律检查的路线、方针和政策，党内和人民内部的政治生活是正常的，广大党员和人民群众的革命积极性空前高涨，从而使我们能够比较顺利地完成了民主革命的扫尾任务，特别是完成了三大改造的历史任务……(《人民日报》社论《切实加强党的纪律检查工作》1997年3月25日)

前一例是“由于＋我党……，使我党……”，后一例是“由于＋我们……，从而使我们……”，实际上都是“由于X，使Y动”。

在上面这些例子中，有毛泽东的，有周恩来的，有叶剑英的，有邓小平的，还有其他领导人的；有鲁迅的，有杨沫的，还有其他作家的。它们既见于经典性的著作、权威性的文件，也见于一般性的文章。它们的使用面，是比较大的。可见，这样的用法不是某个人或少数人言语行为的特殊表现，而是具有比较广泛的社会性的。如果说所有这些例子统统都是病句，那就是无视语言事实了。

从数量上看，这类例子也不少。这里有个小统计：毛泽东《中国共产党在民族战争中的地位》一文中“我们的党已经从两条战线斗争中巩固和壮大起来”一节，共1117个字，用了五个“使”字句。其中，“由于X使Y动”两句，“因X，使Y动”一句，“只有X，使Y动”一句。还有一句，是不用连词或介词的意会主语句。这说明，这类“使”字句的使用频率相当高，决不是偶然的、个别的现象。

第二节 检察说法

既然无法从事实上否定AB两类“使”字句，人们就有理由怀疑有关说法的合理性。根据原先的说法，A类句式只能被判为“缺主语”，因为确实找不到一个形式上的主语；B类句式只能被判为“不通”，因为如果“使”的主语真的是省去了，那就是因跟前面分句的主语相同而简省，一旦补出来，便成为“我使我”之类的说法。至于AB两类句式结合使用的句子，自然更是“双料货”了。问题在于，一个句子——这里不谈一般所说的“无主句”和“独词句”——若找不到形式上的主语，就一定是“缺主语”的病句吗？复句里，在后分句找不到形式上的主语时，一定能用现有的“省略”主语的理论解释得了吗？回答是否定的。

语言运用中，逻辑因素和语法因素紧密结合，它们并非一一对应。以主语来说，逻辑主语和语法主语的关系就不是单纯的。什么是逻辑主语，什么是语法主语，逻辑学家、语法学家们有许许多多的说法，意见很不一致。按照现在大家都能接受的解说，在汉语里，主语是谓语陈述的对象，用于谓语前边。我们以这一解说为基础，在这样的含义上使用逻辑主语和语法主语这两个术语：语法主语，是谓语前边表示陈述对象的词语，它不允许被隐没在别的分句或别的成分之中；逻辑主语，是可以成为语法主语的人物、事件。在大多数情况下，逻辑主语表现为语法主语。这时，逻辑主语和语法主语相结合，成为逻辑语法主语，使句子在形义上都具有一个明晰的主语。

少数情况下，逻辑主语可以不表现为语法主语，语法主语也可以只是纯形式主语。下面分三点作进一步的说明。

第一，逻辑主语不是表现为语法主语，而是“潜”入状语或前分句，成为潜在的主语，意念上的主语，即意会主语。在这种情况下，虽然句子缺乏一个形式上的主语，但由于逻辑主语发挥其潜在作用，人们可以意会，因此句子照样能够清楚地表达意思，顺利地起到交际和交流思想的作用。例如：

①逻辑主语“潜”入状语。

(42)（本来我们是有共同认识的，但是在若干问题上，我们中间还是有不同意见的，）经过这次会议，统一了我们的认识。（毛泽东《在中国共产党全国代表会议上的讲话》）

(43) 通过这次战斗，锻炼了我们的军队，涌现了大批卓越领导干部和英雄战士……（中共中央、人大常委会、国务院、中央军委《给广西、云南边防部队的慰问信》）

(44) 对于我们无产阶级革命者来说，实事求是地说明情况，认真地去分析造成这种情况的历史的和现实的原因，才能够正确制定我们的战略规划，部署我们的力量。（邓小平《在全国科学大会开幕式上的讲话》）

(45) 特别是由于电子计算机、控制论和自动化技术的发展，正在迅速地提高自动化水平。（邓小平《在全国科学大会开幕式上的讲话》）

(46) 由于林彪、“四人帮”的干扰破坏，也造成科技人员分配制度上的混乱……（《光明日报》记者述评《抓紧解决用非所学的问题》，《光明日报》1978 年 10 月 19 日）

以上例子里，加直线条的都是逻辑主语，它们本来可以成为语法主语，但这里却成了状语的一部分。这样，句子里就找不到形式上的主语了。然而，句子的表意作用并未受到任何影响。由于潜在的逻辑主语在起作用，因而“统一了我们的认识”“锻炼了我们的军队”“实事求是地说明情况……”“正在迅速地提高自动化水平”“也造成科技人员分配制度上的混乱”等的主语是什么，人们是完全可以意会的。

从这些例子可以知道，逻辑主语“潜”入状语的条件，是加上特定的语法成分（主要是介词）。对于这样的句子，不能说它们是“缺主语”的病句。

②逻辑主语潜入前分句。

(47) 如果你不这样做，势将引起不良后果。（毛泽东《第十八集团军总司令给蒋介石的两个电报》）

(48) 如果我们党有一百个至二百个系统地而不是零碎地、实际地而不是空洞地学会了马克思列宁主义的同志，就会大大地提高我们党的战斗力量，并加速我们战胜日本帝国主义的工作。（毛泽东《中国共产党在民族战争中的地位》）

(49)（如果在出版前对它求全责备，辞书就很难编成；）如果在出版后碰到新的情况就封存禁锢，则是违反历史唯物主义的愚蠢作法，是不相信广大人民群众识别力的突出表现。（《中国语文》编辑部《铭记周总理教诲　做好语言文字工作》）

以上例子里，“如果”清楚地表明加线的部分是表示假设的分句。那么，后面分句的主语又是什么呢？显然，“引起不良后果”的，“提高我们党的战斗力量……”的，“是违反历史唯物主义的愚蠢作法……”的，还是前面加直线条的部分。可见这样的分句没有形式上的主语，而是以前面的分句作为意念上的主语。对这样的分句，既不能说它犯了“缺主语”的错误，也不能用“省略”主语的理论来解释。

逻辑主语“潜”入分句的条件，不像“潜”入状语时那么严格。有时，固然需要添加特定的语法成分——连词，如上面三例；但很多时候并不需要。在这样的情况下，“省略”说同样行不通。例如：

(50) 早在民国十六年（一九二七年），蒋介石就忘恩负义地背叛了国共两党的革命联盟，背叛了孙中山的革命的三民主义和三大政策，从此建立独裁统治，投降帝国主义，打了十年内战，造成日寇侵略。（毛泽东《中国人民解放军宣言》）

“造成……”的主语，人们可以从前面的分句去意会。如果抱着“省略”说不放，“造成”的前边，就得说是省略了“蒋介石”，这样就得把整句话理解为“早在民国十六年（一九二七年），蒋介石就……从此建立独裁统治，打了十年内战，结果蒋介石造成日寇侵略”，这是不符合原意的。

第二，意会主语是“潜在”的、意念上的东西，因此它有时不那么明显，不那么确定，表现了一定的模糊性。从这个意义上说，它有时是一种模糊主语。

意会主语的模糊性，表现在两个方面：

一方面，有时很难明确指出它是由哪些词语来表达的。在它被隐含在前面几个分句中时，似乎是指其中一个分句，又似乎是指几个分句。如上例，“造成”的逻辑主语很难肯定是由前边的一两个分句来表示，还是由前边所有的分句来表示。再说，在它被隐含在一个分句之中时，似指前一部分，又似指后一部分，又似指整个分句，有时还似乎只指其中的某个词语。例如：

(51) 他将中国人民推入了十年的内战的血海，因而引来了日本帝国主义的侵略。(毛泽东《评蒋介石发言人谈话》)

“因而”清楚表明有两个分句。后分句没有出现语法主语，它的逻辑主语隐含在前分句之中。但“引来了”的逻辑主语究竟是什么呢？是“他”？是“十年内战”？是“他将中国人民推入了十年内战的血海”？似乎都可以说。这正反映了意会主语的特点。它是潜在的，意会起来就往往具有一定的灵活性。

另一方面，有时虽然能指明它由哪些词语来表达，但它的实际内容却似乎不限于这些词语所表达的意思本身。例如：“经过这次会议，统一了我们的认识。”“这次会议”显然是“统一”的逻辑主语。这个逻辑主语若直接充当语法主语，它的含义是固定的，范围是确定的；现在让它跟“经过”结合，使之潜在化，意思就丰富多了，除了原有的含义之外，似乎还包括了我们所作的努力和会议召开的过程等方面的意思。再看一例：

(52) 经有关部门和本报调查，证明两封信反映的情况属实。(《光明日报》1978年10月28日)

“证明”没有形式上的主语，它的逻辑主语“潜”入状语了。跟“有关部门和本报调查的材料，证明……”相比较，“经有关部门和本报调查，证明……”使人感到内容多些，范围广些。这也反映了意会主语的特点。它既然可以意会，读者就可以结合自己的知识、经历去理解，因而可以比字面上的意思想得更多。

第三，语法主语“这”“那”之类，有时是潜在主语的代替形式，本身是虚灵的。这样的语法主语，只是纯形式主语。例如：

(53) 如果一辈子都不同工人农民见面，这就很不好。(毛泽东《在中国共产党全国宣传工作会议上的讲话》)

(54) 如果要使革命半途而废，那就是违背人民的意志，接受

外国侵略者和中国反动派的意志……（毛泽东《将革命进行到底》）

这里的“这”“那”都是纯形式的语法主语，而不是逻辑语法主语。跟它们相应的逻辑主语已经“潜”入前面的分句。潜在的逻辑主语模糊到什么程度，它们也就模糊到什么程度。它们只是“空壳子”，纯形式的、可有可无的东西。

对于逻辑主语和语法主语的关系的认识，是我们进一步讨论“使”字句问题的基垫。

第三节　“使”字句的意会主语

一、先说“使”字句意会主语的范围

上一章“后分句主语的简省与意会”里曾提到吕叔湘、朱德熙二位先生的一个论断：“‘使’字是个动词，一般是有主语的，或是一个词，或是一个短语；形式上没有主语的时候，我们的了解是它拿前面的分句做意念上的主语。”二位先生敏锐地观察到了两点重要的事实：其一，“使”字句可以“形式上没有主语”；其二，可以“拿前面的分句做意念上的主语”。

按照逻辑，既然可以“拿前面的分句做意念上的主语”，就应该别管前面的分句是否用了连词，或者用了什么样的连词。如果说，不用连词时不是病句，用了连词便是病句，或者说，用这类连词时不是病句，用那类连词时便是病句，这都是叫人无法理解的。比较：

(55) 事变是发展得这样快，以至使很多人感到突然，感到要重新学习。（毛泽东《论人民民主专政》）

(56) 因为事变发展得特别快，使很多人感到突然，感到要重新学习。

(57) 由于事变发展得很快，使很多人感到突然，感到要重新学习。

前一例，“以至”清楚表明前面是原因分句，后面是结果分句。

“使”没有形式上的主语，它以前面分句里的“事变发展得快”作为意念上的主语。这种句法大概不会有人认为有毛病。然而，既然前一例站得住，中间一例能被说成病句吗？既然前一例和中间一例站得住，后一例能被说成病句吗？

同样，按照逻辑，既然可以拿前面的分句做意念上的主语，就可以拿前面的状语做意念上的主语。因为，在这个问题上，以是不是分句来划界，是很难行得通的。以“由于……”来说，用“由于＋主谓结构”时，得承认是分句；用“由于＋名词性偏正结构”时，在一般情况下只能说是状语。但那是结构分析的事，从表达上说，对它们没有理由不一视同仁。比较：

(58) 由于汉字繁难，使少年儿童在识字上不得不花费较多的时间和精力。

(59) 由于汉字的繁难，使少年儿童在识字上不得不花费较多的时间和精力。(《人民日报》社论《加速文字改革工作的步伐》，《人民日报》1977年12月20日)

前一例是“由于＋主谓结构”，后一例多一个“的”字，成了“由于＋偏正结构”。能说其中一例不是病句，而另一例是病句吗？

同样，按照逻辑，“由于……使……”既然无法否定，那么，“根据……使……”“通过……使……”“在……使……”“从……使……”之类也就没法否定了。因为这些格式往往是彼此相通的。比方，上文所引叶剑英《伟大的战略决战》中的“在天津解放之后，迫使北平守敌不得不接受和平解决的方法”，也可以说成“由于天津解放，迫使……”。我们不能只承认后者，而否定前者。又如：

(60) 通过学习毛主席著作，使我懂得了革命的道理，逐渐树立了革命人生观，成为一名光荣的共产党员。(朱敏《怀念亲爱的父亲——朱德委员长》，《北京师范大学学报》1977年第3期62～70页)

“通过学习毛主席著作，使我……”也可以说成“由于学习毛主席著作，使我……”。我们不能只承认后者，而否定前者。

至于B类句式，同样可以用“拿前面的分句做意念上的主语”的理论来解释。即：“我……，使我……”，前一分句以“我”为主语，后一分句的“使”以前一分句做意念上的主语；“你……，使你……”，前一分句以“你”为主语，后一分句的“使”以前一分句做意念上的主语。其他类推。前面说过，B类句式和A类句式是相通的。B类句式前头加上“由于”“如果”之类，便成为A类句式。应该认为，B类句式里“使”的主语也是意会的，它已“潜”入了前边的分句，而不是什么承前面分句的主语而省略。请再看这个例子：

(61) 我于是用了种种法，来麻醉自己的灵魂，使我沉入于国民中，使我回到古代去……（鲁迅《〈呐喊〉自序》）

不抱“理论成见”的读者，一看就理解鲁迅的这句话，能够意会到“使我……”的是什么，决不会机械地理解为“我”“使我”的。

到此，我们可以把“使”字句意会主语的范围明确起来了。我们认为，“使”字句意会主语有两大类：

第一类，是加上连词或介词的。这就是A类句式。在这类句式里，意会主语有时见于前面的分句，有时见于前面的状语。

第二类，是不加上连词或介词的。这又有两种情况。一是前面分句的主语和“使”的对象所指相同。这就是B类句式。二是前面分句的主语和“使”的对象所指不同。可以称之为C类句式。在B类句式和C类句式里，“使”字前头必须是可以成为分句的结构——主谓结构，或者跟主谓结构相当的具有表述功能的动宾结构、兼语结构、连动结构等。在B类句式和C类句式里，意会主语总是见于前面的分句。

本章用很多篇幅讨论A类句式和B类句式，是因为它们经常受到指责，这并不等于说C类句式是罕见的。事实上，C类句式使用率是相当大的。略举几例：

(62)（至于个人的缺点，如果不是与政治和组织的错误有联系，）则不必多所指摘，使同志们无所措手足。（毛泽东《关于纠正党内的错误思想》）

(63) 集中力量于一个方向，其它方向剩下钳制力量，自然不

免使土地受到损失。（毛泽东《中国革命战争的战略问题》）

（64）所有这些因素配合起来，就使我们能够对日本占领地的堡垒和根据地，作最后的致命攻击……（毛泽东《论持久战》）

（65）一个国家，农村人口多，存在封建势力，有不好的一面，但是，对于无产阶级领导的革命来说，又是好事，使我们有农民这个广泛的同盟军。（毛泽东《我们党的一些历史经验》）

这些例子中，“使……”是分句，它的前面是另外的分句。“使”的主语，都见于前边的分句，可以意会。

二、再说“使”字句意会主语的作用

用意会主语，跟用明晰主语相比，至少有三个方面的好处：

第一，可以在主谓关系的基础之上，明显地强调出因果、条件等关系，从而能够更好地说明客观事物在发展过程中的相互联系。比较：

（66）敌人的封锁，使得我们的货物出口发生困难。

（67）因为敌人的封锁，使得我们的货物出口发生困难。（毛泽东《我们的经济政策》）

前一例是明晰主语“使”字句，只让我们注意到什么“使”什么的关系；后一例是意会主语“使”字句，不仅交代了什么“使”什么的关系，而且强调出了事物间的因果联系。这种联系，如有必要，还可再加别的语言形式，作进一步的强调。例如：

（68）正是由于毛泽东同志根据战争形势的发展，进行了灵活的战略指示，由于中国人民解放军严格遵循了和灵活运用了毛泽东同志所规定的战略战术原则，因而使我们三大战役中取得了战略决战的胜利。（叶剑英《伟大的战略决战》）

（69）正因为这个不同的表现形式，所以使游击战争的作战方法区别于正规战争的作战方法……（毛泽东《关于抗日游击战争战略问题》）

“由于”前加“正是”，后用“因而”呼应，“因为”前加“正”，后用“所以”呼应，都使事物间的因果联系显得非常鲜明。

第二，可以通过使用不同的连词或介词，形成多种格式，使句法更加灵活多样，富于表现力。

客观事物在发展过程中是有着原因与结果、理由与推断，以及方位、时间等等方面的联系的。需要强调的重点不同，就可以选取不同的格式：

强调因由的：由于……，使……；因为……，使……；……因而使……。

强调假设的：如果……，(就) 使……。

强调条件的：只有……，(才) 使……；只要……，(就) 使……。

强调方位或时间的：在……（上/下/中/后)，使……；随着……，使……。

强调起点的：从……（中)，使……。

强调过程的：通过……，使……；经过……，使……。

强调依凭的：根据……，使……；依靠……，使……。

这许许多多的格式，给造句带来更大的选择余地。比方说：

(70) 由于重点明确、力量集中，使科研工作较快地搞出成果。(《光明日报》1978 年 10 月 18 日)

这是在逻辑主语前头加“由于”，强调因由。如果不需要强调因由，而要强调假设，或者强调条件，就可以把“由于”换为“如果”或“只有”：

(71) 如果重点明确、力量集中，就可以使科研工作较快地搞出成果。

(72) 只有重点明确、力量集中，才能使科研工作较快地搞出成果。

可见，由于句法的多样化，“使”字句的表现力更强了。

第三，可以使逻辑主语模糊化，增强理解的灵活性。

前面说过，意会主语的模糊性表现在两个方面。“使”字句的意会主语也是这样。

首先，“使”的逻辑主语有时很难明确指出。这就促使读者灵活地理解，注意把握句子的整体意义。例如：

(73) 这个宪法草案，结合了少数领导者的意见，公布以后，还要由全国人民讨论，使中央的意见和全国人民的意见相结合。(叶剑英《关于中华人民共和国宪法草案》)

这个“使”的逻辑主语是什么，很难从字面上直接指出。必须灵活地通过全面把握句子的整体意义，才能理解。在几个“使”字句连续使用时，这一情况更加明显。例如：

(74) 只有开展经济战线方面的工作，发展红色区域的经济，才能使革命战争得到相当的物质基础，才能顺利地开展我们军事上的进攻，给敌人的“围剿”以有力的打击；才能使我们有力量去扩大红军，把我们的战线开展到几千里路的地方去，使我们的红军毫无顾忌地在将来顺利的条件下去打南昌，打九江，使我们的红军减少自己找给养的这一部分工作，专心一意去打敌人；也才能使我们的广大群众得到生活上的相当的满足，而更加高兴去当红军，去做各项革命工作。(毛泽东《必须注意经济工作》)

上例有五个“使”。三个“(才能)使”的逻辑主语比较明显，是条件分句中的“开展经济战线方面的工作，发展红色区域的经济”。第二个“(才能)使”后边的两个“使”，它们的逻辑主语就已模糊化，必须灵活地结合上文来琢磨才能理解，不能简单化地用“省略”的说法解释。

其次，“使”的逻辑主语有时可以指出，但是实际含义似乎超出字面含义。这样，就更能开拓读者的思路。比方：“从《望乡》所引起的讨论，使我们联想到了当前存在的一些问题。”光是“《望乡》所引起的讨论”，范围和内容都有明显的界限，加上“从”，理解就可以灵活一些了：既指“《望乡》所引起的讨论”本身，似也包括作者对“讨论”的分析和感触。再如：“经过反右和反‘左’斗争，使大家都知道了反右反‘左’是怎么一回事。”不用“经过”，含义就限于“斗争”本身，用了“经过”，就不仅指“斗争”这件事，还似乎有人的因素在起作用。再如：

(75) 在战争的过程中……使中国军队的装备逐渐加强起来，

因此，中国能够在战争的后期从事阵地战，对于日本占领地进行阵地的攻击。(毛泽东《论持久战》)(省略号是原有的)

按原意，上例“使”的逻辑主语是“战争的过程”。加上“在……中”之后，就使这个逻辑主语模糊化，在理解上，也可以认为“人”在起作用了。

“使”字句的意会主语，有时也可以用指示代词“这/那”表示出来。这时，意会主语“使”字句就具有一个纯形式主语。由于这种纯形式主语本身不能表达明晰的意义，因此，“使”的逻辑主语是什么，还是得靠意会。这就是说，有了这种纯形式主语，并不改变意会主语“使”字句的基本性质。例如：

(76) 由于遵义会议以后，全党确立了毛泽东同志为首的党中央的正确领导，这才使得张国焘的错误没有能够发生更大的危害。(刘伯承《回顾长征》，《伟大的历程》109页)

许多意会主语“使”字句，“使”的前边都可以添上“这/那”之类。这种指代形式，可以帮助我们证明，“使”不是以前边分句的主语为主语，而是以前边分句所表示的意思为主语，只能从前边的分句里去意会。

第四节 意会主语“使”字句中的“使”字

许多学者，不论是评论A类句式还是B类句式，都要求把“使”去掉，似乎它是个赘疣。

在这个问题上，吕叔湘、朱德熙二位先生也提出过相当精彩的见解。在《语法修辞讲话》中，虽然他们一方面认为，“现在人特别爱用‘使’字，有时候找不出它的主语，有时候找出来，意思讲不通，有时也讲得通，但‘使’字并非必要”，并且举了三类例子，认为是不对的，或不好的；但是，另一方面，他们又指出：“从以上的例子，我们看到一个很有意思的现象。一方面，好些行为的主动者（而且这里面大多数是‘我’或‘我们’)，可以或应该让它做主语，却在前面加个

'使'字，让它带上一半被动性质，好像什么事情都不由自主，要人推动。另一方面，有好些可以或应该直截了当处置的事物，却又不敢在它前面用个动词或'把'字，只敢'使'它一下，让它自己去完成那个行为。综合这两方面，倒像世界上既没有积极的主动者，也没有纯粹的被动者。对于这个现象，语言心理学者一定会感觉很大的兴趣。"这说明，二位先生重视了"使"字句运用中一种值得注意和研究的事实，他们对这个"使"并不是持全然否定的态度的。当然，根据我们的探索，情况还要复杂得多，但他们的话确能启发我们思考，起了很好的先导作用。

如果把潜在逻辑主语所代表的事物称为"客体"，把"使"字后边的兼语所代表的事物称为"本体"，那么"使"字便是用在客体和本体之间，表明客体对本体起制约作用时的微妙关系。这可以从两个方面来看。

第一，从客体起作用的方面看，"使"字表明本体的变化是受客体的影响，被"客体"所带动的。比较用不用"使"字的句子，这一点就可以看得很清楚：

(77) 时至二十世纪三十年代的日本帝国主义，由于内外矛盾，不但使得它不得不举行空前大规模的冒险战争，而且使得它临到最后崩溃的前夜。(毛泽东《论持久战》)

(78) 时至二十世纪三十年代的日本帝国主义，由于内外矛盾，它不但不得不举行空前大规模的冒险战争，而且临到最后崩溃的前夜。

(79) 通过面对面的揭露矛盾，提出解决办法，使各部门的领导干部受到很大教育。(《光明日报》1978年10月28日)

(80) 通过面对面的揭露矛盾，提出解决办法，各部门的领导干部受到很大教育。

前两例，用"使"时表明了"它"受到"内外矛盾"的强烈影响，不用"使"时似乎"它"的变化是自我完成的。后两例，用"使"时表明了"各部门的领导干部"受到"面对面的揭露矛盾，提出解决办法”的强烈影响，不用“使”时似乎“各部门的领导干部”的变化是自我完成的。

正因为表明本体处于受影响、被带动的地位，所以使人感到，变化的“功”“过”可以归之于客体。有意思的是，与此相联系，在本体是“我”时，这种句法往往用来表达谦逊的态度或管束不了自己的心情。

在“我”把“功”让给客体时，往往是为了表示谦逊的态度。这时的“使”，可以使“我”不显得那么突出。比较：

A. 接到你们的贺函，使我十分愉快和感谢。
接到你们的贺函，我十分愉快和感谢。

B. 通过学习邓小平理论，使我懂得了很多大道理。
通过学习邓小平理论，我懂得了很多大道理。

C. 在科学前辈的认真指导下，使我在科学研究上取得了一些成绩。
在科学前辈的认真指导下，我在科学研究上取得了一些成绩。

从这些例子可以知道，用不用“使”意味不同。用了“使”就能避免过于突出“我”。在上对下时，显得亲切、谦和；在下对上时，显得谨慎、谦恭。

在“我”把“过”推给客体时，往往是为了表示“管束不了自己”。这时用“使”，可以使“我”显得不由自主。比较：

A. 由于“四人帮”反革命修正主义路线的影响，使我放松了文化知识的学习。
由于“四人帮”反革命修正主义路线的影响，我放松了文化知识的学习。

B. 在这个坏家伙的教唆下，使我逐渐走上了犯罪的道路。
在这个坏家伙的教唆下，我逐渐走上了犯罪的道路。

从这些例子可以知道，用不用“使”意味也有所不同。用了“使”，就显得事出有因，责有攸归，自己似乎是情有可原的。

第二，从本体起作用的方面看，“使”字又使人感到，本体并不是完全无所作为，它的变化仍然有主观因素在起作用。不过，在这一点上，不能一概而论，还得作进一步的说明。

首先，要看本体是否有意识。如果是人，就可能有主观因素起作用；如果是事物，就看不到什么主观因素。例如：

(81) 由于政策的落实，使大家越干越有劲。

(82) 由于政策的落实，使各项工作出现了欣欣向荣的新气象。

前一例的本体是“大家”。这个例子使人感到，在“政策的落实”的影响下，“大家”发挥了主观能动性；后一例的本体是“各项工作”。这个例子只使人感到，在“政策的落实”的影响下，“各项工作”起了变化。

其次，还要看对本体加以陈述的谓语的内容。对本体加以陈述的谓语，有的表示动作行为，有的表示心理活动；有的表示如意的、具有积极意义的行为活动，有的表示不如意的、具有消极意义的行为活动。比方：“取得—丢失，成功—失败，前进—后退，团结—分裂”，这是表示动作行为的。其中，“取得”“成功”“前进”“团结”表示如意的、具有积极意义的行为，“丢失”“失败”“后退”“分裂”表示不如意的、具有消极意义的行为。又比方：“热爱—憎恶，高兴—悲伤，记起—忘掉”，这是表示心理活动的。其中，“热爱”“高兴”“记起”表示如意的、具有积极意义的心理活动，“憎恶”“悲伤”“忘掉”表示不如意的、具有消极意义的心理活动。

一般说来，谓语表示动作行为时，如果是属于如意的、具有积极意义的动作行为，本体的主观因素就显得比较活跃；如果是属于不如意的、具有消极意义的动作行为，本体就显得完全处于无能为力的境地。比较：

(83) 由于党的教育和关怀，使他们迅速成长为新型的知识分子。

(84) 由于“四人帮”的干扰、破坏，使他们长期无法开展研究工作。

前一例，“迅速成长……”既受“党的教育和关怀”的影响，也是“他们”主观努力的结果。后一例，“长期无法开展研究工作”并非他们之所愿，他们是全然被动的。正因如此，这类“使”字句有时跟“被”字句结合使用。例如：

(85) 只是在林彪、“四人帮”横行的时期，由于他们的破坏和摧残，才使得绝大部分科协组织及其所属团体，被迫完全停止了活动。(《光明日报》1978年11月21日)

当谓语表示心理活动时，本体一般都有主动性；只是在少数情况下，才有上述的区别。例如：

(86) 读了你的信，使我非常高兴。

(87) 听了他的话，使我非常气愤。

这两句没有区别："我"既受影响，也有主动性。又如：

(88) 读了你的信，使我想起一件事。

(89) 由于长期离家，使我连家乡的方言也忘记了。

这两句有区别："想起"既受"你的信"的影响，也有"我"的主观作用；"忘记"只是受"长期离家"的影响，"我"本人是不由自主的。

总之，"使"字具有特定的作用。它把本体置于客体的强烈影响的笼罩之下，但也不完全抹煞本体的主观能动作用。由"使"字造成的"谦逊"说法和"管束不了自己"的说法，更具特殊情味。

第五节　意会主语"使"字句的分析

分析意会主语"使"字句，首先要明确"使"的词性。

作为动词，"使"不表示具体的动作行为，意义本来比较虚；在意会主语"使"字句里，它着重表明客体和本体之间的联系，意义就更虚了。高庆赐先生去世前，在一篇未发表的文章中，曾经提出"连词"说。他认为，在"由于……，使……"之类的句式里，"使"已虚化为连词，相当于“以致”。

如果“连词”说能成立，问题就迎刃而解。因为把它看作连词，就可以按照现有的理论把这类“使”字句分析顺当了。比方，“由于……,使我……”，说“使”是表结果的连词，“使”后边的“我”便是第二分句的主语，这样，这个分句便是“有主语”，而不是“缺主语”了。又比方，“我……，使我……”，说“使”是表结果的连词，“使”后边的“我”便是第二分句的主语，这样，这个复句就可以解释为“我怎么样，以致我怎么样”，因而就能“说得通”，而不是“说不通”了。应该说，在对待这类“使”字句的态度上，高先生已经大大地向前跨进一步了。

但是，语言事实并不支持“连词”的假设。

第一，就“使”的替换形式和复合形式说：

①“使”可由“令”替换，“……使人……”的格式可以替换为“……令人……”的格式。例如：

(90) 走进土围子瞧，使人大失所望。(曹丹辉《伟大的历程》)

(91) 看了这种情况，令人十分高兴。(毛泽东《〈中国农村的社会主义高潮〉的按语》)

这两例，“使”和“令”可以互换。若无法证明“令”是连词，也就无法证明“使”是连词。

②“使”有时说成“迫使”“逼使”“促使”，它们的词性应该是相同的。上面已经出现过用“迫使”“促使”的例子。又如：

(92) 由于这种总危机，逼使各资本主义国家走入新的战争，首先逼使各法西斯国家从事于新战争的冒险。(毛泽东《论持久战》)

很难说“逼使”“促使”“迫使”是连词，因而也很难把“使”说成连词。

第二，就“使”同别的词语的组合关系来说：

①“使”的前边常用副词或副词性词语。例如：

(93) 正是由于这个原因，几乎使我们忘记了时间……(陈大远《韩家山庄》，《光明日报》1978 年 10 月 8 日)

(94) 长征开始，由于“左”倾路线在军事行动中逃跑主义的错误，继续使红军受到重大损失。(刘伯承《回顾长征》,《伟大的历程》97页)

(95) 走了不少曲折的道路，终于使我们懂得：只有在党的正确领导下，革命事业才能蓬勃地向前发展……(杨秀山《七大的光芒》,《伟大的历程》217页)

能够受“几乎”“继续”“终于”这些词修饰的，不可能是连词。

②“使”的前边常用助动词。例如：

(96) 由于我之领导错误和敌之强大压力的结果，可以使上述的情形发生相反的变化，即根据地化为游击区，游击区化为敌之比较稳固的占领地。(毛泽东《关于抗日游击战争的战略问题》)

(97) 反对战争问题中的唯心论和机械论的倾向，采用客观的观点和全面的观点去考察战争，才能使战争问题得出正确的结论。(毛泽东《论持久战》)

(98) 如果不是采取强迫命令、欲速不达的方针，而是采取耐心说服、典型示范的方针，那末，几年之内，就可能使大多数农民都组织在农业生产和手工业生产的互助团体里。(毛泽东《必须学会做经济工作》)

“使”前边用了助动词，更不可能是连词。如果是连词，何必“助动”?

③“使”的后边可以用“之”。例如：

(99) 中国农民有很大的潜伏力，只要组织和指挥得当，能使日本军队一天忙碌二十四小时，使之疲于奔命。(毛泽东《论持久战》)

(100) 敌之优点可因我之努力而使之削弱，其缺点可因我之努力而使之扩大。(毛泽东《论持久战》)

代词“之”肯定是宾语。带宾语的“使”，不可能是连词。

由此可见，“使”尽管虚化，但还是动词。作为动词，“使”后边的成分是兼语。设X为逻辑主语，Y为“使”所支配的对象(兼语),

那么“使”字句可以做如下的分析：

a. “X使Y动”→主·动$_1$·兼·动$_2$。（主语明晰。）

b. “通过X，使Y动”→状·动$_1$·兼·动$_2$。（逻辑主语“潜”入状语，意会。）

c. “如果X，使Y动”→前分句＋后分句〈动$_1$·兼·动$_2$〉。（逻辑主语“潜”入前分句，意会。）

d. “我……，使我动”→前分句＋后分句〈动$_1$·兼·动$_2$〉。（逻辑主语“潜”入前分句，意会。）

e. “如果X，这使Y动”→前分句＋后分句〈主·动$_1$·兼·动$_2$〉。（逻辑主语“潜”入前分句，“使”前出现纯形式的语法主语“这”。）

本章小结

第一，逻辑主语和语法主语的关系复杂多样。逻辑主语可以表现为语法主语，也可以表现为潜在主语；语法主语可以表现为逻辑主语，也可以只是纯形式主语。当逻辑主语表现为语法主语，语法主语表现为逻辑主语的时候，便使句子具有一个明晰主语。

第二，汉语里有意会主语句。这类句子，逻辑主语表现为潜在主语，包含于前分句或状语之中，可以意会。潜在主语，即意会主语，往往具有一定的模糊性。从这个意义上说，它们有时是一种模糊主语。意会主语句是“缺”形式上的主语的句子，但不是“缺主语”的病句。这类句子，也不能用“省略”说来解释。

第三，意会主语“使”字句有两个类型：第一类，包含“使”的逻辑主语的前分句或状语，用了连词或介词。这就是文中所说的A类句式。第二类，包含“使”的逻辑主语的前分句，不用连词。这就是文中所说的B类句式和C类句式。

第四，意会主语“使”字句不仅大量存在，而且具有特定的语用价值。运用意会主语“使”字句，可以在表达主谓关系的基础上，进一步表明事物在发展中相互间的因果、条件等方面的联系；可以造成多种多样的句式，为造句提供更大的选择余地；有时还可以使逻辑主语模糊化，增强句子表意的灵活性。这类句子中的“使”，不是多余的成分。尽管不用“使”，因果、条件等关系照样可以表达，但用了“使”，就可以更好地显示客体事物对本体事物的影响与推动，往往还使句子带上“谦逊”或“管束不了自己”的情味。

第五，意会主语“使”字句中的“使”，已经虚化，但它仍然具有动词的特点。作为动词，它后边的名词或名词性结构是兼语。一般说来，意会主语“使”字句是形式上没有主语的兼语式句；有时形式上有个主语“这/那”之类，但不是典型的明晰主语，而是纯形式主语。

第九章 选择问句群

——复句辖域的突破（个案分析之一）

本章对“问句句群”这么确定：凡是问句句群，第一问都能独自站立，即在删除后边的问话之后能够独立成为一个问句。换言之，如果第一问是能够自立的一个问句，那么，只要后边续上一问或二问、三问……便构成句群。即：“X?”（一个问句）→“X? Y?”“X? Y? Z?”（问句句群）从否定方面说，“X（?）”和“Y?”连用，如果“X”不是一个问句（没有作为一个问句的语表形式），或者“X?”不能脱离后边的问句“Y?”而独自成为一个问句，那么，连用的“X（?）”和“Y?”一般是复句，它们不构成句群。

本章对“选择问句群”这么确定：凡是选择问句群，问句间一定存在选择关系。选择关系的典型形式标记是“或者/还是”。关系标记有时显现；不显现时，可以补加。即：“X?（或者/还是）Y?”构成选择问句群的各个问句，都是选肢问句。几个问句连用，如果排斥“或者/还是”的进入，它们不构成选择问句群；几个问句连用，如果只有其中一部分接纳“或者/还是”的进入，那么，只有那一部分构成选择问句群。

本章对“选择问句群形式”这么确定：选择问的句群形式，一方面表现在采用什么样的关系标记，另一方面表现在前后问句各采用什么样的语气类型。语气类型的形式标记是“吗”和“呢”。语气标记有时显现；不显现时，可以补加。

根据语气类型的排列组合状况，结合选肢问句之间所用的关系标记，本文把选择问句群形式简括为四类：①“一吗一吗”问；②“一吗一呢”

问；③“一呢一呢”问；④“一呢一吗”问。前两类是常用的选择问句群，后两类是不常用的构造比较特殊的选择问句群。

第一节 “一吗一吗”问

代表形式：“X 吗？或者 Y 吗？”

举例：“需要打针吗？或者，需要吃点药吗？”｜“他完成任务了吗？或者，他家里出了急事吗？”｜“这幅画是你画的吗？或者，是别人送给你的吗？”

一、语气标记上，“一吗一吗”问以选肢问句能带“吗”为特征，“吗”有时写作“么”

例如：

（1）这类现象，你能列成公式吗？或者，你能用图表表示出来吗？

（2）所有这些，不都是特异的思维模式吗？或者说，不都是特殊的心理状态吗？

（3）是风太师叔么？是不戒大师么？是田伯光么？是绿竹翁么？（可是似乎都不像。）（金庸《笑傲江湖》第十五）

有时，前选肢问句带“吗”，后选肢问句不带。例如：

（4）（他听着她半是泪语的饮泣低诉，该说什么呢？）把别人的不幸引为自己的自豪吗？居高临下的怜悯以示自己的博大吗？或者不着边际的劝慰一番，显出自己的豁达和大度（吗）？（章世添《关于一个爱情故事的报告》，《红岩》1987 年第 2 期 16 页）

（5）（她为什么老是叫松？）难道她与松相识吗？或是与松有什么情缘（吗）？（姜贻斌《窑祭》，《十月》1992 年第 1 期 193 页）

更多的情况是不出现“吗”。可以认为，各选肢问句句末都留有可以加上“吗”字的空位。例如；

（6）（等人是最心烦的，怎么还不来呢？）工厂里走不开？自行车的气门芯被人拔了？路上出了麻烦？（章世添《关于一个爱情

故事的报告》，《红岩》1987 年第 2 期 28 页）

（7）（是什么问题?）贪污？受贿？违法？偷税？走私？（不知道，一点消息都没有。）（张欣《不要问我从哪里来》，《中篇小说选刊》1988 年第 1 期 106 页）

前一例可以说成："……吗？……吗？……吗?"后一例可以说成："……吗？……吗？……吗？……吗？……吗?"

若用信疑参半的口气说话，"一吗一吗"便可以说成"一吧一吧"。例如：

（8）我挺讨厌，是吧？要不，就是太没规矩（吧）？（苏叔阳《故土》，《当代》1984 年第 1 期 43 页）

二、关系标记上，"一吗一吗"问以选肢问句之间能用"或者"为特征

看两个实际用例：

（9）（那个大窟窿怎么办?）把它填掉？或者重新灌水，造一座人工湖?（姜滇《摄生草》，《当代》1990 年第 3 期 70 页）

（10）邓怡想这就奇怪，难道郎特尔公司的人都是白痴？难道加拿大和美国的消费者都吃了蒙汗药？或者，五洲生产的花参丸真的那么有神效？真的能把 60 岁老头子的肾改造成小伙子的肾？（戴雁军《你玩哪种游戏》，《中篇小说选刊》1999 年第 4 期 43～44 页）

上例都用了"或者"。而且，各问句末尾都可以加"吗"。

"或者"有时不出现。可以认为，问句间留有可以加上"或者"的空位。比如：

（11）（第一天，没见到哥哥的影子。第二天又没见到。）出差了吗？病了吗?（……第三天傍晚，他依然装作散步的样子，在广东路口徘徊）。（杨旭《流星》，《中篇小说选刊》1988 年第 1 期 38 页）

（12）（她不知道自己这是怎么了，为什么会为这粗鲁的汉子所吸引，为什么会愿意看见这魁梧的蓝胡子。）是因为他具有男性的魅力，像个保护女性的骑士？是因为他怪异的言谈？是因为他复杂、苦难的生活？（这一切自己还简直一点都不了解呀！）（苏叔阳《婚礼集》，北京十月文艺出版社 1984 年版 32 页）

前一例可以说成："病了吗，或者，出差了吗？"后一例可以说成："是因为……（吗）？是因为……（吗）？或者，是因为……（吗）？"

除了"或者"，"一吗一吗"问的选肢问句之间有时还可以用"否则""要不""再不"之类的词语。例如：

（13）难道要把这个可爱又可怜的小男孩儿送到孤儿院去？再不，送到哪个需要孩子的家庭里？（苏叔阳《婚礼集》，北京十月文艺出版社 1984 年版 2 页）

（14）难道她疯了？要么就是发了财？再不然就是做太太？（他看了看她的脸，小心翼翼地问："刘，刘小姐，出了什么事呀？"）（孙砺《都市的骚动》，《当代》1990 年第 5 期 14 页）

副词"又"通常不表示选择关系，但有时却用在具有选择关系的两个选肢问句之间，可以改写为"或者"。如：

（15）难道听到的讯息竟然不确？又难道辽人故意安排这诱敌之计，教我们上当？（金庸《天龙八部》第十六）

（16）莫非是田伯光？又莫非是不戒和尚？（金庸《笑傲江湖》第十四）

第二节　"一吗一呢"问

代表形式："X 吗？还是 Y 呢？"

举例："需要打针吗？还是只需要吃点药呢？"｜"他完成任务了吗？还是他家里出了急事呢？"｜"这幅画是你画的吗？还是别人送给你的呢？"

一、语气标记上，"一吗一呢"问以前后选肢问句能够分别带上"吗""呢"为特征

看两个实际用例：

(17) 他的亲人都逃出来了吗？还是死在集中营了（呢）？（程乃珊《银行家》，《中篇小说选刊》1988 年第 3 期 78 页）

(18) 是到现在也不肯原谅他么？还是柔情万缕，至今不能斩断（呢）？（李建《梦幻世界的罪恶》，《啄木鸟》1992 年第 1 期 6 页）

事实上，“吗”“呢”很少同现。如上例，都只在前选肢问句出现“吗”或“么”。但是，“还是”对后选肢“呢”问句起强制作用。只要后选肢问句前头用了“还是”，句末就只能加上“呢”，不能加上“吗”。

有时“吗”和“呢”都不出现，但可以分别补加。例如：

(19) 你疯了（吗）？还是真的老糊涂了（呢）？（苏叔阳《故土》，《当代》1984 年第 1 期 35 页）

(20) 你真去旅游了一趟（吗）？还是上海有位高人指点你（呢）？（吕幼安《我没有错》，《中篇小说选刊》1999 年第 4 期 15 页）

二、关系标记上，“一吗一呢”问以前后选肢之间用“还是”为特征，“还是”必须用，不然不能构成“一吗一呢”问

从语表上看，如果“吗”和“呢”都不出现，那么“一吗一呢”问的形式就只是：“X？还是 Y？”例如：

(21) 自己的感觉对？还是陆世峰的判断对？（黎峰《“四·二四”疑案》，《啄木鸟》1992 年第 1 期 57 页）

这一例等于说：“自己的感觉对吗？还是陆世峰的判断对呢？”

“X？还是 Y？”的前选肢问句似乎也可以加“呢”。如果这么理解，就成为“一呢一呢”问。然而，全面地看，“X？还是 Y？”偏向于“一吗一呢”。

首先，“X？还是 Y？”前选肢问句任何时候都可以加“吗”，却不是任何时候都可以加“呢”。比方前选肢问句用了“难道”，句末不能加“呢”。例如：

(22)（你……怎么跑到一家弥散着铜臭味儿的公司做起事来了？）难道是为了证实你能挣钱，与动物有区别？还是为了攒下足

够的钱将来去买精神文明？（王秋海《梦里寻她千百度》，《啄木鸟》1990 年第 2 期 54 页）

上例只能说成“难道……吗？还是……呢？”不能说成“难道……呢？还是……呢？”

其次，不管是否出现“难道”，“X？还是 Y？”任何时候都可以让前选肢问句自立成为一个单句，并且加上“吗”。这表明，“X？”和“X 吗？”类同。例如：

（23）是她的研究有了新的进展？还是碰见了难以处理的问题，就此借故脱身而去？（康焕龙《裸露的世界》，《啄木鸟》1990 年第 2 期25 页）

可以只问：“是……有了新的进展？”等于问：“是……有了新的进展吗？”

第三，从表意上看，“X？还是 Y？”的前选肢问句往往是主问，后选肢问句往往是从问，从问对主问起追补作用。语用价值相当于“X 吗？还是 Y？”。例如：

（24）（唉！为什么呢？）为钱？还是就想当一次总经理玩玩？（孙砺《都市的骚动》，《当代》1990 年第 5 期 25 页）

“为钱”是说话人首先关心的问题。转念间，作了否定的回答，才通过“还是”追补另外一个问题。追补的问题可以不说出来，只用个“还是……”：

（25）（艳薇，你今天怎么了？）昨夜出了什么事？还是……（高尔品《风流误》，《花城》1989 年第 6 期 172 页）

必须指出，书面上有时见到：“（是）X 呢？还是 Y（呢）？”这不是句群选择问，而是复句选择问。这时，“X 呢？”只是一个分句，语气上有待于同后边的分句结合成为复句，它本身不能自立成为一个单句。比如：

（26）那您说，是小队分红好呢？还是单干好？（史铁生《插队的故事》，《中篇小说选刊》1986 年第 4 期 104 页）

单说“是小队分红好呢？”站不住。

第三节 “一呢一呢”问和“一呢一吗”问

“一呢一呢”问代表形式：“X呢？或者Y呢？”

举例：“要不要打针呢？或者，要不要吃点药呢？”｜“吃川菜还是吃湘菜呢？或者，是不是换换口味呢？”

“一呢一吗”问代表形式：“X呢？或者Y吗？”

举例：“要不要打针呢？或者，先吃点药可以吗？”｜“吃川菜还是吃湘菜呢？或者，川菜湘菜都来点吗？”

一、“一呢一呢”问是在句内选择问的基础上构成的句群选择问

例如：

(27)（然而又一想，贸然提出这要求会让宾馆方面作何感想呢？）会不会以为自己太矫情（呢）？或者，会不会以为自己在责难宾馆（呢）？（苏叔阳《婚礼集》，北京十月文艺出版社1984年版23页）

(28)师父有没有指点你去找一个人？或者（有没有）给了你什么地图之类？（金庸《天龙八部》第三十二）

上例的前后选肢问句，都是句内正反选择问。

句内选择问句有两类：一是列项选择问，用“是……还是……”表示；二是正反选择问，用“V不V”的形式表示。“一呢一呢”句群选择问的构成，有两种情况：

A. 前选肢是列项选择问，后选肢是正反选择问。如：

想念数学系还是想念物理系？或者，能不能考虑一下计算机系？

他太太喜欢听戏还是喜欢抹牌？或者，有没有什么特殊的爱好？

B. 前后选肢问句都是正反选择问。如：

你能不能找他谈谈？或者，能不能马上给他打个电话？

她喜欢不喜欢小孩？或者，喜欢不喜欢小猫小狗什么的？

B 种情况有个省略说法：如果前后选肢中的“V 不 V”词面相同，后选肢中的“V 不 V”可以省去。例如：

(29) 真的，到底有没有上帝？或者老天爷？（苏叔阳《婚礼集》，北京十月文艺出版社 1984 年版 137 页）

(30) 眼前的棕是不是也像桂一样，先前曾被恶女人掐坏了呢？或者干脆就是个天生的不行呢？（姜贻斌《窑祭》，《十月》1992 年第 1 期 197 页）

前一例等于说：“到底有没有上帝？或者有没有老天爷？”后一例等于说：“是不是也像桂一样……呢？或者是不是干脆就（是）天生的不行呢？”

“一呢一呢”问里一般都出现关系标记“或者”。有时也可用“否则”一类词语。特别是在商量祈求性质的选择问句群里，用“否则”“不然”之类十分自然。如：“你能不能找他谈谈？不然的话，能不能马上给他打个电话？”

“一呢一呢”问的前后选肢都可以带上“呢”，但“呢”一般不见于语表。不过，如果承接上文连用几个省去了“V 不 V”的具有选择关系的名词问句，那么，每个名词问句都带“呢”，问句间不用“或者”。例如：

(31)（喜欢当工程师吗？不。）作家呢？画家呢？音乐家呢？（不。不。不。）（柯云路《衰与荣》，《当代》1988 年第 1 期 153 页）

上例等于说：“喜欢不喜欢当作家呢？或者，喜欢不喜欢当画家呢？或者，喜欢不喜欢当音乐家呢？”

在两种情况下，“一呢一呢”问的两个选肢本身都不是句内选择问：

第一，连用两个“如果……呢”。比如：

(32) 好，退一步说，如果那个洋人要了她，和她结婚了呢？或再嫁个海外华人、港商、台湾老头呢？（柯岩《仅次于上帝的人》，《当代》1990 年第 2 期 176 页）

上例等于说："如果那个洋人要了她……呢？或者，如果再嫁个……台湾老头呢？"

第二，前后两问用"或者换句话说"之类来联结。例如：

(33) 你有多少钱？或者说目前我们家有多少钱？(《池莉精品文集》，内蒙古人民出版社1999年版38页)

(34) 哪一条是自己真正的影子？或者说哪条影子更像自己？(苏叔阳《故土》，《当代》1984年第1期24页)

前一例等于说："你有多少钱呢？或者换句话说，目前我们家有多少钱呢？"后一例等于说："哪一条是自己真正的影子呢？或者换句话说，哪条影子更像自己呢？"

二、"一呢一吗"问也是在句内选择问的基础上构成的句群选择问，它的前选肢问句，是句内列项选择问或句内正反选择问

各举一例：

(35)（为什么……那样激动不安呢?）是他讨厌那些潇洒的小鸟还是厌恶古典的音乐（呢)？或者，这二者都与他生活中某件痛苦的往事相关（吗)？(苏叔阳《婚礼集》，北京十月文艺出版社1984年版299页)

(36) 他会不会连夜赶回又走掉（呢)？或许他压根儿就没有去大陆（吗)？(王秋海《梦里寻她千百度》，《啄木鸟》1990年第2期56页)

前选肢是列项选择问时，后选肢问句有两个类型：A. 另列型。在前选肢所列两项之外再列出追补的第三项。如："是他干的还是他弟弟干的？或者，是他哥哥？"B. 总合型。对前选肢所列两项作加合性断定，得出追补的第三项。如例(35)。又如："去上海还是去广州？或者，上海广州都去？"

前选肢是正反选择问时，后选肢问句有两个类型：A. 回避型。避开前选肢所提的正反两种可能，追补第三种可能。如："接不接受他的建议？或者，干脆不表态？"B. 偏向型。后选肢偏向于同前选肢中的肯定方面构成选择关系，而同前选肢中的否定方面则只有假设推断的关系。如例（36）。又如："他是不是有病才没来？或者，他根本就没原谅我？"（A. "他是有病才没来？或者，他根本就没原谅我？"B. "如果他不是有病才没来，那么就是他根本没原谅我。"）

实际语言运用中，"一呢一吗"问在语表上一般不出现"呢"和"吗"。不过，由于前选肢是"是……还是……"列项问、"V不V"正反问，只能用"呢"；后选肢是是非问，只能用"吗"。比如："喝茶还是喝咖啡？或者，两样都来一点？"→"喝茶还是喝咖啡呢？或者，两样都来一点吗？"

在关系标记上，"一呢"和"一吗"之间通常用"或者"，不过有时也可以用"否则""不然"之类。比如："签不签字呢？或者，听听大家的意见再说吗？"→"签不签字呢？要不然，听听大家的意见再说吗？"

第四节 综合观察

对选择问的研究，一般只限于单句选择问或复句选择问，它们都是句内选择问。事实上，句群选择问尽管跟句内选择问相通，可以直接或间接向句内选择问转化，但它又有好些值得注意的地方。

一、句群选择问，形式上具有多样性

跟句内选择问比较而言，句群选择问的形式是多种多样的。单句选择问，一般都是"V不V"正反选择问，"一呢"问；复句选择问，总是"是……还是……"列项选择问，"一呢一呢"问。而句群选择问，则包括"一吗一吗""一吗一呢""一呢一呢""一呢一吗"四种形式。它们都是句内选择问的扩张形式。在四种形式中，"一吗一吗"问、"一吗一呢"问、"一呢一吗"问是句内选择问所没有的；而且，"一呢一呢"问、"一呢一吗"问，还是建立在句内选择问的基础上的套合性选择问。

形式上的灵活多样，使句群选择问比句内选择问具有更大的能量和功力。

二、作为篇章语法现象，句群选择问中“—吗—吗”问的选肢之间具有离散性，即各选肢问句可以不紧相连接，中间插入别的句子

这主要有三种情况。

其一，在自问自答的语流中，各选肢问句后边分别插入答句。例如：

(37)（为什么会这么热闹?）是弟弟永虎结婚办喜事？不可能！他才二十岁，“天安门事件”时因骂江青被关进了监狱，去年初出狱后一直没找到工作。是妹妹结婚做回门酒？更不可能。半年前她还说过要报考音乐学院，也没有男朋友。（石国仕《战俘》，《中篇小说选刊》1991年第1期196页）

其二，在连续发问的语流中，选肢问句后边插入非选肢问句。非选肢问句是对选肢问句的补问，起解释或否定的作用。例如：

(38)（仇人都死光了，我的仇都报了。我却到哪里去?）回大辽吗？去干什么？去雁门关外去隐居么？去干什么？带了峰儿浪迹天涯、四海飘流么？为了什么？（金庸《天龙八部》第四十三）

(39)（这个太不懂事的秋哇，叫我怎么对待你?）辞掉？辞掉了我们上班怎么办？秋又去哪儿？不辞掉？不辞掉真的婚外怀孕了如何是好？（《池莉精品文集》，内蒙古人民出版社1999年版835页）

其三，在直述引述相结合的语流中，直述性话语插在引述性选肢问句之间。例如：

(40)“……又不带晓芙出去逛逛，走走?”她凝望着他：“或是——又要我帮忙陪着晓芙，你好去看汤恩慈?”（严沁《谁伴风行》，花城出版社1987年版157页）

“—吗—吗”问的可以离析，使这类选择问句群各选肢可以在篇章中形成网络，既能充分表达意思，又能加强话语的波浪。

三、常用的句群选择问，包括“—吗—吗”“—吗—呢”问，在构成上常见多个NP问句连用的现象

属于“—吗—吗”问的，例如：

（41）（这个通风报信的家伙是谁呢?）矿警孙四？监工刘八？送饭的高老头？井口大勾老驼背？（都像，都不像。）（周梅森《军歌》，《中篇小说选刊》1992 年第 3 期 92 页）

（42）你的什么在笼子里？兄弟？丈夫？情人？（《池莉精品文集》，内蒙古人民出版社 1999 年版 631 页）

（43）（哪种类型的精神神经症?）焦虑型？分离型？恐怖型？强迫型？抑郁型？性格型？疲劳型？疑病型？转换型？（九种类型，她算哪种?）（柯云路《衰与荣》，《当代》1988 年第 1 期 148 页）

有的时候，“一吗一吗”问的 NP 选肢也可以离析，分别出现答句。例如：

（44）（那么找谁呢?）鲁迅先生？自己不是文学家。斯大林？不知道冥冥之中有没有国界……（苏叔阳《婚礼集》，北京十月文艺出版社 1984 年版 199 页）

属于“一吗一呢”问的。例如：

（45）（究竟是什么拖住了他?）无字碑？大雁塔？还是秦代兵马俑？（杨贵云《陕南的天，中国的天》，《中篇小说选刊》1986 年第 2 期 35 页）

（46）（说，对方是什么人?）流氓学生？小倒？还是胡同串子？（柯岩《仅次于上帝的人》，《当代》1990 年第 2 期 56 页）

多项 NP“一吗一呢”问中，“还是”后边的 NP 可以不出现，书面上用省略号表示还可列项。例如：

（47）（需要我帮什么忙?）房子？家具？家用电器？还是……（孙砺《都市的骚动》，《当代》1990 年第 5 期 39 页）

多个 NP 问句的连用，可以使选肢问句的构造更加简便和灵活。

四、句群选择问，在表意的着重点上跟句内选择问有所不同

句群选择问重个体，是一人一问或一物一问，强调对人或事物一个个地分别查询检察；句内选择问重总体，是数人一问或数物一问，强调从总体中选择个体。例如：

（48）（到底出去想求什么?）改变命运？挣一笔钱？还是想出

去嫁一个人？（戚小彬《外面的世界》，《花城》1989年第6期86页）

这是“一吗一呢”句群选择问。每个选肢都带上疑问语气，是对每个选择项都一一作了揣摩。若改用句内选择问，说成：“是想改变命运，挣一笔钱，还是想出去嫁一个人?”这就显得对每件事情的决定性意义没有那样一一加以强调。

由于句群选择问形式多样，组织灵活，富于变化，表达上又有特定的语用价值，这类问句在实际语言运用中相当活跃是十分自然的。

本章小结

本章把选择问句群形式简括为四类：

①“一吗一吗”问，代表形式是“X吗？或者Y吗?”。

②“一吗一呢”问，代表形式是“X吗？还是Y呢?”。

③“一呢一呢”问，代表形式是“X呢？或者Y呢?”。

④“一呢一吗”问，代表形式是“X呢？或者Y吗?”。

句群选择问形式多样，组织灵活，富于变化，表达上具有特定的语用价值。

句群问题和复句问题有各自的研究范围，但二者之间又存在种种微妙的联系。句群研究，是对复句辖域的突破。研究句群，对于更好地认识语法事实，特别是对于深化复句研究，很有好处。

第十章 “特指问＋选择问句群”同指性双重加合

——复句辖域的突破（个案分析之二）

本章讨论“选择问句群”与“前引特指问”的同指性双层加合现象。比如：“怎么办？（A）今天邮寄吗？或者，明天托人带走吗？(B)”B层是选择问句群，A层是前引特指问。AB两层加合同指，问的都是方式。

上一章“选择问句群”描写了四种形式：“一吗一吗”问；“一吗一呢”问；“一呢一呢”问；“一呢一吗”问。上例B层选择问句群是“一吗一吗”问。又如：“怎么办？（A）今天邮寄吗？还是明天托人带走呢？(B)”（B层是“一吗一呢”问）｜“怎么办？（A）是不是今天邮寄呢？或者，要不要明天托人带走呢？（B)”（B层是“一呢一呢”问）｜“怎么办？（A）是不是今天邮寄呢？或者，明天托人带走可以吗？(B)”（B层是“一呢一吗”问）

前引特指问，指在前头出现并且引出后头同指性选择问句群的特指问。前引特指问一定包含疑问代词，一般是单句。对于后头的选择问句群来说，前头的特指问是前引问；跟前引问相对，后头的选择问句群便是回应问。前引问和回应问语义内容基本相同，只是前者偏重于概括，后者偏重于实指，二者之间具有疑问程度的层级性，因此，两类疑问形式的加合，就内容而言，是一种“同指性双层加合”。

本章重在考察和描写“前引特指问＋回应选择问句群”的关系类型。AB加合中，选择问句群的四种形式都可以出现于B层，因此本章不再严格区分其不同形式。另外，特指问后边的回应问，既可以是选择问句群形式，也可以是选择问复句形式。本章所用的语料只限于选择问句群形式，但涉及的关系类型可以覆盖选择问复句形式。

第一节 人物问双层加合

AB两层都问人或事物。代表形式：

X的是谁/什么？(A) ＋X的是B_1？B_2？(B)

一、A层问句用“谁”或“什么”，B层问句各项出现相对应的指人词语或指物词语，这就形成“人物问双层加合”

先看这两个例子：

(1) 他恨谁？(A) 恨陆非？恨姐姐？(B) (王秋海《梦里寻她千百度》，《啄木鸟》1990年第2期47页)

(2) 是想惩罚谁呢？(A) 惩罚他？还是惩罚我？(B) (夏真、王毅《黑冰》，《当代》1990年第5期138页)

上例指人词语和“谁”相对应。前一例等于说：他恨的是谁？他恨的是陆非？还是姐姐？后一例等于说：想惩罚的是谁？想惩罚的是他？还是我？再看这两个例子：

(3) 想想，当初如果自己去当了县长秘书，现在会什么模样呢？(A) 一个土里土气的乡长，一个年轻气盛的局长？或者也像陈海一样，当上了令人羡慕的县长？(B) (丁德文《微醉的周末》，《小说月报》1999年第9期47页)

(4) 谈什么呢？(A) 谈往事？谈那个该诅咒的大戒严之夜？谈黄土，谈八月的风和八月的太阳？(B) (杨贵云《陕南的天，中国的天》，《中篇小说选刊》1986年第2期32页)

上例指物词语和“什么”相对应。前一例等于说：“现在会是什么呢？是乡长，局长？或者是县长？”后一例等于说：“要谈的是什么？是往事？是那个该诅咒的大戒严之夜？(或者)是黄土，是八月的风和八月的太阳？”

跟“谁”对应的指人词语，一定是名词、名代词或名词结构；跟

“什么”对应的指物词语，却既可以是名词性的，也可以是非名词性的。这是因为，具体的人或物固然可以对应于“什么”，某种行为或某种情况也可以对应于“什么”。例如：

(5) 在西湖的飞虹桥上，袁大乃那疑惑的眼睛里，说出了什么？(A) 说她遇到了熟人？说她厌恶划船？说她看见船的晃动，引起心理上的作用，以至也晕眩起来？或者说她遇到了过去七个中某个恋人？(B)（章世添《关于一个爱情故事的报告》，《红岩》1987 年第 2 期 11 页）

(6) 就是通邮，你将在信中写些什么呢？(A) 忏悔，请他宽宥（吗)？还是同意他的看法，使三人的痛苦变成两人的幸福、一人的痛苦（呢)？(B)（沈石溪《战争和女人》，《昆仑》1984 年第 2 期增刊 33 页）

前一例，对应于“什么”的，是述说情况的几个主谓结构：“她遇到了熟人”“她厌恶划船”“她……晕眩起来”“她遇到了……恋人”。后一例，对应于“什么”的，是述说情况的两个复句形式：“忏悔，请他宽宥”“同意他的看法，使三人的痛苦变成两人的幸福、一人的痛苦”。

跟“什么”对应的指物词语，一般是直接回应，能代人“什么”的位置，但有时只是一种间接回应，不能代入“什么”的位置。这种现象表明，A 层问句和 B 层问句的配合在词语使用上具有灵活性。例如：

(7) 需要我帮什么忙？(A) 房子？家具？家用电器？还是……(B)（孙砺《都市的骚动》，《当代》1990 年第 5 期 39 页）

这一例，B 层各项只指明相关的事物或情况，它们都不能直接代入“什么”的位置。如不能说：“帮房子忙？帮家具忙？帮家用电器忙？”若改为直接回应，A 层就要说成：“需要我帮忙弄到什么？……(＝需要我帮忙弄到的是什么？……)”

除了“谁”和“什么”，A 层有时用“哪”构成特指问。“哪”或者相当于“什么地方”，或者大体相当于“什么样”。可以认为，“哪”

问句从属于“什么”问句。例如：

(8) 来接应暴动的，是哪一支游击队？(A) 是共产党乔锦程？还是那个何化岩？(B)（周梅森《军歌》，《中篇小说选刊》1988年第3期103页）

(9) 她搞不清自己到底慑服于林信达哪一点？(A) 他的总经理身份？他那不容置疑的语气？抑或是他那不可抗拒的男人魅力？(B)（戴雁军《你玩哪种游戏》，《中篇小说选刊》1999年第4期26页）

二、汉语句法重意合，简省形式较多，在人物问加合中，B层问句常常采用简省形式

即：删除跟A层问句重复的成分，只出现跟“谁”“什么”等相对应的词语。

如果“谁”“什么”充当宾语，B层各问句常删除带宾语的VP。VP前边如果还有别的成分，自然也一起删除。比如：“惩罚谁呢？惩罚他？还是惩罚我？”→“惩罚谁呢？他？还是我？”又如：

(10) 这个通风报信的家伙会是谁呢？(A) 矿警孙四？监工刘八？送饭的高老头？井口大勾老驼背？(B) 都像，都不像。（周梅森《军歌》，《中篇小说选刊》1988年第3期92页）

上例等于说：“是谁呢？是矿警孙四？是监工刘八？是送饭的高老头？还是井口大勾老驼背？”

如果“谁”“什么”充当主语，B层各问句一般删除做谓语的VP。比如：“谁拿走了公文袋呢？唐历拿走了公文袋？还是薛梅拿走了公文袋？”→“谁拿走了公文袋呢？唐历？还是薛梅？”又如：

(11) 那么，究竟是谁帮了她的忙呢？(A) 安主任？莫秘书？(B) 似乎都不可能。（陈海萍《红土》，《当代》1990年第1期144页）

(12) 究竟是什么拖住了他？(A) 无字碑？大雁塔？还是秦代兵马俑？(B)（杨贵云《陕南的天，中国的天》，《中篇小说选刊》1986年第2期35页）

前一例等于说："……安主任帮了她的忙吗？或者，莫秘书帮了她的忙吗？"后一例等于说："……无字碑拖住了他？大雁塔拖住了他？还是秦代兵马俑拖住了他？"

如果"谁""什么"充当定语，B层各问句一般删除中心语和跟整个定心结构发生关系的成分；如果"谁""什么"充当介词后置成分，B层各问句往往删除介词和跟整个介词结构发生关系的成分。比如："谁的技术最好呢？李明的技术最好？还是张强的技术最好？"（A里"谁"充当定语）→"谁的技术最好呢？李明？还是张强？"｜"你到底按什么办事？按上级文件办事？按经理意见办事？还是按你个人的想法办事？"（A里"什么"充当介词后置成分）→"你到底按什么办事？上级文件？经理意见？还是你个人的想法？"又如：

(13) 是什么问题？(A) 贪污？违法？偷税？走私？(B) 不知道，一点消息都没有。（张欣《不要问我从哪里来》，《中篇小说选刊》1988年第1期106页）

(14) 剩下的最后的酒，我跟谁干？(A) 唐明华？姜丽萍？薛梅？孙秀君？(B) ……不，我还是跟我爹干吧……（牛伯成《水杯，就在床上》，《当代》1990年第2期166页）

前一例等于说："……是贪污问题？是违法问题？是偷税问题？或者是走私问题？"后一例等于说："……跟唐明华干？跟姜丽萍干？跟薛梅干？或者跟孙秀君干？"

值得注意的是：

第一，由于跟"什么"对应的词语不一定是名词语，A层问句若用"什么"，B层各问句删除复用成分之后留下的词语可以是名词语，也可以是非名词语。例如：

(15) 老两口除了这些，还说什么呢？通货膨胀？分配不公？腐败现象？（郭庆生《不落的星辰》，《当代》1990年第1期120页）

(16) "我现在最需要什么？"动手术？生命？时间？爱情？女人？乐观的情绪？（柯云路《衰与荣》，《当代》1988年第1期135页）

前一例，B层里只有“腐败现象”是名词语，“通货膨胀”“分配不公”都是主谓结构。后一例，B层里“生命”“时间”“爱情”“女人”“乐观的情绪”是名词语，“动手术”是动宾结构。

第二，B层问句里删除复用成分后出现的主谓结构之类的非名词语，结构简短，而且跟A层问句里“什么”的对应关系显豁明确。如果关系不明，容易引起误解，复用成分便不能随便删除。比如例（5），不能随便删除“说”：

＊（17）在西湖的飞虹桥上，袁大乃那疑惑的眼睛里，说出了什么？她遇到了熟人？她厌恶划船？她看见船的晃动，引起心理上的作用，以至也晕眩起来？或者她遇到了过去七个中某个恋人？

这样的说法或者关系不明，或者容易变动例（5）原意。

第三，“什么人”相当于“谁”。A层问句若用“什么人”，B层问句便用跟“什么人”整个儿相对应的名词语。例如：

（18）说，对方是什么人？（A）流氓学生？小倒？还是胡同串子？（B）（柯岩《仅次于上帝的人》，《当代》1990年第2期56页）

上例“流氓学生”“小倒”“胡同串子”都不是只跟“什么”相对应，而是跟“什么人”整个儿相对应。

第二节　原因问双层加合和结果问双层加合

AB两层或者都问原因，或者都问结果。代表形式：

怎么了？（A）＋是因为B_1？B_2？（B）

会怎样？（A）＋结果是B_1？B_2？（B）

一、A层问句用“怎么了”之类，B层问句各项进一步追问原因，这就形成“原因问双层加合”

例如：

（19）艳薇，你今天怎么了？（A）昨晚出了什么事？还是……

(B)(高尔品《风流误》,《花城》1989年第6期172页)

这里AB两层连问原因。A层针对事实问原因,B层进一步探问造成事实的具体原因。B层前头可以加上"是因为"。

"怎么了"经常说成"怎么啦":

(20)她在瑟瑟发抖。天气并不冷,这是怎么啦?(A)是紧张的等待,还是等待的紧张?或者,对不堪回首的岁月的恐惧?走投无路,前来依附别人时的凄惶与羞怯?(B)(章世添《关于一个爱情故事的报告》,《红岩》1987年第2期11页)

句末用"呢",或者可以自由出现"呢",这是特指问句的常态。但是,作为特指问句,"怎么了"后边通常不用"呢"。不是绝对不能用,但用上了反而觉得不大自然。至于"怎么啦",实际上是"怎么了啊",后边不能再出现"呢"。

"怎么了"偶尔只说"怎么":

(21)这位宋夫人怎么?(A)是人老了变得迷糊?或本就如此?(B)(严沁《无怨》,中国文联出版公司1988年版2页)

上例"怎么"等于"怎么了"。

"为什么"也经常用于A层问句询问原因。通常采用"为什么·(S) VP"的结构形式,其中的VP表示某种行为活动。句末常用"呢"。例如:

(22)为什么两次了,他一听见天鹅和那首温柔的乐曲就那样激动不安呢?(A)是他讨厌那些潇洒的水鸟还是厌恶古典的音乐?或者,这二者都与他生活中的某件痛苦的往事相关?(B)(苏叔阳《婚礼集》,北京十月文艺出版社1984年版299页)

上例A层用"为什么……呢"。

用"怎么了",重在问造成事实的原因;用"为什么",则重在问行为活动的理由或根据。比较:

文章不能发表,为什么?内容错误?质量不行?还是有人作梗?(十)

文章不能发表,怎么了?内容错误?质量不行?还是有人作梗？(?)

针对“文章不能发表”，有必要追问理由或根据。用“为什么”，切合问题主旨。若用“怎么了”，显得不很顺当。再看这个例子：

(23) 她为什么老是叫松？(A) 难道她与松相识吗？或者与松有什么情缘？(B)（姜贻斌《窑祭》，《十月》1992年第1期193页）

这里A层用“为什么VP”，问的是理由。若改成“她怎么了”，寻思性较强，追问理由的意味相对减弱。

“怎么了”和“为什么”有时在A层问句结合使用。这时，既探问造成事实的原因，又寻问行为活动的理据。比如：

(24) 她不知道自己这是怎么啦，为什么会为这粗鲁的汉子所吸引，为什么会愿意看见这魁梧的蓝胡子。(A) 是因为他具有男性的魅力，像个保护女性的骑士？是因为他怪异的言谈？是因为他复杂、苦难的生活？(B) 这一切自己还简直一点都不知道呀！（苏叔阳《婚礼集》，北京十月文艺出版社1984年版32页）

上例A层包含三个特指问：一个“怎么啦”，两个“为什么VP”。前者等于问“怎么成了这个样子”，是直指事实的一般性提问；后者等于问“为什么会成了这个样子”，更重视事实背后的理据，是带思辨性的提问。

“怎么了”和“为什么VP呢”可以采取凝缩性结合，成为“怎么VP呢”。如：“怎么啦？为什么会为这粗鲁的汉子所吸引呢？”→“怎么会为这粗鲁的汉子所吸引呢？”又如：

(25) 等人是最心烦的，怎么还不来呢？(A) 工厂里走不开？自行车的气门芯被人拔了？路上出了麻烦？(B) 不不，自己坐在这个角落里，他寻得到吗？（章世添《关于一个爱情故事的报告》，《红岩》1987年第2期28页）

怎么还不来呢？＝怎么了？为什么还不来呢？

“原因问双层加合”里，B层各问句前头的原因标“是因为”有时见于语表。如例(24)。又如：

(26) 更可怕的是，她对他的爱情消失得干干净净，而且还不知不觉地牵连了她对儿子的感情。（为什么呢?）（A）是因为儿子活脱脱的像他？还是因为儿子的出生本来就是多余的？（B）（陆星儿《夏天太冷》，《中篇小说选刊》1991 年第 1 期 163 页）

二、A 层问句用“会怎样”之类，B 层问句各项进一步探问结果，这就形成“结果问双层加合”

例如：

（27）问题是，这一点柔弱的嫩芽将来会怎样？（A）会有充足的阳光？会有适合它生长的沃土？还是将遭到风刀冰剑的袭击而被连根拔掉？（B）（竹林《没有热量的萤光》，《中篇小说选刊》1986 年第 2 期 179 页）

这里 AB 两层连问结果。A 层针对事实问结果，B 层进一步探问可能出现的具体结果。

A 层问句如果不用“会怎样”，也可以改写为有“会怎样”意思的语句。比如：

（28）然而又一想，贸然提出这要求会让宾馆作何感想呢？（A）会不会以为自己太矫情？或者，会不会以为自己在责难宾馆？（B）（苏叔阳《婚礼集》，北京十月文艺出版社 1984 年版 23 页）

上例 A 层等于说：“然而又一想，贸然提出这要求宾馆会怎样呢?”

作为对“会怎样”问结果的回应，B 层问句不仅带有“将会”“能够”之类的推断性词语，而且前头可以加上“结果（是)”或“（其）结果”，予以强调。如上面两例，例（27）B 层问句带“会”或带“将”，前头可以加个“结果”；例（28）B 层问句带“会不会”，前头也可以加个“结果”。

原因和结果相互依存，二者还可以相互转化。同样形式的一个选择问句群，可以问原因，也可以问结果，这取决于前引问的内容。如果前引问是特指问，用“怎么了”之类，或者留有“怎么了”之类的空位，那么，接下来的选择问句群便问原因，可以添加“是因为”之类的标志；如果前引问是特指问，用“会怎样”之类，或者留有“会怎样”之类的空位，那么，接下来的选择问句群便问结果，可以添加

“结果会”之类的标志。比如：

为什么改变做法？（A）得不到上级的支持？遭到大家的反对？（B）

改变做法会怎样？（A）得不到上级的支持？遭到大家的反对？（B）

两例的B层都是：“得不到上级的支持？遭到大家的反对？”由于A层特指问的不同，前一例是原因问双层加合，B层可以加“是因为”；后一例是结果问双层加合，B层可以加“结果会”。

有一类选择问句群，由两个或几个“如果”假设句构成，即：“如果……呢？（或者）如果……呢？”一定问结果。用了这类选择问句群，“会怎样”之类不大能成为它的前引问。“会怎样”之类要是现于语表，一般不居前，只居后。换句话说，遇到这类选择问句群，“会怎样”之类通常不成为前引问，反而会成为回应问。这是结果问双层加合的特殊模式。比如：

如果他不理你呢？或者，如果有人故意让你难堪呢？你会怎样？（＋）

你会怎样？如果他不理你呢？或者，如果有人故意让你难堪呢？（?）

前一例很自然，后一例不大说。再看个例子：

（29）好，再退一步说，如果那个洋人要了她，和她结婚了呢？或再嫁个海外华人、港商、台湾老头呢？ø（柯岩《仅次于上帝的人》，《当代》1990年第2期17页）

上例ø处能补出“你将会怎么样”，成为回应问。

第三节　目的问双层加合和方式问双层加合

AB两层或者都问目的，或者都问方式。代表形式：

为了什么？（A）＋是为了B_1？是为了B_2？（B）

怎么办？（A）＋办法是B_1？B_2？（B）

一、A 层问句用“为了什么”之类，B 层问句各项进一步追问目的，这就形成“目的问双层加合”

例如：

(30) 到底为了什么？(A) 为了提职称？为了弄点外快？还是为了满足你那可悲的虚荣心？(B)

这里 AB 两层连问目的。A 层针对事实问目的，B 层进一步探问采取行动的具体目的。

形式上，回应 A 层“为了什么”，B 层用“为了……为了……还是为了……”。

“为了什么”可以只说“为什么”。目的和原因相通，所要达到的目的，实际上也是需要采取某种行动的原因。正因如此，原因问固然可以用“为什么”“怎么 VP”，目的问也可以用“为什么”“怎么 VP”。例如：

(31) 唉！为什么呢？(A) 为钱？还是就想当一次总经理玩玩？(B)（孙砺《都市的骚动》，《当代》1990 年第 5 期 25 页）

上例 A 层用“为什么呢”。B 层第一问出现“为（了）”；第二问用“想”，可以改成“为了”。

目的问双层加合同原因问双层加合的区别，主要决定于语里关系。但是，语表形式上也有反映。

一方面，如果是目的问双层加合，A 层可以说成或者可以改写成“为了什么”。比方例 (31)，A 层用“为什么呢”，可以说成：“为了什么呢？”又如：

(32) 你是历史研究生……怎么跑到一家弥散着铜臭味儿的公司做起事来了？(A) 难道是为了证明你能挣钱，与动物有区别？还是为了攒下足够的钱将来去买精神文明？(B)（王秋海《梦里寻她千百度》，《啄木鸟》1990 年第 2 期 54 页）

这一例，B 层用“是为了……还是为了……”，明显问目的。A 层用“怎么 VP”，可以改写为“为了什么”：

(33) 你是历史研究生，却跑到一家弥散着铜臭味儿的公司做

起事来了，到底是为了什么呢？（A）难道是为了证明你能挣钱，与动物有区别？还是为了攒下足够的钱将来去买精神文明？(B)

另一方面，如果是目的问双层加合，B层各问句经常用“（是）为了”，或者出现“想要”之类的意欲性词语。如果没有“为了”“想要”之类，可以直接添加，或者通过改写让它出现。如例（32）、例（33）B层两个问句都用“为了……还是为了……”，例（31）B层两个问句用“为……还是就想……”。又如：

（34）到底出去想求什么？(A) 改变命运？挣一笔钱？还是想出去嫁一个人？(B)（戚小彬《外面的世界》，《花城》1989年第6期86页）

这一例，可以改写为：

（35）出去到底为了什么？（A）为了改变命运？为了挣一笔钱？还是想出去嫁一个人？(B)

有的时候，A层问句包含“为什么”，B层问句有的问原因，有的问目的。这是原因问双层加合和目的问双层加合的混用。这种混用说法，具有表意双重性。例如：

（36）到底为什么一定要坚持出去，有多少成形的理由？……(A) 也许是失意？也许是迷茫？也许是受到诱惑？也许是为了钱？(B)（戚小彬《外面的世界》，《花城》1989年第6期85页）

（37）可他为什么要退出去？(A) 他真的不关心侦破工作的进展？（或者只是）为了表现出“不关心”？(B)（黎峰《“四·二四”疑案》，《啄木鸟》1992年第1期53页）

前一例，B层有四个问句。前三个是原因问：“也许是（因为）失意……？”第四个是目的问：“也许是为了钱？”后一例，B层有两个问句。第一个是原因问：“是因为他真的不关心……？”第二个是目的问：“或者只是为了……？”

二、A层问句用“怎么办”之类，B层问句各项进一步探问方式，这就形成“方式问双层加合”

例如：

(38) 那个大窟窿怎么办?(A) 把它填掉?或者重新灌水,造一座人工湖?(B) 事实是不可能的。(姜滇《摄生草》,《当代》1990 年第 3 期 70 页)

(39) 婉明白姚红的意思是问她打算怎么办?(A) 退钱?写检查?还是继续隐瞒下去?(B)(梁晓声《婉的大学》,《中篇小说选刊》1999 年第 6 期 70 页)

这两例 AB 两层连问方式。A 层针对事实问方式,B 层进一步探问行为的具体方式。形式上,回应 A 层"怎么办",B 层可以加上"办法是"。实际语言运用中,"办法是"或"其办法"之类的词语一般隐而不现。

"怎么办"是"怎么 VP"的代表形式。跟"怎么"相当的,有"怎样""如何"等;能够代入 VP 位置的,可以是表示各种具体行为活动的动词性词语。例如:

(40) 这个太不懂事的秋哇,叫我怎么对待你?(A) 辞掉?辞掉了我们上班怎么办?秋又去哪儿?不辞掉?不辞掉真的婚外怀孕了如何是好?(B) 这个傻姑娘!(《池莉精品文集》,内蒙古人民出版社 1999 年版 835 页)

(41) 附上一张照片,我问你,你怎样处置?(A) 是否照往常一样:"丢啦,从阳台上丢下去啦!"(?) 抑是塞在那乱七八糟的抽屉里?或是放在玻璃板下大家都容易看到的地方?(B)(梁实秋、韩菁清《梁实秋韩菁清情书选》,上海人民出版社 1991 年版 82 页)

上例 A 层的"怎么对待你"和"怎样处置"都可以说成"怎么办"。B 层前头,有"办法是"之类的意思。

"怎么办"是一般性的方式提问,"办"字泛指任何行为活动;"怎么"之类后边如果代入表示具体行为活动的动词性词语,A 层的"怎么 VP"便成为具体性的方式提问,能够具体表明说话人针对什么样的行为活动探问可能采取什么样的方式。比较上举各例,可以知道。再看一例:

(42) 她难以设想过去的年月里秦小虎如何隐匿了这些画。(A) 他是躲在神秘的洞穴里创作的吗? 还是隐藏在人们找不到的小阁楼上? (B) (张廷竹《远土已黄，近草更绿》,《当代》1993年第6期24页)

这里，A层包含特指问"秦小虎如何隐匿了这些画"。比较"怎么办","如何隐匿了这些画"自然更能具体表达说话人的求答要求，更能向听话人提供相对明确的信息。

有时，A层出现一个"怎么VP"的变化形式，即:"怎么+VP+O+了"，删除VP，简省为"怎么+O+了"。在这个简省格式里，"怎么"占据动词位置，成了带宾动代词。比较:

(43) 学校怎么处理他了?(A) 记了过? 要他做检查? 还是开除了他?(B)

(44) 学校怎么他了?(A) 记了过? 要他做检查? 还是开除了他?(B)

"怎么处理他了" - "处理" = "怎么他了"。删除的动词，一般都表示对受事客体O不怎么有利的行为活动。再看这个例子:

(45) 我们怎么你了?(A) 打你了? 骂你了? 给你戴手铐了?(B) 不过问问你嘛! (苏叔阳《婚礼集》，北京十月文艺出版社1984年版179页)

"我们怎么你了?" = "我们怎么对待你了?"。"怎么"后边可以补出动词"对待"。对于受事客体"你"来说，这里的"对待"偏向于指不愉快、不如意的行为活动。

有时，A层出现一个含"什么"的问句，这是一种人物问。但是，B层明显问方式，A层的人物问可以比较自然地改为方式问。例如:

(46) 他听着她半是眼泪的饮泣低诉，该说什么呢?(A) 把别人的不幸引为自己的自豪吗? 居高临下的怜悯以示自己的博大吗? 或者不着边际的劝慰一番显出自己的豁达和大度? (B) 他不是这种人，也没有这样的优越。(章世添《关于一个爱情故事的报告》,《红岩》1987年第2期11页)

上例 A 层本是人物问。如果 B 层回应“什么”，A 层和 B 层这么配合：“该说什么呢？(A) 说她不幸？说大家怜悯她？说我对她仍然有好感？(B)”这是人物问双层加合。

但是，一方面，上例 B 层各项不是“说”的内容，对“什么”没有回应。“把别人的不幸引为自己的自豪”也好，“居高临下的怜悯以示自己的博大”也好，“不着边际的劝慰一番显出自己的豁达和大度”也好，都不是所“说”的话，而是说话的方式方法。

另一方面，A 层问句可以自然地改写为方式问：“听着她半是眼泪的饮泣低诉，该怎么说呢？(＝该怎么办呢？)”因此，可以认为，上例是方式问双层加合的变形，是语言运用中灵活配置词语的结果。

本章小结

第一，以特指问句为前引问，以选择问句群为回应问，可以构成疑问形式的同指性双层加合现象。这是一种属于篇章语法的现象。吕叔湘的《汉语语法分析问题》指出：“句和句之间的联系，段和段之间的联系，往往也应用语法手段（主要是虚词）；但是除此之外还有其他手段，如偶句、排句、问答等等；还常常只依靠意义上的连贯，没有形式标志。”（商务印书馆 1979 年版 29 页）这是吕先生对汉语篇章语法所作的基本论断。到底汉语篇章语法的具体面貌是个什么样子，其规律性应该如何揭示，其体系性如何描绘，都有待于通过许许多多实际现象的考察，不断地深化认识。

第二，由特指问句和选择问句群构成的疑问形式同指性双层加合现象，有不同的关系类型。本章描写了五种，它们各有特定的语表特征。即：

①人物问加合：X 的是谁/什么？(A) ＋X 的是 B_1？是 B_2？(B)

②原因问加合：怎么了？(A) ＋是因为 B_1？B_2？(B)

③结果问加合：会怎样？(A) ＋结果是 B_1？B_2？(B)

④目的问加合：为了什么？(A) ＋是为了 B_1？是为了 B_2？(B)

⑤方式问加合：怎么办？（A）＋办法是 B_1？B_2？（B）

第三，疑问形式同指性双层加合现象的各个关系类型，既有个性，又有共性。其共性表现为：同指性、断定性、层级性。

所谓“同指性”，是说 A 层问句和 B 层问句意向相同。它们要么都问事情所涉及的人或事物，要么都问情况发生的前因或后果，要么都问行为活动的目的或方式。

所谓“断定性”，是说 B 层问句对 A 层问句有所断定。从语里关系看，B 层问句各项是针对 A 层问句中由疑问代词所反映的疑问焦点的断定；从语表形式看，B 层问句前头可以出现包含判断词的“是”字结构：“X 的是”“是因为（＝原因是）”“结果是”“是为了（＝目的是）”“办法是”。

所谓“层级性”，是说从 A 层到 B 层在求答意欲上推进了一个层级。对于问话人来说，排除反问和出题考问等特殊情况，就一般情况而言，A 层的特指问无主观意向，是“无底问”，是泛指性的；B 层的选择问则有主观意向，尽管对于客观事实仍然是疑问，但作为对 A 层特指问的回应，已经具有实指性，并非完全“无底”，在很大程度上成了一种“估测问”。即使是反问和出题考问，虽然 AB 都是无疑而问，但 AB 加合同样反映认知的层级性。比如：

［甲指责乙：］我怎么你了？（A）没让你吃喝？还是逼你干重活了？（B）

［教师考学生：］这是个什么词？（A）副词？介词？还是连词？（B）

前一例是反问，后一例是出题考问。不管是反问还是出题考问，在对客观事物的指示上 B 层问题都是 A 层问题的具体化。

第四，疑问形式的同指性双层加合现象，实际上是一种同指性双层求答现象。如果回答所提的问题，便会出现后续答句。即：

前引问句（A）＋回应问句（B）＋后续答句（C）

后续答句有种种情况。有的肯定，有的否定，有的既不肯定也不否定。例如：

你要什么？(A) 要自行车？要电子琴？(B) 要什么都行！(C)

你要什么？(A) 要自行车？要电子琴？(B) 你别做梦了！(C)

你要什么？(A) 要自行车？要电子琴？(B) 过几天再说！(C)

后续答句，不管在内容上还是在形式上，都相当复杂。有时，后续答句分别出现在回应问句的各个选肢后边。例如：

(47) 为什么会这么热闹？(A) 是弟弟永虎结婚办喜事？(B_1) 不可能！……(C_1) 是妹妹晓琴结婚做回门酒？(B_2) 更不可能。……(C_2)（石国仕《战俘》，《中篇小说选刊》1991 年第 1 期 196 页）（原文较长，省略号为引者所加）

(48) 现在面对这一圈儿凶残的家伙，怎么办呢？(A) 冲上去拼搏吗？(B_1) 这可不是和人武打……(C_1) 那么，溜进帐篷去吗？(B_2) 这无疑是把这一堆不幸的死者作为一席盛宴摆在野兽面前。(C_2)（文兰《转弯处发生车祸》，《小说界》1985 年第 4 期 115 页）

这两例，B_1B_2 后边分别续上 C_1C_2。前一例，成了原因问双层加合的扩充形式；后一例，成了方式问双层加合的扩充形式。

诚然，跟多重复句现象相比较，句群的“双重加合”“多重加合”现象不管在结构上还是在表意上都更加丰富复杂。对于本章讨论的问句“双重加合”现象，如果联系后续答句来作进一步的考察，需要另写文章。

本书作者有关书文（1977—1999）

1.《略论复句与推理》，《华中师范学院学报》1977年第4期63～69页。

2. 《论定名结构充当分句》，《中国语文》1979年第1期23～37页。

3.《论意会主语“使”字句》，《江汉语言学丛刊》1979年第1期。

4.《谈谈多重复句的分析》，《语文教学与研究》1979年第1期48～53页。

5.《定名结构充当分句一例之辨析》，《语文教学与研究》1979年第2期43～48页。

6. 《略说关联词语》，《语文教学与研究》1979年第3期47～51页。

7.《后分句主语的省略与意会》，《中学语文教学》1979年第5期16～19页。

8.《复句（一）（二）》，见邢福义著《现代汉语语法知识》，湖北人民出版社1980年版162～201页。

9.《“如果……就……”和“只要……就……”》，《中学语文教学》1980年第11期。

10.《现代汉语里的一种双主语句式》，《语言研究》1981年第1期45～53页。

11.《“但”类词对几种复句的转化作用》，《中国语文》1983年第3期167页。

12. 《试论“A，否则B”句式》，《中国语文》1983年第6期

419 页。

13.《“要不是 p 就 q”句式及其修辞作用》，《语言教学与研究》1984 年第 1 期 4～12 页。

14.《“不过”“只是”的语法意义》，《字词天地》1984 年第 1 期。

15.《“但”类词和“无论 p，都 q”句式》，《中国语文》1984 年第 4 期 248～253 页。

16.《复句与关系词语》，黑龙江人民出版社 1985 年版。

17.《关于“既然 p，就 q”句式》，《语文教学与研究》1985 年第 1 期 3 页。(署名：华萍)

18.《复句问题论说》，《华中师范学院学报》1985 年第 1 期 37～51 页。(署名：华萍)

19.《“越 X，越 Y”句式》，《中国语文》1985 年第 4 期 178～186 页。

20.《现代汉语的“即使”实言句》，《语言教学与研究》1985 年第 4 期 34～49 页。

21.《复句》，见邢福义主编《现代汉语》（全国卫星电视教材），高等教育出版社 1986 年版。

22.《反递句式》，《中国语文》1986 年第 1 期 10 页。

23.《让步句的考察》，《汉语研究》1986 年第 1 期。

24.《转折词和“如果说 p，那么 q”句式》，《语文建设》1986 年第 3 期 26～27 页。

25.《现代汉语的“要么 p，要么 q”句式》，《世界汉语教学》1987 年第 4 期 15～20 页。

26.《复句的分类》，见中国社科院语言研究所现代汉语研究室编《句型和动词》，语文出版社 1987 年版 196～216 页。

27.《前加特定形式词的“一 X，就 Y”句式》，《中国语文》1987 年第 6 期 457 页。

28.《复句》，见邢福义主编《现代汉语》（高等师范学校教学用书），高等教育出版社 1991 年版 356～394 页。

29.《汉语复句格式对复句语义关系的反制约》，《中国语文》1991

年第 1 期 1～9 页。

30.《现代汉语转折句式》，《世界汉语教学》1992 年第 2 期 81～90 页。

31.《“与其 p，不如 q”择优推断句式》(与卢卓群合作)，见邢福义著《语法问题发掘集》，湖北教育出版社 1992 年版 70～92 页。

32.《汉语复句与单句的对立和纠结》，《世界汉语教学》1993 年第 1 期 11～19 页。

33.《〈红楼梦〉中的“因 p，因 q”》，《湖北大学学报》1993 年第 4 期。

34.《选择问的句群形式》，《汉语学习》1993 年第 6 期 1～7 页。

35.《关于现代汉语复句研究》，《黄冈师专学报》1994 年第 2 期。

36.《“更”字复句》，《中国语言学报》1995 年第 5 期 82～97 页。

37.《选择问句群与前引特指问的同指性双层加合》，日本《中国语研究》第 37 期，株式会社白帝社 1995 年 10 月东京。

38.《小句联结》，见邢福义著《汉语语法学》，东北师范大学出版社 1996 年版。

39.《“却”字和“既然”句》，《汉语学习》1996 年第 6 期 3～8 页。

40.《关系词“一边”的配对与单用》，《世界汉语教学》1998 年第 4 期 47～56 页。

41.《复句》，见马庆株主编《语法研究入门》，商务印书馆 1999 年版 522～535 页。

本书主要参考资料

1. 中国社会科学院语言研究所：《现代汉语词典》，商务印书馆 1978 年版、1996 年版。

2. 吕叔湘：《中国文法要略》，商务印书馆 1956 年合订本。

3. 吕叔湘：《现代汉语八百词》，商务印书馆 1980 年版。

4. 北京大学中文系 1955、1957 级语言班：《现代汉语虚词例释》，商务印书馆 1982 年版。

5. 黎锦熙、刘世儒：《联合词组和联合复句》，新知识出版社 1958 年版。

6. 郭中平：《单句复句的划界问题》，《中国语文》1957 年第 4 期 1～10 页。

7. 本书作者 1977—1999 年有关复句的书文。